Fluchtort Stadt

Mariam Arouna · Ingrid Breckner ·
Umut Ibis · Joachim Schroeder ·
Cornelia Sylla

Fluchtort Stadt

Explorationen in städtische
Lebenslagen und Praktiken der
Ortsaneignung von Geflüchteten

 Springer VS

Mariam Arouna
Stadt- und Regionalsoziologie
HCU Hamburg
Hamburg, Deutschland

Umut Ibis
Stadt- und Regionalsoziologie
HCU Hamburg
Hamburg, Deutschland

Cornelia Sylla
Fakultät Wirtschaft und Soziales
Hochschule für Angewandte
Wissenschaften Hamburg
Hamburg, Deutschland

Ingrid Breckner
Stadt- und Regionalsoziologie
HCU Hamburg
Hamburg, Deutschland

Joachim Schroeder
Fakultät Erziehungswissenschaften
Universität Hamburg
Hamburg, Deutschland

Gefördert durch die Deutsche Forschungsgemeinschaft (DFG) – Projektnummer 315268774

Gefördert durch

ISBN 978-3-658-26870-1   ISBN 978-3-658-26871-8   (eBook)
https://doi.org/10.1007/978-3-658-26871-8

Die Deutsche Nationalbibliothek verzeichnet diese Publikation in der Deutschen Nationalbibliografie; detaillierte bibliografische Daten sind im Internet über http://dnb.d-nb.de abrufbar.

Inhaltsverzeichnis

Autorinnenverzeichnis

Dr. Mariam Arouna hat an der Universität Hamburg in Erziehungswissenschaften zu Positionierungen im Fluchtkontext promoviert. Sie ist wissenschaftliche Mitarbeiterin an der HafenCity Universität Hamburg und derzeit im DFG-Projekt „Transformationsprozesse am Fluchtort Stadt" tätig. Forschungsschwerpunkte: (postkoloniale) Migrationspädagogik, Bildung im Kontext von Flucht und Asyl, Verbindung von Diskurs- und Biografieforschung, Stadtsoziologie. mariam.arouna@posteo.de

Prof. Dr. Ingrid Breckner ist Professorin für Stadt- und Regionalsoziologie an der HafenCity Universität Hamburg. Aktuelle Forschung konzentriert sich auf die Themenfelder Suburbanisierung, Soziale Stadt, Flucht und Migration, Unsicherheit in europäischen Städten, Mobilität und Strategien integrierter Stadtentwicklung. ingrid.breckner@hcu-hamburg.de

Umut Ibis hat Soziologie an den Universitäten Hamburg und Bielefeld studiert. Er ist als wissenschaftlicher Mitarbeiter im DFG-Projekt „Transformationsprozesse am Fluchtort Stadt" an der HafenCity Universität Hamburg tätig und promoviert an der Fakultät Kulturwissenschaften der Leuphana Universität Lüneburg. Seine Forschungsschwerpunkte liegen u. a. in den Bereichen der Rassismus-, Rechtspopulismus- und Subjektivierungsforschung, der Migrations- und Stadtsoziologie. umut.ibis@hcu-hamburg.de

Prof. Dr. Joachim Schroeder ist Professor für Beeinträchtigungen des Lernens einschließlich inklusiver Bildung und Erziehung an der Universität Hamburg. Aktuelle Forschung zu Unterrichts- und Schulentwicklung im Kontext von Flucht und Asyl, zu jungen Geflüchteten im beruflichen Übergangssystem Schule/ Arbeitswelt sowie zu Behinderung in transnationalen Zusammenhängen. Leiter des von der Hans-Böckler-Stiftung geförderten Kooperativen Graduiertenkollegs „Vernachlässigte Themen der Flüchtlingsforschung". joachim.schroeder@uni-hamburg.de

Dr. Cornelia Sylla ist Erziehungswissenschaftlerin und war während der Projektlaufzeit an der Universität Hamburg als wissenschaftliche Mitarbeiterin beschäftigt. Derzeit ist sie als wissenschaftliche Mitarbeiterin an der Hochschule für Angewandte Wissenschaften Hamburg (HAW) tätig. Forschungsschwerpunkte: Bildungsarbeit mit marginalisierten Jugendlichen, Lebensweltorientierung und Interdisziplinarität im Schnittfeld von Schul- und Sozialpädagogik. cornelia.sylla@haw-hamburg.de

Abkürzungsverzeichnis

AOK B/B	AOK Bremen/Bremerhaven
ASB	Arbeiter Samariter Bund
ASD	Allgemeiner Sozialer Dienst
AsylbLG	Asylbewerberleistungsgesetz
AV	Ausbildungsvorbereitung
AVM	Ausbildungsvorbereitung für Migrant_innen
BAMF	Bundesamt für Migration und Flüchtlinge
BASFI	Behörde für Arbeit, Familie, Soziales und Integration
BGV	Behörde für Gesundheit und Verbraucherschutz
BIS	Behörde für Inneres und Sport
BSB	Behörde für Schule und Berufsbildung
BSW	Behörde für Stadtentwicklung und Wohnen
DeuFöV	Deutschsprachförderverordnung
DRK	Deutsches Rotes Kreuz
EA	Erstaufnahmeeinrichtung
f&w	fördern und wohnen
FU	Folgeunterbringung
FZ	Flüchtlingszentrum
GFK	Genfer Flüchtlingskonvention
HAW	Hochschule für Angewandte Wissenschaften Hamburg
HCU	HafenCity Universität Hamburg
HGI	Hamburg für gute Integration
HIBB	Hamburger Institut für berufliche Bildung
HVV	Hamburger Verkehrsverbund
IFI	Initiativen für erfolgreiche Integration
IVK	Internationale Vorbereitungsklassen
o. M.	Ohne Maßstab

ÖPNV   Öffentlicher Personennahverkehr
SAGA   Siedlungs-Aktiengesellschaft Hamburg
SBZ   Stadtteil-Bildungszentrum e. V.
SIZ   Schulinformationszentrum
UHH   Universität Hamburg
UPW   Unterkünfte mit der Perspektive Wohnen
W.I.R.   Work and Integration for Refugees
WUK   Wohnunterkünfte
ZEA   Zentrale Erstaufnahmeeinrichtung
ZKF   Zentraler Koordinierungsstab Flüchtlinge

Abbildungsverzeichnis

Tabellenverzeichnis

Zur Konzeption des Forschungsprojekts 1

Die vorliegende Publikation zum *Fluchtort Stadt* basiert auf den Ergebnissen des gleichnamigen Forschungsprojekts, das in Kooperation von Wissenschaftler_innen der Universität Hamburg (Erziehungs- und Bildungswissenschaften) und der HafenCity Universität (Stadt- und Regionalsoziologie) durchgeführt wurde.[1] Ziel der interdisziplinär konzipierten Forschung war es, aus bildungswissenschaftlicher und stadtsoziologischer Perspektive Explorationen in städtische Lebenslagen und Praktiken der (Orts-)Aneignung von Geflüchteten[2] zu untersuchen.

Der gesetzte Fokus basiert auf der Annahme, dass Stadt ohne Migration – und so auch Flucht[3] – nicht zu denken ist. Bislang wurde jedoch kaum erforscht, wie

[1]Federführung und Projektleitung lagen bei Prof. Dr. Ingrid Breckner und Prof. Dr. Joachim Schroeder, beteiligt waren als wissenschaftliche Mitarbeiter_innen Dr. Mariam Arouna, Umut Ibis und Dr. Cornelia Sylla. Die Verschriftlichung der Forschungsergebnisse für die vorliegende Publikation erfolgte gemeinschaftlich. Ein großer Dank gilt den Studentischen Hilfskräften, die uns in der Erhebung und Aufbereitung des Datenmaterials unterstützt haben: Abdulsalam Ahmad, Daliya Awad, Mahmoud Einieh, Schohreh Golian, Maria Fahr, Awista Gardi, Jella Humburg, Mathias Neitzel, Annika Pahlke, Areso Qarizadah, Ahmad Rezazadah, Maximilian Rohland, Laura-Darleen Windberg.

[2]Wird in diesem Text von „Flüchtlingen" gesprochen, sind damit jene Personen gemeint, welche im juristischen Sinne als „Flüchtlinge" bezeichnet werden, deren Asylantrag also positiv beschieden wurde. Wird von „Geflüchteten" gesprochen, so schließt das sowohl die Gruppe der rechtlich anerkannten Flüchtlinge, als auch jene Personen ein, deren Asylantrag zwar negativ beschieden wurde, die jedoch im Rahmen einer Duldung in Deutschland leben und somit ebenso von integrationspolitischen Maßnahmen betroffen sind.

[3]‚Flucht' verwenden wir – sofern nicht anders hervorgehoben – als weit gefassten Begriff, der sich nicht auf die Flucht an sich, sondern insbesondere auf fluchtfolgebedingte Prozesse und Lebenslagen bezieht.

Geflüchtete ‚Stadt' nutzen oder verändern, und wie die Lebenslagen Geflüchteter räumlich arrangiert sind. Bereits vor der Projektbewilligung durch die DFG hat sich bewahrheitet, dass diese Forschungslücke nicht nur ein Desiderat der Grundlagenforschung darstellt, sondern insbesondere als fehlendes (Fach-)Wissen im migrations- bzw. flüchtlingspolitischen Bereich anzusehen ist. Deutschland sah sich auf Bundes-, Länder- und kommunaler Ebene ab Sommer/Herbst 2015 mit der Herausforderung konfrontiert, auf eine unerwartet hohe Anzahl von neuzugewanderten Geflüchteten sowohl kurz-, als auch mittel- bis langfristig zu reagieren. Zum einen war ein akuter Bedarf an Not- und Übergangslösungen erforderlich, um überhaupt eine Erstversorgung gewährleisten zu können und den Geflüchteten bis zum anstehenden Winter wenigstens ein Dach über dem Kopf zu bieten. Zum anderen stellte sich vielerorts die Frage nach solchen Strukturen, die Geflüchteten als Grundvoraussetzung gesellschaftlicher Teilhabe einen nachhaltigen Zugang zu Wohnraum, Bildung und Arbeit ermöglichen. Das Thema *Integration*[4] ist seitdem (wieder) in aller Munde.

In diese Zuwanderungs- und dementsprechend auch politische Entwicklungsphase fiel die Bewilligung unseres Forschungsprojekts. Von Juli 2016 bis Juni 2018 haben wir am Beispiel der Stadt Hamburg den *Fluchtort Stadt* und Praktiken der (Orts-)Aneignung von Geflüchteten untersucht.[5] Forschungsleitend war folgende Frage: *Wie greifen verschiedene Lebenslagendimensionen und Praktiken der (Orts-)Aneignung von Geflüchteten ineinander und wie prägen sie den Fluchtort Stadt?*

Mit dem Interesse an spezifischen Orten und Lebenslagen am *Fluchtort Stadt* konnten wir uns dem breiten Thema der Integration von Geflüchteten aus einer räumlichen Perspektive annähern und gleichermaßen bildungswissenschaftliche sowie stadtsoziologische Forschungsdesiderata in Bezug auf die (städtischen) Lebenslagen Geflüchteter schließen. Beide Disziplinen ergänzen sich im Hinblick auf die Frage nach sowohl individuellen als auch strukturellen fluchtfolgebedingten Entwicklungsprozessen optimal.

---

[4]Der Problematik des Integrationsbegriffs aufgrund eines oft assimilatorisch ausgerichteten Verständnisses sind wir uns bewusst. Wenn im Folgenden von Integration gesprochen wird, ist jedoch ein gesamtgesellschaftlicher und damit wechselseitiger Prozess gemeint (s. dazu auch die Ausführungen in den Abschnitten 2.1 sowie 3.3.3).

[5]An dieser Stelle sei bereits darauf hingewiesen, dass wir basierend auf den mit dieser Publikation vorliegenden Ergebnissen die Forschung zum *Fluchtort Stadt* weiterführen. In einem ebenfalls von der DFG finanzierten Folgeprojekt werden im Zeitraum Oktober 2018 bis September 2020 *Transformationsprozesse am Fluchtort Stadt* untersucht.

Ein Blick auf die wissenschaftliche Auseinandersetzung mit Migration und Flucht in der bildungswissenschaftlichen respektive stadtsoziologischen Forschung belegt, dass ‚Flucht/Geflüchtete' bis dato erstens nur am Rande thematisiert wurden und zweitens nicht in ihrer gesamtgesellschaftlich relevanten Dimension: In der migrationssensiblen Stadtforschung erlangten die Lebenslagen Geflüchteter bisher kaum Aufmerksamkeit. Der Fokus lag vielmehr in der Segregationsforschung mit ihren Analysen zur Verteilung von Zugewanderten (und den Folgegenerationen) im Stadtgebiet (vgl. Schnur et al. 2013). In dieser Tradition ist mehrheitlich der Diskurs über ‚Migration als Risikofaktor' bestimmend, wie beispielsweise Untersuchungen zu „Parallelgesellschaften" und zur Gefahr einer „Ghettoisierung" (vgl. Heitmeyer et al. 1998) belegen. Demgegenüber heben andere das Potenzial migrantisch geprägter Quartiere hervor (vgl. Bukow et al. 2007; El Mafaalani et al. 2015; Hillmann 2011; Yildiz 2013) und zeigen deren Einfluss auf die Stadtentwicklung (vgl. Bukow et al. 2011; Holert und Terkessidis 2006). Gerade für Neuzugewanderte kann die Netzwerkfunktion von den durch migrantische Ökonomien geprägten Quartieren Zugänge zu (asylrechtlichen) Beratungsmöglichkeiten, Wohnraum und auch zum Arbeitsmarkt erleichtern (vgl. Kurtenbach 2015; Saunders 2011). Zwar agieren auch Geflüchtete in den genannten städtischen Strukturen, lange Zeit blieben sie jedoch – was die Forschungslandschaft betrifft – größtenteils unbenannt.

Auch in der erziehungs- und bildungswissenschaftlichen Migrationsforschung war das Thema Flucht lange von marginaler Bedeutung, da die Integrationsdebatte auch hier, ähnlich wie im politischen Diskurs, Migrant_innen (der zweiten und dritten Generation) im Blick hatte. Die Lebenslagen Geflüchteter wurden – wenn überhaupt – ob ihrer besonders belasteten Situation vielfach unter dem Begriff ‚Trauma' verhandelt. Schließlich hat der zunehmend ressourcenorientierte Perspektivwechsel innerhalb der (erziehungswissenschaftlichen) Migrationsforschung dazu geführt, dass nicht mehr die defizitär diskutierten Problemlagen im Kontext von Flucht und Asyl im Fokus standen, sondern Geflüchtete auch als handlungsfähige Akteur_innen wahrgenommen wurden, die durchaus in der Lage sind, restriktive Strukturen zu bewältigen (vgl. Neumann et al. 2002, 2003; Niedrig und Seukwa 2010; Seukwa 2006). Das Zusammenspiel städtischer Orte und unterschiedlicher Lebenslagen stellt allerdings auch hier eine Leerstelle dar.

Während die (stadtsoziologische und erziehungswissenschaftliche) Migrationsforschung zwar für Migrant_innen und so auch für Geflüchtete institutionalisierte Hürden im Zugang zum Wohnungs-, Bildungs- und Arbeitsmarkt konstatieren (vgl. Gag und Voges 2014), bleibt eine systematische Untersuchung, die danach fragt, *wie die Nutzung städtischer Orte und unterschiedlicher Lebenslagendimensionen ineinandergreifen,* aus. Dieser auf die Akteur_innen gerichtete

Fokus ist jedoch notwendig, um Aussagen darüber treffen zu können, wie sich die lebensweltlichen und institutionellen Rahmenbedingungen in den individuellen Lebenslagen niederschlagen. Mit der empirischen Untersuchung von Aneignungspraktiken sind wir dieser Frage nachgegangen und wollen zudem zeigen, wie sich Aneignungspraktiken räumlich manifestieren.

Um die Lebenslagen Geflüchteter in der Erforschung von Aneignungspraktiken so umfassend wie möglich rekonstruieren zu können, haben wir in unserer Analyse vier zentrale Dimensionen der Lebenslagen fokussiert: nämlich die Themen Wohnen, Bildung, Arbeit und Gesundheit. Es wurde untersucht, wie die unterschiedlichen Dimensionen verschränkt und wie sie strukturell (und auch räumlich) arrangiert sind, wie Zugänge ermöglicht oder verhindert werden. Im Mittelpunkt steht dabei das *Wohnen*. Die prominente Stellung des Aspekts Wohnen ergibt sich aus der Annahme, dass der Wohnort über seine Lage, die vorhandene Infrastruktur sowie die konkrete bauliche und wohnliche Ausstattung die Möglichkeiten maßgeblich mitbestimmt, sich Bildung, Arbeit oder städtische Orte anzueignen. Neben dem Thema Wohnen und den konkreten Wohnorten wurden auch die Ausgestaltung der institutionellen Infrastruktur sowie die jeweiligen Zugänge zu den Bereichen Bildung, Arbeit und Gesundheit untersucht. Im Rückbezug auf die Stadt beinhaltet diese Betrachtung des Gegenstandes die Frage, wie diese Themen administrativ und institutionell verankert sind und welche Möglichkeiten der Teilhabe am Wohnen, im Bildungsbereich, an Arbeits- und Qualifizierungsmaßnahmen sowie im Gesundheitswesen strukturell vorgegeben sind bzw. tatsächlich in Anspruch genommen werden können. Denn die Aneignungsperspektive umfasst gleichermaßen die strukturierenden Bedingungen von Lebenslagen am *Fluchtort Stadt* sowie die Bewältigung von Herausforderungen, welche sich in diesem Kontext sowohl auf individueller Ebene als auch im gesellschaftlich-administrativen Bereich ergeben.

1.1   Verortung in der Fluchtforschung

Der nun folgende Überblick zum aktuellen Forschungsstand legt dar, wie unser Vorgehen in das bisherige Forschungsfeld einzuordnen ist. Entsprechend der neueren Entwicklungen im Fluchtkontext scheint uns eine gegliederte Zusammenfassung des Forschungsstandes in eine *historische Fluchtforschung* und *aktuelle Fluchtforschung* sinnvoll. Denn während die Thematik bis zum Jahr 2015 wenig Beachtung erfahren hat, ist das Interesse an der Forschung zu Flucht in

den letzten Jahren stark gestiegen.[6] Die aktuellen Entwicklungen und ihre diszi-
plinären sowie thematischen Schwerpunktsetzungen lohnt es daher gesondert zu
betrachten.

Die *historische Fluchtforschung* orientiert sich an dominanten Fluchtgründen.
Historiker_innen erkennen diese in

- religiöser Intoleranz, die Ende des 15. Jahrhunderts mit der Verfolgung religiöser Minderheiten in Spanien einsetzte,
- nationalistischer und teilweise rassistischer Intoleranz und Verfolgung seit der
  Verbreitung des Nationalismus im späten 18. bis ins 21. Jahrhundert und
- politisch-ideologischer Verfolgung, im 19. Jahrhundert nach den Revolutionen
  in den Jahren 1830/1831 und 1848/1849 (vgl. Ther 2017, S. 13–16).

Eine solche idealtypische Ordnung zentraler Fluchtursachen erfordert nach Philipp Ther (ebd., S. 15) in der historischen Fluchtforschung eine parallel ver-
laufende Betrachtung von Zeitlinien, die aufgrund von überlagerten Ereignissen
verwirrend erscheinen kann. Gleichzeitig bietet sie aber die Gelegenheit, jeweils
aktuelle Fluchtgründe historisch zu kontextualisieren, um Varianzen und Veränderungen ihrer gesellschaftlichen und subjektiven Rahmenbedingungen zu
erschließen.

Betrachtet man die Fluchtforschung nach dem Zweiten Weltkrieg in unterschiedlichen wissenschaftlichen Disziplinen, so fallen jeweils spezifische Akzentuierungen von Themenfeldern und blinde Flecken auf, die unter anderem mit
der Beurteilung von Fluchtgründen zusammenhängen. Festzuhalten ist, dass
die Politik- und Wirtschaftswissenschaften sowie die Geographie das Feld der
Fluchtforschung zugunsten der Erforschung wirtschaftlicher Mobilität und der
Migrationsforschung verlassen haben. Jurist_innen, Theolog_innen sowie Kultur-
und Sozialwissenschaftler_innen setzten sich mehrheitlich mit den Völker-, Asyl-
und Menschenrechten auseinander und lassen sich thematisch damit in die von
Philipp Ther genannten zentralen Fluchtgründe einordnen. In den Sozialwissenschaften dominieren drei übergeordnete Themenbereiche, die sich seit Beginn
des 21. Jahrhunderts etabliert haben und bis in die gegenwärtige Fluchtforschung
hinein fortbestehen: Es handelt sich hierbei um die Rekonstruktion des historischen Fluchtgeschehens (vgl. Oltmer 2010), um Analysen der Migrations- und
Grenzregimeforschung (vgl. Transit Migration Forschungsgruppe 2007) sowie
um (institutionelle) Barrieren im Fluchtkontext und ihre individuelle Bewältigung

---

[6]Für eine detaillierte Ansicht zur Entwicklung dieses Forschungsfeldes siehe Kleist (2018).

(vgl. Neumann et al. 2003). Bereits in dieser Phase zeichnen sich ein leichter Zuwachs der Forschung zu Flucht und eine breitere inhaltliche Thematisierung ab. Doch erst nach 2015 etablieren sich – abgesehen von den genannten Vorläufern – in den verschiedensten Disziplinen Forschungsstränge, die sich explizit mit der Fluchtthematik befassen und sich als Teil einer Fluchtforschung positionieren. Wesentliches Merkmal dieser *aktuellen Fluchtforschung* ist daher nicht eine eigenständige Disziplin, es sind vielmehr die unterschiedlichen Themenfelder und Schwerpunktsetzungen, denen sich verschiedene Fachrichtungen jeweils zuordnen. Diese Themenfelder sollen im Folgenden skizziert werden und einen Überblick vermitteln, ohne eine hierarchische Einordnung oder den Anspruch auf Vollständigkeit erheben zu wollen.

Die *Flüchtlingspolitik* und das *Asylsystem* sind Gegenstand zahlreicher Untersuchungen, welche die Funktion dieser Systeme sowohl auf internationaler (vgl. Parusel 2018), nationaler (vgl. Cyrus 2017; Frings 2017) und lokaler Ebene (vgl. Schammann und Kühn 2016; Schammann 2017) oftmals auch kritisch beleuchten. Durch den Zusammenhang von *Menschenrechten und Flucht* wird dabei auf die Folgen nationalstaatlicher Regulierungsinteressen hingewiesen (vgl. Scherschel 2015; Vollmer 2017), welche Teilhabe aufgrund rechtlicher Rahmenbedingungen und damit einhergehender Exklusionsmechanismen oftmals erschweren (vgl. Engelmann 2017; Goebel 2016). Dass *Teilhabe* durch *institutionelle Barrieren* an Grenzen stößt, wird von verschiedenen Studien belegt, sodass „Handlungsfähigkeit und Heteronomie" (Seukwa 2018) als gleichermaßen konstitutiv für den Fluchtkontext bezeichnet werden können. Für unterschiedliche Lebenslagendimensionen zeigen dies aktuelle Forschungsergebnisse sowohl zu *Gender und Flucht* (vgl. Buckley-Zistel und Krause 2017; Krause 2017a, b), als auch zum *Bildungsbereich* (vgl. Gag und Voges 2014; Korntheuer 2016; Morris-Lange 2018), für den *Arbeitsmarkt* (vgl. Bookmann et al. 2017; Burkert und Garloff 2017; Gericke et al. 2017; OECD 2017), den *Wohnungsmarkt* (vgl. Dettling und Rauch 2016; Domann 2016; Foroutan et al. 2017) und die *gesundheitliche Versorgung* (vgl. Wächter-Raquet 2016). Diese Studien bekräftigen die Relevanz der jeweiligen Lebenslagendimension und die sowohl individuell als auch gesellschaftlich hochaktuellen Fragen nach Teilhabemöglichkeiten in den Bereichen Wohnen, Bildung, Arbeit und Gesundheit. Neben der Rekonstruktion solch struktureller Hürden und teilweise auch ihrer Bewältigung rücken zunehmend die *Handlungsstrategien und Perspektiven* der Geflüchteten selbst in den Fokus (vgl. Brücker et al. 2017; Geiger 2016; Kordel und Weidinger 2017). Offen bleibt allerdings die Frage nach der Verschränkung der Lebenslagendimensionen sowie eine theoriegeleitete Analyse der Handlungsstrategien Geflüchteter, die an den Lebenslagen und Wohnorten der Geflüchteten ansetzt.

Dieses Desiderat setzt sich auch in den wissenschaftlichen Diskursen zu *Flucht und Integration* fort: Zunächst hat die kontroverse politische Debatte um die Fluchtzuwanderung zu einer erneuten Thematisierung des Integrationsparadigmas beigetragen (vgl. Becker et al. 2018; sowie kritisch Böhmer 2016). Wird Integration von den einen gefordert und so ein eher assimilatorisches Integrationsverständnis reproduziert, wird insbesondere in der Sozialen Arbeit der *Umgang mit Geflüchteten* als (neues) Handlungsfeld einer auch (selbst-)reflexiven Praxis diskutiert, die sich dem andauernden Fortschreiben von Ungleichheitsverhältnissen bewusst ist (vgl. Braches-Chyrek et al. 2018; Bröse et al. 2018; Rehklau 2017; Scherr und Yüksel 2016). Da die Arbeit mit Geflüchteten längst nicht allein professionell organisiert ist, sondern gerade auf lokaler Ebene vieles durch ehrenamtliches Engagement abgedeckt wird, rückt auch die Bedeutung der *Zivilgesellschaft* in den Forschungsfokus. Sie wird auf ihr Potenzial hin befragt, einen Beitrag zur Integration leisten zu können (vgl. Karakayali und Kleist 2016; Nagel und El-Menouar 2017; Schiffauer et al. 2017, 2018). Auffallend an dem breiten Forschungsfeld zu Flucht und Integration ist, dass vornehmlich die ‚gelingende Integration‘ diskutiert und von verschiedenen Studien aufgegriffen wird (vgl. Schiefer 2017; Söhn und Marquardsen 2017). Es werden regionale und deutschlandweite Integrationspraxen analysiert, allerdings ohne die jeweiligen raumstrukturellen Rahmenbedingungen theoriegeleitet einzubeziehen. Eher erfolgen Verknüpfungen zwischen kollektiven Orientierungs- und Argumentationsmustern mit regionalen Integrationspraxen und eine Reflexion herrschaftsrelevanter Implikationen populärer Integrationsdiskurse (vgl. Ezli et al. 2013; Glorius und Schondelmayer 2017).

Ergänzend zu der Frage, wie die strukturellen Rahmenbedingungen gelagert sind und Zugänge eher ermöglichen oder verwehren, sind auch die *Diskurse um Flucht und Geflüchtete* zu nennen, also die Auseinandersetzung mit dem Wissen um Flucht (vgl. Ghaderi und Eppenstein 2017; Johansson 2016). Gerade die *medialen Diskurse* erfahren besondere Forschungsaufmerksamkeit und werden auf ihre oftmals hegemonialen Repräsentationsformen von Flucht und Geflüchteten hin untersucht (vgl. Hemmelmann und Wegner 2016; Lünenborg und Maier 2017; Vollmer und Karakayali 2017; Zhang und Hellmueller 2017). In etwa vergleichbar mit den medialen Diskursen zum Asyl in den 1990er Jahren (vgl. Jäger 2007, S. 73 ff.) wird Flucht auch gegenwärtig überwiegend als Problem und so mit einer negativen Konnotation behandelt. Beispielsweise wird über die Verknüpfung von Kriminalität und Flucht oder die Rezeption von Katastrophen- und Krisendiskursen auf bewährte stereotype Darstellungen zurückgegriffen (vgl. Toth und Rollmann 2017). Auch die Thematisierung des wiederauflebenden *Rechtspopulismus* beruft sich zum Teil auf die gesellschaftlichen Entwicklungsprozesse im Fluchtkontext (vgl. Müller und Schwarz 2018; Zick et al. 2016). Abschließend sei auf die Thematisierung von *Flüchtlings- und Fremdheitskonstruktionen* verwiesen (vgl. Baumann 2017). Unter dem Einfluss macht- und herrschaftskritischer Ansätze wird die (Re-)Produktion essenzialistischer Zuschreibungen und Opferkonstruktionen (kritisch) beleuchtet (vgl. Dietze 2016; Friese 2017; Gardi 2016; Gritschke und Ziese 2016) und die Wirksamkeit anhaltender Differenzkonstruktionen von ‚wir' und ‚anderen' diskutiert; dabei wird die *Handlungsfähigkeit Geflüchteter* vor dem Hintergrund solch hegemonialer Marginalisierungen in den Fokus gestellt (vgl. Arouna 2018; La Rosa und Frank 2017; Grönheim 2018). Im Anschluss daran lässt sich die Notwendigkeit untermauern, Geflüchtete als handlungsfähige Akteur_innen wahrzunehmen und sowohl nach den vorgegebenen Strukturen als auch nach Räumen zu fragen, in denen Geflüchtete agieren.

Zusammenfassend belegen die bisherigen Forschungsergebnisse zur rechtlichen Situation, zu den Lebenslagendimensionen, zum Thema Integration und zu den Diskursen um Flucht und Geflüchtete, wie Geflüchtete strukturell und diskursiv marginalisiert werden. Offen ist allerdings weiterhin die Frage, wo Geflüchtete verbleiben und wie sie sozialräumlich agieren. Bekräftigen lässt sich die Relevanz dieser Frage abschließend damit, dass jegliche Integrationsmaßnahmen für ihren nachhaltigen Erfolg auf das Wissen darüber angewiesen sind, wo Integration überhaupt stattfinden kann und welche Räume diese warum und wie unterstützen oder behindern.

1.2 Aufbau und Struktur der Publikation

Um die Aneignungspraktiken Geflüchteter darzulegen und zu zeigen, wie sich das Thema Flucht in der Stadt institutionell und sozialräumlich manifestiert hat, werden im folgenden Kapitel zunächst die *theoretischen Zugänge* und das *empirische Vorgehen* skizziert (Kap. 2). Vor diesem Hintergrund werden die empirischen Ergebnisse dargestellt und herausgearbeitet, wie die Landschaft des *Fluchtortes Stadt* prozessual und strukturell geformt ist: Sie entsteht aus einer Überlagerung der für den untersuchten Fluchtort relevanten *Struktur- und Akteurslandschaft* (s. Kap. 3) mit der *Unterbringungslandschaft* (s. Kap. 4) und den je nach Lebenslage spezifischen urbanen Praktiken von Geflüchteten, die sich in Strukturen und Prozessen des *Fluchtortes Stadt* einschreiben und diese als komplexe Landschaftskonfigurationen kontinuierlich neu formen. Dafür werden die *Wohnpraktiken* Geflüchteter vorgestellt (Kap. 5), ihre *Lebenslagen und*

Aneignungspraktiken herausgearbeitet (s. Kap. 6) und schließlich bedeutsame Orte am *Fluchtort Stadt* beschrieben (s. Kap. 7). In einer abschließenden Theoretisierung zum *Fluchtort Stadt* werden die Ergebnisse der Studie schließlich zusammengefasst und ein Ausblick auf verbleibende Fragen gegeben (Kap. 8).

Fluchtort Stadt: Theoretische und empirische Zugänge im Forschungsprojekt

2

Ziel des Forschungsprojekts war es, Wechselwirkungen zwischen den verschiedenen Lebenslagendimensionen – Wohnen, Bildung, Arbeit und Gesundheit – sowie den Praktiken der (Orts-)Aneignung von Geflüchteten zu untersuchen und nachzuzeichnen, wie diese Phänomene und Prozesse den *Fluchtort Stadt* prägen. Für die umfassende Rekonstruktion der zu untersuchenden Aneignungspraktiken nehmen wir mit der Verknüpfung stadtsoziologischer und bildungswissenschaftlicher Zugänge eine transdisziplinäre Forschungsperspektive ein. Sie erfasst sowohl städtische Räume und Strukturen als auch die Lebenslagen der Akteur_innen und erlaubt eine Analyse ihrer wechselseitigen Beeinflussung. Das methodologische Konzept der Studie wird in diesem Kapitel anhand der theoretischen Zugänge und des methodischen Vorgehens in der empirischen Erhebung erläutert. Die Theoretisierung des *Fluchtortes Stadt,* wurde in Anlehnung an das Verfahren der *grounded theory*[1] (vgl. Strauss und Corbin 1996) aus Befunden der empirischen Erhebungen entwickelt.

Im ersten Teil dieses Kapitels zeigen wir, wie wir ein *raumtheoretisches Verständnis von Gesellschaft* bzw. gesellschaftlichen Entwicklungsprozessen zum *Fluchtort Stadt* in Beziehung gesetzt haben. Danach wird mit dem *Konzept der Aneignung* eine Perspektive eingeführt, die mikroräumliche Prozesse im Blick hat und den *Fluchtort Stadt* ausgehend von der Fragestellung ergründen kann, wie die Lebenslagen Geflüchteter (räumlich) arrangiert sind.

---

[1]Neuere Ansätze betonen, dass auch eine grounded theory nicht ohne theoretisches Vorwissen auskomme (vgl. Charmaz 2011). Vielmehr formieren sich Ergebnisgewinnung und neue Theoretisierungen aus einer wechselseitigen Befruchtung theoretischen (Vor-)Wissens und empirischer Ergebnisse (ebd.).

© Springer Fachmedien Wiesbaden GmbH, ein Teil von Springer Nature 2019
M. Arouna et al., *Fluchtort Stadt,* https://doi.org/10.1007/978-3-658-26871-8_2

Im zweiten Teil dieses Kapitels werden die *empirischen Zugänge zu Flucht-prozessen in gesellschaftlichen Räumen* dargelegt. Dies beinhaltet das räumliche und soziale Forschungsdesign der Studie, die angewendeten Erhebungs-, Dokumentations- und Auswertungsinstrumente sowie Art und Umfang der Datenanalyse. Die methodischen Ausführungen bieten an dieser Stelle einen Überblick, der durch ausführlichere Angaben zur Interpretation und Theoretisierung des Datenmaterials in den jeweiligen Folgekapiteln ergänzt wird.

2.1 Ort – Stadt – Raum: der *Fluchtort Stadt* als gesellschaftlicher Raum

Der *Fluchtort Stadt* ist als ein (gesellschaftlicher) Raum zu verstehen, der durch materielle, kommunikative, institutionelle und symbolische Strukturen und Prozesse geprägt ist. Ausgangspunkt dieser Überlegung ist die Annahme, dass soziale Räume – und so auch Stadt – nicht statisch und vorgegeben sind, sondern vielmehr „geschaffen und ausgestattet" werden und erst im Prozess und durch die Aneignungspraktiken der Akteur_innen ihre spezifische Bedeutung erlangen (Ipsen 2006, S. 64). Diese Einsicht hat sich spätestens mit dem „cultural turn" in den Sozialwissenschaften etabliert, demzufolge „Räume kulturell geprägt sind und von Menschen sozial konstruiert bzw. rekonstruiert werden" (Christmann und Mahnken 2013, S. 91). „Der Raum ist ein praktizierter Ort, ein Ort, an dem etwas gemacht wird", so formuliert es Susanne Rau in Anlehnung an Michel de Certeaus Unterscheidung von Raum und Ort (2013, S. 112). Stadt oder „Stadtlandschaften" sind mit solch einem raumtheoretischen Zugang infolge der Vielfalt gelebter Praktiken der Akteur_innen grundsätzlich als Ausdruck hybrider gesellschaftlicher Strukturen zu verstehen (Breckner 2016, S. 121).

Die Prozesshaftigkeit städtischer Strukturen und ihrer räumlichen Manifestation zeigt sich darin, dass diese zum einen der Kontext sind, in dem sich Aneignungspraktiken am *Fluchtort Stadt* vollziehen. Zum anderen sind sie aber auch Ausdruck der Aneignungspraktiken, insofern städtische Strukturen und Entwicklungsprozesse mit den Aneignungspraktiken der Akteur_innen in einem ständigen Wechselverhältnis stehen. Überträgt man diese Grundannahme auf den Migrations- bzw. Fluchtkontext, erschließt sich das integrationstheoretische Grundverständnis des Forschungsprojekts: Entgegen der „klassischen Migrationstheorien" orientiert sich die vorliegende Forschung nicht an dem Paradigma ethnisch und kulturell homogener Nationalstaaten, sondern geht – angesichts der faktischen Realität transnationaler Migrationsbewegungen – von bestehender sozialer Heterogenität und funktionaler Hybridität aus (Amelina 2010, S. 263) und bezieht räumliche Aspekte der Lebenslagen sowie deren Auswirkungen auf Möglichkeiten gesellschaftlicher Integration ein. Ein mit Assimilation verknüpftes Integrationsverständnis greift unseres Erachtens zu kurz, da es die Komplexität gesellschaftlicher Prozesse, gesellschaftlichen Zusammenhalts und gesellschaftlicher Zugehörigkeit stark vereinfacht und (Nicht-)Zugehörigkeit oder die ‚Aufforderung zur Integration' entlang vermeintlich eindeutiger Kriterien (‚geflüchtet', ‚nicht-deutsch', ‚muslimisch' etc.) formuliert. Die problematische Unterteilung von ‚uns' und ‚anderen', von ‚eigenem' und ‚fremdem' wird damit reproduziert und verstellt den Blick auf Prozesse und Strukturen urbanen Lebens, die auch den *Fluchtort Stadt* konstituieren (vgl. Hillmann 2018; Janßen 2018). Entgegen geläufiger Diskurse um Integration können Teilhabemöglichkeiten bzw. ihre Chancen oder deren Verwehren nicht auf eine dichotome Differenzierung von ‚Mehrheit' und ‚Minderheit' beschränkt werden. Gesellschaftliche Teilhabe und damit auch Integration vollziehen sich vielmehr im Spiegel einer „Vielfalt von sozialstrukturell und milieuspezifisch differenzierten Mehrheitskulturen" denen ebenfalls „unterschiedliche Minderheitskulturen gegenüber" stehen (Breckner 2018, S. 134). Das Potenzial einer solchen Perspektive liegt in der Anerkennung dessen, dass „gemeinsame Schnittstellen", sowie Anknüpfungspunkte und Differenzen vielschichtiger sind, dass sie widersprüchlich sein können und dass sie dennoch – oder gerade deshalb – in ihrer Gesamtheit zu einer „urbanen Metakultur" beitragen können (ebd. S. 134f.). Für die theoretische Perspektive auf den *Fluchtort Stadt* bedeutet das: Migrations- und fluchtfolgebedingte Prozesse werden als *integraler Bestandteil* von Stadt betrachtet.

Obgleich diese Grundannahme bereits historisch evident ist, wird sie unter dem Paradigma eines mit Assimilation verbundenen Integrationsverständnisses immer wieder infrage gestellt. Stadt wird zwar in der städtischen (vgl. Allemann-Ghionda und Bukow 2011; Bukow et al. 2011, Geisen et al. 2017; Yildiz und Hill 2015) und historischen (vgl. Oltmer 2017) Migrationsforschung als ein seit jeher von Migrationsbewegungen beeinflusster gesellschaftlicher Raum angesehen. „Stadtgeschichten" können gar als „Migrationsgeschichten" gelesen werden (Yildiz 2015, S. 21), dennoch bleibt eine problematisierende Perspektive auf Migration und insbesondere ihre räumlichen Manifestationen verbreitet. Städtische Quartiere, die „sichtbar von Migration geprägt sind" geraten schnell als sogenannte Problemgebiete in Verruf (ebd.). Sofern überhaupt ein Zusammenhang zwischen Raum und Integration hergestellt wird, führt diese Annäherung an die Stadt dazu, dass soziale Ungleichheit in erster Linie als „ethnische Segregation" diskutiert sowie durch gängige Diskurse um „Parallelgesellschaften" und die damit einhergehende (Verlust-)Angst der Mehrheitsgesellschaft weiter problematisiert wird (vgl. dazu kritisch El-Mafaalani und Strohmeier 2015, S. 22). Das verbreitete

Integrationsverständnis kreiert mit der Parallelgesellschaft die Vorstellung von
„angstbesetzten Räumen" (Yildiz 2013, S. 56). Denn, so formuliert es Erol Yildiz,
„Raumideologien dieser Art stellen ein scheinbar verlässliches ethnisch-kulturelles
Rezeptwissen bereit und fungieren im Integrationsbetrieb als Wegweiser der Wahrnehmung" (ebd.). Dieses Bedrohungsszenario spitzt sich im Zusammenhang mit
knappen Ressourcen wie einem eingeschränkten Wohnungsmarkt weiter zu (vgl.
Eckardt 2018).

Derlei Entwicklungen können mithin als Ursache der kontroversen gesellschaftlichen Debatte um Integration gewertet werden, die sich vergleichbar auch im
Fluchtkontext wiederfindet. Führt man sich beispielsweise die Unterbringung von
Geflüchteten in Containern vor Augen, lassen sich Konsequenzen aus der oben
skizzierten räumlichen Manifestation des vorherrschenden Integrationsverständnisses bereits erahnen: Steht ethnische Segregation – wie beispielsweise von Erol
Yildiz (2013) beschrieben – in der gesellschaftlichen Wahrnehmung grundsätzlich konträr zur Integration, lassen sich die Argumentationsmuster der kontroversen Debatten zur Unterbringung von Geflüchteten schnell identifizieren. Für neue
Standorte wird oftmals das Argument der Segregation mobilisiert und dieses einer
ablehnenden Haltung vorgeschoben (vgl. Friedrichs et al. 2017). Letztendlich
müssen diese Prozesse aber auch als Ausdruck einer zunehmenden Gesellschafts-
fähigkeit rassistischer Ressentiments verstanden werden (vgl. Zick et al. 2016;
Olschanski 2015). Hier zeigt sich, dass Akteur_innen mit einem vereinfachten
Integrationsverständnis die Komplexität städtischer Strukturen und sozialer Praktiken vielfach ignorieren und einfachen Deutungen von Migrationsrisiken folgen,
die politisch erfolgreich missbraucht werden. Stadtentwicklungspolitische Maßnahmen im Kontext von Migration und Flucht sehen sich zumeist mit schlichten
Vorstellungen und Diskursen zu Integration konfrontiert (vgl. Schnur 2018), oftmals allerdings ohne ein Wissen darüber, *wie* Geflüchtete sich in der Stadt selbst
verorten, welche Räume ihnen Integration im Sinne eines Ankommens und
gesellschaftlicher Teilhabe ermöglichen, oder diese vielmehr verwehren. Um diesen sowohl makro- als auch mikroräumlichen Prozessen und Strukturen empirisch
nachgehen zu können, werden im Folgenden die raumtheoretischen und anschließend die aneignungstheoretischen Zugänge vorgestellt.

2.1.1   Raumtheoretische Perspektiven auf den *Fluchtort Stadt*

Die raumtheoretische Auseinandersetzung mit gesellschaftlichen Entwicklungsprozessen basiert auf einem relationalen Grundverständnis von Raum und geht

über die statischen mathematischen, physikalischen und geografischen Raum-vorstellungen hinaus (vgl. Läpple 1991, S. 194). Doch auch ein relationales Raumverständnis vermag weder die Bedingungen, die Transformation oder die Aus-gestaltung gesellschaftlicher Räume gänzlich zu erfassen, noch die Beziehungen und das Verhältnis einzelner „Raumelemente" und Akteur_innen zu beschreiben (ebd.). Um für die Analyse gesellschaftlicher Räume und Prozesse fruchtbar gemacht zu werden, ist auch dieses (relationale) Verständnis auf eine konzeptionelle Erweiterung angewiesen, die ihren vielfältigen, sich zum Teil überschneidenden Dynamiken und Prozessen Rechnung trägt. Dieter Läpple formuliert in diesem Zusammenhang die Idee von „Mikro-, Meso- und Makro-Räume[n]", die jeweils unterschiedliche Ebenen und Aspekte in den Blick zu nehmen vermögen (ebd., S. 197 f.): Gemeint sind

• der Mensch „mit seiner räumlichen Leiblichkeit" und seinen „elementaren Raumerfahrungen" (Mikro-Raum) (ebd., S. 197),
• die Lebensbedingungen vor Ort und beispielsweise das gesellschaftliche Leben in einer Stadt (Meso-Raum), sowie
• ein übergeordnetes (internationales) „Raumraster, in das die nationalen, regio-nalen und städtischen Räume eingebunden sind" (Makro-Raum) (ebd., S. 198).

Der Raum konstituiert sich also einerseits in der (relationalen) Anordnung sei-ner materiellen und symbolischen Güter und Personen. Andererseits entsteht er als „soziale Konstruktionsleistung" der Akteur_innen, die ihm seine spezifische und kontextgebundene Bedeutung verleihen (vgl. Braun 2004, S. 24). Diese Komplexität gesellschaftlicher Räume macht es erforderlich, über die (räum-liche) Anordnung und Verteilung materieller Artefakte hinaus zu gehen und auch danach zu fragen, *wie* diese entstanden sind, wie gesellschaftliche Verhältnisse und Strukturen sie beeinflussen, sich entwickeln und dadurch soziales Handeln von Individuen und Gruppen innerhalb und außerhalb von Institutionen prägen. Die Frage nach dem Raum und der Bedeutung von Räumlichkeit geht damit über den (konkreten) Ort hinaus. Hintergrund ist eine konzeptionelle Differenzierung von Ort und Raum, der zufolge der Raum insofern weiter zu fassen ist, als dass er sowohl den „qualitativen" als auch den „gesellschaftlichen Funktions- und Entwicklungszusammenhang" (Läpple 1991, S. 195) einbezieht. Detlev Ipsen unterscheidet beispielsweise zwischen ge- und belebten Orten und funktiona-len Räumen sowie ihrer individuellen und gesellschaftlichen Bedeutung (2006, S. 64 f.); diese Differenzierung ist in der Raumsoziologie verortet und fragt nach der Funktion und Bedeutung gesellschaftlicher Räume in unterschiedlichen sozia-len Handlungskontexten (vgl. Löw 2001; Schroer 2012).

Obwohl der *Fluchtort Stadt* in seiner Spezifik als funktionaler (Flucht-)Raum beschrieben werden könnte, erweist sich dies angesichts vorliegender empirischer Befunde nicht als zielführend (vgl. Läpple 1991, S. 198): Denn gesellschaftliche (Funktions-)Räume überlagern sich und unterliegen wechselseitigen Beeinflussungen und Spannungsverhältnissen (ebd.). Der *Fluchtort Stadt* ist also *sowohl* ein spezifischer Raum, der *jedoch* durch unterschiedliche, sich überlappende Funktionsräume geprägt wird. Denn, so Dieter Läpple, die Komplexität des gesellschaftlichen Raumes zeichnet sich durch eine „Vielzahl gesellschaftlicher Räume" aus (ebd.):

> „Durch die ‚funktionale Spezialisierung' und ‚strukturelle Ausdifferenzierung' gesellschaftlicher Verhältnisse bilden sich verschiedene gesellschaftliche Teilsysteme heraus, also ökonomische, soziale, politische und kulturelle Teilsysteme, die sich wiederum in verschiedene Untersysteme, z. B. in lokale Untersysteme ausdifferenzieren" (ebd. Her. i. O.).

Neben der Differenzierung von Mikro-, Meso- und Makroräumen und der daraus hervorgehenden Vielzahl gesellschaftlicher Funktionsräume, ist auch die von Dieter Läpple entwickelte „Raum-Matrix" (ebd. S. 196) für eine empirische Erschließung von Fluchtorten hilfreich, da sie explizit unterschiedliche Ebenen von Räumlichkeit unterscheidet und so eine genaue Analyse der Komplexität einzelner Orte möglich macht. Der Begriff Matrix wird „in metaphorischer Übertragung seiner ursprünglichen Bedeutung, als ‚Stammmutter' oder ‚ursächliche Kraft'" verwendet, die hier auf die Struktur und Entwicklung gesellschaftlicher Räume übertragen wird (ebd.). Dabei operiert das Konzept mit vier verschiedenen Ebenen von Räumen, die zwar getrennt rekonstruiert und analysiert werden können, aber doch miteinander in Beziehung stehen und demzufolge auch entlang ihrer wechselseitigen Beeinflussungen analysiert werden müssen:

- die *erste Ebene* beinhaltet die „materielle" Ausgestaltung des gesellschaftlichen Raumes, die neben materiellen Dingen und ihren natürlichen Gegebenheiten mit der „körperlichen Leiblichkeit" auch die Akteur_innen selbst berücksichtigt (ebd.);
- die *zweite Ebene* bezieht sich auf die „gesellschaftlichen Interaktions- und Handlungsstrukturen" in Räumen als eine „gesellschaftliche Praxis", welche die Aneignung, Nutzung und Ausgestaltung des materiellen bzw. materialisierten Raumes (mit-)bestimmen (ebd.);
- auf der *dritten Ebene* wirkt ein „institutionalisiertes und normatives Regulationssystem" und stellt eine Verbindung zwischen der materiellen Ausgestaltung des

gesellschaftlichen Raumes (nach Läpple dem „materiellen Substrat") und den Prozessen der „Produktion, Aneignung und Nutzung" eben dieser her (ebd.);
* die *vierte Ebene* bezieht sich auf ein „räumliches Zeichen-, Symbol- und Repräsentationssystem", welches die spezifische Bedeutung materieller Ausgestaltungen markiert und die Nutzung des Raumes dadurch (mit-) strukturiert (ebd., S. 197).

Mithilfe dieser Raum-Matrix ist es möglich, zunächst einzelne Aspekte und räumliche Anordnungen entlang der jeweiligen Ebenen zu rekonstruieren oder auch explizit nach der Funktion oder nach der Bedeutung auf anderen Ebenen zu fragen. Als konkrete räumliche Gegebenheiten interessieren auf der ersten Ebene beispielsweise die Art und Lage des Wohnortes, die materielle Ausgestaltung des Wohnumfeldes, die Bewohner_innen sowie die infrastrukturelle Umgebung für Mobilität, Bildung, Beratung und Zugang zu Arbeit. Das Wohnen einer Familie in einer angemieteten Wohnung in einem zentralen Wohngebiet steht – im Sinne eines maximalkontrastierenden Vergleichs – der Unterkunft einer alleinstehenden Frau in einem Container-Zimmer mit Zweierbelegung in einem Gewerbegebiet gegenüber. Welche Anlaufstellen im Wohnumfeld überhaupt existieren oder in weiterer Entfernung gesucht werden müssen, entscheidet sich dann nach ihrer Relevanz für die individuelle Lebenslage der Geflüchteten und deren Praktiken der Raumaneignung (Ebene drei). Beide Aspekte sind ihrerseits eingebettet in die vor Ort wirksamen gesellschaftlichen Interaktions- und Handlungsstrukturen (Ebene zwei) sowie die materielle und symbolische Ausstattung der Handlungsräume (Ebene vier). Über die unterschiedlichen Ebenen kann also die Komplexität von Räumen und einzelnen Raumelementen zueinander Schritt für Schritt herausgearbeitet werden. Es wird deutlich, dass materielle Ausgestaltungen, wie der konkrete Wohnort oder eine bestimmte Einrichtung/Institution, nicht ‚für sich' stehen. Sie sind vielmehr in individuelle, gesellschaftliche und soziale Handlungsstrukturen eingebunden und einer übergreifenden Organisationsstruktur sowie einem symbolischen Ordnungs- und Repräsentationssystem untergeordnet. Die differenzierte Analyse der verschiedenen Ebenen vermag das Handeln bzw. die Aneignungspraktiken der Akteur_innen genauso in den Blick zu nehmen, wie durch Strukturen von Macht und Herrschaft (re-)produzierte Grenzen und Ausschlussmechanismen. Im Hinblick auf die Anwendung relationaler Raumkonzepte wird im Anschluss an Markus Schroer (2009, S. 364 ff.) auf das Risiko verwiesen, dass diese „von einer permanenten Raumkonstruktion" ausgingen, Räume jedoch „nicht ständig und nicht für alle Akteure neu zu konstruieren oder zu verändern" seien (Tunsch 2015, S. 80). Da sich dieser Widerspruch nicht auflösen lässt, ist es für die empirische Analyse besonders wichtig, machtvolle Strukturen und subjektive Handlungsweisen konsequent zueinander ins Verhältnis zu setzen.

Weiterhin können Räume sowie das soziale Handeln im Raum als kontext-gebunden und situativ betrachtet werden: Denn auch dort wo Räume nicht ver-ändert oder neu konstruiert werden können, wird der Raum möglicherweise implizit verhandelt. Bestimmte Handlungsstrategien könnten als (potenziell) subversiver Akt gegenüber der scheinbaren Unveränderbarkeit des Raumes inter-pretiert werden. Dass Räume – oder vielmehr spezifische Räume von bestimmten Akteur_innen – nicht verändert werden können, heißt nicht, dass die Akteur_innen diesen unterlegen sind. Eine solche Annahme würde beispielsweise Geflüchtete als handlungsunfähige Subjekte in einer Opferposition festschreiben, obwohl es vielen trotz restriktiver gesetzlicher, politischer und administrativer Regulationen und vielfacher Ausgrenzungsmechanismen gelingt, Handlungsperspektiven zu ent-wickeln und damit ihren Status als handlungsfähige Subjekte unter Beweis zu stel-len. Im Fluchtkontext ist insbesondere auf die machtvollen Effekte der politisch, ökonomisch und kulturell regulativen dritten Ebene zu verweisen, die Ein- und Ausschlüsse erkennbar bestimmen. Dabei lassen sich die regulativen Mechanis-men kaum auf einen spezifischen Funktionsraum beschränken, es greifen vielmehr unterschiedliche Handlungsebenen ineinander und können für das Individuum letztendlich weitreichende Folgen nach sich ziehen.

Das in den vorherigen Ausführungen bereits angeklungene komplexe Verhältnis von Macht und Subjekt führt dazu, dass gelebte Orte ob ihrer räumlichen Funktion bisweilen unterschiedliche Qualitäten und zum Teil widersprüchliche Bedeutungen haben (vgl. Ipsen 2006, S. 62). Das von Geflüchteten als fremdbestimmend erlebte Aufsuchen von bestimmten Orten (Unterbringungsort, Ausländerbehörde) erfüllt fluchtpolitisch bzw. rechtlich gesehen eine ganz andere Funktion: Sowohl die an Unterbringungsstandorten als auch in Ausländerbehörden praktizierten Mechanis-men dienen – politisch gesehen – der Aufrechterhaltung bestehender lokaler oder nationaler Ordnungen. Sie erfolgen in Abhängigkeit von landes- bzw. kommunal-politischen Entscheidungen bzw. bundesweiter asyl- und ausländerrechtlicher Gesetze und Verordnungen. Ausschlaggebend ist hier insbesondere die dritte, ordnungsgebende Ebene, die das Verhältnis unterschiedlicher Akteur_innen und Institutionen zueinander strukturiert. Dies führt zu einer hierarchischen Konstel-lation sowohl zwischen Geflüchteten und politischen Entscheidungsträgern oder auch in der Triade von Beratenden im sozialräumlichen Umfeld, Geflüchteten und politisch-rechtlichen Vorgaben. Dass die Ausgestaltung von Allianzen oder wechsel-seitigen Beeinflussungen in solch machtvolle Strukturen eingebettet ist, konkretisiert sich exemplarisch in der Frage danach, wessen Interessen jeweils mehr Gewicht zukommt: dem Bleibewunsch eines Geflüchteten gegenüber einem negativen Bescheid des „Bundesamtes für Migration und Flüchtlinge" (BAMF) oder gegen-über der Unterkunftszuweisung durch die zuständige städtische Institution „fördern und wohnen" (f&w). Individuelle Bedeutungen solcher Regulationen bedürfen der empirischen Untersuchung, da die Praxis der Behörden durchaus widersprüchlich, für die Betroffenen oft schwer einschätzbar sein und zudem gravierende Konsequenzen nach sich ziehen kann. Nicht zuletzt verdeutlichen die machtvollen Strukturen, inwiefern es lohnenswert ist, neben der Analyse einzelner Ebenen auch die mikro- bis makroräumlichen Prozesse im Bewusstsein zu behalten und beispielsweise danach zu fragen, inwiefern konkretes Handeln asyl-, aufenthalts-, arbeits- und unterbringungsrechtlichen Vorgaben und Gesetzen unterliegt oder in (globale) Netzwerk- und Beziehungsstrukturen eingeordnet sein kann.

Der raumtheoretische Zugang zum *Fluchtort Stadt* geht insofern über konkrete Orte hinaus, als dass die Bedeutung von Orten, der Kontext und die verschiedenen räumlichen Ebenen in die Analysen einfließen: Konkrete Orte und einzelne Funktionsräume überschneiden sich, sind in mikro- bis makroräumliche Strukturen eingebunden, die in individuellen und gesellschaftlichen Prozessen Wirkung entfalten. Die relationale Raumvorstellung erfordert, den Raum als ‚Sozialraum' aufzufassen und auf die Rekonstruktion des *Fluchtortes Stadt* zu übertragen. Denn die mathematisch-euklidische Konzeption des Containerraumes oder eine Abgeschlossenheit des „Nationalstaats als Behälterraum" (Tunsch 2015, S. 80) bleiben im Fluchtkontext nur insofern relevant, als die Unterbringungspolitik nach wie vor eng mit dem Container – und so auch mit der Abgeschlossenheit und Symbolik des Containers – verknüpft bleibt und Zuwanderungs- und Migrationspolitik sich nach wie vor an ihren nationalstaatlichen Grenzen und Interessen orientiert. Sie sind Teil der institutionalisierten Strukturen am *Fluchtort Stadt,* die es genauso wie die Räume zu identifizieren gilt, die für Geflüchtete als Akteur_innen relevant sind und individuell eine spezifische Bedeutung erhalten können. Denn neben den bereits genannten fremdbestimmten Orten existieren auch solche, die sich geflüchtete Menschen in ihrem Handeln aneignen, die dem Aufbau sozialer Netzwerke, dem Informationsgewinn, der Freizeit oder schlicht dem Bestreiten des alltäglichen Lebens dienen. Der vorgestellte raumtheoretische Ansatz eignet sich als analytische Perspektive auf den *Fluchtort Stadt,* weil er empirisch sowohl einzelne Lebenslagendimensionen in den Blick nehmen kann als auch Zugang zur Spezifik und Komplexität eines Ortes und seiner Bedeutung ermöglicht.

2.1.2   Theoretische Zugänge zu Aneignungspraktiken Geflüchteter

Wenn Räume nicht als gegeben vorausgesetzt, sondern als Resultat „von Konstruktionsprozessen" verstanden werden, stellt sich nicht nur die Frage nach

ihrer Struktur, sondern genauso nach ihrer Bedeutung, ihrer sozialen Wirklichkeit (Gottschalk et al. 2018, S. 8). In diesem Moment ihrer sozialen Produktion
kommt die Aneignung von Räumen ins Spiel, die Aenne Gottschalk et al. in ihrer
intersektionalen Verknüpfung raum- und genderspezifischer Konstruktions- und
Konstitutionsprozesse im Anschluss an Henri Lefebvre deutlich machen: Mit dem
Verweis auf die (Re-)Produktion des Sozialen und die Auffassung des sozialen
Raumes als einem gesellschaftlichen Raum, kann Räumlichkeit nicht mehr allein
im „materiellen Sinne der Produktionsmittel" aufgefasst werden (ebd., S. 16).
„Vielmehr wird Raum nach Lefebvre fortlaufend in Aneignungsprozessen produziert" (ebd.). Im Umkehrschluss bezieht sich die Aneignungsperspektive gleichermaßen auf die Bedeutung und Funktion von Räumen sowie auf die Frage, wie
diese genutzt und sich ‚zu eigen' gemacht werden:

> „Wenn von places oder Orten die Rede ist, wird der Blick darauf gelenkt, dass
> Räume nicht quantifiziert oder rational erklärt werden können, sondern auch sinn-
> lich erfahrbar, mit subjektiven Imaginationen aufgeladen und von individuellen
> Geschichten geprägt sind" (Kemper und Vogelpohl 2013, S. 21 f.).

Über Aneignungspraktiken wird in der Untersuchung von Stadt eine Verbindung
hergestellt zwischen räumlichen Arrangements bzw. Strukturen und den Lebenslagen der Akteur_innen. Die empirische Analyse von Aneignungspraktiken eröffnet
die Möglichkeit, Geflüchtete nicht nur als Akteur_innen zu berücksichtigen, sondern auch den *Fluchtort Stadt* ausgehend von den Lebenslagen der ihn gestaltenden
Akteur_innen zu erkunden. Damit können sowohl relevante gesellschaftliche
Strukturen und Prozesse nachgezeichnet, Orte und ihre Bedeutung erfasst sowie
individuelle Praktiken der Bewältigung von Fluchtsituationen rekonstruiert werden.
   Aneignungspraktiken sind immer auch räumlich arrangiert und beziehen –
anders als die klassischen Integrations- und Bildungstheorien – gelebte Orte, städtische Strukturen und die Stadt als Handlungsort mit ein. Aneignung steht nach
Ulrich Deinet und Christian Reutlinger (2004, S. 7) „als Begriff für die subjektive
aktive Gestaltung und Veränderung von Räumen und Territorien". In der Konkre-
tisierung des Aneignungskonzeptes beziehen sich diese Autoren auf Ansätze, die
eine Verbindung zwischen Subjekt und Sozialraum herstellen, und somit für einen
sozialpädagogischen Bildungsbegriff fruchtbar gemacht werden können (ebd.).
Den Bildungsaspekt des Aneignungskonzeptes beschreiben sie wie folgt:

> „Die in Räumen bzw. in räumlichen Bedingungen (im Sinne von physisch-materiellen,
> sozialen und subjektiven Rahmenbedingungen des Handelns) eingelagerten gesellschaft-
> lichen Bedeutungen werden im Aneignungsprozess entschlüsselt, Räume umgedeutet
> und damit ist ‚Aneignung' auch als Bildungsprozess im Raum zu verstehen, ausgehend
> von einem breiten Bildungsverständnis" (ebd., S. 8).

Wie (welche) Räume erschlossen werden (können) und welche Bedeutung diesen im Aneignungsprozess beigemessen wird, ist abhängig von dem Hintergrund individueller biografischer Herausforderungen, den physisch-materiellen und sozialen Gegebenheiten des Raumes und so auch von den sozialstrukturellen Gegebenheiten des Wohn- und Lebensumfeldes oder des Quartiers (ebd., S. 9 f.). Dabei unterliegt die Strukturierung des gesellschaftlichen Raumes, wie bereits skizziert, vielfältigen Prozessen von Macht und Herrschaft, deren institutionelle Barrieren gerade im Fluchtkontext Exklusionsmechanismen (re-)produzieren und gesellschaftliche Teilhabe verwehren, erschweren oder den Ausschluss legitimieren können. Solche Feinheiten sind insofern von Bedeutung, als verwehrte Teilhabe politisch begründet sein kann und über die fehlende Arbeitserlaubnis in Verbindung mit einem unzureichenden Aufenthaltstitel rechtlich ‚legitimiert' wird. Teilhabe (beispielsweise am Arbeitsmarkt) kann ebenso aufgrund impliziter Exklusionsmechanismen verwehrt bleiben, wenn z. B. die individuelle Familiensituation keine Arbeitsaufnahme ermöglicht, wenn persönlich keine langfristige Perspektive gesehen werden kann und die Menschen schlichtweg resignieren, oder wenn jemand die ‚falsche' Hautfarbe bzw. nicht erwünschte Sprachkompetenzen besitzt.

Die Lebenslage Flucht ist mit einer Vielzahl institutioneller Hürden und Barrieren verknüpft, mit denen sich Geflüchtete als Akteur_innen konfrontiert sehen. Dabei berücksichtigt die Aneignungsperspektive gleichermaßen die „biographischen Bewältigungsformen" (Reutlinger 2004, S. 121) wie auch die räumlichen Arrangements, also die „*(An)Ordnung* von gesellschaftlich produzierten materiellen und symbolischen Gütern und Menschen" und ihr Verhältnis zueinander (Braun 2004, S. 24; Herv. i. O.). Das Aneignungskonzept eignet sich auch als Brücke zwischen bildungswissenschaftlichen und stadtsoziologischen Zugängen zum *Fluchtort Stadt*. Diese produktive Allianz kann einerseits neuere Ansätze der agency- oder subjektorientierten Fluchtforschung ergänzen, die insbesondere im bildungswissenschaftlichen Kontext zu finden sind (vgl. Korntheuer 2016). Andererseits erweitert sie raumtheoretische Zugänge zum Gegenstand Flucht um eine Akzentuierung der Perspektiven von Akteur_innen im Handlungskontext. Denn in raumtheoretisch ausgerichteten Analysen z. B. der Folgen von Rassismus auf Nachbarschaft (vgl. Eckardt 2018) sowie in topografischen Perspektiven auf das (europäische) Migrations- und Grenzregime (vgl. Barboza et al. 2016, Kühnemund 2018) bleiben die Sichtweisen der Geflüchteten als Akteur_innen unterbelichtet. Diesen Analysen gegenüber nimmt der gewählte Ansatz der Untersuchung von Aneignungspraktiken insofern eine andere Perspektive ein, als dass der raumtheoretische Zugang mit den Sicht- und Handlungsweisen der Geflüchteten als Akteur_innen zusammengeführt wird. Aneignung wird als Konzept genutzt, welches die „eigentätige Auseinandersetzung" einer insbesondere räumlich arrangierten „materiellen und symbolischen Kultur" erfasst (Deinet und Reutlinger 2004, S. 7). Aneignung als konkrete Praktik, als (individuelle) Handlungsweise oder Strategie, lenkt den Fokus also auf die (individuelle) Bedeutung und Bewältigung städtischer Strukturen und ihrer räumlichen Gegebenheiten. Der Erkenntnisgewinn liegt darin, dass die Lebenslagen von Geflüchteten in der Stadt als Grundlage genommen und der *Fluchtort Stadt* insbesondere entlang der Perspektiven der (Haupt-)Akteur_innen – nämlich der Geflüchteten – erforscht wird.

2.2 Empirische Zugänge zum *Fluchtort Stadt*

Die theoretische Diskussion zu Aneignungspraktiken und zur systematischen Strukturierung gesellschaftlicher Räume hat einen Eindruck der Konzepte vermittelt, die ihrerseits in der Analyse des *Fluchtortes Stadt* zum Tragen kommen. Offen bleibt allerdings die Frage, *wie* das komplexe raumtheoretische Konzept empirisch umgesetzt werden kann, um die verschiedenen Dimensionen von Fluchträumen und deren Aneignungspraktiken zu erfassen. Detlev Ipsens Auseinandersetzung mit „Ort und Landschaft" regte uns dazu an, zunächst das Verhältnis (von Ort und Landschaft) zur „Lebenswelt" und zu „Politik und Ökonomie" theoretisch zu betrachten (2006, S. 63). Auch er stellt in der Frage nach der Bedeutung und Funktion des Raumes eine Verbindung zwischen individueller und gesellschaftlicher Ebene her. Um nun den vielfältigen Prozessen der „gesellschaftliche[n] Konstruktion von Raum" in der Empirie analytisch näher zu kommen und diese angemessen beschreiben zu können, plädiert er für eine Orientierung am Landschaftsbegriff (ebd., S. 71).

Landschaft bezieht sich nach Ipsen sowohl „auf die Materialität des Raumes als auch auf die Konstruktion eines Bildes von einem Raum" (ebd., S. 72). Diese Doppeldeutigkeit bietet für die Analyse gesellschaftlicher Räume die Möglichkeit, sowohl die materialisierte Ausgestaltung des Raumes zu erfassen und auch – eben im Sinne der „Konstruktion eines Bildes von einem Raum" (ebd.) – die Wahrnehmung, Nutzung und die dadurch stattfindende Strukturierung des Raumes zu rekonstruieren und darzustellen. Der Landschaftsbegriff verbindet die an die Natur geknüpfte topografische bzw. materialisierte Landschaft mit deren „soziale[r] Konstruktion", die insbesondere den soziologischen Zugang zu räumlichen Forschungsgegenständen bestimmt (ebd., S. 73). Besonders interessant für die Arbeit mit dem Landschaftsbegriff ist die von Detlef Ipsen rekonstruierte „Empirie des semantischen Feldes einer modularisierten Landschaft" (ebd., S. 159): In der „modulare[n] Landschaft" überschneiden und überlagern sich verschiedene

Landschaften sowie verschiedene Vorstellungen und Ausgestaltungen eines solchen „Moduls" (ebd., S. 153).

Die unterschiedlichen Analyseebenen gesellschaftlicher Räume sind also auch für eine Beschreibung von Landschaften anschlussfähig und können in der Systematisierung einzelner ‚Module' berücksichtigt werden. Denn auch der Landschaftsbegriff ist auf (s)eine sozialräumliche Perspektive angewiesen, um alle beteiligten Akteur_innen berücksichtigen zu können (vgl. Reutlinger 2009, S. 119 f.). Obgleich Ipsen mit einem klassischen Landschaftsbegriff und -verständnis arbeitet, also in erster Linie die natürliche und auch bauliche Ausgestaltung der Landschaft fokussiert, beschreibt er den Landschaftsbegriff in der Empirie als ein Feld „modularisierter Landschaften", die sich „in konzentrischen Kreisen (...) um den Naturkern" legen (Ipsen 2006, S. 158): Zusammengefasst ließen sich diese einordnen in „bauliche Elemente", „soziale Strukturen" und „Kultur" (ebd., S. 159), die damit auch „soziale und politische Organisationen" sowie die Geschichten, Klänge, Abbildungen und Symbole einbeziehen, welche eine Landschaft prägen (ebd., S. 158).

In einer Übertragung des raumtheoretischen Ansatzes auf den *Fluchtort Stadt* als empirisches Feld kann der Landschaftsbegriff die soziale Strukturierung unterschiedlicher Ebenen betonen. Im Sinne modularisierter Landschaften kann so die Landschaft spezifischer sozialer Strukturen rekonstruiert und die Komplexität des *Fluchtorts Stadt* differenzierter betrachtet werden: Verschiedene Diskurse und Praktiken von institutionellen und individuellen Akteur_innen im Fluchtkontext lassen sich differenziert herausarbeiten und auf die Lebenslagendimensionen der Geflüchteten beziehen. Die Verknüpfung all dieser Befunde ergibt schließlich die Landschaft der Strukturen, Prozesse und Akteur_innen am *Fluchtort Stadt* und erklärt – so unsere Hoffnung – die komplexe Herausforderung seiner empirischen Erhebung und praktischen Gestaltung. Die vorliegende Studie fokussiert empirisch sowohl die Struktur des *Fluchtortes Stadt* als auch institutionelle und sozialräumliche Prozesse im thematischen Kontext von Flucht und Stadt. Untersucht wird, wie die *Landschaft* des *Fluchtortes Stadt* strukturell und prozessual geformt ist und welche Aneignungspraktiken von Geflüchteten dabei eine zentrale gestaltende Rolle spielen.

2.2.1 Das methodische Design der Studie

Die empirische Studie zum *Fluchtort Stadt* wurde im Stadtstaat Hamburg in zwei ausgewählten Untersuchungsgebieten durchgeführt. Der forschungspraktische Vorteil eines Stadtstaates liegt darin, dass gleichzeitig sowohl die landespolitische als auch die kommunale Praxis erfasst werden konnten, die in Flächenstaaten aufgrund vielfältiger regionaler Ausdifferenzierungen nur schwer erhoben werden können. Zentral waren dabei zwei exemplarische Bezirke, Hamburg-Mitte und Altona, die aus unterschiedlichen Gründen als geeignete Untersuchungsgebiete bereits im Forschungskonzept festgelegt waren: Beide Bezirke bilden die Vielfalt städtischer Lebensräume ab und sind durch ein breites Spektrum aktueller und früherer Zuwanderung geprägt. Sie erfassen mit einer Vielzahl von Stadtteilen sowohl randstädtische und ärmere Quartiere – in Hamburg-Mitte sind dies z. B. Billstedt und Rothenburgsort, in Altona Teile von Altona-Altstadt sowie Lurup – und verfügen außerdem über Wohngebiete der gehobenen Mittel- und Oberschichten (z. B. die HafenCity in Hamburg-Mitte sowie Blankenese und Othmarschen in Altona). In beiden Untersuchungsgebieten existierten schon vor den fluchtpolitischen Entwicklungen ab Sommer/Herbst 2015 mehrere Unterkünfte für Geflüchtete – sowohl Erstaufnahmeeinrichtungen als auch Folgeunterkünfte –, die im Verlauf der Jahre 2015/2016 um weitere Unterkünfte für Geflüchtete ausgebaut wurden. Gerade im Bereich der Folgeunterkünfte gab es einen sprunghaften Anstieg. Die Tab. 2.1 und 2.2 vermitteln dazu einen Überblick:

Die Anzahl von neuzugewanderten Geflüchteten, die in Hamburg ab Herbst 2015 im gesamten Stadtgebiet versorgt und untergebracht werden mussten, war entsprechend der bundesweiten Zuwanderungszahlen sehr hoch: Gegenüber knapp 6000 Geflüchteten im Jahr 2014 waren es über 21.000 im Jahr 2015 (vgl. ZKF 2017). Für Dezember 2016 ergibt sich daraus eine Gesamtzahl von rund 13.000 Geflüchteten in Erstaufnahmeeinrichtungen und knapp 27.000 Geflüchteten in Folgeunterkünften (ebd.).

Tab. 2.1 Erstaufnahmen in den Untersuchungsgebieten

	Anzahl Erstaufnahmen in Hamburg-Mitte	Anzahl Erstaufnahmen in Altona
Stichtag 31.12.2014	2	1
Stichtag 31.12.2016	3	3

(Quelle: eigene Recherchen)

Tab. 2.2 Folgeunterkünfte in den Untersuchungsgebieten

	Anzahl Folgeunterkünfte in Hamburg-Mitte	Anzahl Folgeunterkünfte in Altona
Stichtag 31.12.2014	10	12
Stichtag 31.12.2016	20	17

(Quelle: eigene Recherchen)

Kurzinfo: Unterbringung von Geflüchteten in Hamburg
Seit 2016 erfolgt die Registrierung von neu zugereisten oder Hamburg zugewiesenen Geflüchteten im sogenannten *Ankunftszentrum* in Hamburg-Rahlstedt. Zuvor – und damit für unsere Zielgruppe relevant – mussten sich Geflüchtete in einer Zentralen Erstaufnahmeeinrichtung (ZEA) registrieren lassen und wurden dann einer *Erstaufnahmeeinrichtung* (EA) zugewiesen. Spätestens nach sechs Monaten – mit regulärem Aufenthaltstitel auch schon vorher – ist potenziell ein Umzug in eigenen Wohnraum möglich. Allerdings folgt in der Regel ein Transfer in eine *Folgeunterkunft* (FU): Hierbei handelt es sich um Einrichtungen der *öffentlich-rechtlichen Unterbringung,* die von dem städtischen Träger „fördern und wohnen" (f&w) betrieben werden, der auch für die meisten Erstaufnahmeeinrichtungen sowie für die Unterbringung aller Wohnungslosen zuständig ist.

Das Forschungsvorhaben war als qualitativ-heuristische Feldstudie angelegt, die im Sinne des theoretical-sampling-Prozesses schrittweise im Forschungsprozess weiterentwickelt und ausgebaut wurde. Aufgrund der bereits genannten hohen Zuwanderungszahlen war der Erhebungszeitraum sowie die Zeit unmittelbar davor durch eine dynamische Entwicklung auf flüchtlingspolitischer und lokaler Ebene gekennzeichnet, mit der immer wieder neue Veränderungen einhergingen. Gemeinhin wird diese Phase aufgrund der unerwartet hohen Zuwanderungszahlen Geflüchteter in den Medien als ‚Ausnahmesituation' oder ‚Krise' beschrieben (vgl. Heinemann und Unger 2017). Doch greift dieses quantitativ argumentierende Begründungsmuster zu kurz, da das gesellschaftlich als ‚Flüchtlingskrise' bezeichnete Ereignis vielmehr das Ergebnis einer langjährigen Vernachlässigung der Zuwanderung durch Geflüchtete darstellt. Die nationale Politik im Bereich Flucht und Asyl verfolgte mehrheitlich das Ziel der Eindämmung respektive Abschreckung. Integration war auf allen politischen Entscheidungsebenen am ehesten Gegenstand programmatischer Konzepte, deren operationale Umsetzung in Bundesländern und Kommunen sich sehr unterschiedlich vollzog und die Zielgruppe der Geflüchteten vielerorts gar nicht im Blick hatte. Das Zusammenspiel der unterschiedlichen politischen Orientierungen und administrativen Praktiken hatte für unsere Erhebung folgende Konsequenzen: Hamburg befand sich aufgrund der hohen Anzahl Geflüchteter sowie mangelnder verlässlicher institutioneller und administrativer Strukturen ab Sommer/Herbst 2015 in einer Ausnahmesituation, die wir begrifflich als *Übergangsphase* definiert haben. Der *Fluchtort Stadt* erwies sich zunächst in erheblichem Maße von Provisorien bestimmt; erst allmählich entstanden u. a. durch zivilgesellschaftliche Unterstützung sowie Protestaktivitäten eine Vielzahl neuer Projekte, Institutionen, Maßnahmen und nicht zuletzt auch Unterbringungsmöglichkeiten. Dadurch trat in unserem Forschungsfeld eine hohe Anzahl neuer Akteur_ innen auf, deren Konzepte und Praktiken wir uns – trotz vorhandener Vorkenntnisse und Forschungserfahrungen in dem Themenfeld – größtenteils neu erschließen mussten. Ausgehend vom Wohnen wurde – wie vorgesehen – nach Wechselwirkungen mit den Dimensionen Bildung, Arbeit und Gesundheit gesucht, um die in dem Vorhaben zentrale Frage zu beantworten, wie verschiedene Lebenslagendimensionen und Praktiken der (Orts-)Aneignung von Geflüchteten ineinandergreifen und wie diese den *Fluchtort Stadt* prägen. Das Forschungsdesign wurde dafür den Veränderungen im Feld angepasst und der Umfang der Datenerhebung von den vorgesehenen zehn Interviews mit Expert_innen und 25 Interviews mit Geflüchteten erheblich erweitert. Die Erhebung konzentrierte sich auf folgende drei Kernbereiche:

- die *Analyse der institutionellen und zivilgesellschaftlichen Akteurslandschaft,*
- die *Untersuchung der Unterbringungslandschaft* in den gewählten Hamburger Untersuchungsgebieten und
- die *Rekonstruktion von Lebenslagen und Aneignungspraktiken* unterschiedlicher Geflüchteter.

Um die thematischen Felder so detailliert wie möglich zu erfassen, wurden unterschiedliche Erhebungsverfahren mittels Methodentriangulation kombiniert. So konnte eine möglichst umfassende Variation von Strukturen, Prozessen und Perspektiven eingefangen werden (vgl. Kleining 1995, S. 236 ff.).

Die Untersuchung der Struktur des *Fluchtortes Stadt* und der Akteurslandschaft stützt sich auf 17 protokollierte explorative Expert_innengespräche und 13 transkribierte Expert_inneninterviews (vgl. Bogner und Menz 2009) mit Vertreterinnen und Vertretern städtischer Flüchtlingspolitik sowie der (wohlfahrts-) staatlichen und zivilgesellschaftlichen Flüchtlingsarbeit. Ergänzt wurden diese durch eine umfangreiche Dokumentenanalyse zur Rekonstruktion städtischer flüchtlingspolitischer Diskurse und Entscheidungen.

Die Analyse der Unterbringungslandschaft basiert auf exemplarischen Erhebungen an 15 Unterbringungsstandorten und ihrer jeweiligen städtischen Umgebung. Dafür nutzten wir 15 protokollierte Expert_innengespräche mit Leitungspersonal von Unterkünften (zwei Erstaufnahmeeinrichtungen, je eine in den beiden bezirklichen Untersuchungsgebieten, sowie 13 Einrichtungen der Folgeunterbringung), die Begehung der genannten Unterkünfte, Beobachtungen in deren Umfeld und Sekundäranalysen soziodemografischer Daten des jeweiligen Stadtteils bzw. Bezirks. Ergebnisse dieses

Arbeitsschrittes wurden in Texten, umfangreichen Tabellen, Bildern und Karten dokumentiert und für die weitere Analyse und Interpretation ausgewertet.

Die Lebenslagen und Aneignungspraktiken von Geflüchteten wurden mittels
27 leitfadengestützter episodischer Interviews mit 32 Personen erschlossen (vgl.
Flick 2007, S. 238). Ergänzend erfolgte eine Skizzierung und Kartierung der
Wohnraumnutzung – sofern die Interviews in der Wohnung der Geflüchteten
stattfanden –, um ihre Wohnbedingungen und ihre Wohnpraxis auch bildlich zu
erfassen. Schließlich wurden Orte, die sich im Fluchtkontext im Anschluss an
unsere Analysen als besonders relevant erwiesen haben, in einer abschließenden
Beschreibung genauer in den Blick genommen.

2.2.2 Zur methodischen Praxis der Datenerhebung und -auswertung

Der Feldzugang gestaltet sich im Fluchtkontext bisweilen als schwierig, was,
je nach Zielgruppe, unterschiedliche Hintergründe haben kann (s. dazu ausführlich die Ausführungen zum Feldzugang in den jeweiligen Kapiteln): Für die
Zielgruppe der Expert_innen ist festzuhalten, dass das Fluchthema vielerorts
Neuland war und die Ausrichtung der Flüchtlingspolitik zum damaligen Zeitpunkt – im Jahr 2016 – nahezu omnipräsent war und gesellschaftlich und medial
stark diskutiert wurde. Im Bereich der Versorgung wurde insbesondere der Unterbringungspolitik gesellschaftlich viel Kritik entgegengebracht, sei es aufgrund von
Missständen in der Versorgung oder aufgrund der Planung neuer Unterbringungsstandorte etc. Zeitgleich erhöhten sich durch die Relevanz der Thematik Anfragen
aus dem wissenschaftlichen Bereich und auch das mediale Interesse stieg enorm
an. Besonders im Unterbringungsbereich zog sich aus den genannten Gründen das
Prozedere hin, eine Genehmigung zugesprochen zu bekommen, um letztendlich an
unterschiedlichen Unterbringungsstandorten Erhebungen durchführen zu dürfen;
es musste erst Vertrauen in das Forschungssetting gewonnen werden und durch
die breit angelegte Studie sowie die Einbindung in die unterschiedlichen politischen und institutionellen Entscheidungsebenen überzeugt werden. Entscheidend
im Zugang zu den Expert_innen war es also, von der Relevanz des Forschungsprojekts und seiner qualitativen Ausrichtung zu überzeugen. Denn das Funktionieren oder auch Schwierigkeiten und Hindernisse jeder flüchtlingspolitischen
Maßnahme lassen sich erst dann als solche identifizieren, wenn Einzelfälle einen
genauen Einblick dahin gehend bieten, wie, warum, wann, wo und inwiefern
Zugänge möglich waren oder doch verhindert wurden. Zu der Zielgruppe der
Geflüchteten gestaltete sich der Zugang ebenfalls als schwierig, obgleich die

Hintergründe in diesem Feld anderer Natur sind: Aufgrund der oftmals ohnehin prekären Lebenslage, gerade im Zusammenhang mit aufenthaltsrechtlichen Schwierigkeiten und Unsicherheiten, stellt sich seitens der Geflüchteten die Frage, wem man sich überhaupt anvertrauen kann und was man bereit ist zu thematisieren. Bestimmte Themen können mit traumatischen Erfahrungen verbunden sein, gerade das Thema familialer Beziehungen wurde aus diesen Gründen von uns nur ‚vorsichtig' angesprochen. Weiterhin ist das Führen von Interviews gerade im Asylkontext schwierig, da Geflüchtete auch im Verfahren ‚interviewt' werden. Anekdotisch dazu erwiderte ein von uns angesprochener Geflüchteter, der sich zu einem Interview bereit erklärte, über den Ort des Interviews wisse er Bescheid, sein Anwalt hätte ihn bereits darüber informiert. Obgleich dieses Missverständnis schnell geklärt werden konnte, zeigt es doch, mit welchen Assoziationen die Anfragen nach ‚Interviews' verknüpft sein können. Bewährt hat sich für die Erhebung die Zusammenarbeit mit muttersprachlichen Dolmetscher_innen, der erste Zugang war dadurch leichter, Vertrauen konnte schneller aufgebaut werden. Grundsätzlich ist das Thema Sprache in solch mehrsprachigen Settings eine Herausforderung, letztendlich haben wir einige Interviews auf Deutsch, andere in unterschiedlichen Muttersprachen geführt; ob diese eher Satz für Satz rückübersetzt oder längere Passagen von den Dolmetscher_innen zusammengefasst wurden – auch um den Redefluss und eine möglichst natürliche Gesprächssituation nicht zu stören – hing von der jeweiligen Interviewsituation und den Kompetenzen bezüglich Strategien der Interviewführung der Dolmetscher_innen ab.

Der Datenkorpus umfasste neben den Protokollen der Expert_innengespräche sowie den Transkripten der Interviews mit den Geflüchteten und Expert_innen ein umfangreiches eigens erstelltes Kartenmaterial sowie Stadtteil- und Standortbeschreibungen. In Anlehnung an die *grounded theory* (vgl. Glaser und Strauss 1967) sowie die entdeckende Sozialforschung (vgl. Kleining 1995) wurden die Daten durch „permanentes Vergleichen" (Glaser und Strauss 1967, S. 102 ff.) auf Gemeinsamkeiten und Unterschiede hin analysiert. Die Phasen der Erhebung und Auswertung griffen dabei ineinander, sodass erste (vorläufige) Codierungen bereits auf neue Aspekte und Kriterien aufmerksam machen konnten, die dann für die weitere Erhebung berücksichtigt wurden. Die Codierungs- und Analyseschritte wurden weiter fortgesetzt, erste Ergebnisse und übergeordnete Codes in Karten, Notizen und vorläufigen Texten festgehalten und schließlich mit zunehmendem Abstraktionsgrad die Daten auf der Metaebene zusammengefasst und in Ergebnissen zum *Fluchtort Stadt* theoretisiert.

Institutionelle Struktur und Akteurslandschaft 3

In diesem Kapitel werden die institutionellen Strukturen und die Akteurslandschaften vorgestellt, die in den Hamburger Untersuchungsgebieten die Lebenslagen von Geflüchteten beeinflussen. Für die übergeordneten Forschungsfragen nach dem Ineinandergreifen der Lebenslagendimensionen, den Praktiken der (Orts-)Aneignung von Geflüchteten und wie diese den *Fluchtort Stadt* prägen, wird mit den dafür geführten explorativen Gesprächen und Interviews eine wichtige Grundlage gelegt. Erst der Zugang über die politische, administrative und zivilgesellschaftliche Ausgestaltung des Fluchtkontexts ermöglicht es, das breite Feld der Lebenslagen von Geflüchteten zu erschließen: Die in diesem Kapitel vorrangig rekonstruierte Meso- und Makro-Ebene gesellschaftlicher Räume (Läpple 1991, S. 198) zeigt, welche Strukturen am *Fluchtort Stadt* in welchen Prozessen wirksam werden und wie sich Handlungsebenen räumlich und funktional überlagern, in denen sich letztendlich die Aneignungspraktiken von Geflüchteten konstituieren. Im Kern beantwortet dieses Kapitel die Frage, *wie das Thema Flucht gesellschaftlich verhandelt und politisch-administrativ umgesetzt wird.* Wie prägen gesellschaftliche Diskurse den gesamtstädtischen Fluchtkontext, den (politischen) Umgang mit Geflüchteten und demzufolge den Lebensraum der Geflüchteten? Die dafür geführten Expert_inneninterviews und -gespräche (vgl. Bogner und Menz 2009) wurden um die Analyse von Dokumenten zur lokalen und überregionalen Flucht- und Integrationspolitik ergänzt. In der Auswertung richtete sich der analytische Fokus auf Strukturen und Prozesse in der (flüchtlingspolitischen) Landschaft, die sowohl in Textform als auch in Grafiken dargestellt werden, um Zuständigkeiten auf verschiedenen flüchtlingspolitischen Handlungsebenen zu verdeutlichen und Hierarchien, Zusammenhänge und Verknüpfungen zu rekonstruieren.

© Springer Fachmedien Wiesbaden GmbH, ein Teil von Springer Nature 2019
M. Arouna et al., *Fluchtort Stadt*, https://doi.org/10.1007/978-3-658-26871-8_3

Die Präsentation der Ergebnisse zielt darauf ab, relevante politische und administrative Akteur_innen herauszufiltern, die als Individuen, Gruppen oder Vertreter_innen von Institutionen Hamburg als *Fluchtort Stadt* gestalten. Obgleich der Fokus in der Erhebung auf den Lebenslagendimensionen Wohnen, Bildung, Arbeit und Gesundheit lag und sich die Differenzierung der genannten Dimensionen für die Analyse bewährt hat, ließ sich diese Unterteilung aufgrund der Verschränkung der Dimensionen in der Auswertung und Ergebnisdarstellung nicht konsequent durchhalten. Entsprechend werden eher übergeordnete bzw. quer zu den Lebenslagendimensionen liegende Diskurse, Strukturen und Prozesse herausgearbeitet, die auf diese Dimensionen einwirken. Ferner ließ sich die Beschränkung auf die bereits genannten Untersuchungsgebiete – Hamburg-Mitte und Altona – in diesem Kapitel nicht immer realisieren, da bestimmte Praktiken, Maßnahmen, Institutionen sowie Diskurse nicht auf lokale Handlungsfelder reduziert werden können. Die Landschaft der am *Fluchtort Stadt* wirksamen Akteur_ innen enthält auch gesamtstädtisch tätige Institutionen und Strukturen, und die durchgeführte Dokumentenanalyse zur Identifikation einschlägiger Diskurse um das Thema Flucht bezieht sich bisweilen ebenfalls auf den gesamten Hamburger sowie teilweise sogar auf den (inter-)nationalen Kontext.

Im Folgenden werden zunächst Art und Umfang der Datenerhebung skizziert und im zweiten Teil des Kapitels die Flüchtlingspolitik als Rahmenbedingungen der Aneignung städtischer Räume beschrieben sowie Spezifika des Hamburger Stadtstaates vorgestellt. Im dritten Teil widmen wir uns den landespolitischen Handlungsansätzen und diskutieren die diese maßgeblich prägenden Diskurse und Akteur_innen, ergänzend dazu werden im vierten Teil die zivilgesellschaftlichen Handlungsansätze vorgestellt. Schließlich stehen im fünften Teil dieses Kapitels die institutionellen Akteure und Zuständigkeiten im Fokus: Es wird herausgearbeitet, wie die Zugänge zu den Bereichen Wohnen, Bildung, Arbeit und Gesundheit geregelt und welche Institutionen und Akteur_innen jeweils relevant sind. Abschließend werden das institutionelle und informelle Setting am *Fluchtort Stadt* zusammenfassend bewertet.

3.1   Datenerhebung und befragte Expert_innen

Die folgenden Angaben zu Art und Umfang der Datenerhebung bieten zunächst einen – anonymisierten – Überblick zu den von uns befragten Expert_innen und ihren Zuständigkeiten. Es sei darauf hingewiesen, dass die Expert_innen an dieser Stelle nur genannt werden; ausführlich werden die für den *Fluchtort Stadt* relevanten Institutionen, in denen auch einzelne Expert_innen verortet sind, in den

Folgeabschnitten beschrieben. Als explorative Expert_innengespräche und -inter-views orientierten sich diese Erhebungen an der Zielsetzung, einen möglichst breiten Eindruck der institutionellen Akteurslandschaft zu gewinnen. Es ging also weniger darum, alle Institutionen mit Interviews und Gesprächen abzudecken, da dies mit den Kapazitäten des Projekts nicht realisierbar war, sondern vielmehr um die vielfältigen Facetten, Einblicke und Zuständigkeiten im städtischen Flucht-kontext.

Wie bereits in der Vorstellung des Forschungsprojekts erwähnt, haben wir das Design der Datenerhebung insofern an die veränderten Bedingungen infolge der gestiegenen Zuwanderungszahlen angepasst, als zunächst eine Vielzahl neuer im Fluchtkontext relevanter Akteur_innen und Institutionen ausfindig gemacht wer-den musste. Insgesamt wurden

- 17 protokollierte Expert_innengespräche, zum Teil ergänzt durch Ortserkun-dungen, und
- 13 protokollierte und transkribierte Expert_inneninterviews (vgl. Meuser und Nagel 1991) geführt.[1]

Mit einer durchschnittlichen Dauer von etwa 45 Minuten waren die Expert_inneninterviews deutlich kürzer als die Interviews mit den Geflüchteten, die mit-unter mehrere Stunden dauerten. Ergänzend fanden 15 protokollierte Gespräche mit Unterkunftsleitungen statt, deren Einrichtungen mittels ethnografischer Standortbegehungen und Kartierung untersucht wurden.[2] Da wir uns in diesem Kapitel weniger auf das Thema ‚Unterbringung' konzentrieren, sondern viel-mehr die allgemeinen administrativen Zuständigkeiten rekonstruieren, sind die Gespräche mit Unterkunftsleitungen hier nicht mit aufgeführt. Angaben zur Erhebung, Analyse und Auswertung dieser Gespräche werden erst im Folge-kapitel zur Unterbringungslandschaft dargelegt (s. Kap. 4).

Zum Teil gestaltete sich der Zugang zu einzelnen Expert_innen respektive ihrer Institutionen als schwierig, obgleich zusammenfassend festgehalten werden muss, dass alle von uns interviewten Personen letztendlich dem Vorhaben gegen-über aufgeschlossen waren: Das Forschungsprojekt stieß auf großes Interesse, da in Bezug auf den *Fluchtort Stadt* noch kein systematisch erarbeitetes und doku-mentiertes Wissen vorlag. Die Schwierigkeiten im Feldzugang sind zum einen auf

---

[1]Eine Übersicht zum Sample der Expert_innen findet sich im Anhang.
[2]Für einen Überblick zum methodischen Design der Studie s. Abschn. 2.2.1.

die bereits genannte Komplexität der ‚Übergangsphase' zurückzuführen. Denn die fluchtpolitischen (Neu-)Ordnungen und Umstrukturierungen haben dazu geführt, dass sich viele Institutionen aufgrund der veränderten Arbeitsaufgaben mit einem erheblichen Verwaltungsaufwand konfrontiert sahen. Die Kapazitäten waren vielerorts ausgelastet mit Personaleinstellungen, der Sicherstellung von Schul- und Kitaplätzen oder der Bereitstellung von Unterbringungsstandorten – um hier nur einige Beispiele zu nennen. Zum anderen dominierten in der schwierigen Situation des Übergangs auch Ängste, durch wissenschaftliche Forschung bei Fehlentwicklungen ertappt zu werden. Vor diesem Hintergrund waren zu Beginn der Untersuchung langwierige vertrauensbildende Maßnahmen auf unterschiedlichen politischen und institutionellen Entscheidungsebenen erforderlich.

Die insgesamt 30 Gesprächs- und Interviewkontakte mit Expert_innen, teilweise auch mit mehreren Personen gleichzeitig, sind ganz unterschiedlichen Bereichen zuzuordnen. Sie decken mit Gesprächspartner_innen aus einzelnen Landesministerien (in Hamburg Fachbehörden), aus der bezirklichen Verwaltung sowie aus städtischen, teilstaatlichen und freien Trägern sowohl das Feld der behördlichen Strukturen auf gesamtstädtischer und bezirklicher Ebene ab, als auch ein breites Spektrum nichtstaatlicher und zivilgesellschaftlicher Akteur_innen. Im Detail kontaktiert wurden als:

- *Ministerien:* die „Behörde für Arbeit, Soziales, Familie und Integration" (BASFI) und die „Behörde für Stadtentwicklung und Wohnen" (BSW),
- *bezirkliche Verwaltung:* die Bezirksämter Hamburg-Mitte und Altona, das Quartiersmanagement Bahrenfeld sowie die Sozialraumkoordination in den Bezirken Hamburg-Mitte und Altona, die Fachstelle für Wohnungsnotfälle,
- *städtische Träger und Institutionen:* der „Zentrale Koordinierungsstab Flüchtlinge" (ZKF), Personen im Dienst der Hamburger Schulbehörde (BSB), das Projekt „Work and Integration for Refugees" (W.I.R.), die für öffentlich-rechtliche Unterbringung in Hamburg zuständige Institution „fördern und wohnen" (f&w), die lokale Handwerks- und Handelskammer, das Gesundheitsamt sowie das Hamburger Flüchtlingszentrum (FZ) und als
- *freie Träger und Organisationen:* das Diakonische Werk Hamburg, Wohnungsbaugenossenschaften, der Verband Norddeutscher Wohnungsunternehmen e. V., Koordinationsstellen für Ehrenamtliche, die Beratungsstelle FLAKS, ein Imam sowie die Lawaetz Stiftung als Betreiberin der „Wohnbrücke".

Differenziert man die Interview- und Gesprächskontakte zusammenfassend nach ihrer institutionellen bzw. administrativen Zugehörigkeit, ergibt sich ein Bild wie in Tab. 3.1 dargestellt:

Tab. 3.1 Interview- und Gesprächskontakte nach institutioneller bzw. administrativer Zugehörigkeit

	Ministerien	Bezirkliche Verwaltung	Städtische Träger und Institutionen	Freie Träger und Institutionen	Gesamt
Anzahl Expert_inneninterviews und -gespräche	2	7	10	11	30

Dass damit bei Weitem nicht alle Akteur_innen abgedeckt sind, die im Fluchtkontext arbeiten, versteht sich von selbst. Das institutionelle Feld umfasst jedoch die ministerielle Ebene und verschiedene bezirkliche Verwaltungsstellen, die Gesprächskontakte mit städtischen sowie freien Trägern und Institutionen sind in vergleichbarer Anzahl repräsentiert. Hierzu zählen auch ausgewählte kommunale Akteur_innen, die nur in einem spezifischen sozialräumlichen Kontext agieren.

Städtische Strukturen und institutionelle Hierarchien, die den Fluchtkontext prägen, bildet dieses Sampling insofern ab, als auf der einen Seite mit den Ministerien die höchste politische und verwaltungstechnische Instanz berücksichtigt wurde, die das (städtische) fluchtpolitische Geschehen konzeptionell gestaltet und auch die bundesweiten Richtlinien, rechtlichen Vorgaben und Neuerungen umsetzt. Auf der anderen Seite wurden die niedrigschwelligen Angebote im Sozialraum einbezogen, die eine (aufsuchende) (Flüchtlings-)Sozialarbeit leisten. Darunter fiel die Wahl auf einzelne Koordinationsstellen (Quartiersmanagement und Ehrenamtlichenkoordination), sowie einzelne Beratungsstellen, die aufgrund ihrer inhaltlichen Ausrichtung – Beratung für Frauen bzw. Beratung für Geflüchtete mit Behinderung/psychischen Belastungen – nicht nur konkret im Sozialraum aktiv sind, sondern darüber hinaus allen Geflüchteten, die in die jeweilige Zielgruppe passen, bei Bedarf als Ansprechpartner dienen.

Mit Blick auf die Lebenslagendimensionen bietet eine Differenzierung entlang inhaltlicher Zuständigkeiten (s. Tab. 3.2) einen ersten Eindruck, wie die thematischen Schwerpunkte der Expert_innen verteilt sind:

Tab. 3.2 Interview- und Gesprächskontakte nach inhaltlicher Zuständigkeit

Inhaltliche Zuständigkeit	Wohnen	Bildung	Arbeit	Gesundheit	Sonstige	Gesamt
Anzahl der Expert_inneninterviews und -gespräche	6	4	4	2	14	30

Die Zentralität des Wohnens findet sich auch in der Auswahl der Expert_innen wieder, während Gesundheit durch das zentrale Gesundheitsamt mit wenigen Interviewkontakten abgedeckt werden konnte. In dieser Übersicht wurden nur Institutionen berücksichtigt, die sich ausschließlich einem der genannten Themen zuordnen ließen. Das erklärt erstens die vergleichsweise höhere Zahl der 14 „sonstigen" Interviewkontakte, deren Zuständigkeit sich nicht auf eine der lebensweltlichen Dimensionen beschränkt, und impliziert zweitens, dass sich die „sonstigen" Institutionen *auch* (aber eben nicht schwerpunktmäßig) mit den Aspekten Wohnen, Bildung, Arbeit oder Gesundheit befassen.

Wie in Tab. 3.3 angegeben, erwiesen sich nur fünf der insgesamt 30 befragten Expert_innen ausschließlich für das Thema Flucht zuständig, zwei davon auf der Ebene der Verwaltung, zwei hinsichtlich ihrer Angebote für die Zielgruppe Geflüchtete.

Die dargestellte Vielfalt inhaltlicher Zuständigkeiten und Überschneidungen im Bereich Flucht provoziert die Frage nach einer übergeordneten Strukturierung einzelner Verantwortlichkeiten, Angebote und Maßnahmen und deren Einfluss auf die Akteurslandschaft am Fluchtort Hamburg. Inwiefern werden Geflüchtete als Teil der Gesellschaft und so auch des Regelsystems begriffen? Welche Funktion nehmen (welche) Parallelsysteme oder einzelne Akteur_innen ein und wie ist das jeweilige Aufgabenfeld zu deuten?

Um diese Fragen in Bezug auf die städtische Flüchtlingspolitik und ihre Akteur_innen zu beantworten, haben wir außer den Interviews eine umfangreiche Dokumentenanalyse durchgeführt. Neben diversen im Internet frei zugänglichen Informationen und Drucksachen der Hamburger Bürgerschaft wurden thematische Broschüren einzelner Institutionen sowie Dokumente zu medialen Diskursen in Bezug auf Flucht ausgewertet. Ergänzend wurden einschlägige Publikationen und bundesweite Erhebungen analysiert und die Entwicklung in wissenschaftlichen Fluchtdiskursen beobachtet. Letztere dienten der Vergleichbarkeit der eigenen Ergebnisse sowie dazu, stadtübergreifende Strukturen und Einflussfelder zu identifizieren.

Tab. 3.3 Interview- und Gesprächskontakte nach fluchtspezifischer Zuständigkeit

	Anzahl (gesamt)	Bereich: Verwaltung	Bereich: Sozial-arbeit/Beratungs-stelle	Gegründet/initi-iert seit 2015
Fluchtspezi-fische Institution/ Zuständigkeit	5 (von 30)	2	3	4

Im Folgenden werden zunächst Grundzüge der städtischen Flüchtlingspolitik skizziert, zu der – wie erwähnt – auch einzelne Expert_innen befragt wurden. Anschließend erfolgen eine Beschreibung zivilgesellschaftlicher Handlungsansätze und schließlich die Vorstellung der am *Fluchtort Stadt* relevanten Institutionen.

3.2   Flüchtlingspolitik als Rahmenbedingung der Aneignung städtischer Räume

Städtische Flüchtlingspolitik und die Aneignung von Lebensräumen durch Geflüchtete hängen insofern zusammen, als die lokale und nationale Politik maßgeblich den Rahmen setzen, in dem Geflüchteten unterschiedliche Lebensbereiche zugänglich sind. Sie entscheiden über die (rechtlichen) Grundlagen einer kurz-, mittel- oder langfristigen Perspektive der Geflüchteten und damit auch über ihre Möglichkeiten, sich die Stadt als Wohn- und Lebensort anzueignen. Wie beurteilen die Expert_innen die flüchtlingspolitische Situation insbesondere in Hamburg, aber auch in der Bundesrepublik? Welche Herausforderungen werden wahrgenommen, wer befasst sich überhaupt mit den Lebenslagen Geflüchteter und inwiefern?

3.2.1   Spezifika des Hamburger Stadtstaates

In einem föderalen Staat wie Deutschland sind die verschiedenen Ebenen der politischen Entscheidungen einerseits getrennt voneinander, andererseits aber auch als sich gegenseitig beeinflussend zu betrachten. Hannes Schammann bezeichnet dieses Gefüge im Hinblick auf den Themenbereich Flucht auch als „Flickenteppich deutscher Flüchtlingspolitik" (Schammann 2015, S. 26). Dieser Flickenteppich ist in seiner Struktur durch einen grundlegenden Zwiespalt gekennzeichnet, der sich aus der Aufteilung von Zuständigkeiten an verschiedene Bundes- und Landesministerien sowie kommunale Entscheidungsträger ergibt:

„Die Federführung für das AsylbLG hat auf Bundesebene das Bundesministerium für Arbeit und Soziales. Die Verantwortung für asyl- und aufenthaltsrechtliche Fragen sowie die Fachaufsicht über das BAMF liegt dagegen beim Bundesministerium des Innern. In dieser Ressortzuständigkeit manifestiert sich ein grundlegendes Spannungsverhältnis zwischen einem wohlfahrtsstaatlichen Ansatz auf der einen Seite (Versorgung und arbeitsmarktorientierte Integration) und einem ordnungsrechtlichen auf der anderen (Migrationskontrolle). Dieser Konflikt prägt die Flüchtlingspolitik auf Bundesebene und setzt sich, da er dort institutionell nicht gelöst wird, als ständiges Ringen um Kohärenz auf Ebene der Länder und Kommunen fort." (Schammann 2015, S. 27).

In der Konsequenz bedeutet das, dass es keine bundeseinheitliche Flüchtlings-
und Integrationspolitik gibt. Vielmehr ist die konkrete Ausgestaltung auf kommunaler Ebene entscheidend dafür, welche Spielräume für Aneignungspraktiken
gegeben sind und welche Barrieren die Lebenslagen der Geflüchteten vor Ort
beeinflussen (vgl. Schammann und Kühn 2016, S. 3). Da diese Ausgestaltung
auf kommunaler Ebene sehr unterschiedlich und teilweise widersprüchlich
erfolgt, wobei nach Hannes Schammann und Boris Kühn (ebd., S. 4) seit 2015
zunehmend Bemühungen um Kohärenz festzustellen sind, ist es notwendig, die
Struktur des *Fluchtortes Stadt* regional zu konkretisieren. In Stadtstaaten verteilen sich diese Zuständigkeiten – so auch in Hamburg – neben der Bundesebene
auf die stadtweite Ebene des Landes und die einzelnen Bezirke.

Wie Abb. 3.1 zeigt, stehen sich die Bürgerschaft (als Landesparlament)
und der Senat (als Landesregierung) gegenüber. Die Bürgerschaft ist mit den
gewählten Abgeordneten für den Beschluss der Landesgesetze sowie die Kontrolle des Senats zuständig. Der Senat, geführt vom Hamburger Bürgermeister
oder der Bürgermeisterin und den Senator_innen der elf Behörden, leitet auf

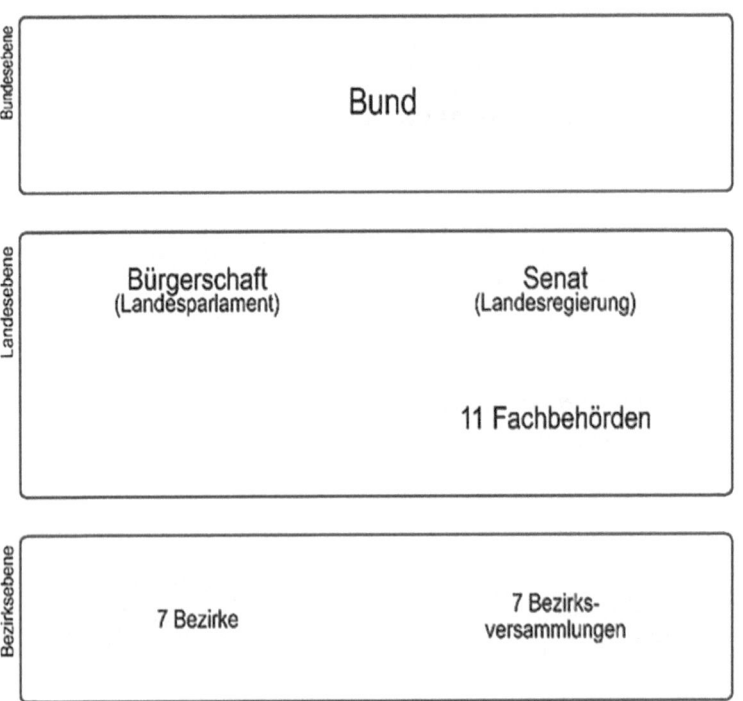

Abb. 3.1 Struktur des Stadtstaats Hamburg. (Quelle: eigene Darstellung)

ministerieller Ebene die städtische Verwaltung und ist für die Umsetzung der von der Bürgerschaft verabschiedeten Gesetze verantwortlich. Neben der Landesebene kommt insbesondere den Bezirken – sozusagen auf kommunaler Ebene – eine entscheidende Funktion in der Verwaltung und Umsetzung einzelner Maßnahmen zu. In Hamburg gibt es insgesamt sieben Bezirke mit einer Spannweite von rund 129.000 bis ca. 435.000 Einwohner_innen, zwei davon wurden – wie gesagt – für diese Studie als zentrale Untersuchungsgebiete ausgewählt (s. Abschn. 2.2.1). Die Bezirke sind mit den Bezirksversammlungen für die Umsetzung der den Bezirk betreffenden Gesetze betraut. Ansprechpartner für die Anwohner_innen im Bezirk sind die Bezirksämter mit ihren diversen Unterabteilungen. Ein auf Bezirksebene tätiger Experte bezeichnete die Bezirke als „Unterabteilungen der Finanzbehörde", da diese über die finanziellen Handlungsspielräume der Bezirke entscheidet. In fachlichen Fragen sind die Bezirke darüber hinaus an Vorgaben der jeweiligen Fachbehörden gebunden. Der Senat kann auch Anliegen an sich nehmen, die Bezirke betreffen, aber von gesamtstädtischer Bedeutung sind. In solchen Fällen gehen die Entscheidungen und entsprechende Maßnahmen sozusagen am Bezirk vorbei und werden direkt vom Senat als höchster Instanz verordnet (Hintergrund ist das sog. ‚Evokationsrecht').

Um die Ausrichtung und Umsetzung der hamburgischen Flüchtlings- und Integrationspolitik zu verstehen, sowie die Bedeutung und Funktion einzelner Akteur_innen und Institutionen einordnen zu können, werden im Folgenden der landespolitische Ansatz und einschlägige Diskurslinien vorgestellt und diskutiert.

3.3 Der landespolitische Ansatz in Hamburg

In diesem Abschnitt stehen Fragen der inhaltlichen Ausrichtung landespolitischer Integrationspolitik zur Diskussion, die die Handlungsspielräume der Bezirke maßgeblich mitbestimmt. Einführend wird mit den „Unterkünften mit der Perspektive Wohnen" (UPW) eine Spezifik der Hamburger Unterbringungspolitik skizziert, die den integrations- und flüchtlingspolitischen Diskurs wesentlich geprägt hat. Es wird auf die sog. Bürgerverträge eingegangen und abschließend das Hamburger „Integrationskonzept" in seiner neuesten Fassung (vgl. BASFI 2017) diskutiert.

Die Analyse des landespolitischen Ansatzes schließt sich an die Entwicklung städtischer Integrations- und Flüchtlingsdiskurse sowie die entsprechende politische Ausrichtung an: Im Zuge der erhöhten Zuwanderungszahlen ab 2015 hat es Proteste gegeben, die sich auch in der praktischen Umsetzung des Integrationskonzeptes niedergeschlagen haben: Der Protest formierte sich zunächst auf stadtteil- und bezirklicher Ebene, dann aber im Rahmen eines stadtweit agierenden Bündnisses, der sog. „Initiativen für erfolgreiche Integration" (IFI), das in kurzer Zeit die notwendigen Unterschriften für ein Referendum gegen die Hamburger

Integrationspolitik gesammelt hat. Aus Sorge um eine fortschreitende Polarisierung und Instrumentalisierung des flüchtlingspolitischen Diskurses, hat sich die Landespolitik auf einen Verhandlungsprozess mit der Initiative eingelassen: Die Fraktionsvorsitzenden der in Koalition regierenden Parteien haben mit der Protestinitiative Bürgerverträge ausgehandelt, die in diesem Kapitel ausführlicher analysiert werden. Durch diese Praxis hat sich die städtische Flüchtlings- und Integrationspolitik – zusätzlich zu bundesweiten Vorgaben – in Bezug auf die Unterbringungspraxis auch von demokratisch nicht legitimierten Protestgruppen abhängig gemacht.

3.3.1 Die „Unterkünfte mit der Perspektive Wohnen"

Eine wichtige Rolle in der landespolitischen Entwicklung des Fluchtkontextes kommt dem neuen Konzept zur Einrichtung von UPW zu, das der Senat im Oktober 2015 beschlossen hat. Hier kooperieren Flüchtlings- und Stadtentwicklungspolitik und versuchen, den mittel- bis langfristig hohen Bedarf an Unterbringungskapazitäten sowie an Sozialwohnungen besser abzudecken. Befragte Expert_innen waren sich nahezu einig, dass dieses Konzept ein wichtiger flüchtlings-, stadtentwicklungs- und sozialpolitischer Schritt sei: Denn es handelt sich hierbei um Wohnungen, die im Standard des sozialen Wohnungsbaus errichtet und zunächst vom städtischen Unterkunftsbetreiber „fördern und wohnen" (f&w) als Unterkünfte der öffentlich-rechtlichen Unterbringung mit entsprechend dichterer Belegung betrieben werden. Der Nutzungsvertrag mit f&w ist für 15 Jahre abgeschlossen, anschließend sollen die Wohnungen als reguläre Sozialwohnungen vermietet werden. Geflüchtete in der öffentlich-rechtlichen Unterbringung können bei Umwandlung der UPW in Sozialwohnungen einen regulären Mietvertrag erhalten.

Kritiker – insbesondere die protestierenden Bürgerinitiativen – bemängelten von Beginn an die Größe der geplanten UPW, verbunden mit der geäußerten Sorge, dass so viele Geflüchtete an einem Ort nicht ‚integriert' werden können. Ferner wurde eine Missachtung des geltenden Planungsrechts kritisiert: Die Nutzung als öffentlich-rechtliche *Unterbringung* ermöglicht nach einer neuen bundesgesetzlichen Entscheidung zunächst einen Verzicht auf ein zeitintensives Planungsverfahren, da es sich nicht um regulären *Wohnraum* handelt. Das geltende Planungs- und Prüfverfahren kann parallel zur Unterkunftsnutzung durchgeführt werden, bleibt aber Voraussetzung für die Überführung der Unterkünfte in Sozialwohnungen. Erst nach erfolgreich abgeschlossenem Verfahren können einzelne Wohnungen – sofern freie Kapazitäten es zulassen – auch schon früher sukzessive als reguläre (Sozial–) Wohnungen vermietet werden. Langfristig ist in den Sozialwohnungen eine gemischte Belegung vorgesehen, um eine vermutete Kumulation sozialer Problemlagen in Quartieren zu vermeiden. Mit dieser Annahme wird die Vorstellung von Migration als potenzieller Gefahr reproduziert und nicht zur Kenntnis genommen, dass Personen mit ,Migrationshintergrund' oder unterschiedlicher ,ethnischer/nationaler/religiöser Zugehörigkeit' eine Heterogenität aufweisen, die auch die Hamburger Ankunftsgesellschaft längst charakterisiert.

3.3.2 Die Bürgerverträge[3]

Der Protest der Bürgerinitiativen in einigen Hamburger Stadtteilen formierte sich ab Herbst 2015 zunächst gegen einzelne geplante Unterkünfte für Geflüchtete. Da der Senat unter Berufung auf seine Aufnahmeverpflichtung die Bauprojekte trotz der Proteste weiter vorantrieb, schlossen sich einige dieser Bürgergruppen zu dem bereits erwähnten Verbund IFI zusammen. Laut eigenen Angaben verfolgt der Verbund das Ziel, „sinnvolle und nachhaltige Maßnahmen zur Flüchtlingsunterbringung" umzusetzen (Bürgerinitiative für Lurup, Osdorf, Bahrenfeld o. J.). Ein Ergebnis dieses Zusammenschlusses war schließlich die Volksinitiative „Hamburg für gute Integration" (HGI). Den Expert_innengesprächen und -interviews zufolge spielte insbesondere die LOB eine tragende Rolle in der Dynamik. Hierbei handelt es sich um eine Bürgerinitiative, in deren Umfeld mit den zum Bezirk Altona gehörenden Stadtteilen Lurup, Osdorf und Bahrenfeld (daher „L-O-B") tatsächlich relativ viele große Unterkünfte entstanden waren (vgl. Sylla 2018, S. 98). Der Zusammenschluss der LOB mit einer anderen Bürgerinitiative „aus einem eher wohlhabenden Stadtteil" im Bezirk Altona (Rissen), in dem es bisher keine Unterkünfte gab, nun aber eine UPW gebaut werden sollte, beflügelte den Bürgerprotest, „nicht zuletzt durch einen verhandlungsgewohnten Sprecher" (ebd.). Auf diese Weise entstand die benannte „Volksinitiative" – eine Bezeichnung, die ein homogenes ,Wir' suggeriert, welches jedoch weder in der Vergangenheit noch heute existiert(e) (ebd.).

Die Initiator_innen verweisen mit dem gewählten Titel „Hamburg für gute Integration" darauf, dass sie die Unterbringung von Geflüchteten in Hamburg

---

[3]Teilweise sind die Ergebnisse dieses Kapitels bereits in dem Beitrag „Neue Akteur*innen der Flüchtlingspolitik – Bürgerinitiativen in Hamburg" von Cornelia Sylla, in der Zeitschrift standpunkt: sozial, Ausgabe 2018/2 erschienen.

nicht grundsätzlich ablehnen, „sondern lediglich die geplanten Bauprojekte für nicht integrationsförderlich halten" (ebd.). Obwohl sich die Volksinitiative somit gegen ausländerfeindliche Strömungen verwahrte und eine humanitäre Aufnahmeverpflichtung anerkannte, ist deren populistische Stimmungsmache nicht von der Hand zu weisen. Um den geplanten Volksentscheid zu umgehen, verhandelten die Fraktionsvorsitzenden der regierenden Parteien in Hamburg mit der HGI über einen Kompromiss: Die sog. Bürgerverträge zwischen dem Senat, dem jeweiligen Bezirksamt und den entsprechenden Bürgerinitiativen wurden für einzelne Stadtteile geschlossen und enthielten Regelungen, wie die Unterbringung an konkreten Standorten organisiert werden solle.

> „Bemerkenswerterweise betrafen die zustande gekommenen Bürgerverträge vor allem diejenigen Unterkünfte, die direkt an Wohngebiete der Initiator_innen der HGI angrenzten. Andere, die teilweise nur einige hundert Meter entfernt, aber in einem Gewerbegebiet lagen, mussten keine Änderungen vornehmen, auch wenn die zahlenmäßige Einschränkung der Unterbringungskapazitäten in dem Kompromiss eigentlich für ganz Hamburg gelten sollte." (ebd.)

Als Beispiel dafür bietet sich ein Vergleich der benachbarten Stadtteile Billwerder und Billbrook in Hamburg-Mitte an, in denen die Umsetzung der Bürgerverträge widersprüchlich erfolgte:

> „Bezeichnenderweise gab es beim Kompromissschluss für Billwerder, wo eine der großen UPW gebaut wurde, einen Bürgervertrag. Im angrenzenden Billbrook, das noch stärker industriell geprägt ist, hingegen nicht, obwohl hier auf engstem Raum mehrere sehr große Unterkünfte in einem Industriegebiet stehen und eine Schule und ein Kindergarten ausschließlich von Kindern aus diesen Einrichtungen besucht werden." (ebd., S. 99).

Im Rahmen der Dokumentenanalyse (insbesondere der Analyse eines Wortprotokolls der Anhörung vor dem Sozialausschuss (vgl. Bürgerschaft der Freien und Hansestadt Hamburg 2016b), konnte herausgearbeitet werden, welche „Positionen die Bürgerinitiativen in dem Feld Flucht und Integration inhaltlich besetzen" (Sylla 2018, S. 100). Weiterhin wurde anhand dessen untersucht, wie sie die Hamburger Flüchtlingspolitik mitbestimmen und inwiefern sie politischen Druck ausübten, um in die ihnen zugesprochenen Positionen zu gelangen. Zum Beispiel konnten auf diesem Weg das Integrationsverständnis der Initiator_innen beschrieben und dahinterstehende kollektive und persönliche Motive aufgedeckt werden (ebd.). Denn es ist davon auszugehen, „dass bereits sprachliche Hinweise ‚Wirklichkeiten produzieren', die sodann das weitere Handeln von Menschen und deren Sicht auf die Wirklichkeiten beeinflussen können" (Böhmer 2016, S. 13; Herv. i. O.).

„Als eines der unbestreitbaren kollektiven Motive dieser Bewegung kann sicherlich Bürgerbeteiligung als demokratisches Grundprinzip angesehen werden", in dessen Genuss auch die zu integrierenden Geflüchteten kommen sollten (Sylla 2018, S. 100): „Gute deutsche Tradition, Partizipation und Mitbestimmung sind wichtige Dinge für mich. Insofern werden wir, unsere Initiative, ganz sicher auch die Flüchtlinge nicht vergessen" (Bürgerschaft der Freien und Hansestadt Hamburg 2016b, S. 11). Vor allem „mangelnde Transparenz vonseiten des Senats und fehlende Bürgerbeteiligung in der Planungsphase" waren dem Wortprotokoll zufolge der Ursprung des Protests durch die Bürgerinitiativen (Sylla 2018, S. 100). „Der Zusammenschluss zur Volksinitiative war nach der vorgebrachten Argumentation eine Folge dieses politischen Versäumnisses. Die Beteiligung der Geflüchteten spielte hier allerdings keine Rolle." (ebd.).

Die HGI listet auf ihrer Internetseite Forderungen auf, die in ihrer Umsetzung eine nachhaltige Integration ermöglichen sollen (vgl. Hamburg für gute Integration o. J.). Das Ziel ist dabei „eine gerechtere Verteilung der Flüchtlingsunterkünfte" (ebd.). Um dies herbeizuführen, werden unter anderem eine maximale Unterbringungszahl von 300 Flüchtlingen pro Unterkunft und ein Mindestabstand von 1000 m zwischen Unterkünften gefordert. Die Begründung beginnt mit folgender Aussage: „Der Zustrom an Flüchtlingen ist eine der größten Herausforderungen der Nachkriegsgeschichte. Sie kann nur durch ein gemeinschaftliches Engagement von Staat und Bürgern bewältigt werden." (ebd.).

Begriffe wie ‚Zustrom' wecken Assoziationen von gesichtslosen Massen an Menschen, die, ähnlich wie Wasserströme, die Gesellschaft zu überfluten drohen. Ebenso bleibt unbenannt, weshalb der Zuzug von Geflüchteten eine solch große Herausforderung darstelle. Damit werden unkonkrete Belastungs- und Bedrohungsassoziationen ermöglicht. Interessant ist außerdem, dass diese vermeintliche Herausforderung durch den Staat und die Bürger_innen bewältigt werden müsse. Hier werden Geflüchtete zum einen nicht als Bürger_innen mitbegriffen, sondern als Teil einer zu bewältigenden Herausforderung. Zum anderen werden diese nicht als gesellschaftliche Akteur_innen anerkannt, die an der Bearbeitung von Konflikten teilhaben könnten.

Die HGI betont, dass „die Unterbringung zehntausender Flüchtlinge ein großes Problem" in einem Stadtstaat wie Hamburg sei (ebd.). Es wird nicht ausgeführt, ob es sich dabei um ein strukturelles Problem, beispielsweise bezüglich baulicher Kapazitäten, handelt, oder um ein normatives. Es wird von einer gerechten Verteilung der Unterkünfte gesprochen, ohne genau zu definieren, was mit ‚gerecht' gemeint ist. Die vertraglich abgesicherten Quantifizierungen lassen jedoch vermuten, dass es sich in Bezug auf Gerechtigkeit um ein angestrebtes Verhältnis zwischen der Anzahl Geflüchteter und Nicht-Geflüchteter in einem Stadtteil handelt. Da unbenannt bleibt, für wen die Verteilung der Unterkünfte gerecht sein soll, scheinen sich die Forderungen nach einer gerechten Verteilung in diesem Zusammenhang an den (zugeschriebenen) Bedürfnissen der nicht-geflüchteten Stadtteilbewohner_innen zu orientieren. Geflüchtete werden dabei als eine Belastung für die Bewohner_innen eines Stadtteiles markiert, die zu bewältigen sei.

Der Widerstand der HGI richtete sich dem offiziellen Tenor folgend gegen das Umgehen geltenden Baurechts durch die Bauvorhaben der UPW: „In Wirklichkeit wollte man hier die Möglichkeit schaffen, Großraumsiedlungen zu bauen in Bereichen, in Bezirken, […] [wo] normales Bauen niemals genehmigt worden wäre" (Bürgerschaft der Freien und Hansestadt Hamburg 2016b, S. 12). Allerdings wurde dieser Widerstand in komplexer Weise mit dem Integrationsthema vermischt, was wiederum persönliche Motive verdecke (vgl. Sylla 2018, S. 101).

> „Gerade durch das intensive Engagement in Stadtteilen, die bisher nur wenig mit der Integration Geflüchteter zu tun hatten, in denen aber die Grundstücke groß und die Grundstückspreise hoch sind, kann der Eindruck entstehen, dass das Integrationsthema zur Legitimation weitaus eigennützigerer Ziele vorgeschoben wird. Auch in den Stadtteilen, in denen mehr Erfahrung mit öffentlich-rechtlicher Unterbringung besteht, oder wo tatsächlich eine ungewöhnlich hohe Anzahl an Unterkunftsplätzen zu verzeichnen ist, fällt auf, dass der Einsatz der HGI überwiegend dort stark ist, wo Unterkünfte direkt an Wohngebiete mit größeren Einfamilienhäusern grenzen." (Sylla 2018, S. 101–102).

Bürgerinitiativen haben sich, wie Abb. 3.2 verdeutlicht, insbesondere in den Gebieten formiert, die einem mittleren oder hohen Statusindex zuzuordnen sind.

Der enorme politische Einfluss der Bürgerinitiativen und Bürgerverträge ist insofern bemerkenswert, als aus dem Bereich zivilgesellschaftlicher Diskurse insbesondere diese Protestgruppen Auswirkungen auf den städtischen flüchtlingspolitischen Diskurs haben. Letztendlich hätte dieses Vorgehen, so eine Mitarbeiterin aus der Stadtverwaltung, zu verhärteten Fronten zwischen Politik und Zivilgesellschaft geführt (eine ausführliche Beschreibung der zivilgesellschaftlichen Handlungsansätze und Akteur_innen erfolgt in Abschn. 3.4).

Nicht zuletzt befindet sich die Ausrichtung der städtischen Flüchtlingspolitik damit in einem Dilemma: Sie ist sich, wie das Konzept der UPW eindeutig zeigt, der Notwendigkeit einer langfristigen Unterkunftsplanung und zusätzlich einem erhöhten Bedarf an Versorgung mit bezahlbarem Wohnraum bewusst und entwickelt Lösungen, darauf zu reagieren. Die durch die Bürgerverträge

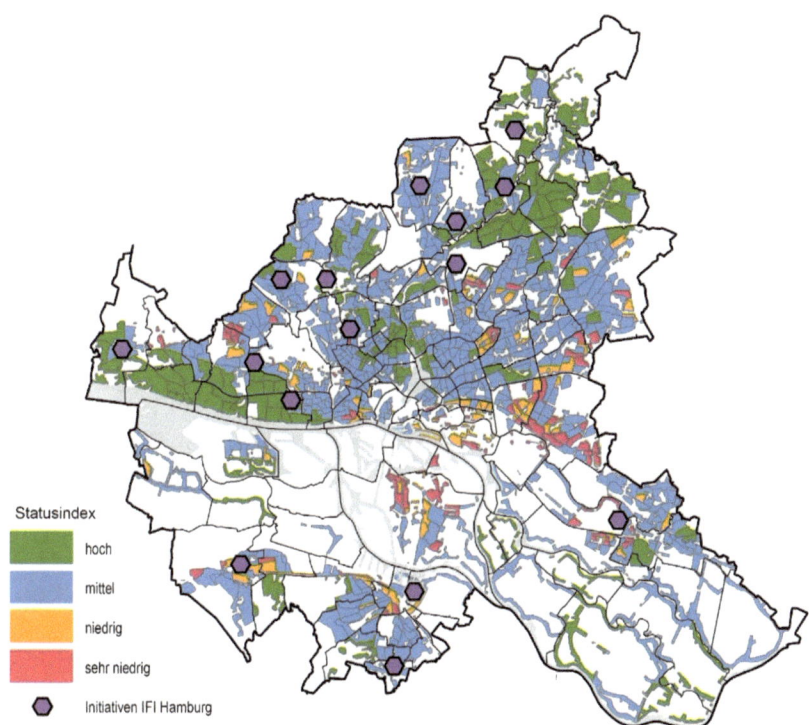

Abb. 3.2 IFI-Bürgerinitiativen im Hamburger Stadtgebiet. (Quelle: Behörde für Stadtent-wicklung und Wohnen, eigene Bearbeitung)

vorgesehenen Einschränkungen aber – wie beispielsweise hinsichtlich der Unter-kunftsgrößen – drohen dazu zu führen, dass Standorte reduziert werden müssen oder ggf. freie Kapazitäten nicht voll ausgenutzt werden können. Der Bedarf an freien Plätzen für Geflüchtete würde sich damit erhöhen, bei Standortschlie-ßungen würde dies gar zu erneuten und unfreiwilligen Umzügen führen. Für die Geflüchteten selbst konterkarieren erzwungene Transfers Bemühungen um Inte-gration, da Betroffene sich in mehrfach wechselnden räumlichen Umgebungen zurechtfinden müssen. Angesichts des ohnehin knappen Wohnraumes stellt sich auch die Frage, wie viele Geflüchtete überhaupt mit angemessenen Wohnungen versorgt werden können. Wenn Geflüchtete keine oder nur temporär eine Woh-nung finden, müssen sie in der öffentlich-rechtlichen Unterbringung bleiben. Ihre Lebenssituation bleibt damit auch längerfristig prekär.

3.3.3   Das Integrationskonzept

Die landesspezifische Ausrichtung der Flüchtlingspolitik abschließend, wird nun
das städtische Integrationskonzept vorgestellt. Obgleich der lokale politische Diskurs nicht ganz losgelöst von bundespolitischen und internationalen Bezügen zu
betrachten ist, weist er auffällige Hamburger Spezifika auf. Bundesweit sind vor
allem zwei Entwicklungen zu verzeichnen, die auch die Hamburger Politik maßgeblich prägen: Zum einen versuchen Politik und Verwaltung zunehmend, sich
mit Ehrenamtlichen aus der sogenannten ‚Flüchtlingshilfe' zusammenzuschlie-
ßen. Mit dieser Entwicklung sollen die ideologischen Gräben überbrückt werden,
die sich aus dem flüchtlingspolitischen Zwiespalt zwischen Verantwortung zur
Hilfeleistung im Rahmen von Asyl und der ordnungspolitischen Regulation von
Migration ergeben (vgl. Schammann und Kühn 2016, S. 35). Es muss allerdings
festgehalten werden, dass das Dilemma der politischen Debatten um Integrationskonzepte damit nicht aufgelöst werden kann: Denn gerade im Kontext von Flucht
und Asyl zeigen sich die Widersprüchlichkeiten zwischen ordnungspolitischen
Ansätzen (ausländer- und asylrechtlichen Regularien) sowie sozialen Aspekten,
wie dem Bemühen um Integration, in besonderer Schärfe.

Zum anderen ist als problematischer Trend der bundesweiten Entwicklungen
die Schaffung der neuen Verwaltungskategorie ‚Bleibeperspektive' zu nennen.
Denn der Zugang zu vielen Integrationsmaßnahmen wird über die „gute Bleibeperspektive" geregelt (vgl. ebd., S. 36). Damit sollte die Integration beschleunigt
werden, da so für bestimmte Menschengruppen der Zugang zu Versorgungs-
leistungen und Beschäftigung schon vor Abschluss des Asylverfahrens ermöglicht
wird. De facto bedeutet diese neue Kategorie jedoch eine juristisch nicht legiti-
mierte Benachteiligung etlicher anderer Gruppen:

„Häufig leben auch Menschen mit schlechter Bleibeperspektive jahrelang gestattet
oder geduldet in der Kommune. Aus kommunaler Perspektive macht es kaum Sinn,
diese von sozialer Teilhabe auszuschließen und durch die Ungleichbehandlung Neid
zwischen Bewohner_innen derselben Unterkünfte zu säen. Aus diesem Grund versuchen viele kommunale und zivilgesellschaftliche Akteure, die Lücken zu füllen
und ein flächendeckendes Integrationsangebot für alle Geflüchteten – unabhängig
von der Bleibeperspektive – zu bieten. Die vermeintliche Vereinfachung auf
Bundesebene produziert somit erheblichen Kosten- und Koordinationsaufwand vor
Ort. Weniger Maßnahmen mit breiterer Zielgruppe und längeren Laufzeiten wären
aus kommunaler Sicht wünschenswert. In manchen Fällen wäre die schnellere Übernahme aller Geflüchteten in Regelstrukturen ebenfalls eine Lösung. Wenn der Bund
dabei Angst vor Fehlinvestitionen hat, gibt es ein einfaches Gegenmittel: schnellere und trotzdem faire Asylverfahren. Dann ist die vage Prognose einer Bleibeperspektive nicht nötig." (Schammann und Kühn 2016, S. 36).

Das politisch dominante Integrationsverständnis der Hansestadt lässt sich am Hamburger Integrationskonzept ablesen, welches seit den frühen 2000er Jahren – Konjunkturen der jeweiligen Integrationspolitik folgend – aktualisiert und insbesondere im Jahr 2017 weiterentwickelt wurde (vgl. BASFI 2017). Ein primärer Unterschied bezieht sich auf den neuen Schwerpunkt der Integration von rechtlich anerkannten Flüchtlingen und jenen mit guter Bleibeperspektive. Weitere Schwerpunkte liegen auf den Themenfeldern Arbeit, Ausbildung und der Konzeption von Quartieren mit neuem Wohnungsbau für Geflüchtete. Dabei sollen die Bedürfnisse von Geflüchteten direkt nach ihrer Ankunft und in den ersten Jahren in Deutschland ein relevanter Gegenstand des Integrationskonzeptes sein. Zudem entstand das neue Hamburger Integrationskonzept in einem Prozess der Bürgerbeteiligung. In diesem Prozess wurden von November 2016 bis März 2017 im Rahmen mehrerer Veranstaltungen mit verschiedenen zivilgesellschaftlichen Akteur_innen thematische Schwerpunkte festgelegt (vgl. ebd., S. 15 f.). Das Verständnis von Bürger_innen schloss in diesem Rahmen Flüchtlinge formell mit ein.

Als Grundlage des Integrationsverständnisses werden im Rahmen des Hamburger Integrationskonzeptes 2017 Wachstum und Vielfalt zwar als Herausforderungen für das räumlich und baulich begrenzte Hamburg gesehen, Prozesse der Integration jedoch als eine Normalität innerhalb der Stadt bezeichnet und eine Problematisierung von Migration abgelehnt (vgl. ebd., S. 9). Integration wird als chancengerechte Teilhabe „von Menschen mit Migrationshintergrund"[4] an den zentralen Bereichen des gesellschaftlichen Lebens gefasst. Die Bezeichnung „chancengerechte Teilhabe" schließt die selbstverständliche Zugehörigkeit zur Gesellschaft und eine uneingeschränkte Teilhabe an allen Bereichen des menschlichen Lebens, besonders in Bezug auf Sprache, Bildung, Ausbildung, Arbeit, Wohnen und Gesundheit ein (vgl. ebd., S. 10). Die interkulturelle Öffnung der Verwaltung und ihrer Institutionen, ebenso wie der Abbau struktureller Diskriminierung und die Schaffung einer diskriminierungsfreien Teilhabe werden im Zuge dessen als zentrale Voraussetzungen für den strukturell gleichberechtigten

---

[4]Der Begriff „Mensch mit Migrationshintergrund" wird aufgrund seiner stigmatisierenden Implikationen an vielen Stellen kritisiert (vgl. hierfür beispielsweise Utlu 2015, S. 445 ff.). Da es sich nachfolgend um eine Wiedergabe und Analyse des spezifischen Integrationsverständnisses des Hamburger Integrationskonzeptes handelt, sollen die in diesem Dokument verwendeten Begrifflichkeiten aber beibehalten – und ggf. problematisiert – werden. Denn anhand der Verwendung dieses Begriffes werden Positionierungen in migrationswissenschaftlichen und -politische Debatten deutlich.

Zugang aller Bürger_innen, und somit auch von Geflüchteten, zu staatlichen Institutionen gesehen. Integration sei jedoch nicht nur eine Aufgabe staatlicher Institutionen, sondern auch der Zivilgesellschaft, die zur interkulturellen Öffnung
ihrer Institutionen und in der Gestaltung sozialer Beziehungen aufgefordert wird
(vgl. ebd., S. 9 f.).

Aus diesem Integrationsverständnis ergeben sich sieben Themenschwerpunkte, denen sich das Hamburger Integrationskonzept aus dem Jahr 2017
besonders intensiv widmet: 1) Einbürgerung und politische Mitgestaltung, 2)
Demokratie und Teilhabe stärken, 3) Bildung von Anfang an, 4) Erfolgreich im
Beruf, 5) Ankommen in der Gesellschaft, Zusammenhalt stärken, 6) Wohnen
und Zusammenleben im Quartier sowie 7) Gesund leben in Hamburg (vgl. ebd.,
S. 20). Die im Zuge dieser Themenschwerpunkte festgelegten Teilziele sollen in
ihrer erfolgreichen Umsetzung durch Indikatoren und Zielwerte messbar gemacht
und erhoben werden. Dies wird besonders konkret im Rahmen eines „Master-
plans" umgesetzt, welcher nach der Forderung des Dachverbandes der IFI erstellt
wurde (vgl. ebd., S. 18 f.).

Im Integrationskonzept werden des Weiteren drei idealtypische Integrationsphasen beschrieben, die vor allem auf den neuen konzeptionellen Bezug auf
Geflüchtete zurückzuführen sind und jeweils differente Integrationsanforderungen
beinhalten (vgl. ebd. S. 11 ff.). Laut Integrationskonzept findet die *Ankommens-
phase* von der ersten bis zur vierten Woche nach der Ankunft in Deutschland statt
und ist von der Orientierung über die Strukturen des Lebens in der Unterkunft
und des Asylverfahrens geprägt. Die Phase der *Erstintegration,* welche bis zu drei
Jahren nach der Ankunft in Deutschland anhält, wird primär durch das Streben
zur Befähigung einer selbstständigen Alltagsbewältigung gekennzeichnet, mit
der die Eingliederung in gesellschaftliche Teilbereiche wie Arbeit und Bildung
einhergeht. In der Phase des *Angekommenseins* sollte der nachhaltige, gleich-
berechtigte Zugang zu allen gesellschaftlich relevanten Lebensbereichen erreicht
sein. Mit diesem Zugang soll das Ende der statistischen Erfassung jener Personen
als Flüchtlinge ermöglicht werden (vgl. ebd.).

Das Hamburger Integrationskonzept basiert auf einem strukturellen Verständnis von Integration, das Ausschlüsse und Hierarchien im Zugang zu Teilhabe zu
vermeiden sucht. Somit wird ein assimilatives Integrationsverständnis negiert,
welches primär die zu integrierenden *Anderen*[5] fokussieren würde (vgl. Castro

---

[5]In Anlehnung an Birgit Rommelspachers Vorgehensweise wird in diesem Text das Wort
Andere groß geschrieben, wenn damit eine abgrenzende Konstruktion des Nicht-Wirs in
Form des Fremden gemeint ist (vgl. Rommelspacher 1998, S. 7).

Varela und Mecheril 2010, S. 46 ff.). Gleichzeitig sind jedoch Aussagen zu finden, die ein assimilatives Verständnis von Integration nahe legen: So werden im
Rahmen des Integrationskonzeptes diverse Erwartungen und Aufforderungen
nicht nur an staatliche oder zivilgesellschaftliche Akteur_innen, sondern konkret an „Zugewanderte"[6] gerichtet. Die Assimilationsaspekte werden im Folgenden anhand der Themenschwerpunkte „Sprachförderung für Erwachsene"
sowie „Normen und Werte" veranschaulicht. Beide sind im Integrationskonzept
Unterpunkte des Themenschwerpunktes „Demokratie und Teilhabe stärken" (vgl.
BASFI 2017, S. 20).

Im Themenfeld *„Sprachförderung für Erwachsene"* wird das Ziel formuliert,
dass das umfassende Erlernen der deutschen Sprache allen zugänglich gemacht
werden soll, um die Chancen auf aktive Teilhabe wahrnehmen zu können (vgl.
ebd., S. 25 ff.). Es geht hier also um eine individuelle Leistung des Spracherwerbs, welche von den zu integrierenden Subjekten erbracht werden soll. Im
Zuge dieser Argumentationsweise werden bestehende Problematiken innerhalb der Strukturen des Spracherwerbs benannt und darauf abgezielt, sie zu verändern. Die gegebene Situation, welche den Erwerb der deutschen Sprache als
Voraussetzung für Teilhabe an gesellschaftlichen Teilbereichen darstellt, ebenso
wie andere, die Teilhabe einschränkende Strukturen, welche eine sprachliche
Anpassung erst notwendig machen, werden dabei nicht infrage gestellt. Der Auf-
ruf zum Spracherwerb verlangt damit allein eine Anpassung an die gegebenen
Strukturen. Der Status Quo soll aufrechterhalten werden. Die Dominanz-
strukturen werden also bestätigt und die – in diesem Falle sprachliche – Diszipli-
nierung und Anpassung der *Anderen* gefordert.

Im Themenschwerpunkt *„Normen und Werte"* wird zunächst der Wunsch nach
einem „respektvollen, toleranten und friedlichen Miteinander" formuliert (vgl.
ebd., S. 32). Es wird betont, dass Menschen mit einer Flucht- oder Migrations-
geschichte über vielfältige Wertvorstellungen verfügen und im Rahmen
gesellschaftlicher Diskurse übermäßige Abweichungen zwischen den Wertvorstellungen von Geflüchteten und der deutschen Gesellschaft konstruiert werden
(vgl. ebd.). Dennoch lassen sich in den Ausführungen zu diesem Themenschwerpunkt auch hegemoniale Argumentationsmuster eines assimilativen Integrations-
ansatzes erkennen: Es wird lediglich auf „das Zusammenleben von Menschen
aus verschiedenen Ländern und Kulturen" (ebd.) als Rahmenbedingung eines

---

[6]Hierbei wird ein Integrationsverständnis deutlich, das Integration primär in Verbindung
mit Migration setzt.

respektvollen und friedlichen Miteinanders eingegangen. In der Thematisierung
divergierender Wertvorstellungen zwischen der Mehrheitsgesellschaft und den
Subjekten der „aktuellen Zuwanderung" wird in diesem Kontext ein mögliches
Problem verortet. Obgleich solche Praktiken der Kulturalisierung beispielsweise im Anschluss an Armin Nassehi (vgl. Nassehi 2015, S. 17) möglichst vermieden werden sollten, fungieren sie doch als beliebtes Argumentationsmuster:
Geflüchtete werden dieser Argumentation nach als potenziell normabweichend
markiert und in ihrem Anderssein konstruiert, indem ihnen potentiell
abweichende Werte und Normen zugeschrieben werden. Besonders deutlich
zeigen sich diese Argumentationsmuster in der Aussage, dass „die zu uns Neuzugewanderten und Geflüchteten dieser Erwartung (...) gerecht werden und sich
mit der rechtlichen und sozialen Ordnung in unserem Land und unserem Gemeinwesen auseinandersetzen" (vgl. BASFI 2017, S. 33).

Hiermit erfolgt eine Aufteilung zwischen einem ‚Wir' und einem ‚Anderen',
wobei nur dem Wir eine gewisse Übereinstimmung mit gesellschaftlichen Werten zugeschrieben wird. Die Anderen müssen sich, den Erwartungen des Wirs
folgend, mit ebenjenen Werten auseinandersetzen. So wird in diesem Themen-
abschnitt primär die Notwendigkeit formuliert, als gesellschaftlich dominant
wahrgenommene Werte und Normen an Geflüchtete zu vermitteln. Lediglich die
Subjekte der ‚aktuellen Zuwanderung' werden als Adressat_innen von Wertever-
mittlungsbemühungen markiert. Dabei bleiben in der homogenisierenden Konstruktion des Wirs jene Personen unbenannt, die als ein Teil des Wirs anerkannt
werden, ohne die Übereinstimmung ihrer Anschauungen mit den Werten und
Normen des Grundgesetzes systematisch zu überprüfen. Geflüchtete werden der
Ausrichtung des Integrationskonzeptes nach also durchaus als Teil der Gesellschaft wahrgenommen, obgleich Tendenzen der Markierung als Andere bestehen
bleiben. Letztendlich ist diese Praxis auch in der stetig reproduzierten Stigmatisierung von Menschen mit Migrationshintergrund allgegenwärtig, nur erfolgt
sie hier über das Merkmal Geflüchtete_r zu sein. Dass die Fremdzuschreibung
als Andere den als fremd Markierten die (uneingeschränkte) Zugehörigkeit zur
Gesellschaft erheblich erschwert, wurde im migrationswissenschaftlichen Diskurs hinreichend untersucht und verschiedentlich belegt (vgl. Castro-Varela und
Mecheril 2010, S. 35 f.). Dieser Prozess dürfte genauso im Fluchtkontext das
Ankommen und die Positionierung zur Gesellschaft erschweren.

Zusammenfassend bildet das Hamburger Integrationskonzept 2017 eine Orientierung für aktuelle Integrationsbestrebungen innerhalb der Stadt und ist gleichzeitig ein Resultat aktueller integrationspolitischer Entwicklungen. Akteur_innen
der Hamburger Flüchtlings- und Integrationspolitik erhalten durch den überwiegend appellierenden Charakter des Integrationskonzepts eine Möglichkeit,

divergierende Integrationskonzepte zu erstellen und auszuführen. Beispielsweise ist es zu begrüßen, dass Hamburg auch Geflüchteten mit ungesichertem Aufenthalt, die keinen Anspruch auf die bundesweit geregelten Integrationskurse haben und nicht aus einem sicheren Herkunftsland kommen, über das Programm ‚Deutschkurse für Flüchtlinge‘ einen Zugang zu Sprachkursen bietet. Gerade für die in Hamburg große Gruppe von afghanischen Geflüchteten ist dies ein wichtiger Schritt, da ihnen der Zugang zu Integrationskursen aufenthaltsrechtlich oft verwehrt bleibt.

Die Ausführungen des assimilativen Integrationsverständnisses haben den normativen Duktus verdeutlicht, der in den Debatten um Integration oftmals mitschwingt und sich so auch in dem Hamburger Integrationskonzept wiederfindet. Offen bleibt die Frage, inwiefern die bestehenden Strukturen – wenn man sich an die oben beschriebenen unterschiedlichen Phasen des Ankommens erinnert – überhaupt in der Lage sind, einen nachhaltigen und gleichberechtigten Zugang zu allen Lebensbereichen zu realisieren. Dafür ist es notwendig, sich zunächst die Strukturen und ihre Institutionen näher anzusehen, um dann mit einem Fokus auf die Geflüchteten die Orte in den Blick zu nehmen, an denen sich Integrationsprozesse vollziehen bzw. ihren Ausgangspunkt nehmen. Die folgenden Kapitel widmen sich diesen Fragen. Denn verwehrte Zugänge können, ungeachtet ob sie einer rechtlichen oder informellen Barriere zuzuschreiben sind, die oftmals ohnehin angespannte Lebenslage massiv erschweren. Expert_innen beobachteten gerade in den Folgeunterkünften ein hohes Maß an Frustrationspotenzial, das sich unklaren Aufenthaltsperspektiven, Unsicherheiten in Bezug auf den Familiennachzug sowie dem als vergeblich erlebten Bemühen um eine Wohnung bzw. einen Arbeits- oder Ausbildungsplatz speist. Bezogen auf den *Fluchtort Stadt* sind es gerade aufenthaltsrechtliche Aspekte, welche die „Leitsätze" des Integrationskonzepts einschränken (BASFI 2017, S. 10), nämlich die „selbstverständliche Zugehörigkeit aller Menschen zur Gesellschaft" (ebd.) sowie die administrative Umsetzung dieses Gedankens:

> „Dieses Konzept richtet sich an die gesamte Stadt. In sämtlichen Bereichen des öffentlichen Lebens, ob Staat oder Zivilgesellschaft, ob Unternehmen oder öffentliche Verwaltung, ob in politischen Gremien oder in Vereinen und Organisationen – überall sind Veränderungen nötig, um das Ziel einer chancengerechten Teilhabe zu erreichen." (ebd.)

Die Diskrepanz des eingangs erwähnten ordnungspolitischen und sozialpolitischen Ansatzes scheint also maßgeblich prägend für den *Fluchtort Stadt* und mit ihren möglicherweise demotivierenden und frustrierenden Folgen das größte

Risiko für eine ‚gelingende Integration': Wer für sich keinerlei Perspektive sehen oder entwickeln kann, droht aufzugeben.

Die landespolitische Ausrichtung der Hamburger Flüchtlingspolitik ergänzend werden im Folgenden zivilgesellschaftliche Handlungsansätze in der Stadt vorgestellt. Die Relevanz der Zivilgesellschaft soll damit auch unabhängig von protestierenden Bürgerinitiativen untersucht und gewürdigt werden.

3.4   Zivilgesellschaftliche Handlungsansätze

Grundsätzlich ist die Struktur der Zivilgesellschaft in Hamburg sehr breit gefächert. Die hohen Zuwanderungszahlen Geflüchteter ab Sommer 2015 haben bekanntermaßen bundesweit, so auch in Hamburg, zu einem rapiden Anstieg des zivilgesellschaftlichen Engagements im Bereich Flucht geführt (vgl. exemplarisch Schiffauer et al. 2017, 2018). Die Vielzahl von Projekten, Patenschaften, Sprachkursen usf. macht eine Systematisierung der Angebote nahezu unmöglich, doch lassen sich unterschiedliche Gruppen von Akteur_innen charakterisieren:

- *Protestgruppen* wurden mit den Bürgerinitiativen bereits beschrieben und sind insbesondere im näheren Umfeld von Unterkünften verortet.
- *Helfergruppen* sind ebenfalls vorrangig dem unmittelbaren Umfeld von Unterkünften zuzuordnen. Gerade in der ersten Zeit im Herbst 2015 unterstützten verschiedene Helfergruppen die (Not-)Versorgung Geflüchteter und engagieren sich weiterhin in vielen Patenschaften, Sprachkursen und sonstigen Hilfestellungen, die mal mehr mal weniger stark organisiert sind und entsprechend formell/informell agieren.
- *Netzwerke und Institutionen* aus dem NGO-Sektor sind bisweilen schon länger organisiert, koordinieren einzelne Helfergruppen untereinander oder agieren in Form von Vereinen o. ä. auch offiziell. Neben Organisationen aus dem Bereich der Freien Wohlfahrtspflege ist in diesem Zusammenhang auf zahlreiche ethnische und religiöse Communities zu verweisen, die im Sinne von Migrant_innen Selbst(hilfe)-Organisationen aktiv sind.
- Eine Vielzahl von *Projekten* ist im Kontext unterschiedlicher Netzwerke, Institutionen und Stiftungen entstanden, die – zum Teil auch finanziell gefördert durch die BASFI – einzelne Zuständigkeiten übernehmen.

Wie zivilgesellschaftliche Aktivitäten strukturiert sind und an die städtischen Strukturen anknüpfen, wird in den folgenden Abschnitten dargestellt.

3.4.1   Zivilgesellschaftliche Akteure und Handlungsstrategien

In seiner übergeordneten Funktion sei im Hamburger Kontext zunächst auf das „Forum Flüchtlingshilfe" verwiesen. Dieses Forum wird von der BASFI gefördert und dient dem Austausch und der Information ehrenamtlich Engagierter sowie dazu, (Fach-)Wissen zur Verfügung zu stellen.

> „Das Forum Flüchtlingshilfe ist eine Plattform für alle, die Geflüchteten in Hamburg eine Perspektive geben und hat die Aufgabe, die ehrenamtliche Flüchtlingsarbeit in Hamburg umfassend zu unterstützen. Es verbindet Politik, Bezirke, Initiativen, Einrichtungen, Organisationen und ehrenamtlich Engagierte." (Forum Flüchtlingshilfe o. J.).

Auf dem seit 2016 jährlich stattfindenden Treffen des Forums mit einem großen Markt der Möglichkeiten, an dem sich verschiedene Initiativen, Projekte und Vereine vorstellen, können sich Geflüchtete und Engagierte über bestehende Angebote informieren und Kontakte knüpfen; außerdem gibt es verschiedene Präsentationen und Vorträge aus dem politischen und zivilgesellschaftlichen Bereich zu unterschiedlichen Themen. Weiterhin finden in Verantwortung des Forums mehrere inhaltliche Dialogformate statt, in denen zu einzelnen Themen gearbeitet wird (z. B. das Dialogforum Arbeit, das Dialogforum Wohnen oder das Dialogforum Geflüchtete mit Behinderung). Auffällig gegenüber den Projekt- und Vereinsvorstellungen in den Jahren 2016 und 2017 war im Jahr 2018 ein erhöhtes Angebot von migrantischen Vereinen und Selbstorganisationen migrantischer Communities, die sich im Flüchtlingsbereich engagieren. Ähnlich wie das seit 2016 bestehende „Forum Flüchtlingshilfe" sind weitere neue Akteur_ innen aus dem großen gesellschaftlichen Engagement seit 2015/2016 hervorgegangen: In den Bezirken wurden im Rahmen des Sozialraummanagements Koordinationsstellen des Ehrenamts eingerichtet, die als Schnittstelle zwischen Zivilgesellschaft und dem Regelsystem fungieren, über die Initiierung (neuer) Maßnahmen und Angebote für Geflüchtete entscheiden bzw. diese koordinieren. Die Zivilgesellschaft ist entsprechend wie in Abb. 3.3 dargestellt strukturiert und über die Sozialraumkoordination mit dem Regelsystem verbunden.

Anders als die für einen gesamten Bezirk zuständige Sozialraumkoordination wird die übergeordnete Koordination der Ehrenamtlichen durch Organisationen in freier Trägerschaft abgedeckt. Sie sind für einzelne Stadtteile und in dem Gebiet liegende Unterkünfte zuständig (beispielsweise die Caritas für den Stadtteil Hafen-City in Hamburg-Mitte oder die Großstadtmission für das Quartiersmanagement im Stadtteil Bahrenfeld in Altona). Die Struktur übergeordneter Koordinierungsstellen aus dem Bereich der Zivilgesellschaft entwickelte sich aus der Tatsache, dass

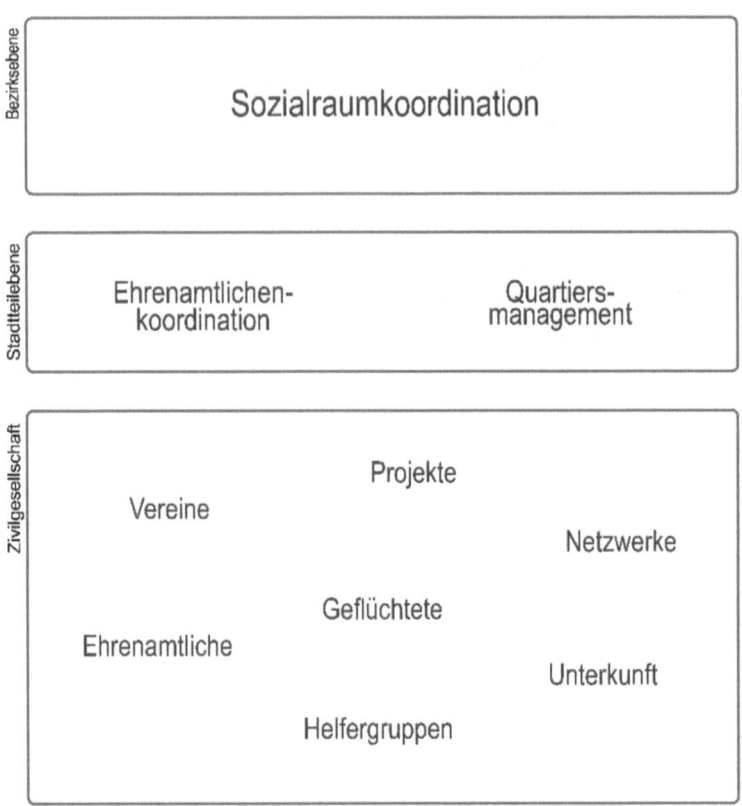

Abb. 3.3 Struktur der Zivilgesellschaft. (Quelle: eigene Darstellung)

ganz unterschiedliche Akteur_innen – von Einzelpersonen über lokale Initiativen und Vereine bis hin zu stadtweit agierenden Organisationen – engagiert sind und waren. Nur die größeren Initiativen aufzuzählen, die stadtweit agieren und sich beispielsweise auf die Themen Sprache (Sprachbrücke-Hamburg e. V.) oder Wohnen (Wohnbrücke-Hamburg) spezialisiert haben, würde daher eine Vielzahl von Engagierten ausblenden, die Geflüchtete auch ohne übergeordnete Strukturen unterstützen, beispielsweise in Form von privaten (Sprach-)Patenschaften.

Mit Blick auf die vielen *Neueinsteiger* ist festzuhalten, dass das Engagement gerade im Fluchtkontext ein erhebliches Maß an (Fach-)Wissen voraussetzt. Spezielle Angebote, wie das Projekt *Flüchtlingslotsen* bei der Diakonie, vermitteln ehrenamtlich Engagierten neben Informationen zu relevanten Behörden auch einführendes Wissen zum Sozial- und Asylrecht (vgl. Flüchtlingslotsen o. J.).

Grundlegende Herausforderungen hinsichtlich des Aufbaus ehrenamtlicher Strukturen waren also, dass

- *erstens* keiner mit einem solch breiten Engagement aus der Bevölkerung gerechnet hatte,
- *zweitens* sich die bestehenden Strukturen (so beispielsweise die Unterkünfte für Geflüchtete) erst auf die ehrenamtliche Unterstützung einstellen mussten und
- *drittens* viele ehrenamtlich Tätige selbst Neueinsteiger in diesem Handlungsfeld waren.

Das *breite Engagement* aus der Bevölkerung wurde zwar begrüßt, jedoch kritisierten professionell Engagierte teilweise ein Überangebot oder sogar ein *Überrennen* der Geflüchteten mit ehrenamtlichen Angeboten. Dennoch sollte der Einsatz der Zivilgesellschaft nicht nur als Unterstützung für einzelne Geflüchtete gewertet werden. Einzelne Projekte, gerade im Bereich von Sprach-Cafés und Patenschaften sowie das allgemein breite Engagement, entlasten letztendlich auch die – zumindest teilweise – überstrapazierten oder unzureichenden Regelstrukturen.

Allerdings ließ das ehrenamtliche Engagement wie im bundesweiten Trend auch in Hamburg mit dem Rückgang der Zuwanderungszahlen und der Hochphase des ehrenamtlichen Engagements im Verlaufe des Jahres 2016 deutlich nach: An einem Unterbringungsstandort in Hamburg-Mitte seien beispielsweise nach Angaben einer Koordinatorin von Ehrenamtlichen, von anfangs 46 Engagierten Ende des Jahres 2015 ein Jahr später, im September 2016, noch gerade einmal sechs Personen verblieben. Mittel- bis langfristig besteht die größte Herausforderung also darin, Engagement aus der Zivilgesellschaft aufrecht zu erhalten.

Dabei ist die inhaltliche Ausrichtung ehrenamtlichen Engagements und nicht zuletzt auch die Haltung der Engagierten auf Informationen darüber angewiesen, wo Grenzen des Engagements liegen und welche fluchtspezifischen Barrieren auftreten könnten. Nur so ist es möglich, keine falschen Erwartungen zu wecken und Frustrationen auf beiden Seiten zu vermeiden. Die Interviews mit den Expert_innen aus dem Bereich der Zivilgesellschaft zeigen, inwiefern das Engagement von Ehrenamtlichen nicht selten zwischen individuellen Vorstellungen sowohl der Geflüchteten als auch der Engagierten und den rechtlichen Rahmenbedingungen changiert: *Erstens* entwickeln auch Engagierte mittel- bis langfristig unter Umständen spezifische Erwartungen an die Geflüchteten. Die Einschätzung eines hauptamtlich Engagierten, dass zeitweise jeder „seinen Flüchtling" haben wollte (die Aussage bezieht sich auf Ende 2015/Anfang 2016), den es zu unterstützen galt, kann als Hinweis auf einen paternalistischen Blick gelesen werden: Zivile Helfer_innen sind bisweilen mit hohen normativen Erwartungen angetreten, wodurch Geflüchtete z. T. bevormundet und auf der anderen Seite die Ehrenamtlichen mitunter enttäuscht werden. Diesbezüglich sind Informationen darüber erforderlich, welche Unterstützungsmaßnahmen im eigenen Kompetenzbereich liegen und inwiefern sie die Privatsphäre und subjektiven Relevanzmuster von Geflüchteten bevormundend verletzen könnten. *Zweitens* erschwert die Komplexität der aufenthaltsrechtlichen Situation die Lebenslage der Geflüchteten und begrenzt so möglicherweise auch Ideale des ehrenamtlichen Engagements: Wohnungs-, Arbeits- und Kitasuche können zwar von Ehrenamtlichen im Rahmen geltender aufenthaltsrechtlicher und administrativer Regulierungen unterstützt werden, Umzüge und Arbeitsaufnahme müssen aber teilweise genehmigt und können gar abgelehnt werden, Plätze in nahegelegenen Kitas können belegt sein, sodass auch mit noch so viel Engagement einfach kein Platz zu finden ist. Die Grenzen des Machbaren liegen zusammengefasst sowohl in den flüchtlingspolitischen Strukturen – und hier insbesondere in den aufenthaltsrechtlichen Bestimmungen – als auch in der Verfügbarkeit vorhandener Infrastruktur.

Empirisch bestätigt sich dieser Umstand an einer von uns besuchten Einrichtung, der Folgeunterkunft ‚Am Veringhof' (s. dazu Abschn. 4.3.1). Das Engagement für Geflüchtete wird hier eng mit den bereits vor Ort bestehenden Strukturen, Projekten und Organisationen abgestimmt und erfolgreich von den Bewohner_innen genutzt. So entsteht automatisch eine Bindung an den Stadtteil, die als wichtige Voraussetzung für Integration anzusehen ist. Damit sich solche Strukturen überhaupt etablieren können, kommt es auf den politischen Rückhalt an. Eberhard von Einem sieht dabei insbesondere Kleinstädte im Vorteil und betont:

> „Allerdings muss das zivilgesellschaftliche Engagement politisch gewollt sein; es muss Unterstützung erfahren und Anerkennung finden. Viele Dorf- und kleinstädtischen Verwaltungen tun sich in dieser Hinsicht leichter als diejenigen der Großstädte, sofern ihnen geholfen wird, die laufenden Kosten zu tragen." (Einem 2017, S. 34).

Gerade dort, wo das Engagement für Geflüchtete auf bereits bestehende Strukturen trifft bzw. an diese anknüpft, scheint es besonders erfolgreich zu sein. In Hamburg hat sich dieser Zusammenhang an der Unterkunft ‚Am Veringhof' im Bezirk Hamburg-Mitte bestätigt. Etwas anders gelagert ist die Situation in exemplarischen Folgeunterkünften in den Stadtteilen Bahrenfeld und Sülldorf (beide im Bezirk Altona). Auch hier haben sich langjährige Vereins- und Ehrenamtsstrukturen organisiert, die eine Basis für spätere Freiwilligenstrukturen darstellten. Allerdings funktioniert an beiden Standorten für die Geflüchteten lediglich die Vernetzung mit bestehen den Angebotsstrukturen, ohne jedoch eine stärkere Anbindung an den Stadtteil und die Bewohner_innen des Stadtteils zu bewirken. Die Erfolge des zivilgesellschaftlichen Engagements sind in ihrer Qualität dahin gehend zu unterscheiden, dass ‚Am Veringhof' *durch* das Ehrenamt eine Anknüpfung an die regelhaften Strukturen des Stadtteils entstanden ist. In Sülldorf und dem Bahrenfelder Quartier um die Einrichtung ‚Notkestraße' herum, setzten sich eher Akteure aus Nachbarschafts- und reinen Ehrenamtsstrukturen zusammen, die Geflüchteten zwar (ehrenamtliche) Unterstützung boten, über die individuellen Kontakte hinaus aber keinen sonstigen Bezug zum Stadtteil hatten. Folglich kann in Sülldorf – trotz des Engagements – nicht von Quartiersanbindung gesprochen werden. Geflüchtete orientieren sich nach Beobachtungen eines Mitarbeiters der Einrichtung eher zum vergleichsweise ärmeren Stadtteil Osdorf und den dort vorhandenen Regelstrukturen. Die nächstgelegenen Stadtteile Sülldorf oder Blankenese werden auch von Geflüchteten als wohlhabend wahrgenommen und vermitteln das Gefühl, dass Anwohner_innen eher ‚unter sich' leben wollten, sodass es einem kaum gelänge, sich der Gesellschaft zugehörig zu fühlen.

3.4.2 Konkurrenz um ehrenamtliches Engagement

Bedauerlicherweise scheint sich auch im zivilgesellschaftlichen Bereich die von uns als *Konkurrenz der Marginalisierten* beschriebene Situation zu reproduzieren: Während man sich für Geflüchtete gern engagiert, ist die gesellschaftliche Akzeptanz gegenüber anderen Gruppen sehr gering: Nicht nur politisch buhlen Geflüchtete und beispielsweise Obdachlose um Aufmerksamkeit und eine dringend notwendige politische Unterstützung. Gerade diejenigen Unterkünfte, in denen eine regelhafte Belegung auch mit Wohnungslosen bekannt ist, erfahren keine oder im Vergleich äußerst wenig Unterstützung aus dem Bereich des ehrenamtlichen Engagements.[7] Sie sei in keiner „so hippen Einrichtung", beschreibt es die Mitarbeiterin einer Unterkunft und berichtet, dass anfangs bekundetes Interesse an ehrenamtlichen Angeboten in ihrer Einrichtung zurückgezogen wurde, wenn sich zeigte, dass hier auch viele nicht geflüchtete

---

[7]Formal-rechtlich gesehen sind zwar alle Einrichtungen der öffentlich-rechtlichen Unterbringung für Geflüchtete und andere Wohnungslose vorgesehen, de facto leb(t)en aber in einigen zeitweise nur Geflüchtete.

Wohnungslose untergebracht sind. Solche Reaktionen bestätigen das gesellschaftlich verbreitete Bild des hilfsbedürftigen Geflüchteten, der ob seines Opferstatus' der gesellschaftlichen Hilfe – die sich hier als ‚Rettung' repräsentieren kann – würdig ist. Obdachlosen wird hingegen eher zugeschrieben, selbstverschuldet in ihre Notlage geraten zu sein, wodurch ihnen kaum mit Empathie begegnet wird. Letztendlich könnte auch die oftmals hierarchische Strukturierung des Ehrenamts hier eine Rolle spielen, die sich, so die Beobachtung aus dem Bereich der Sozialraumkoordination, seit der Zuwanderung durch Geflüchtete gewandelt hat: Es sei zu beobachten, dass sich im ehrenamtlichen Engagement durch die Zielgruppe der Geflüchteten zunehmend eine paternalistische Haltung etabliert hat. Seitens der Expert_innen aus den professionellen Strukturen, die eng mit der Zivilgesellschaft im Fluchtkontext zusammenarbeiten, wird verständlicherweise der Wunsch nach einer Auflösung der Dichotomie von Gebenden und Nehmenden geäußert, welche, so eine Expertin aus der Sozialraumkoordination, insbesondere die (ehrenamtliche) Arbeit mit Geflüchteten präge.

3.4.3 Potenziale und Grenzen der engagierten Zivilgesellschaft

Die große Bedeutung der Zivilgesellschaft und des ehrenamtlichen Engagements werden gerade im Fluchtkontext immer wieder hervorgehoben (vgl. Bundesministerium für Familie, Senioren, Frauen und Jugend 2017). Auch die Stadt Hamburg positioniert sich, wie gezeigt wurde, offen gegenüber unterschiedlichen zivilgesellschaftlichen Akteur_innen und versucht das Ehrenamt zu stärken. Im wissenschaftlichen Diskurs wird von einer „‚Normalisierung' der ehrenamtlichen Flüchtlingsarbeit" (Karakayali und Kleist 2016, S. 3) gesprochen. Diese Entwicklung kann bedeuten, dass nach der euphorischen Hochphase des Engagements im Verlaufe der Jahre 2015/2016 perspektivisch mit einer gewissen Kontinuität verbleibender Angebote gerechnet werden kann. Es stellt sich aber auch die Frage, in welchen Bereichen zivilgesellschaftliche Akteur_innen und ehrenamtliches Engagement besonders kompetent agieren und damit eigentlich staatlich zu erbringende Dienstleistungen erfüllen oder umgekehrt, inwiefern das Ehrenamt fehlende Strukturen ersetzt. Auf die Unterstützerstrukturen bezogen ist die Zivilgesellschaft von unschätzbarem Wert. Auch im politischen Diskurs bestand weitgehend Einigkeit darüber, dass Vieles ohne die engagierte Zivilgesellschaft nicht hätte bewerkstelligt werden können. Zu fragen bleibt dennoch, welche politische Anerkennung flüchtlings- oder integrationspolitischem Engagement zukommt.

Mit der Weiterentwicklung des städtischen Integrationskonzeptes sind im Verlauf des Jahres 2016 unterschiedliche Diskussionsformate entstanden, um verschiedene Akteur_innen in Integrationsprozesse einzubinden. Seitens der Wohlfahrtsverbände wurde Kritik an dem verhältnismäßig großen Einfluss der protestierenden Bürgerinitiativen geäußert. Ihnen gegenüber deckt eine Vielzahl von organisierten Projekten, Netzwerken und Institutionen sowie ‚freien'/ informellen Helferstrukturen ein breites Feld der Arbeit mit Geflüchteten ab. Allerdings findet ein Großteil dieser Akteure – wie beispielsweise die Wohlfahrtsverbände – in den flüchtlingspolitischen Debatten, verglichen mit den Bürgerinitiativen, weit weniger Gehör. Dieser Umstand wirft die Frage nach Unterschieden in der Wahrnehmung und Bewertung der Relevanz zivilgesellschaftlicher Akteur_innen auf: Insbesondere Organisationen von Migrant_innen sind – ungeachtet ihres tatsächlichen Engagements – in größeren Diskussionsrunden kaum vertreten. Eine Erklärung könnte darin liegen, dass viele dieser Organisationen in diesem Handlungsfeld ausschließlich mit ehrenamtlichen Tätigkeiten vertreten sind. Damit fehlen übergeordnete institutionelle Strukturen, wie sie u. a. Wohlfahrtsverbände nutzen, obgleich auch diese – wie gezeigt wurde – politisch wenig Gehör finden. Dialogforen wie beispielsweise ein stattgefundener Workshop zur Diskussion des Integrationskonzeptes können von den genannten Akteur_innen nicht mitgestaltet werden, wenn diese in regulären Arbeitszeiten stattfinden und so oftmals mit der eigenen Erwerbsarbeit kollidieren. Damit verschärft sich eine grundlegende Problematik, dass nämlich gerade ein ‚migrantisches Engagement' im allgemeinen gesellschaftlichen Diskurs oftmals negiert wird. Gemeint sind damit sowohl Vereine, Verbände und Initiativen von Migrant_innen als auch Einzelpersonen. Es muss kein bewusstes Ignorieren des Engagements sein, doch findet dieses möglicherweise in Strukturen statt, die kaum gesehen und damit sowohl politisch als auch gesellschaftlich nicht – oder weit weniger – gehört werden. So ist das Engagement im kirchlichen Umfeld eher bekannt, als die Rolle der Moscheen und das Engagement aus deren Umfeld. Das Experteninterview mit einem Imam hat ergeben, dass die Moscheen nicht nur das Nötigste abdecken (wie z. B. das Bereitstellen von Schlafplätzen und die Versorgung mit Nahrungsmitteln während der sog. ‚Ausnahmesituation'); sie bearbeiten auch unzählige Anfragen zur allgemeinen Alltagsbewältigung (u. a. nach Zugang zu Wohnraum), die sie sowohl von Geflüchteten als auch von professionellen bzw. einzelnen Institutionen auf der Suche nach einem ‚Vermittler' zwischen den Kulturen' erreichen. Im gesellschaftlichen Diskurs dominiert jedoch das Narrativ des ‚deutschen' Engagierten: Exemplarisch dafür nennt eine Engagierte auf der einen Seite eine Vielzahl von „Menschen mit Sprachkenntnissen und Migrationshintergrund", welche sie den migrantisch geprägten

Stadtteilen zuordnet (Rothenburgsort, Wilhelmsburg, Harburg, Billstedt); ihnen gegenüber stünden diejenigen, „die sich engagieren wollen und das auch auf die Beine stellen können" und denen eher wohlhabende Stadtteile wie Harvestehude, Othmarschen oder die HafenCity zugeordnet werden. Auch in dieser Einschätzung klingt die gesellschaftlich vorherrschende Differenzierung von Menschen mit und ohne Migrationshintergrund an, deren Engagement und deren Kompetenzen erkennbar unterschiedlich bewertet und offenbar an herkunftsbedingte Kontexte gebunden werden.

Nach der flüchtlingspolitischen Relevanz der Zivilgesellschaft gefragt gilt es also erstens zu beachten, welche Akteur_innen überhaupt – aus politischer Sicht – als relevante Akteur_innen identifiziert werden, d. h. in den politischen Diskurs einbezogen werden. Der größte Akteur mit seiner Haltung, die Migration eher als gefahrvoll und Integration als Risikofaktor stilisiert, wurde bereits vorgestellt. Integrationspolitische Ansätze, die beispielsweise durch langjährige Erfahrungen in der Auseinandersetzung mit Migration, Flucht und Integration eher eine Perspektive vertreten, die Integration weniger als Anpassung an die Mehrheitsgesellschaft, sondern als Prozess der interkulturellen Öffnung – auf allen Seiten – verstehen, finden jedoch im politischen Diskurs weniger Berücksichtigung. Vor diesem Hintergrund bleibt zweitens zu fragen, inwiefern an anderer Stelle zivilgesellschaftliches Engagement erwartet wird, die dort bestehenden Strukturen aber negiert bzw. gar nicht wahrgenommen werden und demzufolge auch im flüchtlingspolitischen Diskurs nicht anerkannt oder gehört werden können, so wie es in Bezug auf die Migrant_innen-Selbstorganisationen geschildert wurde. Um auch letztere stärker in den Diskurs einzubeziehen, wäre es notwendig, Strukturen zu schaffen oder bestehende Strukturen so zu verändern, dass beispielsweise sprachliche und ‚kulturelle' Kompetenzen, die in jeglichen interkulturellen Settings von unschätzbarem Wert sind, auch professionell eingebunden werden und (mehr) gesellschaftliche Anerkennung erfahren.

3.5   Institutionelle Akteure und Zuständigkeiten

Die bereits in vorhergehenden Abschnitten angedeutete Komplexität administrativer Zuständigkeiten und Akteur_innen wird im Folgenden konkretisiert. In Anlehnung an die Landschaftsperspektive wird die gesellschaftliche Konstruktion des *Fluchtortes Stadt* fokussiert und herausgearbeitet, wie verschiedene modulare Landschaften – also Institutionen und ihre Zuständigkeiten – zusammenwirken, sich ggf. überschneiden und so die Bedeutung und Ausgestaltung des *Fluchtortes Stadt* prägen. Rekonstruiert werden nicht nur die spezifischen sozialen Strukturen, sondern mit den unterschiedlichen Ebenen auch Hierarchisierungen und deren Folgen für die Geflüchteten.

3.5.1 Relevante Institutionen und ihre Zuständigkeiten

Die Darlegungen werden im Folgenden durch eigens erstelltes Kartenmaterial ergänzt, welches die Komplexität der Strukturen und die Institutionen und Angebote beschreiben soll, die die Geflüchteten selbst als Akteur_innen aufsuchen (sollen) bzw. wahrnehmen (können). Die in Abb. 3.4 genannten Institutionen und ihre Zuständigkeiten werden also ausführlich vorgestellt und diskutiert. Der Fokus liegt hier auf den städtischen Institutionen und wie die Zugänge zu den einzelnen Bereichen geregelt sind, zum Teil wird aber auch auf einzelne

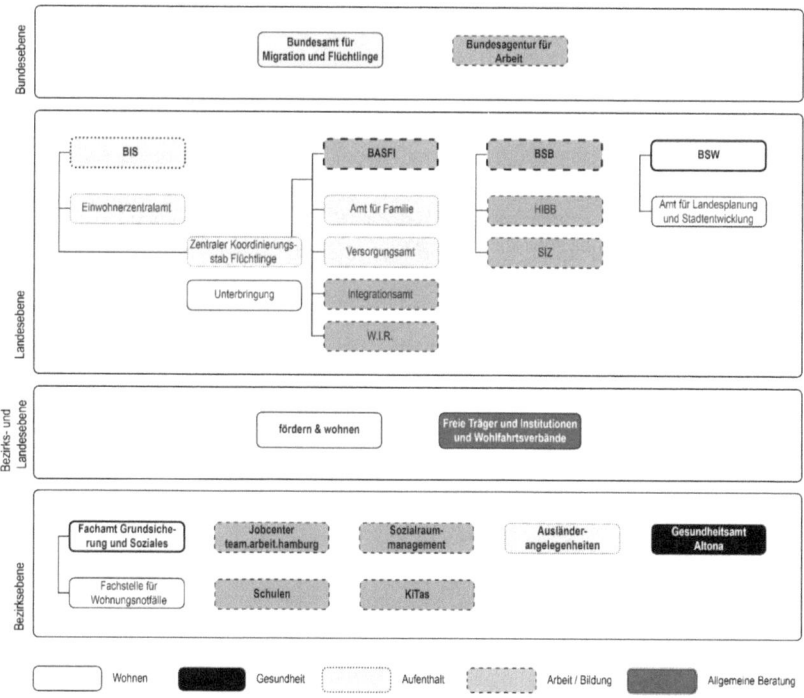

Abb. 3.4 Akteursstruktur am Fluchtort Stadt. (Quelle: eigene Darstellung)

Projekte aus dem zivilgesellschaftlichen Bereich verwiesen, sofern diese für die Geflüchteten als Ansprechpartner_innen relevant sind.

Die einzelnen Bundes- bzw. Landesbehörden sind zwar stadtpolitisch und konzeptionell als höchste Instanzen für die Umsetzung und Rahmenbedingungen der städtischen flüchtlingspolitischen Praxis zuständig, ohne jedoch selbst in die Arbeit mit Geflüchteten eingebunden zu sein. Die verschiedenen Themen und Lebensbereiche sind entsprechend der jeweiligen politischen und administrativen Zuständigkeit je einer Behörde zugeordnet, ausführlicher verdeutlicht dies für den Bereich Flucht Abb. 3.5.

Auf *Behördenebene* ist für die Erstversorgungseinrichtungen sowie für aufenthaltsrechtliche Belange die Innenbehörde zuständig („Behörde für Inneres und Sport", kurz: BIS). Die gesundheitliche Versorgung in den Erstaufnahmeeinrichtungen übernimmt für ganz Hamburg das Gesundheitsamt Altona im Auftrag der Landesbehörde für Gesundheit und Verbraucherschutz („Behörde für Gesundheit und Verbraucherschutz", kurz: BGV). Bauliche Herstellung und Betrieb von Unterkünften sowie die Standortgenerierung liegen in der Zuständigkeit der „Behörde für Stadtentwicklung und Wohnen" (BSW). Für die Folgeunterkünfte, Soziale Angelegenheiten, Arbeit und Integration ist die „Behörde für Arbeit, Soziales, Familie und Integration" (BASFI) verantwortlich, die in dieser Rolle eine Vielzahl einzelner Projekte und Initiativen für Geflüchtete bezuschusst. Die Zuständigkeit für Bildungsangelegenheiten liegt übergeordnet bei der „Behörde für Schule und Berufsbildung" (BSB). Der „Zentrale Koordinierungsstab Flüchtlinge" (ZKF) ist schwerpunktmäßig bei der BASFI, anteilig auch bei der BIS angesiedelt. Als Bindeglied koordiniert er die Zusammenarbeit der Behörden (BIS, BASFI, BSW) sowie im Zusammenhang mit der Unterbringung die Kooperation mit dem Unterbringungsunternehmen f&w. Die Verantwortlichkeiten im Bereich Flucht sind also auf Behördenebene breit verteilt, es gibt keine Bündelung der Themenbereiche Flucht oder Migration. Allerdings verdeutlicht die Rolle des ZKF eine Notwendigkeit der Zusammenfassung von Kompetenzen im

Abb. 3.5 Hamburger Behördenstruktur im Fluchtkontext. (Quelle: eigene Darstellung)

Bereich Flucht und auch das flüchtlingspolitische Neuland für die Stadt Hamburg: Offensichtlich war das Regelsystem auf die Zuwanderung von Geflüchteten nicht so vorbereitet, dass die bestehenden Strukturen – allein auf Behördenebene – diese auffangen und Maßnahmen umsetzen konnten. Wie das Regel- oder ggf. Parallelsysteme Geflüchteten offenstehen bzw. Geflüchteten als Ansprechpartner_ innen dienen, wird im Folgenden beleuchtet.

Weit mehr Einfluss auf die Lebenslagen Geflüchteter als die Landesbehörden üben aufgrund direkter Begegnungen einzelne Institutionen, Ämter und Projekte aus. Diese sind zwar zum Teil einzelnen Behörden zuzuordnen, können aber auch in freier oder anderer städtischer Trägerschaft agieren. Entlang eines – ideal-typischen – (episodischen) Lebensverlaufes und -weges, den Geflüchtete ab ihrer Ankunft in Hamburg gehen, werden im Folgenden die einzelnen relevanten Institutionen, Zuständigkeiten und Ansprechpartner beschrieben und so die vernetzten Zugänge zu den Bereichen Wohnen, Bildung, Arbeit und Gesundheit verdeutlicht. Einzelne Stationen werden zunächst in Abb. 3.6 zusammengefasst.

Im Stadtstaat Hamburg liegen die Zuständigkeiten, wie bereits beschrieben, entweder beim Land, also auf gesamtstädtischer Ebene, oder im Bezirk des jeweiligen Wohnortes. Während die *Ankunft,* Antragstellung und Erstregistrierung in Hamburg landesweit an einem Ort, nämlich im *Ankunftszentrum* zentralisiert sind, verteilt sich die Verantwortlichkeit in den unterschiedlichen Lebenslagendimensionen sowie den zur Alltagsbewältigung zentralen Bereichen (z. B. Leistungsbezug) dann meist auf die bezirklichen Dienststellen sowie dort zuständige Einrichtungen und Institutionen.

Beginnend mit der *Ankunft* in Hamburg ist zunächst die *Zentrale Erstaufnahme (ZEA)* in Hamburg-Rahlstedt im Bezirk Wandsbek zuständig, die auch als Ankunftszentrum, also eine der Außenstellen des BAMF, fungiert. Hier erfolgt seit 2016 die Erstregistrierung und Asylantragstellung von neuzugewanderten

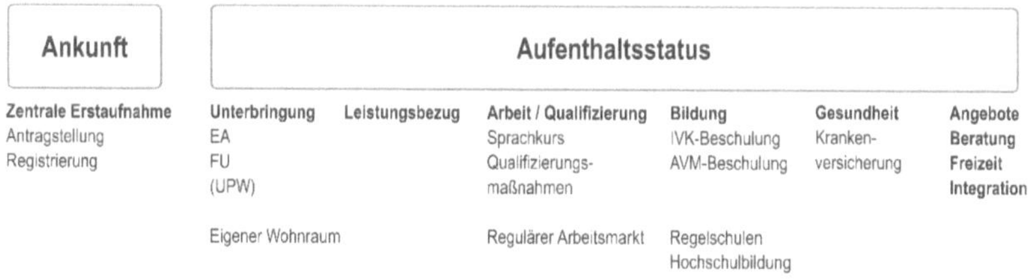

Ankunft	Aufenthaltsstatus					
Zentrale Erstaufnahme	Unterbringung	Leistungsbezug	Arbeit / Qualifizierung	Bildung	Gesundheit	Angebote
Antragstellung	EA		Sprachkurs	IVK-Beschulung	Kranken-	Beratung
Registrierung	FU		Qualifizierungs-	AVM-Beschulung	versicherung	Freizeit
	(UPW)		maßnahmen			Integration
	Eigener Wohnraum		Regulärer Arbeitsmarkt	Regelschulen		
				Hochschulbildung		

Abb. 3.6 Stationen, die Geflüchtete durchlaufen. (Quelle: eigene Darstellung)

Geflüchteten sowie deren Verteilung gemäß dem Königsteiner Schlüssel. Die
ZEA ist der Innenbehörde untergeordnet. Der Aufenthalt in der ZEA ist für maxi-
mal fünf Tage vorgesehen. Danach sollen Geflüchtete entweder dem zuständigen
Bundesland oder – sofern sie in Hamburg verbleiben bzw. Hamburg zugewiesen
wurden – einer anderen Erstaufnahme im Stadtgebiet zugewiesen werden.
Minderjährige Unbegleitete werden vom Landesbetrieb Erziehung und Beratung
(LEB) in Obhut genommen und in speziellen Einrichtungen der Jugendhilfe
betreut.

Zusammengenommen decken sämtliche Registrierungen und Erfassungen im
Ankunftszentrum die formelle Zuweisung und Verantwortlichkeit im Hinblick
auf die Bereiche Aufenthalt (Antragstellung), Leistungsbezug (Registrierung
für Transferleistungen), Unterbringung (Unterkunftszuweisung), Arbeit/Quali-
fizierung (Erstgespräch mit der „Agentur für Arbeit Hamburg") und Gesundheit
(medizinische Erstuntersuchung) ab.[8]

3.5.1.1 Zuständigkeitsbereich Aufenthalt

Quer zu allen Dimensionen oder diesen übergeordnet ist der *Aufenthaltsstatus*.
Daher soll mit den aufenthaltsrechtlich relevanten Institutionen begonnen werden. Übergeordnet ist das Thema Aufenthalt insofern, als die Dauer der Verfahren
und verschiedene Aufenthaltstitel, gerade bei ungesichertem Aufenthalt, jederzeit
gravierende aufenthaltsrechtliche Veränderungen bewirken können. Diese beeinflussen die Art der Unterbringung, den Zugang zu Wohnraum und zum Arbeitsmarkt, den Verbleib an bereits angetretenen Arbeitsstellen oder in begonnenen
Ausbildungs- und Qualifizierungsmaßnahmen. Es kann ein Arbeitsverbot erteilt,
die Ausreise angeordnet oder eine Abschiebung vollzogen werden. Die Entscheidung über den Asylantrag liegt beim *„Bundesamt für Migration und Flüchtlinge" (BAMF)*, für aufenthaltsrechtliche Angelegenheiten sind dann, je nach
Aufenthaltstitel, entweder die *zentrale Ausländerbehörde* oder die *Ausländer-
dienststellen der Bezirke* zuständig: Die *zentrale Ausländerbehörde* gehört zum
Einwohner-Zentralamt und untersteht der Innenbehörde. Unabhängig vom Wohnort in Hamburg müssen sich hier alle Geflüchteten mit einem ungesicherten Aufenthalt (Aufenthaltsgestattung, Duldung) zur Klärung aller ausländerrechtlichen
Belange einfinden. Mit einem gesicherten Aufenthaltstitel (Aufenthaltserlaubnis, Niederlassungserlaubnis) wenden sich Geflüchtete an die *Dienststellen* des

---

[8]Angemerkt sei an dieser Stelle, dass bis 2016 die ZEA in Hamburg-Harburg für die Erstregistrierung zuständig war. Entsprechend unseres Forschungszeitraumes war dies für die
von uns interviewten Geflüchteten auch die erste offizielle Station in Hamburg.

jeweiligen *Bezirksamts,* die Zuständigkeit richtet sich hier, wie gesagt, nach dem Wohnort. Ausländerrechtliche Angelegenheiten sind bei den Geflüchteten oftmals mit großer Sorge verbunden, Termine vor Ort teilweise äußerst zeitaufwendig, nervenaufreibend und gerade bei unsicherem Aufenthalt mit erheblichen Ängsten besetzt. Einblicke hierzu werden im sechsten Kapitel zu den Lebenslagen und Aneignungspraktiken Geflüchteter dargelegt (s. insbesondere Abschn. 6.1.1).

3.5.1.2 Zuständigkeitsbereich Leistungsbezug

Ein zentraler Punkt nach der Ankunft in Hamburg ist auch der *Leistungsbezug.* Hierfür sind – je nach Aufenthaltstitel – die jeweiligen bezirklichen Sozialämter oder die Jobcenter zuständig. Als *Sozialamt* fungieren die jeweils in Bezirksämtern arbeitenden *Fachämter für Grundsicherung und Soziales,* die der BASFI untergeordnet sind. Sie sind für die Sozialleistungen all jener Geflüchteter zuständig, über deren Aufenthalt als Asylbewerber_innen noch nicht entschieden wurde oder die nach einem negativen Beschluss lediglich über einen unsicheren Aufenthaltsstatus verfügen: Dies sind Asylbewerber_innen und Geflüchtete, die nicht als Flüchtlinge nach der Genfer Flüchtlingskonvention (GFK) anerkannt wurden, sondern denen eine Aufenthaltserlaubnis aus humanitären Gründen oder eine Duldung erteilt wurde. Die Leistungen richten sich nach dem Asylbewerberleistungsgesetz oder der Sozialhilfe (AsylbLG und SGB XIII). Wollen Geflüchtete im Leistungsbezug des Sozialamts umziehen, muss der Umzug (also die Kostenübernahme) vom zuständigen Fachamt genehmigt werden.

Für anerkannte Flüchtlinge und Personen mit einem sicheren Aufenthaltsstatus, die ohne Erwerbsarbeit auf eine Grundsicherung des Lebensunterhalts angewiesen sind, ist das *Jobcenter* (team.arbeit.hamburg) zuständig. Träger des Jobcenters sind die BASFI und die Bundesagentur für Arbeit. Die Ansprechpartner richten sich auch hier nach dem Wohnort und liegen jeweils in dem zuständigen Bezirksamt. Die Zuständigkeit des Leistungsträgers kann also – gekoppelt an den Aufenthalt – zwischen Sozialamt und Jobcenter wechseln. Dieser Wechsel, so wurde es uns von verschiedenen Stellen berichtet, führt oftmals zu Zahlungsverzögerungen.

Der Kontakt zu Jobcenter und Sozialamt gestaltet sich für viele Geflüchtete äußerst schwierig. An erster Stelle stehen oftmals sprachliche Barrieren und die Verwunderung darüber, dass auch eine Verständigung in englischer Sprache seitens des Amtes verwehrt wird. Solche Schwierigkeiten im Hinblick auf die Zusammenarbeit und Kommunikation waren auch den Expert_innen bekannt, da in den Wohnunterkünften die Beratung oft mit Behördenschreiben aufgesucht wird. Erschwerend kommen ggf. die genannten Zuständigkeitswechsel und

Zahlungsverzögerungen hinzu, sowie der Umstand, dass es selbst innerhalb von Familien je nach Aufenthaltsstatus verschiedene Kostenträger geben kann.

3.5.1.3 Zuständigkeitsbereich Unterbringung und Wohnen

Für den Bereich der *Unterbringung* und später *Wohnen* sind, nach dem Ankunftszentrum, die *Erstaufnahmeeinrichtungen* für Geflüchtete zu nennen. Diese sind der Innenbehörde untergeordnet. Bereits die doppelte Beschreibung von Unterbringung und Wohnen weist darauf hin, dass Geflüchtete – zunächst – nicht *wohnen,* sondern *untergebracht werden.* Denn bevor der Aufenthalt und Verbleib in Deutschland geklärt sind, mindestens jedoch für drei Monate, werden Geflüchtete offiziell in den Erstaufnahmen untergebracht. Erst dann kann theoretisch – sofern der Aufenthalt es zulässt, Wohnraum gefunden wird, die Kosten getragen werden können oder der zuständige Kostenträger zustimmt – der Umzug in eigenen Wohnraum erfolgen. In den Erstaufnahmeeinrichtungen ist der Unterbringungsstandard erheblich schlechter als in der regulären öffentlich-rechtlichen Unterbringung. In Mehrbettzimmern mit bis zu sechs oder acht Personen, gemeinschaftlichen Sanitärbereichen, ohne jegliche Kochmöglichkeiten, sondern mit einer standarisierten Nahrungsmittelversorgung, gibt es kaum Möglichkeiten der Privatsphäre. Erstaufnahmeeinrichtungen sind nicht frei zugänglich, es gibt einen externen Wach- und Sicherheitsdienst. Gerade für Familien mit Kindern sei laut mehrerer Berichte die Situation vor Ort derart unerträglich, dass sobald ein Auszug aufenthaltsrechtlich erlaubt war, als einziger Weg gesehen werde, über illegale ‚Makler' an Wohnraum zu kommen, die in der Regel bis zu 500 EUR pro Kopf als Vermittlungsgebühr verlangen würden. Geflüchtete aus sicheren Herkunftsstaaten dürfen die Erstaufnahme als Unterbringungsort in der Regel nicht verlassen, für alle anderen ist nach sechs Monaten der Wechsel in eine *Folgeunterkunft* vorgesehen.

Erweist sich ein direkter Umzug aus einer Erstaufnahme in eigenen Wohnraum als nicht realisierbar, erfolgt im Regelfall zunächst der Umzug in eine Folgeunterkunft, dann in eine UPW und erst danach in eigenen Wohnraum. Bei den *Folgeunterkünften* handelt es sich um die regulären Unterkünfte der öffentlich-rechtlichen Unterbringung, in denen Wohnungslose, also in der Regel nicht nur Geflüchtete, untergebracht werden. Diese sog. *„Wohnunterkünfte"* (auch ‚WUK' genannt), werden von der BASFI finanziert. Der Transfer von der Erstaufnahmeeinrichtung in eine Folgeunterkunft scheint nicht immer reibungslos zu verlaufen: Deutlich längere Wartezeiten als vorgesehen und zum Teil der Wechsel zwischen mehreren Erst- und Folgeunterkünften bestätigen Ausnahmen von der Regel. Zunächst gab es einen erheblichen Rückstau mit sog. *Überresidenten* in den Erstaufnahmeeinrichtungen, zum Teil kam es zu Standortreduzierungen und -schließungen, ohne dass Platz in einer Folgeunterkunft oder eigenem Wohnraum gefunden worden wäre, sodass ein erneuter Transfer notwendig wurde. Offiziell sollte der Transfer ausschließlich nach dem ‚first in – first out'-Prinzip umgesetzt werden; seitens der Geflüchteten sah man hier jedoch immer wieder Unregelmäßigkeiten. Die ohnehin schwierige Lage in den Erstaufnahmeeinrichtungen, verknüpft mit großen aufenthaltsrechtlichen Sorgen, mündete oftmals in Spannungen der Bewohner_innen untereinander, die – so die Rückmeldung von Expert_innen und Geflüchteten – schnell in religiöse oder ethnische Konflikte umschlagen konnten.

Der beengte Raum auch in den Folgeunterkünften, mangelnde Privatsphäre und eine ohnehin angespannte Gesamtsituation erschweren vielen den Aufenthalt und das Leben in den Unterkünften (s. dazu ausführlich die folgenden Kapitel zur Darstellung der Unterkunftslandschaft und zu den Wohnpraktiken Geflüchteter). Denn als eine Einrichtung öffentlich-rechtlicher Unterbringung bedeutet das Leben in der Folgeunterkunft, dass auch hier die Geflüchteten der Rechtsform nach nicht *wohnen,* sondern lediglich *untergebracht* sind. Dies ist mit vielen Einschränkungen insbesondere hinsichtlich Wohnungsgröße und Privatsphäre verbunden; regelhaft vorgesehen ist beispielsweise die Doppelbelegung eines Zimmers, d. h. Alleinstehende müssen sich nicht nur eine WG, sondern ein Zimmer teilen und auch Familien leben – je nach Familiengröße – oftmals in WGs mit gemeinschaftlich zu nutzenden Küchen- und Sanitärbereichen. Zudem müssen Nutzer_innen mit eigenem Einkommen die Unterkunftsgebühren selbst bezahlen, die auch bei einem reduzierten Satz in Hamburg pro Person und Monat bei 210,- EUR liegen und im Falle eines niedrigen Einkommens und größeren Haushalten dazu führen können, dass die Motivation zur Aufnahme einer Erwerbstätigkeit schwindet (vgl. Landesrecht Hamburg 2017). Diese Praxis scheint – gerade vor dem Hintergrund des ohnehin niedrigen Standards in der öffentlich-rechtlichen Unterbringung absurd, erklärt sich aber aus höheren Zuschüssen aus Bundesmitteln, die für Hamburg aufgrund höherer Unterbringungskosten eingefordert werden können. Integrationsabsichten drohen damit jedoch konterkariert zu werden, sofern die Leidtragenden die Geflüchteten sind, die sich um Arbeit und Wohnraum bemühen, aber schlichtweg nicht an Wohnraum kommen. Die Anzahl der sog. Selbstzahler mit einem eigenen Einkommen lag in den von uns besuchten Unterkünften meist im einstelligen Bereich.[9]

---

[9]Vor dem Hintergrund der Gebührenordnung stellt sich die Frage, ob sich die Arbeitsaufnahme wirtschaftlich überhaupt ‚lohnt', gerade für Familien, wo laut Gebührenordnung Pro-Kopf-Zahlungen vorgegeben sind (vgl. Landesrecht Hamburg 2017).

Dass vor allem in Großstädten wie Hamburg der Zugang zum Wohnungs-markt für Geflüchtete besonders schwer ist, wurde auch von den befragten Expert_innen und Unterkunftsleitungen entsprechend ihrer Erfahrungen bestätigt. Eine neue Übergangslösung, die diesen Bedarf wenigstens mindern soll, ist das bereits skizzierte Konzept der *UPW*. Betreiber der meisten Erst- und aller Folge-unterkünfte sowie der UPW ist *f&w*, allerdings gab es zum Erhebungszeitraum auch Erst- und Notunterkünfte, die vom *„Deutschen Roten Kreuz" (DRK)* und vom *„Arbeiter Samariter Bund" (ASB)* betrieben wurden. Als städtisches Unter-nehmen der öffentlich-rechtlichen Unterbringung übernimmt f&w die Haupt-verantwortung für die Unterbringung von Geflüchteten; die öffentlich-rechtliche Unterbringung liegt in Hamburg somit, anders als in anderen Städten und Gemeinden, in der Hand eines zuständigen Betreibers. f&w ist jeweils für das Unterkunftsmanagement und die Beratung vor Ort verantwortlich, diese ist als Verweisberatung konzipiert, d. h. die Mitarbeiter_innen in den Unterkünften sol-len Bewohner_innen bei Anfragen in erster Linie an entsprechende Einrichtungen oder Beratungsstellen im Stadtteil oder Bezirk verweisen. Zu der Unterkunfts-politik von f&w gehört es, die Bewohner_innen zwar über einen anstehenden Transfer zu informieren, nicht aber über den Zielort. Befürchtete Beschwerden und aus der Sicht des Managements nicht realisierbare Zielort-Wünsche der Bewohner_innen sowie die Gleichbehandlung aller Bewohner_innen begründen diese Praxis, sind für den Einzelnen aber oft schwer nachvollziehbar. Die Unter-kunftszuweisung erfolgt über die „allgemeine Vergabestelle" (AVS) des Unter-nehmens, die sich nach den Rückmeldungen zu freien und gesuchten Plätzen aus dem Unterkunftsmanagement der einzelnen Einrichtungen richtet.

Ziel im Bereich Unterbringung und Wohnen ist die Integration der Geflüchteten in den regulären Wohnungsmarkt – der ohnehin knappe Wohnraum erschwert den Zugang jedoch erheblich. Geflüchtete können sich, genauso wie auch andere Wohnungslose, bei den bezirklichen *Fachstellen für Wohnungsnot-fälle* melden und darüber versuchen, Wohnraum zu finden. Auch die *Genossen-schaften* sowie das städtische Wohnungsunternehmen *SAGA,* das über einen Großteil der Sozialwohnungen verfügt, sind wichtige Institutionen, in denen alle Wohnungssuchenden, so auch Geflüchtete, nach Wohnraum fragen können. Im Gespräch mit einer Genossenschaft, die aus Gründen der Gleichbehandlung aller Mieter anonym bleiben will und keine genauen Angaben zu einzelnen Zah-len machen kann und darf, hat sich gezeigt, dass grundsätzlich auch Geflüchtete als neue Mieter aufgenommen werden. Insbesondere sprachliche Verständigungs-schwierigkeiten sowie ggf. die Kommunikation mit einem öffentlichen Kosten-träger, erzeugten einen Mehraufwand für die aufnehmende Genossenschaft. Ohne ehrenamtliche Unterstützung bzw. Patenschaften sei diese Herausforderung kaum zu bewältigen. Weiterhin gibt es einzelne Projekte wie die *Wohnbrücke Hamburg*, die sich explizit an Geflüchtete richten. Die Wohnbrücke ist ein Projekt der Lawaetzstiftung und wird von der BASFI finanziert. Das Konzept sieht vor, Geflüchteten privaten Wohnraum zu vermitteln, dabei wird nach einem Patenschaftsprinzip gearbeitet: Ein/e ‚Pate/Patin' unterstützt Geflüchtete insbesondere in der Bewältigung bürokratischer Aufgaben und in der Kommunikation mit Vermietern. Auch das Projekt *Zimmerfrei* ist in der Lawaetzstiftung angesiedelt und wird von der BASFI finanziert. Hier werden WG-Zimmer an junge Geflüchtete vermittelt.

3.5.1.4 Zuständigkeitsbereich Arbeit

Für den Bereich *Arbeit* sind grundsätzlich die Bundesagentur für Arbeit mit dem *Landesarbeitsamt (Agentur für Arbeit Hamburg)* sowie das *Jobcenter* Ansprechpartner. Als größte Hürde im *Zugang zum Arbeitsmarkt* werden im bundesweiten politischen Diskurs fehlende Kenntnisse der deutschen Sprache gesehen. Vorgesehen ist daher, dass Geflüchtete zunächst *Integrationskurse* besuchen und damit im Idealfall für den Arbeitsmarkt gerüstet sind. Grundsätzlich hängt der Zugang zum Arbeitsmarkt vom Aufenthaltstitel ab: Mit einer *Aufenthaltserlaubnis* (als anerkannter Flüchtling, Asylberechtigter oder subsidiär Schutzberechtigter) ist ein uneingeschränkter Zugang zum Arbeitsmarkt möglich. Auch *Asylsuchende* dürfen seit 2016 bereits nach drei Monaten arbeiten, sofern sie nicht aus einem sicheren Herkunftsstaat kommen; gleiches gilt für Geflüchtete mit einer *Aufenthaltsgestattung,* wobei in beiden Fällen bei der zuständigen Ausländerbehörde eine Arbeitserlaubnis eingeholt werden muss. Personen mit einer *Duldung* dürfen ebenfalls ab dem vierten Monat arbeiten, sofern die Ausländerbehörde und die Arbeitsagentur der Arbeitsaufnahme zustimmen. Obgleich die *Vorrangprüfung*[10] seit 2016 für drei Jahre ausgesetzt wurde, gibt es neue Hürden, da die Arbeitsagentur erst nach einer *Arbeitsmarktprüfung* ihre Zustimmung erteilt. Diese kann negativ ausfallen, wenn die Bedingungen des Arbeitsplatzes schlechter sind als für andere Arbeitnehmer_innen. Offiziell dient dies dem Schutz vor Ausbeutung, kann de facto aber auch eine weitere Behinderung des Zugangs zum Arbeitsmarkt bedeuten. Die Arbeitsmarktprüfung entfällt nach einem Aufenthalt von vier Jahren.

---

[10]Mit der Vorrangprüfung wird kontrolliert, ob für einen vakanten Arbeitsplatz auch deutsche Arbeitsuchende oder Arbeitssuchende aus dem europäischen Ausland infrage kommen, der Arbeitsplatz muss dann zunächst an diese Personengruppen vergeben werden.

Neben den für Erwerbstätigkeit vorrangig relevanten Institutionen gibt es
weitere Akteure, welche die Integration Geflüchteter in den Arbeitsmarkt unterstützen sollen: Das bei der *Agentur für Arbeit Hamburg* angesiedelte *Team Flucht
und Asyl* führt bereits im Ankunftszentrum ein Erstgespräch zur Arbeitsmarkt-
situation durch und kann auch an anderen Standorten der Agentur für Arbeit,
beispielsweise in den Bezirken, aufgesucht werden. Jugendliche und junge
Erwachsene (bis 25 Jahre) werden an die *Jugendberufsagentur* weitergeleitet.
Ferner arbeiten die Arbeitsagentur und das Jobcenter im Bereich Flucht mit dem
Projekt *„Work and Integration for Refugees" (W.I.R.)* zusammen. Das Projekt
wurde im Verlaufe des Jahres 2015 initiiert und widmet sich dem Namen nach
explizit der Integration von Geflüchteten in den Arbeitsmarkt. Neuzugewanderte
Geflüchtete mit Aufenthaltserlaubnis sowie Asylsuchende mit guter Bleibeperspektive werden von W.I.R. betreut. W.I.R. ist bei der BASFI angesiedelt und
soll die genannten Zielgruppen bei der Integration in den Arbeitsmarkt unterstützen, geeignete Qualifizierungsmaßnahmen finden oder auch Unternehmen
als Ansprechpartner dienen, die Geflüchtete in ihrem (Ausbildungs-)Betrieb auf-
nehmen wollen. Obgleich W.I.R. als Konzept vielversprechend klingt, wurden
Erfolg und Nutzen des Konzepts in dem gesamten Sample der Expert_inninter-
views teilweise infrage gestellt. Im Erhebungszeitraum des Jahres 2016 konnten die Wirkungen des Projekts noch nicht beurteilt werden. Kritische Fragen
bezogen sich darauf, ob ein solches Konzept tatsächlich der Integration in den
Arbeitsmarkt dienen könnte. Dem W.I.R. Sachstandsbericht zum gesamten Jahr
2016 zufolge wurden von 1068 sog. „Kundenprofilen" 97 Teilnehmer_innen in
den Arbeitsmarkt überführt (W.I.R. 2017, S. 20).

Auch die *Handwerkskammer* und die *Handelskammer* sind für den Aus-
bildungsbereich in handwerklichen Betrieben sowie die Integration in den
Arbeitsmarkt zuständig. Sie bieten neben regulären Aktivitäten auch spezielle
Projekte für Geflüchtete an bzw. informieren potenzielle Arbeitgeber über die
Möglichkeiten, Geflüchtete in ihren Betrieben aufzunehmen. Beispielsweise
finanziert die BASFI in der Handelskammer spezielle Bewerbungstrainings.
Zudem dient ein Marktplatz der Begegnungen in der Handelskammer, der in
Kooperation mit der BASFI, Handwerkskammer, W.I.R. und der Arbeitsagentur
durchgeführt wird, dem Kennenlernen zwischen Unternehmen und Geflüchteten
auf der Suche nach einem Praktikums-, Ausbildungs- oder Arbeitsplatz.

Regulär ist vorgesehen, dass Geflüchtete *Sprachkurse* belegen, um mit ersten
Sprachkenntnissen eine Grundlage für den Arbeitsmarkt zu erhalten. Die bundesweit geregelten und von der Bundesregierung finanzierten *Integrationskurse,*
die von Geflüchteten mit guter Bleibeperspektive besucht werden, werden in
Hamburg mit dem Landesprogramm Deutschkurse für Flüchtlinge ergänzt, das

von der BASFI finanziert wird: Hier können all jene Geflüchtete einen Sprachkurs absolvieren, die über einen ungesicherten Aufenthalt verfügen (sofern
sie nicht aus einem sicheren Herkunftsstaat kommen) und dementsprechend
keinen Zugang zu den regulären Integrationskursen haben. Die Regelung der
Sprachkurse und der Zugang zum Arbeitsmarkt sind ein Feld, in dem die Mei-
nungen von Expert_innen aus dem politischen Bereich und aus der Arbeit mit
Geflüchteten sowie die Erfahrungen der Geflüchteten auseinandergehen: Sehen
die einen deutsche Sprachkenntnisse als unabdingbare Grundlage für den Zugang
zum Arbeitsmarkt und setzen langfristig – da waren sich die Expert_innen
weitestgehend einig – erst auf die Qualifizierung Neuzugewanderter und dann auf
die Integration in den Arbeitsmarkt, wünschen sich insbesondere die Geflüchteten
einen raschen Eintritt in den regulären Arbeitsmarkt. Im Anschluss daran wäre
eine flexiblere Gestaltung von Sprachkursen und Arbeitsaufnahme oder Nach-
qualifizierung von Vorteil, die Geflüchteten früher eine selbstständigere Lebensführung gewährleisten kann. Erste Ansätze gibt es bereits, jedoch hat sich für
einzelne Geflüchtete diese Doppelbelastung – von Sprachkurs und Arbeit – als
nicht tragbar gezeigt. Auch im internationalen Vergleich sind – mit Blick auf das
englischsprachige Ausland beispielsweise – die Voraussetzungen von Kenntnissen
einer Landessprache besonders hoch. Es bestehen zwar Strukturen und auch
ergänzende Konzepte, welche die Integration in den Arbeitsmarkt erleichtern sollen, wie beispielsweise W.I.R., Bewerbertrainings oder verschiedene Qualifizierungsmaßnahmen. Doch fallen immer wieder Geflüchtete aus dem Raster heraus,
denen die Anbindung an den Arbeitsmarkt nicht gelingt.

3.5.1.5 Zuständigkeitsbereich Bildung

Für den Bereich *Bildung* liegt die Zuständigkeit an oberster Stelle bei der *BSB*.
Der Zugang zum Bildungssystem ist in Hamburg wie folgt geregelt: Nach § 37
Hamburger Schulgesetz gilt für alle Kinder und Jugendlichen mit Wohnsitz
in Hamburg für elf Schulbesuchsjahre oder bis zum Alter von 18 Jahren eine
Schulpflicht, unabhängig von ihrem rechtlichen Status. Doch gestaltet sich der
Zugang zum Bildungssystem für junge Geflüchtete recht komplex und ist von
unterschiedlichen Faktoren abhängig: Zunächst werden Kinder und Jugend-
liche während der Zeit in der Erstaufnahme vor Ort beschult. Hintergrund ist die
Annahme, dass der Aufenthalt in der Erstaufnahme vorübergehend ist und die
Integration in einen Schulbetrieb erst dort erfolgen soll, wo mit einem längeren
Wohn- bzw. Unterbringungsaufenthalt zu rechnen ist. Ab der Unterbringung in
einer Folgeunterkunft oder dem Umzug in eine eigene Wohnung besuchen die
Kinder und Jugendlichen reguläre Schulen außerhalb der Unterkunft, zunächst
jedoch spezielle Klassen. Dies sind *Basisklassen* für nicht in lateinischer Schrift

Alphabetisierte oder sog. *„Internationale Vorbereitungsklassen"* (IVK-Klassen) für in lateinischer Schrift Alphabetisierte. Die Aufnahme ist fortlaufend möglich und für ein Jahr vorgesehen. Nach einem Jahr erfolgt der Übergang in den regulären Schulbetrieb, allerdings mit erhöhtem Umfang von Deutschstunden. Beide Sonderformen sind an Regelschulen angebunden, an denen die Schüler_innen nach den Basis- bzw. IVK-Klassen am regulären Unterricht teilnehmen. Expert_ innen wiesen allerdings darauf hin, dass der Übergang von der IVK in den regulären Schulbetrieb oftmals mit einem Schulwechsel einherginge, sodass sich die Schüler_innen auch dann noch einmal völlig neu orientieren müssten. Die Schulplatzzuweisung erfolgt regelhaft über das *„Schulinformationszentrum"* (SIZ).

Alle Jugendlichen, die älter sind als 16 Jahre, besuchen für zwei Schuljahre eine Ausbildungsvorbereitung (AV) bzw. spezielle AVM-Klassen (Ausbildungs-Vorbereitung für Migrant_innen) in Gewerbeschulen. Je nach Vorkenntnissen erfolgt zunächst in den sog. *Alpha-Klassen* die Literalisierung, bevor die Schüler_innen nach sechs Monaten an der regulären Ausbildungsvorbereitung teilnehmen. Die Zuweisung erfolgt über das *„Hamburger Institut für Berufliche Bildung"* (HIBB).

Grundsätzlich gestalten sich die Schulortswechsel – so ein Fazit von Expert_ innen und aus den Interviews mit den Geflüchteten – äußerst aufwendig und sind für viele nur mit der Unterstützung engagierter Helfer_innen zu bewältigen. Lehrende sind für Geflüchtete – gerade für die unbegleiteten Jugendlichen – oftmals wichtige Bezugspersonen, um überhaupt einen Zugang zur Mehrheitsgesellschaft zu erhalten. Damit Schüler_innen sobald wie möglich einen Schulplatz erhalten, engagieren sich auch die Unterkunftsleitungen und suchen im Einrichtungsumfeld nach Schulplätzen; gleiches gilt übrigens auch für die Anfrage und Zusammenarbeit mit KiTas in Unterkunftsnähe. Für einen reibungslosen Ablauf und bestmöglichen Bildungsverlauf der Kinder und Jugendlichen springen hier die Mitarbeiter_innen in den Unterkünften ein, da das SIZ als Regelsystem die Arbeit in dieser Form so kurzfristig gar nicht leisten könnte – so jedenfalls der Tenor der Mitarbeiter_innen in den Unterkünften.

Die Erwartungen seitens vieler Geflüchteter an das hiesige Bildungssystem sind oft hoch und entsprechend auch der Wunsch, dass die Kinder oder man selbst so schnell wie möglich im regulären Bildungssystem Fuß fasst. Nach Aussagen der befragten Akteur_innen aus dem Schulsystem ist die Heterogenität der Schüler_innenschaft hinsichtlich des Lern- und Entwicklungsstandes eine große Herausforderung im Schulbetrieb. Ein Tatbestand, der letztendlich ganz allgemein die schulische Situation beschreibt. Gerade im Fluchtkontext kämen jedoch erschwerend die fluchtspezifischen äußeren Einflüsse, wie ein Wohnumfeld, das kaum Rückzugs- und Lernmöglichkeiten zulässt, Familientrennungen oder aufenthaltsrechtliche Sorgen hinzu. An dieser Stelle sei auf eine Kooperation zwischen f&w und der Handwerkskammer verwiesen, nämlich geflüchteten Jugendlichen und jungen Erwachsenen in Ausbildung in den UPW's mit einem neuen WG-Konzept mit Einzelzimmerbelegung ein Wohn- und Lebensumfeld anzubieten, das dem Bedarf nach einer ruhigen Lernatmosphäre und einer selbstständigen Lebensführung entspricht.

Kritisch zu sehen sind Kapazitätsgrenzen an Gymnasien, auch wenn Jugendliche gemessen an ihrem Bildungsstand das Potenzial hätten ihr Abitur zu machen, ist ein freier Schulplatz ungewiss; hinzu kommt, dass ab einem Alter von 18 Jahren – sofern ein_e Schüler_in gerade nicht beschult wird – aus aufenthaltsrechtlichen Gründen nur noch eine Ausbildung vorgesehen ist, ein weiterführender regulärer Schulbesuch wird verwehrt. Obgleich die sog. drei plus zwei- Regelung Schüler_innen und jungen Geflüchteten in Ausbildung eine bessere Perspektive und mit dem Absolvieren der Ausbildung auch einen gesicherten Aufenthalt in Aussicht stellt, beurteilen Expert_innen es als äußerst problematisch, dass ab 18 Jahren keine Schulpflicht mehr besteht, mit der Folge, dass die Motivation einzelner Schüler_innen erheblich sinke, da schlagartig die Türen (zum weiteren Schulbesuch) zufallen würden.

In der *Hochschulbildung* bieten die Universitäten unterschiedliche Formate des Kontakt- und Kennenlernstudiums an. Beispielhaft genannt seien das Studienorientierungsprogramm an der *„Universität Hamburg"* (UHH), organisiert von UHH-Hilft, die u. a. zum Hochschulzugang beraten; an der *„HafenCity Universität"* (HCU) gab es ein Gasthörerprogramm für Geflüchtete, und an der *„Hochschule für Angewandte Wissenschaften Hamburg"* (HAW) wird ein Vorbereitungsstudium für interessierte Geflüchtete angeboten. Finanziert werden diese und andere sog. *Welcome*- oder *Integra*-Projekte, die der Integration Geflüchteter in die (Fach-) Hochschulen dienen, vom „Deutschen Akademischen Austauschdienst" (DAAD). Bedauerlicherweise ließ sich in der Laufzeit des Forschungsprojekts die interessante Frage nicht beantworten, wie vielen Geflüchteten mit diesen Angeboten ein regulärer Zugang zum Studium ermöglicht wurde.

3.5.1.6 Zuständigkeitsbereich Gesundheit

Der Bereich *Gesundheit* ist in Hamburg durch die Zusammenarbeit mit der *„AOK-Bremen/Bremerhaven"* (AOK B/B) und das am Bezirksamt Altona angesiedelte städtische *Gesundheitsamt* zentral organisiert. Das Gesundheitsamt Altona koordiniert alle zusätzlichen ärztlichen Sprechstunden vor Ort in den Erstaufnahmeeinrichtungen. Die Versicherung über die AOK B/B erfolgt mit der Registrierung in Hamburg; mit einem gesicherten Aufenthalt kannauf Wunsch zu einer selbst gewählten Krankenkasse gewechselt werden. Geflüchtete haben somit theoretisch von Beginn an Zugang zu allen in Hamburg niedergelassenen Ärzten – sprachliche Barrieren, fehlende Dolmetscher und Ärzt_innen, die ihre Kapazitätsgrenzen bereits erreicht haben, erschweren den Zugang jedoch erheblich. Als unbefriedigend erweist sich im Gesundheitsbereich auch die Zusammenarbeit mit Dolmetscher_innen. Hier hat man sich in den Erstaufnahmen ersatzweise für eine Kooperation mit einem Pool von Online-Dolmetscher_innen geholfen; eine Lösung, die seitens der Expert_innen als sehr nützlich angesehen wurde, da man entsprechende Dolmetscher_innen für die gesuchten Sprachkenntnisse bereits nach kurzer Zeit hätte finden und dem Beratungsgespräch zuschalten konnte. Allerdings schien diese Praxis nicht flächendeckend so gehandhabt zu werden, da uns seitens der Geflüchteten auch Situationen geschildert wurden, in denen Kinder und Jugendliche in Notfällen nicht nur für ihre Eltern, sondern auch für andere Bewohner_innen übersetzen mussten (s. Abschn. 6.2.3). Grundsätzlich gilt der nicht abgedeckte Bedarf an mehrsprachigen Angeboten oder Dolmetscher_innen insbesondere für den psychotherapeutischen Bereich, in dem es zu wenig Therapeut_innen und kaum muttersprachliche Angebote und Konzepte gibt. Expert_innen sahen hier einen Mehrbedarf sprachlicher Unterstützung v. a. in den Hauptherkunftssprachen. Bei vielen Geflüchteten – gerade solchen mit gesundheitlichen Problemen – fiel die Beurteilung der gesundheitlichen Versorgung insbesondere in den Erstaufnahmeeinrichtungen eher negativ aus. Strukturell – so ein erstes Fazit – ist der Gesundheitsbereich im Fluchtkontext durch die zentrale Organisation funktional strukturiert, wobei aber noch nicht alle Bedarfe abgedeckt sind. Auch das anonyme Gespräch mit einer Ärztin, die sich aus beruflicher Überzeugung für die Aufnahme von Geflüchteten entschieden hat, bestätigt dies: In ihrem Stadtteil, der sehr gut mit Fachärzt_innen ihrer Disziplin ausgestattet ist, sei sie die einzige, die diesen Mehraufwand der Behandlung von Geflüchteten akzeptiert, der ihrer Ansicht nach insbesondere aufgrund fehlender Sprachkenntnisse entsteht. Andere nähmen deshalb keine Geflüchteten auf. Offenbar ist die Integration von Sprachmittlern in die Gesundheitsversorgung von Geflüchteten noch nicht bedarfsgerecht gelöst. Einzelne Projekte, wie *MiMi*, die eine niedrigschwellige Begleitung von „Migrant_innen für Migrant_innen" anbieten, helfen hier aus; das Projekt wird auf Landesebene vom Verband Kinder- und Jugendarbeit Hamburg e. V. gefördert.

3.5.1.7 Zuständigkeitsbereich Beratung

Abschließend sei themenübergreifend auf das breite Feld von Angeboten verwiesen, die *Beratung* zu unterschiedlichen Themen – so auch zu Wohnen, Bildung, Arbeit und Gesundheit – anbieten, sowie zu Fragen der *„Integration und*

Teilhabe' im Allgemeinen. Ebenso ist der Bereich der Rechtsberatung in aufenthalts- und asylrechtlichen Fragen für viele Geflüchtete von hoher Relevanz. Diese wird von unterschiedlichen Trägern, Projekten und Migrationsberatungsstellen bereitgestellt, letztendlich auch von vielen Anwälten. Etliche Träger aus dem Bereich der *Migrationsberatung* konzentrieren sich auf niedrigschwellige Informationsangebote, Deutschkurse und verschiedene Qualifizierungsmaßnahmen. Das von der BASFI finanzierte „*Flüchtlingszentrum*" *(FZ),* berät Geflüchtete ohne und mit unsicherem Aufenthalt in aufenthaltsrechtlichen Angelegenheiten, führt Rückkehrberatungen durch, erteilt Bescheinigungen zur ,besonderen Schutzbedürftigkeit', berät in Kooperation mit W.I.R. zur Integration in den Arbeitsmarkt und vermittelt Geflüchteten ohne Krankenversicherung eine ärztliche Versorgung. *AQtivus* bietet Deutschkurse für Geflüchtete und Neuzugewanderte an und berät zur beruflichen und sozialen Integration; vergleichbar agieren *verikom* mit unterschiedlichen Projekten und verschiedenen Integrationszentren in Hamburg-Mitte und Altona, *basis und woge* mit einem ähnlichen Profil sowie die (Migrations-)Beratung vom *BI* in Wilhelmsburg. Einzelne Projekte der genannten Träger werden von der BASFI gefördert, Bildungsangebote zum Teil auch über den „Europäischen Sozialfonds" (ESF) oder die Schulbehörde.

Beratungsangebote existieren ebenso bei Wohlfahrtsverbänden, z. B. bei der *Diakonie,* der *Caritas* oder dem *DRK.* Neben diesen stadtweiten Aktivitäten sind kommunale Angebote eher an Quartiere und Sozialräume gebunden; sie werden in der bezirklichen *Sozialraumkoordination* gesteuert, die zudem Angebote von Ehrenamtlichen insbesondere im Umfeld von mehreren bzw. größeren Unterkünften koordiniert. An einigen Standorten existieren überdies bedarfsorientierte spezifische Beratungsangebote: *ADEBAR* kümmert sich z. B. niedrigschwellig um junge werdende Eltern. *Sprach-* und *Patenschaftsprojekte wurden* an einigen Standorten in Kooperation mit dem im Jugendamt angesiedelten „*Allgemeinen Sozialen Dienst"* (ASD) realisiert. Ziel der Unterkünfte ist es jedoch grundsätzlich, so wenig Angebote wie möglich direkt vor Ort zu schaffen, sondern vielmehr die Möglichkeit zu fördern, Angebote, die im Stadtteil (oder auch im gesamten Stadtgebiet) existieren, wahrzunehmen. Nur so könnten Integration und Teilhabe am gesellschaftlichen Leben im Miteinander gelernt werden. Insbesondere (Sport-)Vereinen kommt dabei eine wichtige Rolle zu. Im Hinblick auf die sozialräumliche Integration fiel auf, dass viele Geflüchtete durchaus am Standort der Erstunterbringung erste soziale Kontakte geknüpft hatten, die sie auch nach einem Unterkunftswechsel weiterhin aufrechterhielten. Die vertrauten engmaschigeren Hilfe- und Beratungsstrukturen in und im Umfeld der Erstunterbringung, wollten einige Geflüchtete nicht aufgeben und nutzten sie auch nach einem Wechsel in Folgeunterkünfte. Auch das Aufsuchen niedrigschwelliger Angebote ist auf die Eigeninitiative der Geflüchteten angewiesen: Während sich einige Geflüchtete schon nach kurzer Zeit nahezu im gesamten Stadtgebiet organisiert und vernetzt hatten, gelang dies anderen nur schwer. So begegneten uns Fälle in einer Erstaufnahmeeinrichung in Hamburg-Mitte, die Sprachangebote von Ehrenamtlichen im Stadtteil Othmarschen in Altona aufgesucht haben, da es vergleichbare Möglichkeiten vor Ort nicht gab. An anderen Standorten fehlten relevante Angebote im unmittelbaren sozialräumlichen Umfeld gänzlich. Diese Befunde verdeutlichen, dass feste Ansprechpartner_innen im Rahmen einer längerfristigen Betreuung für Geflüchtete vor allem dann unerlässlich sind, wenn sie in eigenem Wohnraum leben und damit institutionelle wie informelle Unterstützung nur noch durch Eigeninitiative zu erreichen ist.

Die institutionellen Handlungsansätze und Akteur_innen unterteilen sich am *Fluchtort Stadt* in fluchtspezifische und allgemein zugängliche Angebote, die von temporär entstandenen Akteuren oder solchen der jeweiligen Regelsysteme bereitgestellt werden. Im Fluchtkontext ist der Zugang zu solchen Angeboten vielfach an bestimmte rechtliche und sprachliche Voraussetzungen gebunden und deshalb erschwert, wenn diese nicht erfüllt sind. Im Bereich der vielfältigen Beratungssettings fällt eine Ergänzung städtischer Institutionen durch zivilgesellschaftliche Akteur_innen erkennbar auf.

3.6 Zusammenfassung: Institutionelle und informelle Settings am *Fluchtort Stadt*

Das institutionelle Setting am *Fluchtort Stadt* differenziert sich zusammenfassend betrachtet in staatliche, teilstaatliche und nichtstaatliche Handlungsfelder. Politisch gesehen bestehen auf städtischer (Landes-)Ebene Handlungsspielräume, die – wie oben erwähnt – zwar an Entscheidungen des BAMF gekoppelt sind, jedoch in einem gewissen Rahmen politisch und operational spezifisch gestaltet werden können: So bekommen in Hamburg auch Geflüchtete ohne gesicherten Aufenthalt und mit einer individuell guten Bleibeperspektive über das Landesprogramm der Deutschkurse für Geflüchtete einen Zugang zum Spracherwerb; die rasche Krankenversicherung ermöglicht in Hamburg – zumindest theoretisch – einen einfachen Zugang zur regulären ärztlichen Versorgung. Hier profitieren Geflüchtete in Hamburg von den stadtstaatlichen Sonderstrukturen bzw. eigenen Regelungen.

Grundsätzlich war der Themenzusammenhang Flucht im Hamburger Kontext zunächst vielerorts ein neues Handlungsfeld, was die verschiedenen

Sonderstrukturen belegen. Sie verweisen darauf, dass in vorhergehenden Phasen der Fluchtzuwanderung (z. B. infolge der Balkankriege in den 1990er Jahren) keine fluchtspezifische städtische Infrastruktur entstanden ist. Exemplarisch gilt dies für den Bereich der Zivilgesellschaft, für die sich das vielschichtige Engagement insofern als ein neues Feld erwies, als professionelle Akteure zunächst vor der Aufgabe standen, Bedarfe von Organisationen und Geflüchteten zu identifizieren, neue und bestehende Angebote zu vernetzen und ggf. innovative Konzepte zu entwickeln sowie zu entscheiden, welche Bedarfe in welcher Quantität und Qualität von Ehrenamtlichen erfüllt werden können. Vordergründig waren Angebot und Nachfrage nicht immer deckungsgleich: Fragen der Geflüchteten beschränkten sich oftmals auf Zugänge zu einem Aufenthaltsstatus, auf Möglichkeiten des Spracherwerbs sowie den Zugang zum Wohn- und Arbeitsmarkt. Freizeitgestaltung – die von vielen Ehrenamtlichen angeboten wurde – betrachteten Geflüchtete eher als weniger relevant. Weiterhin konnten eine Vielzahl von Beratungsstellen in den unterschiedlichen Lebensbereichen identifiziert werden, die von vielen verschiedenen Trägern abgedeckt werden. Geht man davon aus, dass eine „erfolgreiche Integration […] nur durch eine engagierte Zivilgesellschaft funktionieren (kann)", die dafür auf den „politischen und praktischen Rückhalt" angewiesen ist (Karakayali und Kleist 2016, S. 3), wird die Notwendigkeit deutlich, hierfür auch geeignete Strukturen und Prozesse professionell zu gestalten und erforderliche Mittel dafür bereitzustellen. Auffällig ist, dass im Fluchtkontext viele Aufgaben an einzelne Projekte und an die Zivilgesellschaft delegiert werden, oftmals finanziert durch die Landesbehörde BASFI. So sind die Wohlfahrtsverbände neben religiösen Vereinigungen und Stiftungen als wichtige Akteure zu nennen, die die institutionalisierte Angebotsstruktur am *Fluchtort Stadt* ergänzen. Das bietet einerseits den Vorteil, dass auch niedrigschwellige Angebote gefördert und oft von vor Ort agierenden Akteur_innen bereitgestellt werden. Das Spektrum der Ansprechpartner_innen umfasst unterschiedliche Akteur_innen und es können theoretisch auch migrantische Selbstverwaltungsorganisationen einbezogen werden, die allerdings oftmals eher informell agieren. Ein Nachteil besteht darin, dass auf Behörden-/städtischer Verwaltungsebene kaum gebündelte Kernkompetenzen im Bereich Flucht angesiedelt sind. Kompetenzen, die im Zuge der Projektförderung gesammelt wurden, drohen daher mit auslaufender Förderung und dem Projektende verloren zu gehen.

Die Struktur der Akteurslandschaft und auch der politische Umgang bzw. die politische Relevanz einzelner Akteur_innen ist gleichermaßen von Engagement und Protest gekennzeichnet. Letztendlich zeigt sich in der Ausrichtung der Hamburger Flüchtlingspolitik, wie beide Elemente in diese integriert wurden. Darüber hinaus wirken Politik und Zivilgesellschaft einerseits getrennt

voneinander, andererseits vermischen sie sich bzw. stehen unter wechselseitigen
Beeinflussungen. Die Akteurslandschaft ist sowohl im flüchtlingspolitischen
Kontext als auch in der Zivilgesellschaft durch unterschiedliche Machtpotenziale
gekennzeichnet: *Erstens* wird die zivilgesellschaftliche Akteurslandschaft politisch unterschiedlich bewertet. Das bietet nicht nur der Seite des Protests mehr
Gehör, sondern lässt anderes Engagement und damit wichtige Kompetenzen
und Potenziale unentdeckt und damit ungenutzt. *Zweitens* ist die Akteurslandschaft hierarchisch strukturiert, mit W.I.R. und dem ZKF gibt es neue städtische
Institutionen, die neben dem ebenfalls städtischen Träger f&w im politischen
Diskurs große Aufmerksamkeit erfahren. Die politische Relevanz von Wohlfahrtsverbänden und anderen relevanten Institutionen oder Vereinen beschränkt
sich hingegen häufig auf ihre projektspezifische Förderung. Eine unzureichende
Zusammenarbeit oder Vernetzung der einzelnen Akteur_innen verhindert, dass
ggf. Bedarfe an die Politik zurückgemeldet werden. Ein Beispiel hierfür ist das
vielfach formulierte Anliegen, die Zusammenarbeit mit Dolmetscher_innen im
Behördenkontakt zu verbessern bzw. diese nach Möglichkeit institutionell zu ver-
ankern. Die Kooperation mit Online-Pools könnte – wie in den Erstaufnahmen
zum Teil realisiert – eine erste pragmatische (Übergangs-)Lösung sein. Überdies
fehlten zum Teil niedrigschwellige Angebote, die über Funktionen und Zugänge
zum Regelsystem aufklären bzw. im Kontakt beratend zur Seite stünden. Die
derzeit bestehende Vielfalt an Projekten und Angeboten spricht zwar für eine
breit gefächerte Akteurslandschaft, hier den richtigen Ansprechpartner zu identifizieren, kann jedoch Schwierigkeiten bereiten.

Gerade für die erste Zeit, also für neuzugewanderte Geflüchtete, lässt sich die
Spezifik eines Fluchtraumes identifizieren. Ungeachtet der aufenthaltsrechtlichen
Thematik erfolgt eine *fluchtspezifische* Unterbringung, eine *fluchtspezifische*
gesundheitliche Versorgung, eine *fluchtspezifische Art der Beschulung* (die allerdings zumindest nach der Beschulung in der Erstaufnahmeeinrichtung für alle
Neuzugewanderten gilt) sowie eine *flucht- und asylspezifische* Beratung und
Angebotsstruktur zum Arbeitsmarkt. Dass diese allein nicht funktionieren, zeigen
die diversen Projekte, die in den einzelnen Bereichen einspringen und Angebote
nutzbar machen.

Die Struktur der institutionellen Landschaft am *Fluchtort Stadt* ist aufgrund
der spezifischen Fluchträume einerseits separiert und deshalb als ein Parallelsystem in der Gesamtheit des Regelsystems zu betrachten. Andererseits sind
diese Angebote aber – zumindest teilweise – an das Regelsystem angekoppelt
und demzufolge im Sinne einer fluchtspezifischen Säule des Regelsystems
zu verstehen. Dieser Punkt verdeutlicht eine gesellschafts- und damit auch
integrationspolitische Problematik: Eine unzureichende Positionierung als
Einwanderungsland mit einer entsprechenden Institutionenlandschaft reagiert

oft erst im Nachhinein auf unzureichend abgedeckte Bedarfe. Das bisherige Versäumnis, Zuwander_innen ausreichend Qualifizierungsmöglichkeiten zu bieten und ihnen flächendeckend eine (frühzeitige) Eingliederung in den Arbeitsmarkt zu erleichtern, hat aufgrund der großen Zahl von neuzugewanderten Geflüchteten dazu geführt, dass *diese Gruppe* als (neue) Zielgruppe der Integration ‚entdeckt‘ wurde. Dabei findet insofern eine fluchtspezifische Institutionalisierung der Integration statt, als der Aufenthaltsstatus darüber entscheidet, welche gesellschaftlichen Bereiche für einen (wann) vorgesehen sind oder nicht. So bringt das Phasenmodell des Ankommens, nämlich vom Ankommen über die Erstintegration zum Angekommensein, zwar den Prozess der Integration zum Ausdruck, es zeigt aber auch, dass die *Fluchtspezifik* erst im letzten Stadium entfällt. Ferner berücksichtigt dieses den Prozesscharakter insofern nicht ausreichend, als dass ein zu erreichender End- oder Idealzustand angenommen wird, der als solcher gar nicht so konkret zu fassen ist. Denn das Prozesshafte an der Integration ist gerade die Tatsache, dass es sich um eine (wechselseitige) und andauernde Entwicklungsdynamik handelt. Die Separierung in Anlehnung an das Phasenmodell entspricht zwar der (derzeitigen) Institutionenlandschaft, fraglich bleibt allerdings, ob dies sinnvoll ist. Denn nachhaltiger Zugang und gesellschaftliche Teilhabe sind Ziele des Hamburger Integrationsmodells und werden erst mit der letzten Phase erreicht: Verwehrte Zugänge (beispielsweise in den Arbeits- oder Wohnungsmarkt) aufgrund der vorherrschenden institutionellen Diskriminierung (vgl. Gomolla und Radtke 2009) können das Erreichen der letzten Phase verhindern. Damit kann auch die Spezifik des Fluchtraumes weit über die vorgesehenen Integrationsphasen hinaus bestehen bleiben. Barrieren im Regelsystem bedingen also das Fortbestehen eines spezifischen Fluchtraumes, obgleich dieser eigentlich dem Zugang zum Regelsystem dienlich sein sollte.

Abschließend stellt sich die Frage, inwiefern die Angebotsstruktur überhaupt als Teil des Regelsystems fungiert bzw. die Weichen dafür stellt, den Zugang zum Regelsystem zu schaffen oder zu erleichtern. Konzeptionell und politisch lässt sich diese Frage insofern recht einfach beantworten, als weniger ‚Spezialangebote‘ für Geflüchtete initiiert werden sollten, sondern Strukturen zu schaffen wären, die Geflüchteten so schnell wie möglich Anschluss zum Regelsystem bieten. Inwiefern dies tatsächlich gelingt, lässt sich mit ausführlichen Lebenslagenanalysen untersuchen. In den folgenden Kapiteln greifen wir diese Fragen auf und diskutieren zunächst, *wie* Geflüchtete – sozusagen als Ausgangspunkt ihres derzeitigen Lebens und dem Aufbau einer (langfristigen) Perspektive in Deutschland – in Hamburg wohnen bzw. in der öffentlich-rechtlichen Unterbringung untergebracht werden und wie sie das Leben und ihren Alltag gestalten, sich die Stadt und Zugänge zu den Bereichen Wohnen, Bildung, Arbeit und Gesundheit aneignen oder kurz gesagt am gesellschaftlichen Leben teilhaben.

Die Unterbringungslandschaft für Geflüchtete

4

Das Thema der ‚Flüchtlingsunterkünfte' wird in gesellschaftlichen Diskursen besonders emotional debattiert: Oft formiert sich Widerstand, wie es das Beispiel der Bürgerinitiativen in Hamburg belegt, genauso finden sich aber – zumindest an einigen Standorten – Hilfsstrukturen und Nachbarschaftsinitiativen. Aus dem Bereich der Stadtentwicklung und Planung von Unterkunftsstandorten äußert ein Experte die Beobachtung, dass man sich bei jeder neuen Standortplanung unweigerlich mit Kritik und Widerstand konfrontiert sehe.

Um auch die Bürger_innen stärker in den Prozess der Standortbestimmung neuer Folgeunterkünfte einzubeziehen, wurde im Mai 2016 das Kooperationsprojekt „Finding Places" zwischen der Stadt Hamburg und dem City Science Lab der Hafencity Universität Hamburg initiiert (vgl. Finding Places o. J.)[1]. Ohne den Ausgang des Projekts beurteilen zu wollen (vgl. dazu ausführlich Finding Places Ergebnisse o. J.), belegt es die Bereitschaft der Stadt, mit den Bürger_innen in Kontakt zu treten, sobald Protestbewegungen mit einem Referendum drohen. Die Bürgerinitiativen nutzten das Versäumnis der Stadt, Anwohner_innen rechtzeitig über geplante Standorte zu informieren und den Prozess von vornherein transparent zu gestalten.

---

[1]Zu den sieben Hamburger Bezirken wurde in mehreren Workshops anhand interaktiver Stadtmodelle gemeinsam mit interessierten Bürger_innen nach städtischen Flächen gesucht, die – formell – für eine temporäre Bebauung mit Flüchtlingsunterkünften infrage kämen. Diese wurden an die Stadt weitergereicht, vom ZKF hinsichtlich der Umsetzungsmöglichkeiten überprüft und die Ergebnisse jeweils rückgemeldet. Realisierbare Vorschläge wurden an die für Planung und Bau von Unterkünften zuständigen städtischen Institutionen übergeben.

© Springer Fachmedien Wiesbaden GmbH, ein Teil von Springer Nature 2019
M. Arouna et al., *Fluchtort Stadt,* https://doi.org/10.1007/978-3-658-26871-8_4

Vor dem Hintergrund des Widerstands gegen Unterkünfte sind Ergebnisse einer Studie interessant, die Entwicklungen des Protests im Rahmen der Planung und Inbetriebnahme einer Folgeunterkunft in den leerstehenden Räumlichkeiten des ehemaligen Kreiswehrersatzamtes im Hamburger Stadtteil Harvestehude fokussiert (vgl. Friedrichs et al. 2017, S. 34 ff.): Dieser Protest erreichte bundesweit Aufmerksamkeit, da sich einige Anwohner_innen des vergleichsweise wohlhabenden Stadtteils mit einer Klage medienwirksam gegen die geplante Unterkunft richteten. Es war zum damaligen Zeitpunkt die einzige Unterkunft nicht nur im Stadtteil, sondern im gesamten Bezirk. Wie die Autor_innen der Studie hervorheben, handelt es sich hierbei um den ersten bundesweiten Prozess gegen eine Unterkunft (ebd., S. 39). Die im Protest formulierten Sorgen der Anwohner_innen konnten in einer späteren Erhebung vor Ort nicht bestätigt werden, im Gegenteil: „Die Ergebnisse der empirischen Befragung zeigen, dass die ursprünglichen Proteste verebbt sind. Vielmehr gibt es ganz überwiegend positive Urteile über die Unterkunft" (ebd., S. 40). Viele Angebote der ‚Flüchtlingsinitiative Harvestehude' erhärten eher die Vermutung, dass die Unterstützung von Geflüchteten mit dazu beiträgt, den Protest zu entkräften.

Bezogen auf die städtische Unterbringungslandschaft verdeutlicht dieses Beispiel die politischen Herausforderungen, die mit der Umsetzung von erforderlichen Unterbringungskapazitäten einhergehen: Neben ‚geeigneten' Standorten ist auch ein ‚geeignetes' Umfeld, sprich: Akzeptanz in der Bevölkerung und unter den Anwohner_innen erforderlich.

Der gesellschaftliche Diskurs zur Unterbringung von Geflüchteten orientiert sich an folgenden Annahmen, die oftmals auch als Argumente gegen einen geplanten Standort verwendet werden:

- *Einrichtungsgröße:* Je kleiner die Einrichtung, desto leichter sei die ‚Integration'. Auf diese Einstellung hat die Hamburger Unterbringungspolitik insofern reagiert, als eine maximale Einrichtungsgröße von 300 Personen in den politisch nicht legitimierten Bürgerverträgen festgesetzt wurde.
- *‚gerechte' Verteilung:* Die Unterkünfte sollten im gesamten Stadtgebiet liegen. Stadtpolitisch wurde daher von vornherein eine Verteilung von Unterkünften auf alle Bezirke gefordert. Allerdings setzt die Planung auch verfügbare Flächen voraus, die seltener in bürgerlichen Wohngebieten, sondern eher u. a. in Gewerbegebieten liegen.

Anders als in vielen kleineren Städten und Kommunen, ist die Folgeunterbringung in Hamburg grundsätzlich in Form der Gemeinschaftsunterbringung geregelt. Der Diskurs um die Unterkunftsstandorte ist in erster Linie ein politischer und orientiert sich vielerorts an dem Thema der ‚Integration' oftmals in Verbindung mit einem diesbezüglich diffusen Halbwissen: Integrationschancen in Nachbarschaft und Quartier werden ohne nähere Belege mit der Unterkunfts-größe verknüpft und Gefahren der Entstehung von Ghettostrukturen und Parallel-gesellschaften heraufbeschworen, je größer eine Unterkunft ist. Stadtweit artikulierte sich der teilweise rassistische Protest gegen Unterkünfte jedoch nicht in Abhängigkeit von deren Größe, sondern in etablierten bürgerlichen Quartieren, in denen eine Wertminderung der Immobilien befürchtet wurde. An Standorten, in deren Umfeld eher einkommensschwächere Haushalte zur Miete und über-durchschnittlich viele Menschen mit Migrationserfahrung lebten, war Protest hin-gegen kaum oder gar nicht vorhanden.

Die Beurteilung der Unterkunftsgröße fiel seitens der befragten Leiter_innen und Mitarbeiter_innen von Folgeunterkünften unterschiedlich aus: Sozialräumliche Integration und das Zusammenleben in der Unterkunft seien erfahrungsge-mäß nicht von der Größe einer Unterkunft abhängig. Entscheidende Faktoren seien vielmehr die unsichere Lebenslage, die Sorge um den Aufenthalt und um Familienangehörige, der schwierige Zugang zum Arbeitsmarkt, die mangelnde Privatsphäre und damit verbundene fehlende Rückzugsmöglichkeiten, die das Leben der Bewohner_innen in den Unterkünften erheblich erschweren würden.

Diese Themen finden gesellschaftlich weit weniger Gehör, werden aber im wissenschaftlichen Diskurs seit längerem in den Debatten zur Unterbringungs-praxis von Geflüchteten in Gemeinschaftsunterkünften aufgegriffen: Die hier-archisch strukturierte Institution als Ort maximaler Fremdbestimmung wurde bereits in ihrer spezifischen Form des ‚Lagers' untersucht (vgl. Pieper 2008). Begreift man den Flüchtlingsraum aufgrund seiner restriktiven und gesetzlich fremdbestimmenden Bedingungen im Anschluss an Erving Goffman und Michel Foucault als Ausdruck eines ‚totalen Raums', gilt dies auch für die Unterkünfte von Geflüchteten (vgl. Schroeder 2003; Niedrig 2003). Die Mitarbeiterin einer Erstaufnahmeeinrichtung äußert sich verwundert darüber, dass die Bedingungen dort gesellschaftlich als Standard akzeptiert würden und beispielsweise Besucher_innen, die mit der Erstaufnahme zu tun hätten, diese – ihrem Wissen zufolge – kaum infrage stellen würden.

Dieser erste Einblick in die Facetten der Unterbringungslandschaft zeigt, wie unmittelbar solche Bedingungen mit der (städtischen) Unterbringungspolitik und den Rahmenbedingungen öffentlich-rechtlicher Unterbringung verknüpft sind. Für die übergeordneten Forschungsfragen nach dem Ineinandergreifen der Lebenslagendimensionen, den Praktiken der (Orts-)Aneignung von Geflüchteten und wie diese den *Fluchtort Stadt* prägen, rückt somit das ‚Wohnen' als zen-trale Dimension in den Fokus, das in der Ankunftsphase verwehrt wird, da

‚Unterbringung' zunächst gesetzlich vorgeschrieben ist: Ausgangspunkt von Aneignungspraktiken und der Erkundung städtischer Orte sind die Orte, an denen Geflüchtete leben und sich den Zugang zur Stadt sowie zu den unterschiedlichen Lebensbereichen erschließen. Die Analyse der Unterbringungslandschaft konzentriert sich – wie vorgesehen – auf die Untersuchungsbezirke Hamburg-Mitte und Altona, in denen umfassende Datenerhebungen durchgeführt wurden.

4.1   Erhebung und Auswertung der Daten

Die Relevanz einer präzisen Rekonstruktion der Unterbringungslandschaft ergibt sich *erstens* aus der Zentralität des ‚Wohnens' für die Frage nach Aneignungspraktiken der Geflüchteten. Dieser enge Zusammenhang beruht, wie bereits skizziert, auf der Annahme, dass die Zugänge zu Bildung, zu Arbeit und zur Gesundheitsversorgung vom jeweiligen Wohnort und auch der Wohn- bzw. Unterbringungssituation abhängig sind. *Zweitens* haben auch die flüchtlingspolitischen Entwicklungen seit dem Jahr 2015 zu der Notwendigkeit geführt, für eine Untersuchung des ‚Wohnens' und der Wohn- und Aneignungspraktiken Geflüchteter zunächst einmal die Unterbringungslandschaft genauer in den Blick zu nehmen: Die hohe Anzahl Geflüchteter erzeugte gegen Ende 2015 vorübergehend eine Ausnahmesituation (mit Notunterkünften in Baumärkten u. a.). Der seit 2015 anhaltend hohe Bedarf an Unterbringungsplätzen (insbesondere in Folgeunterkünften) und ein äußerst angespannter Wohnungsmarkt haben ihrerseits dazu beigetragen, in kurzer Zeit eine hohe Anzahl von neuen Einrichtungen öffentlich-rechtlicher Unterbringung bereitstellen zu müssen. Diese Entwicklung betraf das gesamte Stadtgebiet, so auch die Untersuchungsgebiete Hamburg-Mitte und Altona. Wir haben uns in der Erhebung zur Unterbringungslandschaft schwerpunktmäßig auf eine *Analyse der Folgeunterkünfte* konzentriert: Geflüchtete verweilen hier – auch mit einem Aufenthalt und guter Bleibeperspektive – am längsten, da der Zugang zum Wohnungsmarkt durch unterschiedliche Barrieren erschwert ist.

Die im Folgenden beschriebene Unterbringungslandschaft stützt sich auf verschiedene Daten und unterschiedliche methodische Vorgehensweisen: Zunächst werden die Untersuchungsgebiete anhand soziodemografischer Daten vergleichend beschrieben und relevante (flüchtlingspolitische) Entwicklungen in eigens erstellten Grafiken und Tabellen festgehalten. Anschließend erfolgt eine ethnografische Erschließung exemplarischer Unterbringungsstandorte. Das gewählte Sample bildet die Diversität der Unterbringungslandschaft ab. Neben ersten Gesprächen mit f&w, dem Betreiber der meisten und allen von uns besuchten Unterkünften, haben wir in 15 Einrichtungen jeweils ein

Expert_innengespräch – in der Regel mit der Unterkunftsleitung – geführt und die Einrichtung sowie ihr jeweiliges Umfeld beobachtet und dokumentiert.[2]

Der Zugang zu f&w gestaltete sich zunächst äußerst schwierig: Aufgrund der hierarchisch organisierten Unternehmensstruktur entschieden wir uns, nicht direkt an die Unterkünfte heranzutreten, sondern über die jeweiligen Bereichsleitungen, die für einen bestimmten Bezirk oder ggf. einzelne Stadtteile in einem Bezirk zuständig sind, den Zugang zum Forschungsfeld genehmigen zu lassen. Ein Misstrauen gegenüber (Forschungs-)Anfragen, die Sorge bei Fehlern ‚ertappt' zu werden, die im städtischen Diskurs verbreitete Kritik am Unterkunftsmanagement sowie die Auslastung der Kapazitäten innerhalb des Unternehmens erklären eingetretene Verzögerungen; letztendlich konnten die Bedenken aber ausgeräumt werden und der Zugang war – nach mehreren Monaten – möglich. In allen Unterkünften und letztendlich auch innerhalb des Unternehmens begegnete man dem Forschungsvorhaben gegenüber positiv und war, wie die Erfahrungen aus den explorativen Expert_inneninterviews bestätigten, an den Ergebnissen des Projekts sehr interessiert.

Eine Begründung für das zögerliche Eingehen auf Anfragen war gerade in den Erstaufnahmeeinrichtungen nach Aussagen der befragten Mitarbeiter_innen vor Ort auch das große Interesse der Öffentlichkeit. Von Medien und Anwohner_innen über eine Vielzahl studentischer Erhebungen bis hin zu kleineren Besuchsgruppen, wollten viele Interessierte Einblick in das Leben in einer Erstaufnahmeeinrichtung nehmen. Der Zugang zu Erstaufnahmeeinrichtungen wird jedoch von Sicherheitsdiensten kontrolliert und ist erst nach Vorlage eines Ausweises möglich, letztlich auch, um Bewohner_innen, die bisweilen sogar mit Kameras verfolgt wurden, nicht zusätzlich zum Objekt jeglicher Neugierde zu machen.

Für einen umfassenden Eindruck zur Unterbringungssituation waren wir, trotz des Fokus' auf Folgeunterkünften, in beiden Bezirken in einer Erstaufnahmeeinrichtung. Als sehr große Erstaufnahmeeinrichtungen versorgten beide in der ‚Hochphase' der Zuwanderung mit 1600 in der einen bzw. bis zu 3000 Personen in der anderen Einrichtung weit mehr Menschen, als Kapazitäten vorhanden waren: Die Sollbelegung lag zum Zeitpunkt unserer Erhebung bei einer Einrichtung bei 900 Plätzen und der anderen bei 1250 Plätzen, von denen 740 bzw. 850 belegt waren.

Die ergänzenden Ortsbegehungen im Einrichtungsumfeld dienten als Grundlage für die Kartierungen des jeweiligen sozialräumlichen Kontextes. Die Visualisierungen in den Umgebungskarten dienten dazu, Angebote im unmittelbaren Sozialraum der Unterkünfte auf einen Blick zu erfassen und Aneignungsmöglichkeiten des näheren oder entfernteren Stadtgebietes durch Geflüchtete zu erschließen. Wie Abb. 4.1 exemplarisch zeigt, lässt sich anhand der Umgebungskarten gut erkennen, in welche städtischen Strukturen eine Einrichtung eingebunden ist.

---

[2]Eine Übersicht zu den besuchten Unterbringungseinrichtungen findet sich im Anhang.

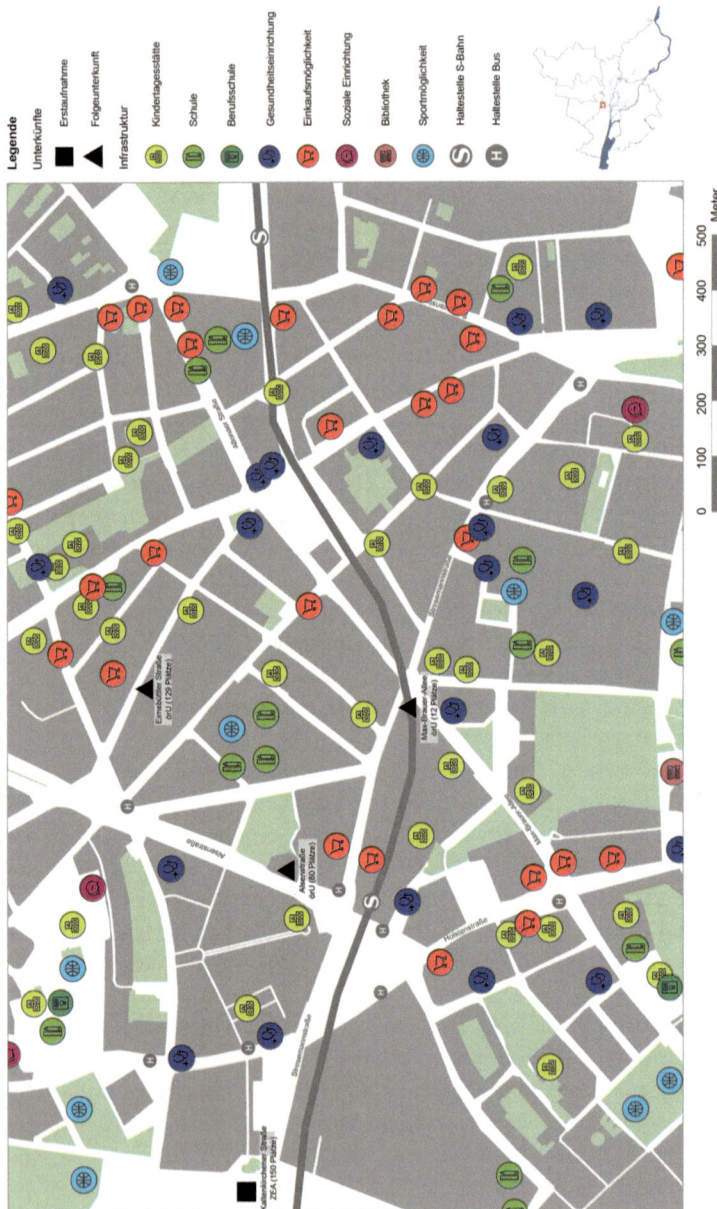

Abb. 4.1 Umgebungskarte der Unterkünfte in Altona-Nord. (Quelle: eigene Darstellung, Kartendaten: OpenStreetMap contributors)

Gerade die vergleichende Analyse solcher Karten hat bestehende Unterschiede besonders deutlich gemacht. Zur qualitativen Beschreibung der Einrichtungen wurden Einrichtungsportraits erstellt, die in erster Linie auf den ethnografischen Begehungen beruhen. Relevante Informationen aus den Umgebungskarten sind in den Fließtext integriert, um nicht alle Umgebungskarten darstellen zu müssen. Letztendlich schließt sich dieses Vorgehen an die Ergebnisse aus den Interviews an, da für Geflüchtete relevante Orte oftmals nicht allein im Quartier des unmittelbaren Einrichtungsumfelds liegen, sondern je nach Bedeutung und Funktion im gesamten Stadtgebiet verteilt sein können.

Dieses Kapitel zielt darauf ab, Facetten der Unterbringungslandschaft herauszuarbeiten und Leser_innen somit Einblick in die verschiedenen Bedingungen der Unterbringung zu bieten. Dabei werden Herausforderungen, die sich aus der jeweiligen Unterbringungspraxis und -politik ergeben, sowohl aus der Perspektive der Unterkunftsbetreibenden als auch der Geflüchteten identifiziert. Wie diese selbst das Leben in den Unterkünften bewerkstelligen, wird dann in den anschließenden Kapiteln behandelt.

4.2 Die Untersuchungsgebiete

Mit Hamburg-Mitte und Altona wurden zwei der insgesamt sieben Hamburger Bezirke als Untersuchungsgebiete ausgewählt, da in beiden Bezirken sowohl wohlhabende Stadtteile als auch Quartiere mit einem niedrigeren Einkommensdurchschnitt vorhanden sind. Zudem ist die Unterbringung von Geflüchteten in beiden Bezirken schon seit vielen Jahren eingeübte sozialpolitische Praxis.

Abb. 4.2 verdeutlicht, dass jeder Bezirk in Stadtteile unterteilt ist. 104 solcher Stadtteile sind es für die sieben Bezirke der gesamten Stadt, 19 davon in Hamburg-Mitte und 14 in Altona. Im Jahr 2016 waren rund 1,8 Mio. Menschen in Hamburg gemeldet. Mit etwa 2500 Menschen pro Quadratkilometer ist die Bevölkerungsdichte in Hamburg vergleichsweise niedriger als in anderen deutschen Großstädten. Etwa 34 % der Einwohner_innen hatten einen Migrationshintergrund. Insgesamt erhielten stadtweit 10,3 % der Bevölkerung Leistungen zur Sicherung des Lebensunterhaltes nach SGB II. In der Regel gelten die Indikatoren ‚Bezug von Leistungen nach SGB II', ‚Personen mit Migrationshintergrund' und ‚durchschnittliches Jahresbruttoeinkommen' als Hinweise darauf, ob es sich um einen vergleichsweise ärmeren oder wohlhabenderen Stadtteil handelt. Relativ günstiger Wohnraum konzentriert sich vor allem auf solche Gebiete, die bei finanziell größeren Spielräumen wieder verlassen werden; gerade Neuzugewanderte finden hier wiederum bezahlbaren Wohnraum und

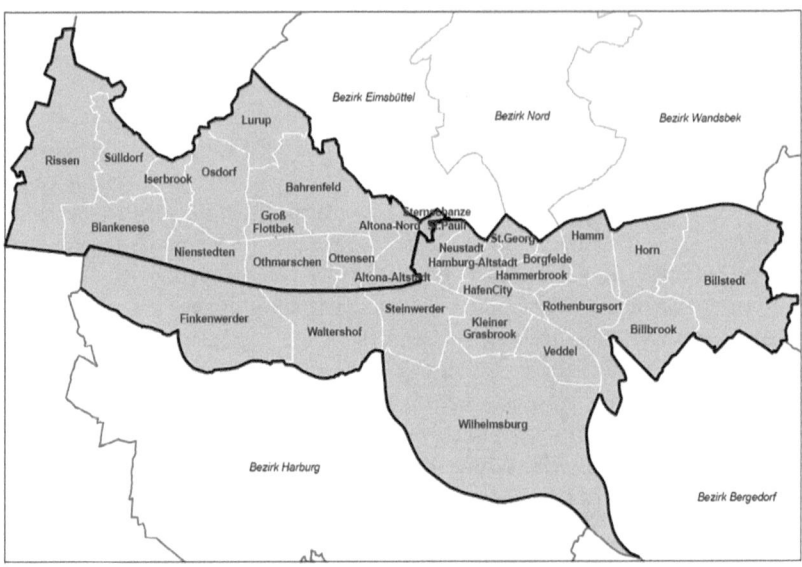

Abb. 4.2 Die untersuchten Bezirke Hamburg-Mitte und Hamburg-Altona mit ihren Stadt-teilen. (Quelle: Freie und Hansestadt Hamburg, Landesbetrieb Geoinformation und Ver-messung, [dl-de/by-2-0, https://www.govdata.de/dl-de/by-2-0], eigene Bearbeitung)

haben es auf einem ohnehin angespannten Wohnungsmarkt schwer, anderweitig unterzukommen, sodass die Bevölkerungsstruktur in Bezug auf die genannten Indikatoren in der Regel stabil bleibt. Tab. 4.1 vermittelt einen Eindruck, wie die Untersuchungsgebiete anhand dieser Daten charakterisiert sind, wobei zum Ver-gleich jeweils Angaben zum gesamten Stadtgebiet ergänzt wurden:

Im Hinblick auf das gesamte Stadtgebiet ist festzuhalten, dass die Geschichte der Stadt Hamburg sehr heterogene Quartiere und Stadtteile hervorgebracht hat. Eine Vereinheitlichung zumindest im äußeren Erscheinungsbild erfahren sie lediglich in den dünner besiedelten Randgebieten durch den jüngeren Bau von Einfamilienhäusern. So umfasst der Bezirk Hamburg-Mitte neben dem his-torischen Kern der Stadt und dem ehemals zur eigenständigen Stadt Harburg gehörenden Stadtteil Wilhelmsburg auch weite Teile des Hafengebiets. Altona ist als Bezirk hingegen fast deckungsgleich mit der bis 1864 noch zu Dänemark gehörenden Stadt ‚Altona‘; dies schlägt sich bis heute in der Struktur der Stadt-teile und einem vergleichsweise starken Zugehörigkeitsgefühl zu ‚Altona‘ nieder. Auch hinsichtlich der Anzahl der Einwohner_innen und der Bevölkerungsdichte

Tab. 4.1 Daten zu den Untersuchungsgebieten

	Bezirk Altona	Bezirk Mitte	Hamburg
Einwohner_innen	270.263	301.550	1.860.759
Fläche in Quadratkilometer	77,9	142,3	755,1
Einwohner_innen je Quadratkilometer	3469	2119	2464
Leistungsempfänger_innen nach SGB II in Prozent	9,6	16,9	10,3
Personen mit Migrationshintergrund in Prozent	32	49,4	34,1
Durchschnittliches Jahresbruttoeinkommen in Euro (2013)	48.620	26.041	39.054

Quelle: Statistikamt Nord – Hamburger Stadtteilprofile Berichtsjahr 2016, eigene Darstellung

gibt es Unterschiede, denn anders als Altona beherbergt Hamburg-Mitte große industriell und gewerblich geprägte Stadtteile wie Billbrook. Diese sind charakteristisch für Hamburg-Mitte, wie auch klassische Arbeiterviertel in den Stadtteilen Hamm, Rothenburgsort und Wilhelmsburg, das Hafengebiet und die neuere HafenCity als ein vergleichsweise wohlhabender Stadtteil (mit einem durchschnittlichen Jahresbrutto-Einkommen pro Person von 93.206 EUR; im Gegensatz dazu liegt dies auf der Veddel als einem der ärmeren Stadtteile in Hamburg-Mitte nur bei 15.831 EUR). Charakteristisch für Altona sind der Stadtteil Ottensen mit einem hohen Altbaubestand, die von Villen und Einfamilienhäusern geprägten Stadtteile mit einem vergleichsweise hohen Einkommen in Nienstedten und Blankenese sowie der schon fast ländliche und ganz im Westen der Stadt liegende Stadtteil Rissen. Anders als in Hamburg-Mitte liegt die Anzahl von Personen mit Migrationshintergrund und von Personen mit Leistungsbezug nach SGBII in Altona leicht unter dem Hamburger Durchschnitt (in Hamburg-Mitte hingegen z. T. deutlich darüber). Allerdings sind Nienstedten, Blankenese, Sülldorf und Rissen im Bezirk Altona weit weniger divers als beispielsweise die Stadtteile Altona-Nord und Bahrenfeld, wo der Anteil von Personen mit Migrationshintergrund jeweils bei etwa 36 % liegt und der Anteil der Leistungsempfänger nach SGBII bei etwa 12 %.

Die Unterkünfte, die wir im Folgenden in ausführlichen Einrichtungsportraits beschreiben werden, verteilen sich im Bezirk Altona auf drei verschiedene Stadtteile: Altona-Nord, Bahrenfeld und Sülldorf. Die Auswahl der Einrichtungen erfolgte entlang unterschiedlicher Kriterien, die in den nachfolgenden Abschnitten begründet und ausführlich dargestellt werden. Im Bezirk Hamburg-Mitte verteilen

sich die dort untersuchten Einrichtungen auf die vier Stadtteile, Hamm, Borgfelde, Billbrook und Wilhelmsburg, wobei hier das Reiherstiegviertel als spezi-
fisches Quartier im Stadtteil Wilhelmsburg gesondert zu nennen ist. Nachfolgend
werden anhand von zwei Tabellen die Bevölkerungsstrukturen und Besonderheiten der Stadtteile beschrieben, die für die sich anschließenden Unterkunfts-
beschreibungen relevant sind. Mit den ergänzenden infrastrukturellen Angaben zur
Nahversorgung, zu Beratungs- und kulturellen Angeboten sowie zur Anbindung an
den ÖPNV vermitteln die Beschreibungen einen Eindruck, in welch unterschied-
lichem Umfeld Unterkünfte für Geflüchtete vorzufinden sind. Diese Ausführungen
erfolgen vor dem Hintergrund der Annahmen, dass Bewohner_innen eines Stadtteils sowie vor Ort bestehende Angebote die nachbarschaftlichen Strukturen beeinflussen und sich die infrastrukturelle Ausgestaltung auf die Möglichkeiten der
Vernetzung im Stadtteil, den Zugang zum Bezirk und zur gesamten Stadt auswirkt.
Auf dieser Grundlage kann nicht nur herausgearbeitet werden, wie sich diese
Bedingungen in der Qualität der Einrichtungen niederschlagen. Es kann auch eru-
iert werden, welchen Einfluss diese Faktoren auf die Lebenslagen der Geflüchteten
als Anwohner_innen des jeweiligen Stadtteils bzw. der Stadt haben. Die Frage
nach den Aneignungspraktiken verbindet an dieser Stelle also mikro- und makroräumliche Prozesse und Praktiken der Akteur_innen.

Die im Bezirk Altona portraitierten Einrichtungen liegen, wie gesagt, in den
Stadtteilen Altona-Nord, Bahrenfeld und Sülldorf. Tab. 4.2 vermittelt einen

Tab. 4.2 Daten zu den relevanten Stadtteilen im Bezirk Altona

	Altona-Nord	Bahrenfeld	Sülldorf	Bezirk Altona	Hamburg
Einwohner_innen	22.137	31.047	9430	270.263	**1.860.759**
Fläche in Quadratkilo-meter	2,2	10,5	5,7	77,9	**755,1**
Einwohner_innen je Quadratkilometer	9981	2945	1644	3469	**2464**
Leistungsempfänger_innen nach SGB II in Prozent	12,3	12,0	7,7	9,6	**10,3**
Personen mit Migrationshintergrund in Prozent	36,0	36,8	23,9	32,0	**34,1**
Durchschnittliches Jahresbruttoeinkommen in Euro (2013)	29.901	33.565	43.584	48.620	**39.054**

Quelle: Statistikamt Nord – Hamburger Stadtteilprofile Berichtsjahr 2016, eigene Darstellung

Eindruck zu den soziodemografischen Daten in den relevanten Stadtteilen. Altona-Nord ist ein vergleichsweise kleiner, sehr zentral gelegener und entsprechend dichtbesiedelter Stadtteil. Die Unterkünfte für wohnungslose und geflüchtete Menschen in Altona-Nord gehören zu den kleineren Einrichtungen. Der allgemeine Wohnungsbestand im Stadtteil verteilt sich hauptsächlich auf klassische Miets- und Mehrfamilienhäuser aus der Nachkriegszeit, aber auch auf einige Straßenzüge mit Altbauwohnungen sowie einzelne Hochhaussiedlungen. Aufgrund der zentralen Lage sind die Anbindung an den ÖPNV sowie die Ausstattung mit Schulen und Kindergärten sehr gut, 14 Kindergärten, zwei Grundschulen, eine Stadtteilschule und ein Gymnasium liegen im Stadtteil, weiterhin decken diverse Ärzt_innen viele verschiedene Fachrichtungen ab. Unterschiedliche Einkaufsmöglichkeiten, von Discountern bis hin zu spezielleren ‚ethnischen' Lebensmittelgeschäften dienen der Nahversorgung im Stadtteil. Durch die zentrale Lage ist auch die Anbindung an Ämter gut, es gibt mehrere Beratungseinrichtungen und ein breites kulturelles Angebot von Nachbarschafts- und Stadtteilkultur bis hin zu Kino und Theater. Der Stadtteil Bahrenfeld ist gegenüber Altona-Nord deutlich größer, hinsichtlich der Bevölkerungsstruktur sind beide mit ca. 12 % Anwohner_innen im SGB II Bezug und rund 36 % Personen mit Migrationshintergrund ähnlich; auch das durchschnittliche Jahresbruttoeinkommen liegt in beiden Stadtteilen deutlich unter dem Hamburger Durchschnitt. Durch die flächenmäßige Größe Bahrenfelds unterscheiden sich Nahversorgung und institutionelle Anbindung in Teilgebieten des Stadtteils: Zwar gibt es neben 26 Kindergärten, vier Grundschulen und zwei Stadtteilschulen (allerdings kein Gymnasium), auch 36 niedergelassene Ärzt_innen und vier Apotheken sowie verschiedene Einkaufsmöglichkeiten, doch konzentrieren sich diese auf das Zentrum Bahrenfelds, das eher im Südosten, angrenzend an Ottensen und Altona-Nord, liegt. Der Wohnraumbestand in Bahrenfeld variiert in den unterschiedlichen Quartieren, zum Teil dominieren Nachkriegsbauten im Stil klassischer Arbeiterviertel das Straßenbild, woanders Einfamilienhäuser oder Altbauwohnungen mit großzügigen Grünanlagen im Genossenschaftsbesitz oder Hochhaussiedlungen.

Im Stadtteil Bahrenfeld (s. Pfeil auf der Karte in Abb. 4.3) liegen vergleichsweise viele Einrichtungen öffentlich-rechtlicher Unterbringung, wobei vier der größten Einrichtungen sich relativ konzentriert in unmittelbarer Nähe zur Trabrennbahn befinden. Zu Beginn der Inbetriebnahme hatten sie jeweils eine Belegungszahl von über 300 Personen, drei davon heben sich als Containerbauten deutlich vom übrigen (Wohn-) Umfeld ab, eine ist in einem ehemaligen Bürogebäude untergebracht. Der Standort war insbesondere dort umstritten, wo die Einrichtungen an die nahgelegenen Einfamilienhäuser angrenzen; der über die Bürgerinitiativen organisierte Widerstand war hier besonders präsent. Die

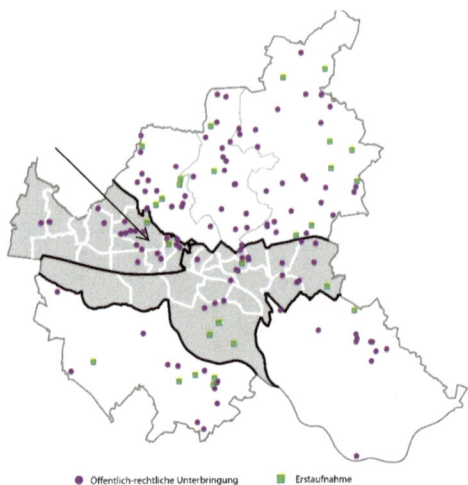

● Öffentlich-rechtliche Unterbringung   ■ Erstaufnahme

Abb. 4.3 Standorte der Erstaufnahmen und öffentlich-rechtlichen Unterbringungen in Hamburg (Stand März 2017). (Quelle: Freie und Hansestadt Hamburg, Landesbetrieb Geoinformation und Vermessung 2017 [dl-de/by-2-0, https://www.govdata.de/dl-de/by-2-0], eigene Bearbeitung – Datengrundlage: hamburg.de/fluechtlingsunterkuenfte/)

Gegend um die Trabrennbahn ist über den ÖPNV mit Buslinien gut an den Bahnhof Altona mit diversen Einkaufsmöglichkeiten und Ämtern in Bahnhofsnähe angebunden. Die Buslinien bieten ferner eine Anbindung an andere Gegenden Bahrenfelds oder die angrenzenden Stadtteile (z. B. Lurup), denn in der Gegend um die Trabrennbahn ist die infrastrukturelle Ausstattung nicht besonders ausgeprägt. Bereits seit 2015 wurde in Bahrenfeld in Zusammenarbeit mit der Sozialraumkoordination des Bezirksamts ein Quartiersmanagement initiiert, dessen Aufgabengebiet sich zunehmend in den Bereich der Unterbringung von Geflüchteten und des Zusammenlebens im Quartier verlagerte. Mittlerweile gibt es Quartiersräume vor Ort, mit einem breiten Beratungs- und Informationsangebot und Austauschmöglichkeiten sowie ein Sozialkaufhaus für Geflüchtete und andere Anwohner_innen. Neben Angeboten vor Ort strebt auch das Quartiersmanagement die Anbindung an den Stadtteil an und informiert über Angebote im gesamten Stadtteilgebiet (vgl. Quartiersräume Bahrenfeld o. J.).

Etwas anders gelagert als die zentralen Stadtteile Bahrenfeld und Altona-Nord ist der Stadtteil Sülldorf im Hamburger Westen. Aufgrund seiner Randlage, im Norden grenzt er an das benachbarte Bundesland Schleswig-Holstein an und weist eine eher dörfliche Struktur auf. Einfamilienhäuser mit teils großen Gärten, sowie einzelne (Pferde-)Höfe mit dazugehörigen Weiden und Pferdekoppeln prägen das

Bild des Stadtteils. Im Vergleich zu den anderen Altonaer Stadtteilen ist die Struktur der Bewohner_innen in Sülldorf einkommensstärker und übersteigt sowohl Altona-Nord und Bahrenfeld (um 13.500 bzw. 10.000 EUR) als auch den Hamburger Durchschnitt deutlich – allerdings ist das Durchschnittseinkommen im gesamten Bezirk Altona signifikant höher als das von Sülldorf. Der Anteil von Leistungsempfänger_innen nach SGB II sowie von Personen mit Migrationshintergrund liegt in Sülldorf ebenfalls deutlich unter den anderen beiden Stadtteilen sowie dem bezirklichen oder dem gesamtstädtischen Durchschnitt; Sülldorf gehört damit zu den einkommensstärkeren und weniger diversen Stadtteilen. In Sülldorf gibt es drei Kindergärten, eine Grundschule, aber kein weiterführendes Schulangebot, allerdings liegen im angrenzenden Stadtteil Rissen noch zwei weitere Grundschulen sowie eine Stadtteilschule und ein Gymnasium. Es gibt zwölf niedergelassene Ärzt_innen und zwei Apotheken, des Weiteren befindet sich in Bahnhofsnähe ein Discounter. Mit der S-Bahn erreicht man in etwa 15 Minuten den Bahnhof Altona. Sülldorf blickt auf eine längere Geschichte öffentlich-rechtlicher Unterbringung zurück: Bereits seit den 1990er Jahren werden hier geflüchtete (und andere wohnungslose) Menschen untergebracht. Im Zuge der Standorterweiterung und insbesondere der im unmittelbar angrenzenden Stadtteil Rissen geplanten UPW – die auch direkt an die bereits bestehende Unterkunft in Sülldorf angrenzt – kam es zu medienwirksamen Protesten. Interessanterweise ist die Ehrenamtlichen- und Angebotsstruktur vor Ort auch aufgrund des langjährigen Bestehens der Einrichtung gut ausgebaut. Mitarbeiter_innen der Unterkunft berichteten allerdings, dass über diese Angebote hinaus kaum eine Anbindung der Bewohner_innen aus der Unterkunft an den Stadtteil und die anderen Anwohner_innen stattfände. Vielmehr würden sich die Bewohner_innen in Richtung Osdorf orientieren, das – verglichen mit Sülldorf, Rissen und Blankenese – weit heterogener ist. Auch die relevanten Stadtteile in Hamburg-Mitte sollen im Folgenden beschrieben werden, zunächst als Übersicht in Tab. 4.3.

Das Reiherstiegviertel ist streng genommen kein eigener Stadtteil, sondern nur ein Quartier im Stadtteil Wilhelmsburg; allerdings wird für das Quartier auch im Rahmen der Hamburger Stadtteilprofile eine gesonderte Erfassung geführt: Von der Größe her kommt dem Reiherstiegviertel nur ein kleiner Teil (vier Quadratkilometer) des gesamten Stadtteils Wilhelmsburg zu (Gesamtgröße rund 35 Quadratkilometer), doch leben hier über ein Drittel der Bevölkerung Wilhelmsburgs. Der Anteil von Personen im Leistungsbezug nach SGB II ist mehr als doppelt so hoch wie im Hamburger Durchschnitt, gleiches gilt für Personen mit Migrationshintergrund, die im Reiherstiegviertel mit knapp über 60 % deutlich die Mehrheit bilden. Äquivalent zu der hohen Zahl von Leistungsempfänger_innen liegt das durchschnittliche Jahresbruttoeinkommen deutlich unter dem

Tab. 4.3 Daten zu den relevanten Stadtteilen im Bezirk Hamburg-Mitte

	Reiherstieg-viertel	Billbrook	Hamm	Borgfelde	Bezirk Mitte	Hamburg
Einwohner_innen	21.667	2198	38.136	7461	301.550	**1.860.759**
Fläche in Quadratkilo-meter	4,0	6,3	3,9	0,8	142,3	**755,1**
Einwohner_innen je Quadratkilo-meter	5416	350	9807	9078	2119	**2464**
Leistungs-emp-fänger_innen nach SGB II in Prozent	26,4	40,1	10,5	11,1	16,9	**10,3**
Personen mit Migrations-hintergrund in Prozent	60,2	84,9	34,8	43,8	49,4	**34,1**
Durch-schnittliches Jahresbrutto-einkommen in Euro (2013)	18.044	22.625	25.745	26.217	26.041	**39.054**

Quelle: Statistikamt Nord – Hamburger Stadtteilprofile Berichtsjahr 2016, eigene Darstellung

städtischen Durchschnitt, mit gut 18.000 EUR jährlich sogar bei weniger als der Hälfte des Durchschnitts. Es ist in dem ohnehin einkommensschwachen Stadtteil Hamburg-Mitte also nochmals ein besonders einkommensschwaches Gebiet. Charakteristisch für das Reiherstiegviertel sind die Miets- und Mehr-familienhäuser, teilweise im Altbaubestand, teilweise im klassischen Stil der Rotklinker-Nachkriegsbauten. Das Reiherstiegviertel gilt als ‚multikulturelles Quartier‘, was sich auch in den Cafés und kleineren Geschäften vor Ort nieder-schlägt. Die Nahversorgung ist mit Discountern, Supermärkten und diversen Kleingeschäften (ethnische Lebensmittelläden o. ä.) gut, die ärztliche Versorgung hingegen schwieriger: Zwar sind knapp zehn Prozent der im Bezirk Ham-burg-Mitte niedergelassenen Ärzt_innen in Wilhelmsburg, doch leben im Stadtteil knapp 20 % der Einwohner_innen des Bezirks. Mag diese Diskrepanz in anderen Stadtteilen noch höher sein, ist hier zu berücksichtigen, dass Wilhelmsburg auf-grund seiner Insellage zwar an den ÖPNV angeschlossen ist, die Mobilität und

Anbindung über den ÖPNV aber nicht so einfach zu bewältigen ist, wie in anderen Stadtteilen. Es gibt im Reiherstiegviertel elf Kindergärten, zwei Grundschulen und eine Stadtteilschule, ein Gymnasium liegt nicht im Quartier, aber im Stadtteil Wilhelmsburg. Das soziale und kulturelle Angebot weist im Reiherstiegviertel ein sehr breites Spektrum auf, das von diversen Beratungsstellen, über Nachbarschaftstreffs und Jugendzentren bis hin zu einem Stadtteilkulturzentrum und diversen ethnischen sowie auch islamischen Kulturvereinen reicht.

Ganz anders gelagert ist der Stadtteil Billbrook, der über weite Flächen von Gewerbe- und Industriegebieten geprägt ist. Die Miets- und Mehrfamilienhäuser der Nachkriegszeit, vereinzelt auch Einfamilienhäuser oder Altbauwohnungen, konzentrieren sich auf einzelne Wohngebiete, ansonsten herrschen Gewerbeflächen vor und machen überwiegend das Umfeld der Wohnunterkünfte aus. In Billbrook selbst gibt es keine Ärzte, Apotheken oder Schulen und nur einen Kindergarten. Solche Angebote werden – aufgrund der Lage der Unterkünfte an der Grenze zu Billstedt – in benachbarten Stadtteilen genutzt. Die Stadtteile Hamm und Borgfelde sind beide recht zentral gelegen, da sie nicht weit vom Hauptbahnhof und dem Steindamm entfernt sind, die eine wichtige Anlaufstelle für viele Neuzugewanderte darstellen (s. dazu ausführlich Kap. 7). Allerdings ist Hamm deutlich größer, und flächenmäßig dominieren nicht die für Borgfelde typischen Wohngegenden von Miets- und Mehrfamilienhäusern, sondern größere Büro- und Gewerbeflächen, in denen es kaum Anwohner_innen und entsprechend auch für die Bewohner_innen in den Flüchtlingsunterkünften keinerlei Angebote, Möglichkeiten der Freizeitgestaltung oder nachbarschaftliche Kontaktmöglichkeiten gibt. Interessant ist im direkten Vergleich der beiden Stadtteile unter Berücksichtigung der soziodemografischen Daten, dass die Anzahl von Personen im Leistungsbezug nach SGB II sowie das durchschnittliche Jahresbruttoeinkommen in beiden Stadtteilen nahezu gleich sind, doch ist der Anteil von Personen mit Migrationshintergrund in Borgfelde mit 43,8 % (gegenüber 34,8 % in Hamm) deutlich höher, liegt aber auch hier immer noch unter dem Durchschnitt des gesamten Bezirks Hamburg-Mitte. Das Jahresbruttoeinkommen entspricht in beiden Stadtteilen in etwa dem Durchschnitt des Bezirks und liegt damit unter dem Hamburger Durchschnitt, stadtweit betrachtet handelt es sich also um eher ärmere Stadtteile. Als Vorteil in Hamm und Borgfelde kann in Bezug auf die gesamte Stadt die Zentrumsnähe der beiden Stadtteile hervorgehoben werden, für Hamm gilt diese aufgrund der Weitläufigkeit jedoch nur eingeschränkt. Prägend sind zudem gerade für Hamm zum Teil große Verbindungsstraßen als Zubringer für den Fernverkehr, sodass einige Gebiete – auch in der Umgebung von Unterkünften für Geflüchtete – teils wenig wohnlich erscheinen.

Zusammenfassend betrachtet vermitteln die Untersuchungsgebiete einen Eindruck der verschiedenen Stadtteile. Die Lage, die infrastrukturelle

Versorgungssituation und Anbindung an den Bezirk oder die gesamte Stadt wurden ebenso skizziert, wie die jeweilige Bevölkerungsstruktur. Schon auf dieser Grundlage, nämlich der Diversität der beschriebenen Quartiere und Stadtteile, wird ersichtlich, dass die Unterbringung von Geflüchteten auch in einem Stadtstaat keineswegs unter gleichen Bedingungen und Kriterien organisiert werden kann. Im Folgenden soll daher die Vielfalt der Einrichtungen exemplarisch in ausführlichen Unterkunftsportraits beschrieben werden.

4.3   Die Unterkunftsportraits

Auf Grundlage der von uns besuchten 15 Einrichtungen haben wir uns einer Systematisierung der Unterkünfte angenähert. Sie erwies sich als Herausforderung, weil die Einrichtungen kaum entlang eindeutiger Kriterien miteinander vergleichbar sind: In einigen Expert_inneninterviews wurde das Fehlen einheitlicher Standards bemängelt – in erster Linie in Bezug auf die Notunterkünfte und Erstversorgungseinrichtungen; diese Problematik setzt sich in der Folgeunterbringung fort: Die baulichen Standards unterscheiden sich im Hinblick auf die Nutzung von Festbauten oder (Container-)Modulbauten und innerhalb dieser Bauweisen variieren Zimmergrößen, abgeschlossene Wohneinheiten und Gemeinschaftsräume. Zudem sind Unterschiede hinsichtlich der infrastrukturellen Versorgung, der Anbindung an den öffentlichen Nahverkehr, des soziostrukturellen Umfelds und der Belegungspraxis erkennbar, die sich auf das Zusammenleben im Quartier und in der Stadt auswirken. In Bezug auf Unterkunftskapazitäten überwiegen zahlenmäßig die Plätze in Containerunterkünften und damit die Unterkunftsform, die Geflüchtete am meisten separiert und stigmatisiert. Obgleich sich die Kritik der Expert_innen oft auf unzureichende Mindeststandards bezog, stellt sich grundsätzlich die Frage, inwiefern der Versuch der Standardisierung überhaupt sinnvoll oder insofern problematisch ist, dass Standards den unterschiedlichen individuellen Bedürfnissen von Nutzer_innen zuwiderlaufen (s. dazu ausführlich Kap. 5). Anstelle einer Typologie haben wir acht exemplarische Portraits erstellt, die anhand einschlägiger Kriterien verglichen werden. Dabei wurde auf eine gleichmäßige Repräsentation der untersuchten Bezirke Hamburg-Mitte und Altona geachtet.

Die entstandenen Portraits ausgewählter Einrichtungen vermitteln Einblicke in die Komplexität sowie Gemeinsamkeiten und Differenzierungen innerhalb der Unterbringungslandschaft. So kann eine Vergleichbarkeit auf Stadtteil- und Bezirksebene erzielt werden, und die Befunde können schließlich auf die gesamtstädtische Ebene bezogen und das Potenzial der Quartiersanalysen dazu genutzt werden, die Ergebnisse auch in andere – zunächst städtische – Kontexte zu übertragen. Tab. 4.4 zeigt angewendete Unterscheidungskriterien und gibt die Varietät innerhalb der einzelnen Indikatoren wieder.

Tab. 4.4 Angewendete Unterscheidungskriterien

Untersuchungskategorie	Faktor/Varietät	
Soziodemografische Daten (Stadtteilebene)	Bewohnerstruktur, Einkommensstruktur	
Betriebsbeginn	‚alt' (seit den 1990er Jahren)	‚neu' (nach 2014)
Betriebsdauer	Unbegrenzt	Begrenzt (durch Bürgerverträge)
Kapazitäten	Mind. 80 Personen	Max. 900 Personen
Bauweise	Festbau	Modulhäuser/Containerbauten
Lage	Wohngebiet	Randlage/Industriegebiet
Anbindung an den ÖPNV	Angebot und Erreichbarkeit	
Sozialräumliche Angebote	KiTas, Schulen, Arztpraxen, Beratungsstellen, Nahversorgung	
Belegungsart	Abgeschlossener Wohnraum	WG-Belegung, Sammelunterkunft
Bewohner_innen	Familien, besonders Schutzbedürftige	Alleinstehende

Quelle: eigene Darstellung

Die genannten Auswahlkriterien orientieren sich an Faktoren, die die Lebenslagen der Geflüchteten in den unterschiedlichen Einrichtungen in besonderem Maße beeinflussen:

- *Kriterium Lage:* Hierfür sind Gesichtspunkte relevant wie das Leben im Wohn- oder Gewerbegebiet, am Stadtrand oder zentral, eingebunden in eine vergleichsweise gute infrastrukturelle Angebotsstruktur oder eine eher isolierte Lage;
- *Kriterium Belegung:* Die Belegungspraxis hat Auswirkungen auf die Struktur der Bewohnerschaft; einzelne Einrichtungen bieten als ‚Einrichtung nur für Frauen' oder mit Kapazitäten für ‚besonders Schutzbedürftige' einen besonderen (Schutz-)Raum.
- *Kriterium Standard:* Die Gestaltung als Sammelunterkunft, WG-Belegung mit abgeschlossenem Wohnraum oder eine Belegung in Einzelzimmern haben einen großen Einfluss auf Rückzugsmöglichkeiten und das Zusammenleben im Alltag der Einrichtung.

Entlang dieser Kriterien werden einzelne Standorte im Folgenden ausführlich portraitiert.

4.3.1 Exemplarische Lagequalitäten von Unterkunftsstandorten

Im Folgenden werden eine Containerunterkunft in einem Gewerbe- und Industriegebiet in Billbrook, eine Unterkunft im ländlich geprägten Sülldorf und eine zentral im Reiherstiegviertel gelegene Einrichtung beschrieben.

‚Billbrook', Unterkunft in isolierter Lage: Die Wohnunterkunft ‚Billbrook' in der Berzeliusstraße im Bezirk Hamburg-Mitte ist – in der untersuchten Form – seit Januar 2015 in Betrieb und verfügt über eine Kapazität von 600 Plätzen.[3] Neben dieser Unterkunft befinden sich noch zwei weitere in der näheren Umgebung, die ebenfalls über regelhaft hohe Kapazitäten und Belegungszahlen verfügen. Wenn alle drei Unterkünfte voll ausgelastet sind, würden Geflüchtete mehr als die Hälfte der Bewohner_innenschaft des Stadtteils ausmachen.

Die Einrichtung liegt, wie auch Abb. 4.4 zeigt, mitten im Industriegebiet und gehört mit ihrer Platzkapazität zu den größeren von f&w betriebenen Unterkünften. Es handelt sich um Containermodulbauten, ein Bautyp, der

Abb. 4.4 Die Wohnunterkunft „Billbrook". (Quelle: Freie und Hansestadt Hamburg, Landesbetrieb Geoinformation und Vermessung 2017 [dl-de/by-2-0, https://www.govdata. de/dl-de/by-2-0], eigene Bearbeitung)

---

[3]Am gleichen Standort befand sich auch vorher eine Einrichtung öffentlich-rechtlicher Unterbringung, die lange Zeit als ‚Problemeinrichtung' bekannt war. Entsprechend groß war die mediale Aufmerksamkeit vor Eröffnung der neuen Containermodule. Da möglichst keine Erinnerungen an die Vergangenheit aufkommen sollten, wurde die Unterkunft auch nicht, wie sonst üblich, mit dem Straßennamen bezeichnet, sondern wird schlicht „Billbrook" genannt. Diese Strategie scheint sich bislang zu bewähren.

irreführenderweise oft auch als ‚Containermodul*häuser*' bezeichnet wird. Schon die Anfahrt im Bus ab der U-Bahn-Station Billstedt vermittelt den Eindruck, zwar ‚raus aus der Stadt', nicht aber ins Grüne zu fahren. Der Fußweg von der Bushaltestelle führt vorbei an großen älteren Industriehallen, der Geruch von verbranntem Kunststoff liegt in der Luft. Das Gelände selbst wirkt überraschend freundlich, farbige Container (hell- und dunkelrot sowie blau), ein Sportplatz und ein neues Spielgerät wirken ‚einladend' und modern, wenn auch ein gewisser Lagercharakter durch den Eindruck eines ‚Container-Dorfs' nicht von der Hand zu weisen ist. So erscheint die gesamte Anlage nach außen hin wie ein kleines, provisorisches von der direkten Umwelt abgetrenntes Wohngebiet. Die kleine Straße, die das Gelände der Unterkunft durchquert, wird immer wieder von LKWs als Ausweichmöglichkeit angesteuert und auch zum Parken genutzt. Im Sommer 2015 wurde in der Straße ein Kind angefahren und schwer verletzt, seither gilt dort ein Parkverbot und die Straße wurde zur Sackgasse umgebaut. Weiterhin befindet sich ein unbeschrankter Bahnübergang in unmittelbarer Nähe; zwar fahren nur selten und dann sehr langsam Züge, doch hätten Kinder schon versucht aufzuspringen oder mit Skateboards darunter durch zu fahren, es sei aber noch nichts passiert.

Insgesamt stehen auf dem gesamten Gelände 27 Containermodulbauten, die sich auf verschiedene Baufelder – links und rechts der Straße – verteilen. Die Modulbauten sind aufgeteilt in je eine Vierzimmerwohnung und drei Dreizimmerwohnungen pro ‚Haus'. Jede Wohnung verfügt über eine Küche, eine Dusche und eine Toilette, die sich die jeweiligen Bewohner_innen teilen. Überwiegend werden die Wohnungen von Familien bewohnt, einige Modulbauten sind aber auch mit WGs von alleinstehenden Männern oder alleinerziehenden Müttern belegt.

Mit Beginn der Inbetriebnahme als neue Unterkunft (also seit 2015) war man bemüht, auch aufgrund der schwierigen Vorgeschichte der Einrichtung, hier möglichst schnell ein umfangreiches soziales Angebot zu realisieren. In Kooperation mit dem Rauhen Haus[4] gab es viele Angebote vor allem für Kinder und Jugendliche. Die Vernetzung im Stadtteil wurde so gefördert und über die Zeitschrift ‚der Stern' wurden Aktivitäten von Ehrenamtlichen angeboten und Spielgeräte gespendet. Da all diese Maßnahmen befristet konzipiert waren, besteht vor Ort die Herausforderung, die Kontinuität von Angeboten – sei es auch mit wechselnden Akteuren – sicherzustellen, was in einem Umfeld mit gering ausgeprägtem ehrenamtlichen Engagement in peripherer Lage besonders schwierig ist. In direkterer Nachbarschaft befinden sich lediglich zwei weitere Wohnunterkünfte, sonst nur

---

[4]Eine Stiftung der Diakonie mit einem breiten sozialen Angebot in verschiedenen Stadtteilen in Hamburg Mitte.

Industrie. Die nahegelegene Schule ‚Am Schleemer Park' und die Kita der Elbkinder liegen zwar in der Nähe und halten ihre Angebote auch für die Kinder der Einrichtung offen. Doch hat die isolierte Lage zur Folge, dass die Schule und die Kita fast ausschließlich von Bewohner_innen der umliegenden Wohnunterkünfte besucht werden. Im Vergleich zu Unterkünften in anderen Stadtteilen findet hier eine regelhaft enge Zusammenarbeit mit dem ASD und dem Eltern-Kind-Zentrum (EKIZ) der Kita statt. Zur abgeschiedenen Lage kommt eine relativ schlechte ÖPNV-Anbindung hinzu: Der nächstgelegene Bus fährt mit einer stündlichen Taktung recht selten; ein höher frequentierter Bus erfordert einen Fußmarsch von knapp einem Kilometer. Die isolierte Lage kann vor diesem Hintergrund und aufgrund der großen Entfernung zu anderen Wohngebieten und deren Infrastruktur in benachbarten Stadtteilen nur schwer überwunden werden. Für die Bewohner_ innen und ihre Vernetzung im Stadtteil sowie die Realisierung von Ehrenamtlichenstrukturen vor Ort hat diese Situation weitreichende Folgen. Weder gibt es ausreichend Angebote oder Aussicht auf eine bessere Versorgung mit Angeboten, noch bietet das umliegende Gewerbegebiet ein Umfeld, das man sich in der Alltagsgestaltung aneignen könnte.

‚Sieversstücken', die Unterkunft am Stadtrand: Die Wohnunterkunft ‚Sieversstücken' liegt im ländlich geprägten Sülldorf, im Bezirk Altona. Sie wurde bereits 1993 mit knapp 280 Plätzen eröffnet und im Jahr 2015 auf ca. 720 Plätze erweitert. Aufgrund der nahgelegenen UPW ‚Rissen-Suurheid' im angrenzenden Stadtteil Rissen, ist an diesem Standort eine Reduzierung der Kapazitäten vorgesehen.

Die Lage am Stadtrand wird in Abb. 4.5 ersichtlich und macht sich insbesondere im Einrichtungsumfeld bemerkbar, Felder und Pferdekoppeln

Abb. 4.5 Die Unterkunft „Sieversstücken". (Quelle: Freie und Hansestadt Hamburg, Landesbetrieb Geoinformation und Vermessung 2017 [dl-de/by-2-0, https://www.govdata. de/dl-de/by-2-0], eigene Bearbeitung)

umgeben die Anlage. Die S-Bahn-Station ist etwa ein Kilometerentfernt und entweder per Bus oder zu Fuß, über kleinere Feldwege recht gut erreichbar. Auffällig an dieser Einrichtung ist – neben der nahezu ländlich-idyllischen Lage – die Bauweise der Häuser: Es gibt eine Zweiteilung der alten Unterkunft und der Erweiterung, die schon aus der Ferne optisch deutlich erkennbar ist. Zweigeschossige gelbe Holzhäuser, die an skandinavische Ferienhäuser erinnern, prägen den alten Teil; im neuen Abschnitt sind es ebenfalls zweigeschossige hellgraue Holzmodulhäuser. Vom Betreiber wird diese Unterkunft auch „Pavillondorf" genannt. Die ganze Anlage und insbesondere die Häuser wirken sehr „wohnlich". Im Vergleich zu Containermodulbauten wirkt der Standort nicht so provisorisch, sondern eher wie eine kleine Siedlung. Die Modulhäuser vermitteln sowohl von außen betrachtet als auch im Innern ein deutlich anderes – und zwar ebenfalls wohnlicheres – Flair als die herkömmlichen Containermodulbauten.

In den gelben ‚Schwedenhäusern' (auf Abb. 4.6 nicht zu sehen, da von Baumbestand verdeckt) gibt es sechs Doppelzimmer pro Etage und einen großen Flur, der zur gemeinsamen Küche und den sanitären Anlagen führt. Die Küchen in diesen Häusern sind größer als in anderen Unterkünften und wurden teilweise von den Geflüchteten selbst wohnlich eingerichtet. Durch die Größe des Raumes entsteht

Abb. 4.6 Ansicht der Unterkunft „Sieversstücken", neuer Bauabschnitt. (Quelle: Projekt Fluchtort Stadt, Cornelia Sylla)

auf diese Weise so etwas wie ein gemeinschaftliches Wohnzimmer. Die neuen grauen Modulhäuser (s. Abb. 4.6) beherbergen jeweils vier abgeschlossene Dreizimmerwohnungen. Vor den Gebäuden stehen noch Schuppen, die von den Bewohner_innen als Lagerräume für diverse Gegenstände (z. B. Fahrräder) verwendet werden.

Die Belegungsstruktur hat sich aufgrund des langjährigen Bestehens der Einrichtung etwas verändert: Von zum damaligen Zeitpunkt (2016) 720 Personen aus 47 Nationen kommen zwischen 150–180 Bewohner_innen nicht aus einer der Erstaufnahmen, sondern wurden über die Fachstelle für Wohnungsnotfälle an die Einrichtung verwiesen, es handelt sich also um Wohnungslose. Die Verweildauer schwankt zwischen zwei Wochen und 14 Jahren stark, es gibt Menschen aus der Obdachlosigkeit, ältere Migrant_innen und eine hohe Anzahl von Personen mit psychischen Erkrankungen (ein Grund hierfür ist die Nähe zum Rissener Krankenhaus). Mit Blick auf das spezielle Klientel sei es für einen Teil der Bewohner_innen kaum denkbar, dass sie den Standort jemals zugunsten einer eigenen Wohnung verlassen können; gerade älteren und langansässigen Bewohner_innen bietet die Unterkunft Sicherheit; die Menschen haben hier ihre Strukturen und Netzwerke und sind mit der Unterkunft und deren Angeboten vertraut.

Bemerkenswert an diesem Standort ist die langjährige Kooperation mit einem Netzwerk von Ehrenamtlichen. Das Jugendzentrum Rissen mit geschultem pädagogischem Personal vor Ort ist offen für Bewohner_innen bis 21 Jahre, der „Runde Tisch Blankenese" macht seit 15 Jahren vielfältige Angebote. Insgesamt betreuen rund 200 Ehrenamtliche die Einrichtung, viele davon schon von Anfang an; auch umliegende Schulen und Kindergärten hätten sich schnell auf die wachsende Klientel eingestellt. Im Gegensatz zur strukturellen Integration gestaltet sich die persönliche Integration der Bewohner_innen in den reichen Hamburger Westen jedoch schwieriger. Die Bewohner_innen orientierten sich – so wird es von Mitarbeiter_innen der Unterkunft beobachtet – eher nach Osdorf, wo sie weniger auffielen.

,Am Veringhof', die Unterkunft mit guter Quartiersanbindung: Die Wohnunterkunft liegt im Stadtteil Wilhelmsburg im Reiherstiegviertel und gehört damit zum Bezirk Hamburg-Mitte. Die Unterkunft, in Abb. 4.7 abgebildet, ist seit September 2015 in Betrieb und gehört mit ca. 130 Plätzen zu einer der kleineren Einrichtungen. Charakteristisch für diese Anlage ist ihre zentrale Lage und die dadurch sehr gute Quartiersanbindung.

Die Unterkunft liegt am Ende der Straße ,Am Veringhof', eine Parallelstraße der gut besuchten Veringstraße. In der Veringstraße sind eine Vielzahl Kleinunternehmen und kleine Gastronomiebetriebe angesiedelt. Auffällig ist die hohe

Abb. 4.7 Die Unterkunft „Am Veringhof". (Quelle: Freie und Hansestadt Hamburg, Landesbetrieb Geoinformation und Vermessung 2017 [dl-de/by-2-0, https://www.govdata. de/dl-de/by-2-0], eigene Bearbeitung)

Anzahl an Kiosken, die das Straßenbild prägen und eine Versorgung auch zu späterer Stunde gewährleisten. Der Standort ist durch eine regelmäßige Buslinie mit den S-Bahn-Haltestellen Veddel und Wilhelmsburg verbunden. Das unmittelbare Einrichtungsumfeld ist hingegen etwas ruhiger, die Containermodulbauten befinden sich am Ende der Straße auf einer kleinen, von Bäumen umgebenen Grünanlage. Direkt hinter der Unterkunft bietet der Sanitaspark Flächen zum Grillen, zwei Spielplätze für Kinder und einen öffentlichen Basket- und Fußballplatz. Direkt neben der Unterkunft ist eine von Bauzäunen umgebene Brachfläche, die von einigen Bewohner_innen des Stadtteils als ‚öffentlicher' Garten verwendet wird. Die Unterkunft liegt zudem in unmittelbarer Nähe zum Veringkanal, der mit seiner Uferpromenade ein beliebtes Naherholungsgebiet darstellt und das durchaus ruhige und idyllische Umfeld der Unterkunft abschließt.

In fünf dunkelroten zweigeschossigen Containermodulbauten gibt es pro Einheit drei Dreizimmerwohnungen und eine Vierzimmerwohnung mit wohnungsinternen Küchen- und Sanitäranlagen. Untergebracht sind hier in erster Linie Geflüchtete aber auch Wohnungslose; neben Familien – ca. die Hälfte der Bewohner_innen sind Kinder und Jugendliche – gibt es vor Ort auch WGs mit alleinstehenden Männern; alleinstehende Frauen leben derzeit nicht in dieser Einrichtung. Die Unterkunft war zum Zeitpunkt der Erhebung leicht überbelegt; zu diesen Überbelegungen kommt es zum Teil durch Familien mit Babys und Kleinkindern bzw. Geburten, wo noch kein Anspruch auf einen eigenen Platz besteht.

Zentrales Merkmal dieser Einrichtung ist eine breite Akzeptanz der Anlage sowohl in der Nachbarschaft als auch in den umliegenden vielfältigen Einrichtungen, die ihre Angebote wie selbstverständlich auch für die Bewohner_innen der Unterkunft geöffnet haben. Genannt seien hier exemplarisch außerschulische Angebote für Kinder und Jugendliche, die im Stadtteil und damit außerhalb der Unterkunft erfolgen konnten. Nachbarschaftliche Konflikte oder Kritik aus dem Einrichtungsumfeld hat es an diesem Standort zu keinem Zeitpunkt gegeben, im Gegenteil, wurde die Einrichtung bei Betriebsbeginn von Freiwilligen mit vielfältigen Angeboten „überrannt", so eine Mitarbeiterin. Dieses Interesse kommt anderen Einrichtungen im Umfeld bei Weitem nicht zu, obgleich diese ebenfalls in wenigen Minuten erreichbar wären, doch weniger zentral liegen. In einem Gebäudekomplex direkt nebenan ist zudem eine Sprachschule angesiedelt, die von vielen Bewohner_innen der Einrichtung regelmäßig besucht wird.

Bemerkenswert an diesem Standort ist die strukturell sehr gute Anbindung an umliegende soziale Einrichtungen. ‚Spezialangebote' der Unterkunft ermöglichen den Kindern z. B. durch Hol- und Bringdienste die Wahrnehmung der Angebote außerhalb der Einrichtung und erleichtern dadurch den Zugang zu regelhaften Angeboten im Stadtteil. In der Einrichtung selbst finden bewusst nur ein wöchentlicher Deutschkurs, ein wöchentliches Sprachcafé und ein Sprachcafé für Frauen statt, damit vermehrt die bestehenden Strukturen im Quartier genutzt werden. Die Bewohner_innen der Unterkunft sind sowohl nachbarschaftlich als auch hinsichtlich des institutionellen Umfeldes gut in das Quartier integriert. Hier sei auf eine allgemeine Besonderheit des Stadtteils verwiesen: Wilhelmsburg ist seit Jahrzehnten Wohn- und Lebensort für Menschen vielfältiger Herkunft, sodass sich eine dichte Struktur von Migrant_innenselbstorganisationen entwickelt und entsprechend heterogene Nahversorgungsmöglichkeiten, Cafés usf. etabliert haben, die offensichtlich Neuankommenden den Einstieg ins Quartier und in die Gesellschaft erleichtern.

4.3.2 Unterbringungsstandards im Vergleich

Unterbringungsstandards wurden in vielen explorativen Expert_innengesprächen thematisiert, beginnend bei den zum Teil schwierigen Bedingungen in den Not- und Erstaufnahmeeinrichtungen, aber auch im Hinblick auf die Folgeunterkünfte. Auf der einen Seite gibt es zwar Standards der öffentlich-rechtlichen Unterbringung, wie beispielsweise die regelhafte Zweierbelegung, andererseits unterscheiden sich die Unterkünfte hinsichtlich einzelner Standards aber doch erheblich voneinander. Gegenübergestellt werden im Folgenden die Unterkunft

‚Notkestraße' im Stadtteil Bahrenfeld, in der aufgrund der recht großzügig geschnittenen Containermodulbauten hohe Unterbringungsstandards realisiert werden sowie die Unterkunft ‚Luruper Hauptstraße', ebenfalls im Stadtteil Bahrenfeld, die – ursprünglich als Erstaufnahmeeinrichtung gebaut – einen vergleichsweise niedrigen Standard bietet. Auch auf die ‚Eiffestraße' im Stadtteil Hamm wird eingegangen, wo in einem ehemaligen Bürogebäude aufgrund der kleinen Zimmer – entgegen der üblichen Standards – die Räume nur mit einer Person belegt wurden.

‚Notkestraße', die Unterbringung in Containermodulbauten mit ‚hohem' Standard: Die Wohnunterkunft in der Notkestraße 25 ist seit Juli 2016 in Betrieb und verfügt über knapp 650 Plätze. Sie liegt im Stadtteil Bahrenfeld im Bezirk Altona, ist gut an den ÖPNV angebunden und in das sozialräumliche Setting vor Ort integriert. Das Straßenbild vermittelt den Eindruck einer recht kleinen, ruhigen Wohnstraße, die von Bäumen gesäumt ist, während sich am östlichen und westlichen Ende der Straße jeweils große Hauptverkehrsstraßen befinden. Vom westlichen Ende aus der Richtung Trabrennbahn kommend, einer zentralen Station mehrerer Buslinien, befinden sich auf der linken Seite die mehrheitlich als Reihenhäuser gebauten kleineren Wohnhäuser der ‚Steenkampsiedlung'. Dennoch ist die Notkestraße kein reines Wohngebiet: Gegenüber der Steenkampsiedlung befinden sich neben einzelnen Wohnhäusern mehrere (z. T. ehemalige) Bürogebäudekomplexe, die jedoch nicht direkt an die Straße angrenzen, sodass die Straße im Gesamtbild eher weitläufig erscheint. Dem Bürogebäudekomplex schließt sich auch ein einzelnes ehemaliges Bürogebäude im direkt an die Notkestraße angrenzenden Albert-Einstein-Ring an, in dem ebenfalls eine Unterkunft für Geflüchtete betrieben wird.

Die Auffahrt zur Einrichtung Notkestraße 25 liegt, aus dem Westen kommend, rechter Hand und wirkt im Vergleich zum übrigen Umfeld mit dem Charakter einer Baustellenauffahrt eher neu und ‚unfertig'. Das Gelände der Einrichtung beginnt erst in zweiter Reihe hinter den Bürogebäuden (s. Abb. 4.8) und zwei kleineren Mehrfamilienhäusern der SAGA[5].

Aufgrund des vergleichsweise hohen Unterbringungsstandards und der guten Busanbindung wurde die Einrichtung von Beginn an insbesondere als Unterkunft für Familien geplant. Sie wird von Personen, die mit verschiedenen Unterbringungseinrichtungen in Bahrenfeld vertraut sind, auch als „Luxuseinrichtung"

---

[5]Die SAGA-Unternehmensgruppe ist das größte städtische Wohnungsunternehmen in Hamburg. Die meisten Sozialwohnungen gehören der SAGA und verteilen sich über das gesamte Stadtgebiet.

Abb. 4.8 Die Unterkunft „Notkestraße". (Quelle: Freie und Hansestadt Hamburg, Landesbetrieb Geoinformation und Vermessung 2017 [dl-de/by-2-0, https://www.govdata.de/dl-de/
by-2-0], eigene Bearbeitung)

bezeichnet. Ein kurzer Vergleich der Folgeunterkünfte im näheren Umfeld der
Notkestraße 25 vermag die Unterschiede einzelner Einrichtungen zu verdeutlichen, die in erster Linie in den differierenden Zimmergrößen liegen: Als Erstunterbringung gebaut und doch als Folgeunterkunft in Betrieb genommen, hat
die Unterkunft in der Luruper Hauptstraße beispielsweise den niedrigsten Unterbringungsstandard (vgl. dazu ausführlich das „Einrichtungsportrait Luruper
Hauptstraße"); in der August-Kirch-Straße, gebaut als Folgeunterkunft mit einer
Laufzeit von bis zu fünf Jahren, sind die Unterbringungsstandards mit 12 bis 13
Quadratmetern pro Zimmer schon besser und in der Notkestraße 25 mit einer
geplanten Einrichtungslaufzeit von über fünf Jahren und durchschnittlich bis zu
15 Quadratmeter nochmals höher.

Auf dem recht weitläufigen Gelände befinden sich neun dreigeschossige
Containermodulbauten (s. Abb. 4.9). Die einzelnen Modulbauten sind relativ
großzügig auf dem gesamten Areal verteilt. Neben dem Eingang zum Gelände
befindet sich eine Baumgruppe mit Holzhütten zum Spielen und Sitzbänken.
Auch vor den Modulen sind Sitzbänke, ein großer Spielplatz inmitten des
Geländes wird zum Teil auch von Kindern aus den beiden angrenzenden Wohnhäusern genutzt. Eine Schranke im Eingangsbereich war anfangs umstritten, da
jegliche Barrieren dem offenen Prinzip der Folgeunterbringung widersprechen
und derartige ‚Grenzziehungen' (auch aufgrund ihres symbolischen Charakters)
nicht erwünscht sind; doch wurde die Schranke in diesem Fall als notwendig
erachtet, um Autos von der rasanten Auffahrt auf das Gelände abzuhalten und insbesondere die spielenden Kinder zu schützen.

Abb. 4.9 Ansicht der Unterkunft „Notkestraße". (Quelle: Projekt Fluchtort Stadt, Cornelia Sylla)

Aufgeteilt sind die Modulbauten in jeweils vier Dreizimmereinheiten pro Etage, die regulär mit sechs Personen belegt werden. Damit ergibt sich eine Belegungszahl von ca. 72 Personen pro dreigeschossigem Modulbau. Abb. 4.10 zeigt die Zimmeraufteilung in einer exemplarischen Einheit. Die im Vergleich zu den umliegenden Einrichtungen großzügig geschnittenen Zimmer haben sich auch unter den Geflüchteten herumgesprochen, entsprechend hoch war die Zahl von Anfragen nach freien Plätzen, doch werden diese – wie alle anderen externen Anfragen – abgelehnt; die Vergabe erfolgt auch hier entsprechend der bei f&w geltenden Richtlinien ausschließlich über die interne „Allgemeine Vergabestelle" (AVS). Neben Familien, die diese Einrichtung mehrheitlich bewohnen, gibt es WGs mit alleinstehenden Männern sowie deutlich weniger mit alleinstehenden Frauen. Einige Wohnungen gelten als ‚geschützte Wohnungen' für LGBTI-Bewohner_innen; zum besonderen Schutzkonzept der Einrichtung zählt weiterhin, dass die Wohnungen im Erdgeschoss vorrangig an Familien mit kleinen Kindern vergeben werden sowie an Menschen mit Behinderungen oder Beeinträchtigungen (z. B. Kriegsverletzungen).

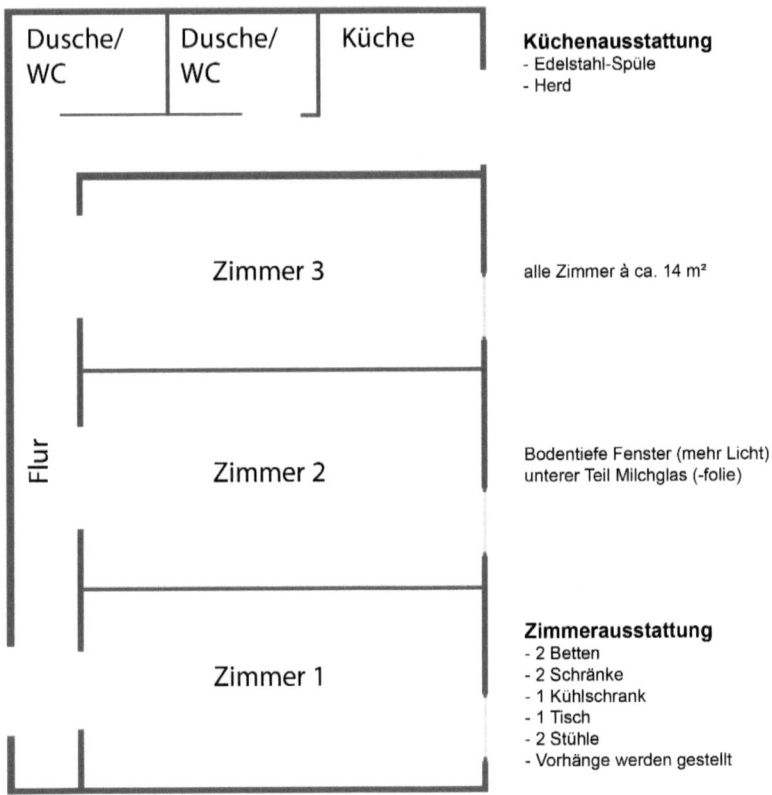

Abb. 4.10 Zimmeraufteilung in einer exemplarischen Wohnung der Unterkunft „Notkestraße". (Quelle: eigene Darstellung)

Auch an diesem Standort ist die Anbindung an die Angebotsstrukturen im Stadtteil gut: Das Jugendzentrum JUNO, ein Sportverein und ein Bauspielplatz werden auch von den geflüchteten Kindern und Jugendlichen besucht, zum Teil haben sich bereits etablierte Ehrenamtlichen- und Netzwerkstrukturen in der gegenüberliegenden Steenkampsiedlung den Bewohner_innen gegenüber geöffnet oder spezielle Angebote konzipiert. Ergänzend fördern die bereits genannten ‚Quartiersräume Bahrenfeld' die Vernetzung im Quartier bzw. im Stadtteil und bieten eigene Angebote an.

‚Luruper Hauptstraße‘, die Unterkunft mit niedrigem Unterbringungsstandard: Diese Einrichtung ist als Sammelunterkunft gebaut, seit dem Jahr 2016 in Betrieb und weist einen entsprechend niedrigen Unterbringungsstandard auf. Das Gelände grenzt an den Stadtteil Lurup, liegt selbst aber noch im Stadtteil Bahrenfeld in Altona. Die Unterkunft (s. Abb. 4.11) befindet sich auf einer großen (zum Teil als Parkplatz des Hamburger Sportvereins genutzten) weitläufigen Fläche, die teilweise begrünt ist, im vorderen Bereich zur Straße durch ihr eher sandiges und wenig bewachsenes Erscheinungsbild aber baustellenähnlich wirkt. Im hinteren Bereich erstrecken sich Ausläufer der Parkanlage ‚Lise-Meitner-Park‘. Bewegt man sich von der Bahrenfelder Trabrennbahn entlang der Luruper Chausee – die dann in die Luruper Hauptstraße übergeht – in Richtung Lurup, verlässt man zunächst die Wohngebiete. Rechter Hand befinden sich der Rand des Volksparks und anschließend eine aufgrund von Baum- und Buschbeständen kaum einsehbare kleingartenähnliche kleine Siedlung, daneben eine Autowerkstatt. Linker Hand liegt zunächst das Forschungszentrum DESY mit breiterem Baumbestand zur Straße hin, dann die freiliegende, weitläufige Fläche, auf der im hinteren Bereich, abseits der Hauptstraße, die Unterkunft platziert ist. Nach der Fläche trifft man im Stadtteil Lurup wieder auf Wohngebiet, zunächst auf eine Einfamilienhaus-Siedlung, die direkt an das Gelände der Unterkunft angrenzt. Aus verschiedenen Kreisen ist zu hören, dass die an den Bürgerverträgen maßgeblich beteiligte LOB-Initiative hier – wenn auch nur von einigen wenigen Personen – besonders stark vertreten ist. In den Debatten um die Einrichtung schwankt die Bezeichnung zwischen „Luruper Hauptstraße"

Abb. 4.11 Die Unterkunft „Luruper Hauptstraße". (Quelle: Freie und Hansestadt Hamburg, Landesbetrieb Geoinformation und Vermessung 2017 [dl-de/by-2-0, https://www. govdata.de/dl-de/by-2-0], eigene Bearbeitung)

(beispielsweise seitens der Stadt Hamburg und der Unterbringungsleitung) und „Lise-Meitner-Park" (insbesondere seitens der Bürgerinitiative, zum Teil auch in den Medien). Gerade im Zusammenhang mit der Bürgerinitiative lässt dies eine wahrscheinliche Bezugnahme auf den kritischen Diskurs zur Unterbringung von Geflüchteten in öffentlichen Parks vermuten.

Die ursprünglich als Erstaufnahme für 2000 Personen geplante Einrichtung war letztendlich als Folgeunterkunft mit einer laut Planung maximalen Kapazität von 900 Personen in Betrieb; bauliche Mängel und notwendige Nachbesserungsmaßnahmen begründeten zum Erhebungszeitrum (im Jahr 2016/2017) aber eine regelhafte Belegung mit ca. 650 Personen. Von Beginn an wurde die Einrichtung vom Protest der LOB-Bürgerinitiative begleitet und auch das Planungs- und Bauvorhaben teilweise angepasst: Ein Lärmschutzwall grenzt die Einrichtung von der Einfamilienhaussiedlung ab. Weiterhin ist ein (zahlenmäßig) klares Konzept zur Reduzierung der Bewohnerzahl mit der Bürgerinitiative ausgehandelt worden (bis Sommer 2017 max. 456 Personen, ab 2018 max. 300 und bis 2020 der Abbau der Unterkunft). Wie die konkrete Umsetzung erfolgen kann, war zum Zeitpunkt der Erhebung allerdings noch unklar. Weiterhin besteht diese Einrichtung ausschließlich als Unterkunft für Geflüchtete – eine mit der Bürgerinitiative ausgehandelte Entscheidung, die diese von anderen Unterkünften unterscheidet: Denn öffentlich-rechtliche Unterbringung ist formal immer für Geflüchtete *und* Wohnungslose vorgesehen, auch wenn in einigen Einrichtungen de facto nur Geflüchtete leben. Im Zuge des Aushandlungsprozesses mit der Bürgerinitiative kam es außerdem zu einer Erweiterung der Zielgruppe um Familien, die mit Blick auf den niedrigen Unterbringungsstandard jedoch wenig sinnvoll scheint. Vergleichsweise kleine, elf Quadratmeter große Zimmer befinden sich in den Containerbauten; die Mehrzahl dieser Anlagen ist in einer dreigeschossigen Bauweise aus langen Containerreihen erstellt worden. Wie der Blick aus der Vogelperspektive verdeutlicht (s. Foto oben), sind die einzelnen Container dicht aneinander angeordnet. Aus einem Fenster blickt man direkt auf den gegenüberliegenden Container in unmittelbarer Nähe. Die Höhe verstärkt aufgrund der drei Stockwerke das Gefühl der ohnehin engen Bebauung.

Das Foto in Abb. 4.12 zeigt die Büros der Verwaltung und gemeinschaftlich genutzte Räume im Vordergrund, sowie die dahinterliegenden Wohneinheiten. Die nach Erstaufnahmestandards gebauten Container-Einheiten sind wie folgt strukturiert: An die sanitären Gemeinschaftscontainer und Gemeinschaftsküchencontainer, jeweils rechter und linker Hand im Eingangsbereich der Flure, reihen sich 18 Räume pro Flur (jeweils neun rechter und linker Hand). Diese wurden zum Erhebungszeitraum regelhaft mit zwei Personen belegt. Küchen-, WC- und Sanitärcontainer werden von allen Bewohner_innen eines Flures gemeinschaft-

Abb. 4.12 Ansicht der Unterkunft „Luruper Hauptstraße". (Quelle: Projekt Fluchtort Stadt, Cornelia Sylla)

lich genutzt. Der niedrige Unterbringungsstandard und die äußerst geringen Möglichkeiten der Privatsphäre führten zu der Überlegung, diese ‚Problemeinrichtung' in erster Linie mit alleinstehenden Männern zu belegen. Diese aus baulichen Gründen notwendig erscheinende Entscheidung stieß jedoch bei der vor Ort aktiven Bürgerinitiative auf Kritik und führte schließlich zu dem ‚Kompromiss', dass Familien ebenfalls in diese Einrichtung verlegt werden sollten. Für Unverständnis sorgt diese Entscheidung neben dem schlechten Unterbringungsstandard auch deshalb, da die Anlage deutlich schlechter an den ÖPNV angebunden ist, und auch sozialräumliche Angebote sind schwieriger und über größere Entfernungen zu erreichen, als beispielsweise in den nur etwa ein Kilometer entfernten Unterkünften in der August-Kirch-Straße oder der Notkestraße. Die nun für Familien vorgesehenen Container sind etwas größer und zweigeschossig angeordnet. In jedem Container befindet sich ein Raum mit separatem Eingang von außen. Der leicht verbesserte Standard ist jedoch durch die Tatsache begrenzt, dass auch hier WC-, Sanitär- und Küchencontainer gemeinschaftlich zu

nutzen und wegen der Zugänglichkeit von außen immer mit einem Weg ins Freie
verbunden sind.

Das Unterkunftsmanagement hat verschiedene Maßnahmen ergriffen, um den
Alltag in der Einrichtung zu entzerren: Flursprecherstrukturen sollten Möglichkeiten für Partizipation und Austausch bieten, Gemeinschaftsräume sind wäh-
rend der Bürozeiten offen und können von den Bewohner_innen genutzt werden.
Den niedrigen Unterbringungsstandard aufgrund der kleinen Zimmer haben vor
Ort tätige Initiativen von Ehrenamtlichen zum Anlass genommen, sich zumindest
teilweise für eine Einzelzimmerbelegung einzusetzen: Eine Reduzierung der
Bewohner_innen war ja aufgrund der Bürgerverträge ohnehin erforderlich und
ein etappenweiser Rückbau der Einrichtung nicht vorgesehen. Trotz erheblichen
Widerstands, da öffentlich-rechtliche Unterbringung laut der Richtlinien von f&w
immer mindestens in Zweierbelegung erfolgen müsse – konnte die Initiative mit
einem in Aussicht gestellten besseren Unterbringungsstandard einen Erfolg ver-
buchen; sofern Einzelzimmer verfügbar sind kann nun von der Doppelbelegung
der Räume abgewichen werden. Regulär ist eine Einzelzimmerbelegung nur für
‚besonders Schutzbedürftige' vorgesehen, wenn die Notwendigkeit einer Einzelzimmerbelegung also ärztlich attestiert wird.

‚Eiffestraße', die Unterkunft mit abgeschlossenem Wohnraum: Die Wohnunterkunft in der Eiffestraße ist seit März 2016 mit einer Kapazität von etwa
300 Plätzen in Betrieb und befindet sich im Stadtteil Hamm im Bezirk Hamburg-Mitte. Merkmal dieser Einrichtung ist der besondere Standard der Einzelzimmerbelegung in zumeist Zweier-WGs.

Aus der Ferne ist die Wohnunterkunft nicht als solche zu erkennen; lediglich
der Eingangsbereich fällt durch die Aushänge offizieller Schriftstücke an den
Glasscheiben auf, die Hausverbote für bestimmte Personen bekannt machen.
Die Einrichtung (s. Abb. 4.13) befindet sich in einem umgebauten Bürogebäude
unweit des S-Bahnhofs Berliner Tor an der vielbefahrenen und durch den Stra-
ßenverkehr sehr lauten Eiffestraße. Die zentrale Lage ermöglicht zwar einen
Zugang zu verschiedenen Angeboten der Stadt. Allerdings gibt es keine direkte
persönliche Anbindung an den Stadtteil, da es sich um ein reines Industriegebiet
handelt.

Die Unterkunft, in Abb. 4.14 zu sehen, verfügt über etwa 300 Plätze, die sich
auf etwa 100 Unterkunftseinheiten verteilen. In der Regel handelt es sich um Einheiten á 33 Quadratmeter mit zwei Räumen oder Einheiten mit einem Raum á 27
Quadratmeter. In etwas mehr als der Hälfte der Einheiten leben Familien. Durch
viele Geburten war die Einrichtung zum Untersuchungszeitpunkt leicht überbelegt.
Die Einheiten mit zwei Räumen sind kleiner als es dem Standard entsprechen
würde, daher werden die Zimmer bei WG-Unterbringung von Alleinstehenden in

Abb. 4.13 Die Unterkunft „Eiffestraße". (Quelle: Freie und Hansestadt Hamburg, Landesbetrieb Geoinformation und Vermessung 2017 [dl-de/by-2-0, https://www.govdata. de/dl-de/by-2-0], eigene Bearbeitung)

Abb. 4.14 Ansicht der Unterkunft „Eiffestraße". (Quelle: Projekt Fluchtort Stadt, Cornelia Sylla)

der Regel nur einzeln belegt. Aus diesem Grund werden hier auch viele Menschen
mit gesundheitlichen Einschränkungen untergebracht, deren besondere Schutzbedürftigkeit und damit der Anspruch auf ein Einzelzimmer anerkannt wurden.
Etwas mehr als die Hälfte der Wohnungen wird von Familien belegt.

Die abgeschlossenen kleinen Einheiten und die Einzelbelegung, sorgen für
große Zufriedenheit unter den Bewohner_innen. Eine Schwierigkeit ist an diesem Standort allerdings das sozialräumliche Umfeld: Es gibt keine Angebote für
Kinder, nicht einmal Spielplätze oder geeignete Freiflächen in der Umgebung.
Lediglich eine Einheit im 4.OG steht für zahlreiche ehrenamtliche Angebote zur
Verfügung. Genutzte Angebote im weiteren Umfeld bestehen bei der Tafel, einer
Kirche sowie in Moscheen im Umkreis des Steindamms, der von diesem Standort
aus fußläufig erreichbar ist und aufgrund seiner breiten internationalen Angebots-
struktur von vielen Geflüchteten gern als Anlaufstelle genutzt wird.

4.3.3 Exemplarische Beispiele der Belegungspraxis

Die Belegung der Unterkünfte erfolgt über die Allgemeine Vergabestelle von
f&w, freie Platzzahlen werden gemeldet und ggf. um einzelne Kriterien (männ-
lich, weiblich, besonders schutzbedürftig) ergänzt. Vorgesehen ist in der Regel ein
Belegungsverhältnis von 60 % Familien zu 40 % Alleinstehenden, das sich jedoch
nicht immer so realisieren lässt. Zudem sind einzelne Standorte eigentlich für
Familien ungeeignet – wie beispielsweise die ‚Luruper Haupstraße‘ – andere verfügen mit abgeschlossenen Einheiten über etwas komfortablere Unterbringungsbedingungen, sind aber oftmals nur für Personen vorgesehen, die selbst (oder
deren Angehörige) besonders schutzbedürftig sind. (Psychisch) Erkrankte beispielsweise werden oft nur einzeln untergebracht. Zwei Unterkünfte, eine nur für
Frauen im Stadtteil Altona-Nord sowie eine mit regulären Wohnungen im Stadtteil Borgfelde (Bezirk Hamburg-Mitte) sollen im Folgenden portraitiert werden.

‚Alsenstraße‘, die Unterkunft nur für Frauen: Die Unterkunft in der Alsenstraße liegt im Stadtteil Altona-Nord (Abb. 4.15), sie ist seit Pfingsten 2016 in
Betrieb und mit 80 Plätzen – ausschließlich für Frauen – eine vergleichsweise
kleine Einrichtung.

Die Einrichtung liegt äußerst zentral in unmittelbarer Nähe zur S-Bahn
Holstenstraße, an der auch verschiedene Buslinien verkehren. Sie befindet sich
direkt am Bürgersteig der vielbefahrenen Alsenstraße. Bei dem Gebäude, dem
‚Moritz-Liepmann-Haus‘, handelt es sich um einen Altbau aus dem Jahr 1910
mit bewegter Geschichte, es wurde mitunter als Einrichtung für den offenen
Vollzug genutzt. Das Gebäude selbst ist architektonisch durchaus ansprechend

Abb. 4.15 Die Unterkunft „Alsenstraße". (Quelle: Freie und Hansestadt Hamburg, Landesbetrieb Geoinformation und Vermessung 2017 [dl-de/by-2-0, https://www.govdata. de/dl-de/by-2-0], eigene Bearbeitung)

und die hohen Räume im Altbau lassen – anders als in vielen Containerbauten – kein Gefühl von Enge aufkommen. Die 80 Plätze werden in der Regel nicht alle belegt, um Spielräume in Notfällen zu behalten. Untergebracht werden wohnungslose und geflüchtete Frauen. Die Plätze in der Unterkunft verteilen sich auf unterschiedlich große Zimmer für jeweils eine bis drei Bewohnerinnen, wobei die Dreierbelegung als problematisch angesehen wird und nur für Frauen mit zwei Kindern gut funktioniere. Bei einer Belegung mit drei sich fremden Frauen gebe es – so die Mitarbeiterinnen der Unterkunft – oftmals Konflikte. Auch das Zusammenlegen von Frauen mit Kindern und ohne solle möglichst vermieden werden. Einige Einzelzimmer werden vorrangig von Frauen mit gesundheitlichen Belastungen belegt. Weiterhin ist die Einrichtung insofern als Gemeinschafts-unterkunft konzipiert, als es nicht einzelne Wohneinheiten (WGs) gibt, sondern sich die Zimmer sowie die gemeinschaftlich genutzten Räume auf verschiedene Flure verteilen: Es gibt vier Flure (zwei pro Etage) mit je einer Küche, die wie-derum je vier Kochstationen umfasst, sowie mit zwei bis drei Bädern. Einer der Flure ist nur mit Frauen ohne Kinder belegt, alle anderen gemischt.

Frauen mit männlichen Kindern können hier allerdings nur bis zu deren Alter von sechs oder sieben Jahren untergebracht werden – danach wird ein Umzug erforderlich. Nicht alle hier untergebrachten Mütter sind alleinstehend, die Part-ner leben in einigen Fällen in anderen Wohnunterkünften. Hintergrund sind z. T. Gewalterfahrungen und Trennungen in der Familie, oder auch der Wunsch, mit den Kindern lieber in einer (kleineren) Frauenunterkunft zu leben und nicht in den großen Wohnunterkünften mit vielen Männern.

Eine Schwierigkeit der Einrichtung hängt mit der geringen Größe zusammen. Sie muss sich 3,5 Mitarbeiter_innenstellen und einen technischen Dienst mit der Einrichtung in der Notkestraße 105 teilen. Dort gibt es über 200 Plätze ebenfalls nur für Frauen. In der Notkestraße 105 leben allerdings keine Geflüchteten. Die zwei Einrichtungen werden also vom selben Team betreut. In beiden Unterkünften werden außerdem Plätze für Konflikt-, Krankheits- und Problemfälle freigehalten. Andere vergleichbare Einrichtungen nur für Frauen gibt es nicht.

‚Hinrichsenstraße‘, die Unterkunft mit abgeschlossenen Wohneinheiten: Bereits seit den 1990er Jahren gibt es die Wohnunterkunft in der Hinrichsenstraße im Stadtteil Borgfelde (Bezirk Hamburg-Mitte). Die Unterkunft verfügt über knapp 160 Plätze und gehört damit ebenfalls zu den kleineren Einrichtungen. Eine Besonderheit dieser Unterkunft ist – neben den abgeschlossenen Wohneinheiten – die zentrale Lage inmitten eines Wohngebiets (s. Abb. 4.16). So ähnelt die Einrichtung als Festbau in ihrem Stil den umliegenden Miets- und Mehrfamilienhäusern. Kommt man auf die Einrichtung zu, ist diese von ihrem Erscheinungsbild her nicht als solche identifizierbar und erscheint in das übrige Wohnumfeld integriert. In dem gesamten Gebäudekomplex der Hinrichsenstraße sind neben der Wohnunterkunft weitere (soziale) Einrichtungen vorhanden, die jeweils von unterschiedlichen Trägern betrieben werden: eine Notunterkunft für obdachlose Frauen und Mädchen sowie eine ‚Wärmestube‘ (Tagesaufenthaltsstätte) im Rahmen des Winternotprogramms, ein Jungerwachsenenprojekt und eine Kita des Trägers ‚Elbkinder‘.

Abb. 4.16 Die Unterkunft „Hinrichsenstraße". (Quelle: Freie und Hansestadt Hamburg, Landesbetrieb Geoinformation und Vermessung 2017 [dl-de/by-2-0, https://www.govdata.de/dl-de/by-2-0], eigene Bearbeitung)

Der Innenhof inmitten des Gebäudekomplexes ist in zwei Einheiten unterteilt: Die Außenflächen der Kita betritt man von der Straße kommend durch ein Gartentor. Abgetrennt durch einen kleinen Zaun befindet sich im hinteren Teil des Hofes und damit direkt vor der Unterkunft das dazugehörige Außengelände, eine im Vergleich zu der Ausstattung des Kita-Gartens weniger attraktive Hoffläche. Die Kinder der Einrichtung haben allerdings auch am Nachmittag die Erlaubnis, auf der Hoffläche der Kita zu spielen.

Die Unterbringung erfolgt in abgeschlossenen Wohneinheiten und wird derzeit ausschließlich mit sowohl geflüchteten Familien als auch anderen wohnungslosen Familien belegt. Die 34 abgeschlossenen Wohneinheiten mit ein bis vier Zimmern unterscheiden sich von der ‚klassischen Unterbringung‘; Familien werden innerhalb der Wohneinheiten nicht gemischt, sondern nutzen jeweils eine Wohnung. Aufgrund der Wohnraumstruktur handelt es sich um eine Einrichtung für besonders Schutzbedürftige mit schwer erkrankten Angehörigen oder besonderen Bedarfen. Weiterhin gibt es hier drei barrierefreie Wohnungen (rollstuhlgeeignet).

Trotz der zentralen Lage und der – baulichen – Integration der Einrichtung in das übrige Quartier (s. Abb. 4.17), besteht nahezu kein Kontakt und Austausch

Abb. 4.17 Ansicht der Unterkunft „Hinrichsenstraße". (Quelle: Projekt Fluchtort Stadt, Cornelia Sylla)

zwischen den Bewohner_innen und der Nachbarschaft. Die Einrichtung erfährt
so wenig nachbarschaftliche und gesellschaftliche Akzeptanz und Unterstützung.
Zwar wird die Unterkunft, möglicherweise auch aufgrund ihres langjährigen
Bestehens, nicht infrage gestellt. Bekundetes Interesse an der Durchführung von
Angeboten für Bewohner_innen wird jedoch, so die Erfahrung der Leitung, spätestens dann wieder zurückgezogen, wenn bekannt wird, dass sowohl Geflüchtete
als auch Wohnungslose in dieser Einrichtung leben und Angebote sich entsprechend an beide Zielgruppen richten müssen. Selbst zu Hochzeiten der Flücht-
lingshilfe wurden keine der eingegangenen Anfragen tatsächlich realisiert. „Wir
sind keine so hippe Einrichtung" bemerkt die Einrichtungsleitung: Die gemischte
Belegung „disqualifiziert" die Einrichtung offenbar für das Engagement im
Rahmen der *Flüchtlings*hilfe, deren ehrenamtliche Unterstützung nicht für alle
Bedürftigen gedacht ist.

4.4   Die Unterbringungslandschaft im Spiegel der Lebenslagendimensionen: Abschließende Überlegungen

Die Darstellung der Unterbringungslandschaft hat einen Eindruck dessen
vermittelt, wie divers sich die Landschaft der Folgeunterkünfte unter dem
gemeinsamen Deckmantel der öffentlich-rechtlichen Unterbringung gestaltet.
Gleichwohl resultieren aus dieser Unterbringungsform Konsequenzen, die sich
auch auf die vier Lebenslagenbereiche – Wohnen, Gesundheit, Bildung, Arbeit –
auswirken.

   In Bezug auf das *Wohnen* ist es zunächst die Tatsache, dass Geflüchtete hier
de facto wohnen, rechtlich aber ‚nur' untergebracht sind und hinsichtlich sozialer Aspekte selbst die dringende Notwendigkeit sehen, so schnell wie möglich in
‚eigenen' Wohnraum zu kommen (s. dazu auch ausführlich Kap. 5). Die Unterkunftsportraits verdeutlichen, inwiefern sich ein Großteil der Einrichtungen
räumlich und visuell vom übrigen (Wohn-)Umfeld unterscheidet. Gerade Con-
tainer-Siedlungen sind immer auch ‚für sich' und von der Umgebung separiert.
Die Kritik, die in der Regel mit jedem geplanten Neubau zur Unterbringung
Geflüchteter einhergeht, speist sich in räumlicher Hinsicht aus einem doppelten
Aspekt: Die ‚eigene' Wohnlandschaft und das Wohnumfeld verändern sich durch
einen Neu- oder gar Containerbau visuell und durch den Zuzug Geflüchteter in
der soziodemografischen Zusammensetzung. Die Wahrnehmung des Fremden
– oder auch eine potenzielle Bedrohung durch das Fremde – tritt damit doppelt
in Erscheinung. Dieser Umstand fördert zunächst das Denken in den Strukturen

von ‚Eigenem' und ‚Fremdem', von Mehrheit und Minderheit, Nichtgeflüchteten und Geflüchteten sowie von den Anwohner_innen und den Container- Bewohner_ innen. Jegliche Containerbauten vermitteln vor Ort zudem den Eindruck eines containertypischen Provisoriums. Schon das Areal der Einrichtungen und die Anordnung der Containerbauten verweisen sowohl von außerhalb, als auch auf dem Gelände selbst architektonisch auf den Charakter einer in sich geschlossenen Siedlung. Verstärkt wird dies durch die Containerbauweise, die der herkömm-lichen Vorstellung von Wohnhäusern und Festbauten nicht entspricht und neben den Stahlelementen durch die ggf. angebrachten Fassaden in Holz (-optik) oder farblichen Akzente nicht aufgelöst werden kann. Obgleich Grünanlagen und Sitzgelegenheiten zum Teil einen wohnlichen Charakter vermitteln, heben sich die Ausgestaltung und Nutzung des Geländes in der Regel vom übrigen Umfeld ab. Oftmals wirken die Unterkunftsgelände isoliert, optisch oder architektonisch besteht kein Bezug, keine Interaktion zu der Umgebung.

Nicht außer Acht gelassen werden sollte, dass die öffentlich-rechtliche Unter-bringung grundsätzlich als vorübergehende Maßnahme gegen die Wohnungs-losigkeit konzipiert ist. Da der Zugang zum regulären Wohnungsmarkt jedoch insbesondere in Großstädten wie Hamburg extrem eingeschränkt ist, erstreckt sich dieses vorübergehende Zeitfenster bisweilen über mehrere Jahre. Mehrfache Standortwechsel und Barrieren auf dem Wohnungsmarkt lassen viele Geflüchtete daran zweifeln, dass der idealtypische Wohn- und Unterbringungsverlauf – Erst-aufnahme – Folgeunterkunft – UPW/eigener Wohnraum – so funktioniert. Diesen Zweifeln schließt sich die Auswertung des Gesprächs mit einigen geflüchteten Familien mit Kleinkindern an, die den Zustand in den Einrichtungen der öffent-lich-rechtlichen Unterbringung als derart prekär beschrieben haben, dass jeder – insbesondere mit (kleinen) Kindern – mit allen Mitteln versuche, die Unter-kunft so schnell wie möglich zu verlassen. Auf der Suche nach eigenem Wohn-raum scheint als einziger (erfolgversprechender) Ausweg das ‚Wissen' zu kursieren, sich diesbezüglich an illegale Makler zu wenden, die bei erfolgreicher Vermittlung eine hohe pro-Kopf-Zahlung – mindestens 500 EUR – verlangten. Solche sich scheinbar etablierenden kriminellen Netzwerke zeigen, inwiefern mangelnde formelle Strukturen dafür verantwortlich zu machen sind, dass auf Umwegen andere Zugänge – hier exemplarisch zum Wohnungsmarkt – entstehen. Festgehalten werden muss aber auch, dass der angespannte Wohnungsmarkt ein gesamtstädtisches Problem ist, das nicht durch die öffentlich-rechtliche Unter-bringung ‚gelöst' werden kann. Dennoch muss sich letztere gerade aufgrund der oftmals langen Verweildauer in diesen Einrichtungen der Effekte bewusst sein, die das Leben in der öffentlich-rechtlichen Unterbringung auf den Ankommens- und Integrationsprozess hat.

Seitens der Mitarbeiter_innen in den Unterkünften gehört es zu den wichtigsten Aufgaben, für den „sozialen Frieden" innerhalb der Unterkunft zu sorgen und Bewohner_innen mittels der sog. „Verweisberatung" bei Fragen an die entsprechenden (Beratungs-) Stellen im Quartier, im Stadtteil oder Bezirk zu vermitteln. In Bezug auf die Wohnsituation wurde angedeutet, dass Spielräume in der Belegung, gar Einzelzimmerbelegung oder abgeschlossener Wohnraum, die Wohnsituation und das Miteinander in der Unterkunft enorm entlasten würden. An einigen Standorten wurden Flursprecher eingesetzt oder Hausversammlungen initiiert, nicht nur um im regelmäßigen Austausch zu stehen, sondern auch um entstehende Konflikte möglichst frühzeitig erkennen und entschärfen zu können; solche Angebote wurden unterschiedlich angenommen. Allgemein scheint das Interesse nicht sonderlich hoch zu sein, an einigen Standorten hat es sich jedoch bewährt. Die Unterkunftsgröße war im Anschluss an die Erfahrungen der Mitarbeiter_innen nirgendwo ein Problem – entgegen der gesellschaftlich verbreiteten Diskurse und auch der Argumente der Bürgerinitiativen wurden große Standorte mit weit über 300 Bewohner_innen nicht als problematisch eingestuft. Die Vielfalt wurde – eher im Gegenteil – als integrationsförderlich bewertet, man unterstütze sich gegenseitig. Auch im Hinblick auf die quartierliche Anbindung kann die Einrichtungsgröße an keinem Standort als Argument einer guten vs. schwierigen Anbindung gewertet werden: Es sind vielmehr die ohnehin bestehenden Strukturen, die das Ankommen erleichtern oder erschweren. Lediglich an besonders kleinen Standorten – wie der Unterkunft in der Alsenstraße – erwies es sich als Problem, dass die Mitarbeiter_innen für mehrere Unterkünfte zuständig sind, um dem vorgesehenen Betreuungsschlüssel zu entsprechen.

Obgleich die Struktur der Bewohner_innen an den meisten Standorten ähnlich war, in der Regel kam die Mehrzahl aus den Hauptherkunftsländern, Syrien, Afghanistan, Eritrea, Irak und Iran, war die Aufteilung an den einzelnen Standorten unterschiedlich: Eine Mischbelegung, also das Zusammenlegen von Personen unterschiedlicher Herkunft und Nationalität, war an allen Standorten vorgesehen; ob sich dies auf einzelne Wohnungen, Flure oder Häuser bezog, wurde in den einzelnen Einrichtungen unterschiedlich gehandhabt: Während an dem einen Standort die konsequente Mischbelegung auch innerhalb einzelner Wohnungen als Voraussetzung des ‚sozialen Friedens' galt, konnte dieser an anderen Standorten nur deshalb gewährleistet werden, weil Mitarbeiter_innen Spielräume in der Belegung nutzten und nach Möglichkeiten auch mal den Wünschen der Bewohner_innen nachkamen (wenngleich dies der offiziellen Praxis widerspricht). Die vorgesehene Aufteilung von 60 % Familien und 40 % Alleinstehenden galt für jeden Standort, war im Detail aber ebenfalls unterschiedlich stark ausgeprägt. An einzelnen Standorten widersprach dies zudem den

Gegebenheiten vor Ort (wie beispielsweise an der Unterkunft ‚Luruper Haupt-straße' beschrieben).

Allgemein erweist sich das Miteinander dort als schwierig, wo es Unter-schiede im Alltag und der Lebenssituation gibt. Der Alltag und die Bedürfnisse von Familien und Alleinstehenden, von psychisch Erkrankten, von Schüler_innen, Arbeitenden oder Menschen ohne Beschäftigung unterscheiden sich erheb-lich, was immer wieder zu Konflikten und divergierenden Vorstellungen bzw. Notwendigkeiten von Ruhe, Rückzugsmöglichkeiten usw. führt. Solche Kons-tellationen erschweren das ohnehin beengte Zusammenleben und verstärken das Konfliktpotenzial. Unterschiedliche Bedarfe artikulieren sich auch in der Kom-munikation mit den Mitarbeiter_innen vor Ort: Einige Bewohner_innen sind ver-gleichsweise selbstständig und brauchen keinerlei Unterstützung mehr, für andere reichen die Kapazitäten vor Ort jedoch kaum aus, da bei vielen eine ausschließli-che Verweisberatung nicht möglich ist. Diese wird dem Bedarf und den Anliegen der Bewohner_innen nicht gerecht, wenn die Bewohner_innen (noch) nicht in der Lage sind, Beratungsstellen oder andere jeweils richtige Ansprechpartner_innen zu identifizieren und aufzusuchen. Das Arbeitsfeld der allermeisten Mitarbeiter_innen geht bei Weitem über die Verweisberatung hinaus.

Das Thema *Gesundheit* ist im Unterbringungskontext zunächst paradox: Menschen mit gesundheitlichen Einschränkungen, Behinderungen und starken psychischen Belastungen gelten als ‚besonders schutzbedürftig'; ihnen werden – wie beispielsweise in den abgeschlossenen Wohnungen in der Hinrichsen-straße – zum Teil mehr Rückzugsmöglichkeiten und ggf. eine niedrigere Belegungsdichte geboten. Erst eine zusätzliche (gesundheitliche oder psychi-sche) Einschränkung *ermöglicht* es also, die prekären Bedingungen der öffent-lich-rechtlichen Unterbringung – zumindest minimal – zu verbessern. An dieser Stelle sei auch darauf verwiesen, dass entlegene Standorte den Zugang zu nieder-gelassenen Ärzt_innen oftmals erschweren, gerade für ältere oder in der Mobilität eingeschränkte Personen kann das Aufsuchen von Ärzt_innen allein standort-bedingt zu einer großen Herausforderung werden. Ebenfalls zu dem Themen-gebiet Gesundheit ist die Beobachtung zu zählen, dass in vielen Einrichtungen sehr viele Kinder geboren werden. An einem Standort ging man zum Gesprächs-zeitpunkt von 14 registrierten Schwangerschaften aus. Obgleich das Plädoyer jeder Einrichtung eine Orientierung ‚raus ins Quartier' ist, wurde teils insofern auf diese Tatsache reagiert, dass Schwangerschaftsberatungen vor Ort angeboten werden. Der Zugang zu eigenem Wohnraum ist für Familien kaum leichter als für Alleinstehende, so werden Unterbringungsorte perspektivisch zu Orten, an denen Kinder nicht nur geboren werden, sondern auch aufwachsen. Je schwieri-ger der Zugang zum Wohnungsmarkt ist, umso länger zieht sich diese Phase hin,

was dies gerade für Familien mit Kindern bedeutet, hat der vorherige Abschnitt
gezeigt. Angesprochen wurde sowohl seitens der Expert_innen als auch in einzelnen Gesprächen mit Unterkunftsmitarbeiter_innen die Problematik, dass im Vergleich zwischen Erstaufnahme und Folgeunterkunft die größere Privatsphäre in
den Wohnunterkünften bisweilen dazu beiträgt, dass es besonders belasteten Personen erst dort gelingt, tatsächlich ‚anzukommen'. In einigen Fällen zieht dies
die Konsequenz nach sich, dass Menschen erst in der Folgeunterkunft beginnen
können, die Flucht selbst oder im Vorfeld gemachte Erfahrungen zu verarbeiten;
das Risiko mit eventuell erlebten Traumata konfrontiert zu werden ist also hier
besonders groß. Diese Beispiele verdeutlichen zum einen die dringende Notwendigkeit nach psychotherapeutischen Beratungs- und Betreuungsangeboten,
und zum anderen die äußerst prekäre Lage in den Erstaufnahmen, wo viele eher
mit der Bewältigung der Übergangssituation beschäftigt sind, als dass sie den
Bedürfnissen ‚zur Ruhe zu kommen' nachkommen könnten.

Da die Unterbringungsorte für die Anwohner_innen – entgegen der rechtlichen Verweigerung des Wohnens – administrativ als Wohnorte fungieren, sind
sie zwangsläufig auch *Orte der Bildung*. Ob sie jedoch der erwünschten formalen Bildung zuträglich sind, muss infrage gestellt werden, da keine angemessenen
Bedingungen für diese Form von Bildungsprozessen vorliegen (s. dazu auch
Abschn. 6.2): Rückzugsmöglichkeiten und Privatsphäre gibt es kaum, denn die
Doppelbelegung setzt sich nicht nur in den einzelnen WG-Einheiten sondern auch
in den Räumen fort. Zum Teil wurden seitens engagierter Unterkunftsmitarbeiter_
innen an besonders prekären Standorten – mit extrem kleinen Zimmern – ermöglicht, zumindest während der Büroöffnungszeiten Gemeinschaftsräume zum
Lernen zu nutzen. Im Bildungskontext sei zudem auf die Problematik verwiesen,
dass an einzelnen Standorten junge Erwachsene untergebracht sind, die vormals
als Minderjährige in der Jugendhilfe betreut waren, deren Betreuung alters-
bedingt jedoch ausgelaufen ist, und die dann aufgrund fehlenden Wohnraumes
in den regulären Wohnunterkünften landen; dies ist in Bezug auf die allgemeine
Wohn- und Versorgungssituation, das Wohnumfeld oder bisherige Integrationsbemühungen, als ein erheblicher Rückschritt zu bewerten. Als unterstützend
gelten in diesem Zusammenhang die Kooperationen zwischen der Handwerkskammer und f&w, die jungen Erwachsenen in Ausbildung einen Zugang zu WGs
mit Einzelzimmerbelegung eröffnet haben, um besser lernen zu können. Mit
Blick auf Kita- und Schulplätze für die Kinder berichteten die Mitarbeiter_innen
der Unterkünfte, dass diese oftmals schon im Vorfeld, bisweilen noch vor Einzug
des Kindes oder Inbetriebnahme eines Standortes gesucht werden. In Bezug auf
das SIZ, das regulär für die Schulplatzvergabe zuständig ist, wurde fast überall

kritisiert, dass man sich auf einen funktionierenden Ablauf nicht verlassen könne und es hier in der Regel vom Engagement der Mitarbeiter_innen abhänge, die notwendigen Schulplätze ausfindig zu machen. Auch Angebote vor Ort mussten von Mitarbeiter_innen durch Kooperationen erschlossen werden, sofern das Quartier oder der Stadtteil diese Bedarfe nicht decken kann. Je ungünstiger ein Standort – beispielsweise in einem Industriegebiet – gelegen war, desto weniger Angebote gab es sowohl im Quartier als auch innerhalb der Einrichtung. Solche Standorte erweisen sich als doppelt benachteiligt.

Zum Thema *Arbeit* muss zunächst festgehalten werden, dass zum Zeitpunkt der Erhebung noch wenige Bewohner_innen der Unterkünfte gearbeitet haben. Die Bewohner_innen, die bereits eine Arbeit gefunden hatten, waren weitestgehend so etabliert, dass sie sich jeglichen Anforderungen des Alltags selbstständig widmeten. Allerdings wirkt sich die Struktur der Unterkünfte auch bei Erwerbstätigen als erschwerend aus: Der Zugang zu Waschgelegenheiten ist z. B. zeitlich eingeschränkt und bisweilen nicht mit den Arbeitszeiten kompatibel. Abgelegene Unterkunftsstandorte und eine schlechte Anbindung an den öffentlichen Nahverkehr können die Erreichbarkeit der Arbeitsstelle erschweren. Eine große Herausforderung ist die Alltagsgestaltung überdies für Personen mit und ohne geregelten Tagesablauf oder konträre Tagesabläufe (Nachtschicht vs. reguläre Arbeitszeiten am Tag). Dies führt oft zu Konflikten zwischen den Bewohner_innen, da sich Bedürfnisse nach Ruhe erheblich unterscheiden können. Nicht zuletzt sei im Zusammenhang mit dem Thema Arbeit noch einmal auf die Gebührenverordnung verwiesen, der zufolge berufstätige Personen ab einem bestimmten Einkommen selbst für ihren Platz in der Unterkunft aufkommen müssen, der zudem unverhältnismäßig teuer ist.

Die Unterkunftslandschaft erweist sich als ein Querschnittsthema, das alle Lebensbereiche tangiert, weshalb das Leben *in der Unterkunft* im folgenden Kapitel einen zentralen Stellenwert in der vorliegenden Analyse erhält.

4.5 Zusammenfassung: Charakteristik der Unterkünfte und Herausforderungen für die Betreiber und die Geflüchteten

Trotz vorhandener Leitlinien und Konzepte zur Unterbringung von Geflüchteten, veranschaulichen die Unterkunftsportraits, wie divers die Strukturen hinsichtlich ihrer Lage sowie der Unterbringungs- und Belegungsstandards in der Praxis sind. In Übereinstimmung damit betont ein befragter Experte, dass es de facto keine einheitlichen Unterbringungsstandards gäbe. Obgleich die Unterbringung

Geflüchteter hauptsächlich durch f&w abgedeckt und das Thema an einem zentralen Ort gebündelt ist, bestätigte sich die Einschätzung des Experten sowohl
in unseren Einrichtungsbesuchen vor Ort als auch in dem Kontakt mit Einrichtungen, die sich über die Interviews mit Geflüchteten ergeben haben, und
schließlich *in* den Interviews mit den Geflüchteten: die Qualität unterscheidet sich
insbesondere in Bezug auf die *sozialen Aspekte der Integration* deutlich (s. Kap. 5
und 6).

Befragte Geflüchtete bewerten die ‚Unterbringung' – wie im folgenden Kap. 5
ausführlich herausgearbeitet wird – nahezu ausnahmslos als prekär und sehen in
einer eigenen Wohnung die höchste Priorität. Dies betrifft nicht nur die äußerst
eingeschränkte Situation in den Erstversorgungseinrichtunge sondern auch Folgeunterkünfte mit fehlenden Rückzugsmöglichkeiten und einer unzureichenden
Privatsphäre. Aus städtischer Sicht gilt das Hamburger Unterbringungsmodell
als ‚funktionierend' und sogar vorbildlich für andere Städte. So beabsichtigt beispielsweise Berlin sich an dem Hamburger Modell und den Konzepten von f&w
zu orientieren. Vor dem Hintergrund dieser unterschiedlichen Wahrnehmungen ist
es erforderlich, die empirischen Ergebnisse zu den Lebenslagen der Geflüchteten
besonders detailliert vorzustellen. Denn das Alltagsleben in den Unterkünften entscheidet darüber, wie politisch angestrebte Ziele gesellschaftlicher Integration
und Teilhabe erreicht werden können.

Unterbringung vs. Wohnen: Einblicke in Wohnpraktiken der Geflüchteten

5

In diesem Kapitel stehen die Geflüchteten selbst im Zentrum der wissenschaftlichen Aufmerksamkeit. Nach einführenden Erläuterungen des Feldzugangs zu Geflüchteten schließen sich drei inhaltliche Kapitel an: Zuerst erfolgt eine raum- und bildungstheoretische Einordnung von fluchtbedingten Wohnpraktiken (Abschn. 5.1). Anschließend werden erzielte wissenschaftliche Befunde zu exemplarischen Wohnpraktiken und Wohnvorstellungen textlich und anhand von Skizzen dargestellt (Abschn. 5.2) sowie – um weitere Wohnpraktiken ergänzt – in ihrer subjektiven Bedeutung im Unterkunftsalltag (Abschn. 5.3) interpretiert. Abschließend erfolgt eine Zusammenfassung wesentlicher Ergebnisse dieses Forschungsschwerpunktes (Abschn. 5.4).

Wie bereits in der Einleitung erwähnt, wurden im Forschungsprojekt insgesamt 27 relativ lange Gespräche mit 32 Personen über deren Lebenslagen geführt.[1] Erste Auswahlkriterien für das Interviewsample waren der Wohnort und die Unterbringungsform (Sammelunterkunft oder abgeschlossener Wohnraum; Container oder Festbau etc.). Kontrastierend dazu wurden einige Personen befragt, die den Schritt in eigenen Wohnraum bereits erfolgreich absolviert hatten. Mittels weiterer Kriterien wie der Aufenthaltsdauer, dem Aufenthaltsstatus und Familienstand sowie Geschlecht, Alter, Gesundheitszustand und Herkunftsland wurde versucht, das Sample zu differenzieren, um ein möglichst breites Spektrum von Lebenslagen zu erfassen. Dies ist aufgrund des erschwerten Feldzugangs jedoch nur teilweise gelungen. Die Hauptherkunftsländer der nach Deutschland Flüchtenden (Syrien, Eritrea, Afghanistan, Iran) sind in unserer Auswahl alle vertreten. Die Altersspanne unseres Samples umfasst Personen im Alter

---

[1]Eine Übersicht über das Interviewsample findet sich im Anhang.

© Springer Fachmedien Wiesbaden GmbH, ein Teil von Springer Nature 2019
M. Arouna et al., *Fluchtort Stadt*, https://doi.org/10.1007/978-3-658-26871-8_5

von 18 bis 48 Jahren. Von den 32 interviewten Personen waren zehn Frauen. Eine Kategorisierung des Familienstandes ist schwierig, da die Familien im Fluchtprozess vielfach getrennt wurden.

Die Akquise der Interviewten erfolgte auf verschiedenen Wegen: Zum einen nutzten wir bestehende Kontakte zu den Unterkunftsleitungen mit dem Risiko, dass sie eine Vorauswahl potenzieller Interviewpartner_innen vornehmen. Über Mitarbeiter_innen von f&w sowie Ehrenamtliche erreichten wir Geflüchtete, die bereits in privatem Wohnraum lebten. Mittels Aushängen in den Sprachen Arabisch, Deutsch, Englisch und Farsi informierten wir in den Unterkünften über das Forschungsprojekt und verteilten diese als Handzettel auch auf Festen. Insbesondere die direkte Ansprache auf Festen und anderen Veranstaltungen in den Unterkünften erwies sich als erfolgreich. Einen letzten Weg der Akquise von Interviewpartner_innen stellte der Besuch von Veranstaltungen und Sprachcafés außerhalb der Unterkünfte dar. Einige Interviewpartner_innen konnten über das ‚Schneeballprinzip' gewonnen werden, wenn Mitbewohner_innen oder Bekannte eines bzw. einer Interviewten sich ebenfalls zu einem Interview bereit erklärten.

Die Interviews fanden in der Regel bei den Befragten zu Hause statt, wenn gewünscht aber auch in den Gemeinschaftsräumen bzw. in einem Fall draußen auf dem Gelände der Unterkunft. Von Vorteil war die Wohnung bzw. das Zimmer als Gesprächsort insofern, als wir so einen konkreten Einblick in räumliche Lebensumstände und Wohnpraktiken nehmen konnten. Die Dauer der Interviews erstreckte sich teilweise über mehrere Stunden, die investiert wurden, um eine vertrauensvolle Atmosphäre zu schaffen, in der auch schwierige Themen angesprochen werden konnten: Vielen Geflüchteten fällt es beispielsweise schwer, in Deutschland bzw. vor Ort erlebte Schwierigkeiten zu kommunizieren. Hintergründe dafür sind herkunftskulturelle Gepflogenheiten und (höfliche) Umgangsformen sowie die Dankbarkeit, in Deutschland leben zu können. Hinzu kommt, dass das Verhältnis zwischen Interviewten und Interviewenden aufgrund der prekären Lebenslage von Geflüchteten, insbesondere denjenigen mit ungesichertem Aufenthalt oder während eines laufenden Asylverfahrens, aber auch aufgrund gesellschaftlicher Stigmatisierung von Geflüchteten als ‚hilfsbedürftige Opfer', (potenziell) ‚Kriminelle' usf. in besonderem Maße hierarchisch strukturiert ist. Diese Konstellation erschwert das offene Sprechen und ist nur durch Vertrauensbildung zu überwinden (vgl. Thielen 2009; Arouna 2018, S. 119 ff.).

Alle Interviewten wurden aufgefordert, die Entwicklung ihrer Lebenslagen, vornehmlich nach der Flucht, bezüglich der Dimensionen Wohnen, Bildung, Arbeit, Gesundheit und die von ihnen in Auseinandersetzung mit diesen

Lebenslagen entwickelten Handlungsoptionen zu schildern. Durch die episodischen Interviews war es ihnen zudem möglich, in den narrativen Anteilen zu bestimmen, was sie preisgeben, was ihnen wichtig ist und in welcher Reihenfolge sie dies erzählen (vgl. Flick 2011). Dies ist bei der Befragung von Geflüchteten von besonderer Bedeutung, da Fragenkataloge oder das Insistieren auf bestimmte Themen an Befragungen in der Ausländerbehörde erinnern oder noch unverarbeitete Erlebnisse und Traumata durch die Erfahrungen auf der Flucht aufrufen können. Der flexible Umgang mit dem Leitfaden und die Fokussierung auf die Zeit nach der Flucht dienten dem Zweck sicherzustellen, dass die für die Forschungsfragen relevanten Themenbereiche auch tatsächlich angesprochen werden. Fragen zu ‚sensiblen Themen' wie zur Familie oder zum Leben im Herkunftsland wurden nur dann gestellt, wenn die Befragten selbst darauf zu sprechen kamen oder eine Einschätzung der Interviewsituation und der Verfassung der Interviewten dies erlaubten. Einige der Interviews wurden in der den Interviewpartner_innen vertrauteren Sprachen (Arabisch, Dari und Farsi) mit Hilfe von Übersetzer_innen geführt. Diese wurden vorher in der Durchführung qualitativer Interviews geschult. Dies ermöglichte deren eigenständige Nachfragen und die Übersetzung größerer Gesprächspassagen. Einige dieser Interviews wurden im Prozess der Transkription vollständig ins Deutsche übertragen. Durch dieses Vorgehen konnten auch die Interviews, zu denen Übersetzer_innen hinzugezogen wurden, einem Alltagsdialog angenähert werden, der nur an passenden Stellen für Rückübersetzungen und die Formulierung weiterer Fragen unterbrochen wurde. Die Übersetzer_innen trugen wesentlich dazu bei, die anfängliche Distanz zu Beginn der Interviews zu überwinden, da eine gemeinsame Sprache und ein vertrauter Herkunftskontext vertrauensbildend wirkten. Als vorteilhaft erwies sich das Arbeiten mit Übersetzer_innen auch hinsichtlich der damit verbundenen Möglichkeiten, die Konstellation der Interviewteams zu variieren, wodurch beispielsweise auf Sensibilitäten in Bezug auf Geschlechterverhältnisse reagiert werden konnte. Einen weiteren Effekt erzeugte die Subjektposition der Forschenden, wenn das Interview von einer Person mit Migrationserfahrung, ob mit oder ohne Übersetzer_in, geführt, wurde: Interviewer_innen wurden in solchen Fällen durch Geflüchtete teilweise in ihr ‚Wir' integriert, wodurch die Interviewsituation beeinflusst werden konnte.

Die Darstellung der Analyseergebnisse erfolgt in anonymisierter Form. Dafür konnten die Gesprächspartner_innen ihr Pseudonym in den meisten Fällen selbst wählen. Auch die Lage der Unterkünfte, in denen die Interviews geführt wurden, bleiben in Fällen, in denen es für die Analyse nicht relevant ist, unerwähnt. Schließlich handelt es sich bei unseren Interviewten um Personen, die oftmals in einem starken Abhängigkeitsverhältnis zu den Behörden und dem Träger ihrer

Unterkunft stehen. Damit ihnen durch die Teilnahme am Forschungsprojekt kein Nachteil entsteht, wurde sich für dieses Vorgehen entschieden.

Zusammengefasst verfolgten die Interviews das Ziel, Einsichten in die aktuellen Lebensbedingungen von Geflüchteten zu erhalten und Wechselwirkungen zwischen einzelnen Dimensionen der Lebenslage zu analysieren, die in diesem Kapitel im Vordergrund stehen.

5.1   Wohnpraktiken aus raum- und bildungstheoretischer Sicht

Dem Ansatz des Forschungsprojekts folgend, analysieren wir auch die ‚Wohnpraktiken' der Geflüchteten mit einem zweifachen theoretischen Zugriff: Sowohl aus der raum- als auch der bildungstheoretischen Sicht lässt sich das Wohnen als eine Handlung fassen. Eine Wohnung kann folglich als ein Handlungsraum verstanden werden. Mit der von Dieter Läpple (1991) entwickelten Raum-Matrix können die verschiedenen materiellen, institutionellen, interaktionellen und symbolischen Dimensionen einer Wohnung oder auch nur eines bewohnten Zimmers analytisch differenziert werden, um die gesellschaftliche Überformung einer subjektiven Wohn-Handlung zu rekonstruieren. Erving Goffman (1973) analysiert und kritisiert in seiner klassischen Studie zu den totalen Institutionen den einen Pol des Wohnens, nämlich die bürokratisch-rationale und in einem Höchstmaß fremdbestimmte Form der Unterbringung in ‚geschlossenen' Einrichtungen wie dem Gefängnis, der Psychiatrie oder dem Lager. Solche Studien sind für unseren Zusammenhang wichtig, weil hier das ‚Wohnen im Extrem' untersucht und gezeigt wird, dass selbst in ‚totalen Räumen' dennoch individuelle Aneignungspraktiken stattfinden (Niedrig et al. 2002).

Am anderen Theoriepol ist das Wohnen in einem hohen Maße von der Möglichkeit gekennzeichnet, den Wohnort, die Wohnung, die Mitbewohner_innen und die Einrichtung der Wohnung individuell selbst zu wählen. Auch hier gibt es Grenzen der Selbstbestimmung, die beispielsweise durch verfügbares Einkommen, das kommunale Wohnungsangebot oder durch den Geschmack der Haushaltsmitglieder gesetzt sind. Dennoch kann sich das Subjekt, wie auch in der Arbeit oder in der Freizeit, im Wohnen – ein Stück weit – selbst ‚verwirklichen'. In einer Studie zur „Soziale(n) Strukturierung der häuslichen Objektwelt" (Wuggening 1994) wurde mittels einer Fotobefragung die Wohnung als Dimension des Lebensstils untersucht. Im Anschluss an Pierre Bourdieu (1979) wurden die Elemente der häuslichen Objektwelt (funktionelles Mobiliar, Medien, Gebrauchs- und ästhetische Gegenstände) als der symbolische Raum des Wohnens gefasst und nachgewiesen, dass die Entscheidung für eine bestimmte Wohneinrichtung, die persönlichen Wohnvorstellungen aber auch die emotionalen Kategorien von Wohnlichkeit jeweils rückgebunden sind an die Zugehörigkeit zu einem sozialen Milieu. Wohnpraktiken erweisen sich vor diesem Hintergrund nicht nur institutionell, sondern auch sozial von einem Klassenhabitus überformt. Hier wird das Wohnen bzw. die Wohnung nach Pierre Bourdieu als ein objektiviertes kulturelles Kapital und somit als eine Unterform des Bildungskapitals verstanden und behauptet, dass noch so subjektiv erscheinende Wohnpraktiken aufs Engste verknüpft sind mit der sozialen Positionierung einer Person im gesellschaftlichen Raum. Die eigene Wohnung ist in dieser Sichtweise gleichermaßen Ort, Spiegel und Konzentrat der sozialen Lage des Individuums (vgl. auch ebd., S. 48 ff.). Nun kann unsere explorative Untersuchung der Objektwelt in einigen von Geflüchteten bewohnten Zimmern nicht zu einer Klassen- oder Milieuanalyse der Wohnpraktiken im Asyl vordringen. Doch sehen wir in den skizzierten theoretischen Perspektiven die methodologische Begründung dafür, dass die untersuchten Wohnpraktiken nicht als psychologisch-individualistisch zu deuten, sondern in ihrem „sozio-strukturellen Hintergrund" (Wuggenig 1994, S. 209) zu verstehen sind.

Die bildungstheoretische Perspektive interessiert sich für das Wohnen bzw. für Wohnungen vor allem als Mikrokosmen der Sozialisation. Aktuell befasst sich die Erziehungswissenschaft in Deutschland insbesondere mit „wohlfahrtsstaatlichen Wohnarrangements" (Meuth 2017, S. 3; vgl. zudem Meuth 2018). Damit sind die teils bereits erwähnten pädagogisch-institutionellen Einrichtungen der gesetzlichen Kinder- und Jugendhilfe gemeint, wie wir sie auch im Handlungsfeld Asyl in der Unterbringung von minderjährigen und alleinreisenden Geflüchteten zumeist in spezifischen Jugendwohnungen finden (BUMF 2009). Die in unserer Studie beschriebenen Unterkünfte sind jedoch keine genuin pädagogischen Orte und dennoch Orte der Sozialisation. So erwartet beispielsweise die Institution Schule, dass Kinder und Jugendliche zuhause einen eigenen Raum (‚Kinderzimmer') oder wenigstens eine ‚Lernecke' haben, wo sie ‚ungestört' die Schulaufgaben erledigen können, wie auch insgesamt die Wohnung pädagogisch anregend eingerichtet und gestaltet werden sollte, um die kindliche Entwicklung und Sozialisation durch die ‚häusliche Objektwelt' möglichst günstig und intensiv zu unterstützen. Nicht von ungefähr wird in der sozialraumtheoretischen Ressourcenzuweisung von Personal und Sachmitteln an Schulen der Sozialindex der Schülerschaft bestimmt, der wiederum u. a. an der verfügbaren Wohnfläche und am berühmt-berüchtigten „Buchbestand im Elternhaus" gemessen wird (Schulte et al. 2014). Diese knappen Anmerkungen mögen genügen, um die öffentlich-rechtliche Unterbringung auch aus einem pädagogischen Blickwinkel zu betrachten, weil es genügend Studien gibt, die zeigen, dass der Wohnort, die Wohnung und das Wohnen eben auch immens relevante Faktoren für schulischen Erfolg sind.

Vor diesem theoretischen Spannungsverhältnis der mal stark heteronomen, mal eher Autonomie ermöglichenden Strukturierungen von ‚Wohnpraktiken' ergibt sich, dass Geflüchtete im Rahmen der öffentlich-rechtlichen Unterbringung institutionell und bürokratisch stark überformt ‚wohnen', denn, wie es ja der Begriff öffentlich-rechtliche Unterbringung deutlich macht, sind sie in erster Linie ‚untergebracht'. Die ‚Unterbringung' kann raumtheoretisch als ein Wohntypus gefasst werden, der auch in anderen Kontexten zu finden ist, so zum Beispiel die Not- und darauf folgend oftmals eine Heimunterbringung von Kindern durch das Jugendamt, die Unterbringung im Frauenhaus, in der sozial-pädagogischen Jugendwohnung oder im Notquartier für Obdachlose, die Haft-unterbringung etc. Es gibt nur sehr wenige Studien, die untersuchen, wie ‚Untergebrachte' versuchen, sich in solchen Wohn-Räumen einzurichten und diese für sich bewohnbar zu machen; auch Erving Goffman beschreibt lediglich sehr vereinzelt individuelle Praktiken in den untersuchten totalen Einrichtungen. Genau dafür haben wir uns jedoch in Bezug auf die Geflüchteten interessiert: Wie lebt es sich, wenn man de facto bereits jahrelang oder perspektivisch möglicher-weise mehrere Jahre ‚untergebracht' ist? Wie *wohnt* man?

Aus den genannten theoretischen Überlegungen heraus, die durch die Praxis bestätigt wurden, sind wir davon ausgegangen, dass Individuen in der hetero-nomen Unterbringung versuchen werden, sich diese Räume individuell anzu-eignen und sich nicht einfach nur ‚unterbringen lassen'. (Räumliche) Aneignung beginnt bei vielen Geflüchteten am Wohnort, selbst wenn dies zunächst im Kontext der Unterbringung ist. In den Gesprächen mit den Mitarbeiter_innen einzelner Unterkünfte ließ man zudem durchweg die Akzeptanz solcher individu-eller Wohnpraktiken – sogar teilweise gegen gesetzliche und institutionelle Vor-gaben – durchblicken: Die bereitgestellte Standardeinrichtung von f&w werde von den meisten Bewohner_innen – zumindest teilweise – in eigenes Mobiliar umgetauscht; auch Vorhänge, die eigentlich aus Brandschutzgründen verboten sind, würden geduldet, um Sichtschutz zu gewährleisten. Der Tenor der Mit-arbeiter_innen war dabei: „Die Menschen *wohnen* ja hier".

Im Folgenden soll ein Einblick in die Praktiken der Interviewten veranschau-lichen, wie sich Geflüchtete den eigenen ‚Wohnraum' aneignen.

5.2 Wohnpraktiken und Wohnvorstellungen

Da die Interviews fast alle, wie oben bereits erwähnt, in den Räumlichkeiten der Folgeunterkünfte stattfanden, war es uns auch möglich, Skizzen der Wohnbedingungen anzufertigen. Die Verwendung und Gestaltung des eigenen Wohnraums wurde nicht in allen Gesprächen thematisiert, weshalb einige der folgenden Ausführungen auch auf Interpretationen der sichtbaren Wohnraumgestaltung beruhen. Teilweise ließen sich bestimmte Wohnpraktiken erst nach mehreren Interviews als solche identifizieren, sodass einzelne Praktiken erst im Laufe des Forschungsprozesses erkennbar und damit forschungspraktisch relevant wurden. Um die Anonymität der Interviewten zu gewährleisten, wurden die Wohnstandorte ebenfalls anonymisiert. Selbstverständlich handelt es sich bei den Namen der Bewohner_innen um Pseudonyme.

Die dargestellten, exemplarisch ausgewählten Skizzen veranschaulichen erstens die große Varianz der Unterbringungsformen und illustrieren zweitens beispielhaft bedeutsame Praktiken in der Gestaltung des eigenen Wohnraums. Auch die Wohnsituationen von Familien, Alleinstehenden bzw. in Wohngemeinschaften unterschieden sich in Unterkünften und im eigenen Wohnraum und werden entsprechend berücksichtigt. Im ersten Wohnportrait wird mit Sadiye der Wohnraum einer großen Familie vorgestellt: Sie verfügt mit einer Dreizimmerwohnung selbst in der Containerunterbringung über vergleichsweise viel Privatsphäre. Das zweite Portrait ist Mayla und Hussein gewidmet, denen mit ihrer vierköpfigen Familie nur ein Zimmer zur Verfügung steht. Das Zimmer des alleinstehenden Manu (drittes Wohnportrait) entspricht weitestgehend dem Einrichtungsstandard von f&w: Er (und sein Mitbewohner) bewohnen eine WG in der öffentlich-rechtlichen Unterbringung und haben in dem angebotenen Raum kaum etwas verändert. Der Wunsch, nach wenigstens etwas Privatheit und einem kleinen geschützten bzw. uneinsehbaren Raum, zeigt das vierte Wohnportrait mit der Wohnraumskizze von Mohammed. Das fünfte Portrait gibt anhand des Wohnraums von Milano Praktiken wieder, die sich im Umgang mit wenig Wohnraum bewährt haben und uns in der Erhebung entsprechend häufig begegnet sind, nämlich das Umfunktionieren von Standardeinrichtungen. Im sechsten Portrait wird die Aneignung des Wohnraumes durch aufwendige Umgestaltungen und Dekorationen beschrieben. Ibrahim hat seinen Wohnraum besonders eindrücklich eingerichtet. Ein etwas komfortableres Wohnen wird schließlich im siebten Portrait vorgestellt, denn Fawaz bewohnt – trotz der Unterbringung in der öffentlich-rechtlichen Unterbringung – ein Einzelzimmer.

Abschließend ist mit Blick auf die Skizzen darauf hinzuweisen, dass diese keinem Maßstab folgen, sodass eine Vergleichbarkeit anhand der Größe nicht gegeben ist. In der Beschreibung wird jedoch auf die Bedingungen (Container, Wohnung oder ggf. ungefähre Zimmergröße) hingewiesen.

5.2.1 Unterbringung von Familien

Die Abb. 5.1 zeigt die Skizze des Wohnraums von Sadiye. Diese wurde ausgewählt, da es sich hierbei um die Unterbringung einer großen Familie handelt. Die Wohnung befindet sich im ersten Obergeschoss eines Containerbaus und ist über eine Außentreppe erreichbar. Sadiye lebt dort mit ihrem Mann und ihren fünf Kindern. Vor der Haustür steht eine Vielzahl an Schuhen, die dank der Überdachung des Außenbereichs dort vor Regen geschützt sind. Die Haustür selbst schließt nicht mehr richtig und muss mit einem kurzen starken Ruck eingerastet werden. Aufgeteilt ist die Wohnung neben Küche und Bad in zwei Schlafräume und einen Wohnraum. In den Schlafräumen und im Wohnraum sind die Fenster mit dicken und schweren Gardinen verhangen. Im Wohnraum sind sowohl das Sofa als auch der Sessel auf den Fernseher ausgerichtet. Bei dem TV-Gerät

Abb. 5.1 Wohnraumskizze Sadiye, o. M. (Quelle: eigene Darstellung)

handelt es sich um einen sehr großen aber sehr alten Flachbildfernseher, der auf einem Fernsehtisch steht. Im Raum steht zudem ein Schrank, der von der Unterkunft gestellt wurde, daneben befinden sich zwei Stühle aus Holz. Diese wurden während des Interviews als Tische benutzt und scheinen generell als Reserve in der Ecke des Raumes zu stehen. Möglicherweise stammen sie aus der Küche. Einen Couchtisch besitzt die Familie nicht. Der Tisch in der Küche ist zu klein, um einer fünfköpfigen Familie ausreichend Platz zu bieten. Aus diesem Grund steht er wahrscheinlich ganz in der Ecke der Küche und ist vollbepackt mit Lebensmitteln. Die Lagerfläche der Küche reicht offensichtlich nicht aus, um den Wocheneinkauf einer siebenköpfigen Familie zu verstauen. Es ist daher zu vermuten, dass die Mahlzeiten im Wohnraum eingenommen werden. Da dort jedoch kein Tisch steht, geschieht dies entweder auf dem Sofa, dem Sessel und den Stühlen sitzend, oder auf den Teppichen auf dem Boden. Bis auf die von der Unterkunft gestellten Möbel (Schränke, Betten und die Küche), scheinen alle anderen Gegenstände gebraucht erworben oder gespendet worden zu sein. Die Schlafräume sind auf den ersten Blick nach Eltern und Kindern getrennt. Für die Kinder stehen drei Einzelbetten zur Verfügung. Die Eltern teilen sich ein Doppelbett, in diesem Zimmer stehen noch zwei alte Sofas, auf denen möglicherweise auch geschlafen wird. Allerdings wurden uns die Räume als Schlafzimmer der Eltern und Schlafzimmer der Kinder vorgestellt. Sadiye erläutert uns im Interview, dass ihr eine 4-Zimmerwohnung reichen würde, die sie in drei Schlaf- und ein Wohnzimmer aufteilen würde. Aufgrund des Hamburgischen Wohnraumschutzgesetzes, kann die Familie allerdings nur eine 5- oder 6-Zimmerwohnung beziehen (vgl. § 7 HambWoSchuG), die aber schwer zu finden sind.

Im Kontrast dazu wurde mit der Skizze in Abb. 5.2 der Wohnraum von Mayla und Husain ausgewählt. Sie leben dort mit ihren zwei Kindern.

Im Gegensatz zur siebenköpfigen Familie von Sadiye haben sie nur diesen einen Raum zur Verfügung. Die Sanitärräume sowie die Küche befinden sich auf dem Flur und werden mit den anderen Bewohner_innen des Flurs geteilt. Um zum Zimmer der Familie zu gelangen, mussten wir über eine Einfahrt auf einen Parkplatz gehen, auf dem jedoch keine PKWs, dafür aber sehr viele Fahrräder standen, die an überdachten Fahrradständern angeschlossen waren. Über den ersten Eingang des alten Bürogebäudes erreichten wir das Treppenhaus, das zum Zimmer der Familie führt, in dem uns Kinder entgegenkamen, die dort spielten. Das Zimmer selbst ist quadratisch geschnitten und recht vollgestellt. Auffällig ist, dass die Aufteilung des Raumes schnell sichtbar wird. Der Wohnbereich ist dabei zum Zeitpunkt des Interviews dominant. Er besteht aus einer Kommode, einem Sofa und einem Sessel, die dort einen festen Platz zu haben scheinen. Auf einem sehr kleinen Couchtisch wurde uns während des Interviews Mokka

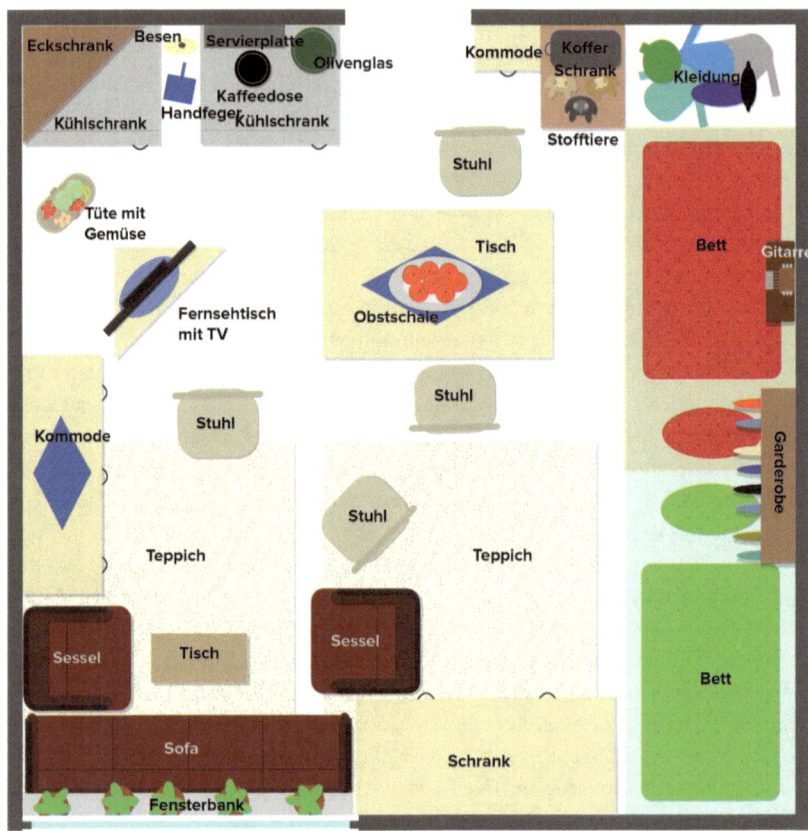

Abb. 5.2 Wohnraumskizze Mayla und Husain, o. M. (Quelle: eigene Darstellung)

und Tee serviert. Die Stühle des Esstisches wurden für das Interview in den Wohnbereich gestellt, sodass wir dort zwischenzeitlich zu fünft in einem Halbkreis saßen. Gegenüber dem Sofa befindet sich ein kleines TV-Gerät auf einem eckigen Fernsehtisch, der bei Bedarf hin und her geschoben werden kann. Zwischen dem Kühlschrank in der hintersten Ecke des Zimmers und der Kommode ist ausreichend Platz, um den Fernsehtisch dort an die Wand zu rollen. Dies ist relevant, da auf diese Weise der Esstisch freier steht und bei Bedarf verschoben werden kann. So lässt sich der Raum schnell vom Wohnzimmer zum Esszimmer ‚umbauen'. Für die Nacht wird es allerdings komplizierter: Dazu muss nicht nur der Fernsehtisch weggerückt werden, sondern auch der Esstisch samt der Stühle, um so Platz zu schaffen für zwei der vier Matratzen, die tagsüber auf den Betten lagern. Auf diese Weise kann die Familie aus ihrem Raum bei Bedarf ein Wohn-, Ess- oder Schlafzimmer machen. Die hintere Ecke wird dabei jedoch immer als Abstell- und Lagerfläche genutzt. Dort stehen zwei Kühlschränke und ein Eckschrank, in denen weitere Lebensmittel gelagert werden.

Angesprochen auf ihre Vorstellung, wie sie gerne wohnen würden, hieß es, dass ihnen eine 3-Zimmerwohnung ausreichen würde. Wichtig sei ihnen nur, dass ihre beiden Kinder jeweils einen eigenen Raum für sich haben. Die Eltern würden dann im Wohnzimmer schlafen. Dabei würden sie es bevorzugen, wenn sie in Hamburg, insbesondere in Altona, bleiben könnten. Trotz aller Kontraste ist auffällig, dass sowohl Sadiye als auch Mayla und Husain in ihrer aktuellen Praktik wie auch in ihren Wohnvorstellungen ein Wohnzimmer als notwendig erachten.

5.2.2 Zweierbelegung

Das Zimmer von Manu und seinem Mitbewohner kann, wie in Abb. 5.3 zu sehen ist, als minimale Anpassung der Standardeinrichtung an ihre Wohnbedürfnisse beschrieben werden. Es befindet sich im ersten Stockwerk eines Containermodulhauses. Diese Gebäude sind in der Regel in Wohneinheiten analog zu 3- oder 4-Zimmerwohnungen eingeteilt. Manus Zimmer befindet sich in einer 3-Zimmerwohnung, die insgesamt von sechs Männern geteilt wird, jeweils zwei pro Zimmer. Alle sechs teilen sich eine kleine Küche und ein kleines Duschbad. Manu und sein Mitbewohner haben im Prinzip alles so gelassen, wie sie es vorgefunden haben: Betten, Schrank, Tisch, zwei Stühle und ein Kühlschrank wurden von f&w gestellt, die beiden haben die Einrichtung lediglich ergänzt durch einen Teppich, einen Fernseher und ein Regal für Bücher. Nachdem Manu innerhalb der Einrichtung das Zimmer gewechselt hat, hat er nun einen Mitbewohner, mit dem er sich gut arrangieren kann, allerdings äußert er, dass es ihm eigentlich unangenehm sei, Besuch in diesem kleinen, provisorisch eingerichteten Zimmer zu empfangen. Er beschreibt, dass es jetzt einigermaßen funktioniert, weil er einen Mitbewohner hat, der, genau wie er, viel Wert auf Bildung und Arbeit legt. Auch mit den anderen Männern in der Wohngemeinschaft versteht er sich gut. Es wird oft zusammen gegessen und es gibt ein gemeinsames Arrangement zur Reinigung von Küche und Bad. Dennoch wird sowohl aus der Einrichtung als auch aus seinen Aussagen deutlich, dass er diese Unterbringung als notdürftiges Provisorium sieht, das er so schnell wie möglich verlassen möchte. Am wichtigsten sind ihm dafür die Bücher. Wann immer er kann, zieht er sich zum Lesen und

Abb. 5.3 Wohnraumskizze Manu, o. M. (Quelle: eigene Darstellung)

Lernen zurück. Auch der Fernseher scheint für ihn und seinen Mitbewohner vor allen Dingen Bildungszwecken zu dienen. Es handelt sich um ein kleines älteres Gerät, das vorwiegend genutzt wird, um Nachrichten zu sehen. Ansonsten ist dem Zimmer ebenso wie bei den oben beschriebenen Familienwohnungen der

Platzmangel anzusehen. Unter den Betten und auf den Schränken befinden sich
Taschen, Kartons und Koffer. Alles wird als Stauraum genutzt. Mit den Betten
und den Schränken wirkt das Zimmer schon sehr voll, obwohl die Mühe erkennbar ist, alles ordentlich zu halten.

Die Skizze in Abb. 5.4 illustriert das Zimmer, das sich der Interviewpartner
Mohammed mit einem anderen Mitbewohner teilt und das in der Einrichtung
ebenso wie das von Manu, dem Standard der Containermodulhäuser von f&w
entspricht. Auch in diesem Zimmer befinden sich noch die ursprünglichen zwei
Betten, zwei Schränke, der Kühlschrank und ein kleiner Tisch mit zwei Stühlen.
Das Zimmer ist exakt genauso groß wie das von Manu, wirkt jedoch ganz anders,
weil die Möbel anders gruppiert sind und die Bewohner dieses Zimmers offensichtlich eigene Prioritäten bei der Wohnraumgestaltung haben.

Die Skizze veranschaulicht, wie die vorhandenen beiden Kleiderschränke
zusammen mit dem Kühlschrank in einer Weise aufgestellt wurden, dass sie
eine nicht einsehbare Nische bilden. Darin manifestiert sich der Versuch, mit
vorhandenem Mobiliar einen kleinen privaten Bereich zu ermöglichen. Zudem
wurde die Einrichtung durch einen ovalen Couchtisch, der außerdem als Ablage
für Küchenartikel und Lebensmittel und als Arbeitsfläche dient, um einen halb-
hohen Schrank ergänzt. Mohammed kocht sehr gern, davon profitieren auch seine
Mitbewohner. Er bereitet oft für alle das Essen vor. Ansonsten scheint er einigen
Wert auf Komfort und Gemütlichkeit zu legen. Auf dem Kühlschrank steht ein
Ventilator. Die Kisten und Taschen auf den Schränken und unter dem Bett und die
Betten selbst sind mit bunten, zueinander passenden Tüchern abgedeckt. Außer-
dem hängt an der Wand ein Spiegel. Darüber sind zusätzlich ein paar Nägel in die
Wand geschlagen, die als Aufhängungen dienen. Zum Zeitpunkt des Interviews
hingen hier eine Bratpfanne und einige Kleidungsstücke.

Das Zimmer in Abb. 5.5 visualisiert jenes von Milano. Nach dem Betreten des
Geländes der Unterkunft ist das Zimmer schnell erreichbar. An den Verwaltungs-
gebäuden und einem Ascheplatz vorbei, befindet es sich im Erdgeschoss des
mittleren Containerbaus. Es ist das erste Zimmer nach den Sanitärräumen und
der Küche. In dem Zimmer befindet sich ein auf die Seite gelegter Spind, der
so zum Sideboard umfunktioniert wurde. Darauf stehen eine Kiste mit Lebensmitteln, eine große Dose Proteinpulver sowie ein großer Kochtopf und andere
Küchenutensilien. Diese bewahrt Milano in seinem Zimmer auf, da es sich bei
der Küche um eine Gemeinschaftsküche handelt. Das Bett füllt den Raum von
einer Seite zur anderen aus und befindet sich unter dem Fenster. Aus dem Fenster hat man direkten Einblick in die Zimmer gegenüber, da die Containerbauten
sehr nah aneinander stehen. Auf dem Tisch liegen ein schwarzer Rucksack und
eine große Kiste Müsli. Der Kühlschrank ist randvoll mit Lebensmitteln. Der

meiste Stauraum des Zimmers wird somit von Lebensmitteln beansprucht. Einen Kleiderschrank hat das Zimmer nicht. Kleidung wird vermutlich in der Kommode und im Spind aufbewahrt. Eine der häufigsten Wohnpraktiken, die uns während der Interviews begegnet ist, findet sich auch in Milanos Zimmer wieder: Die

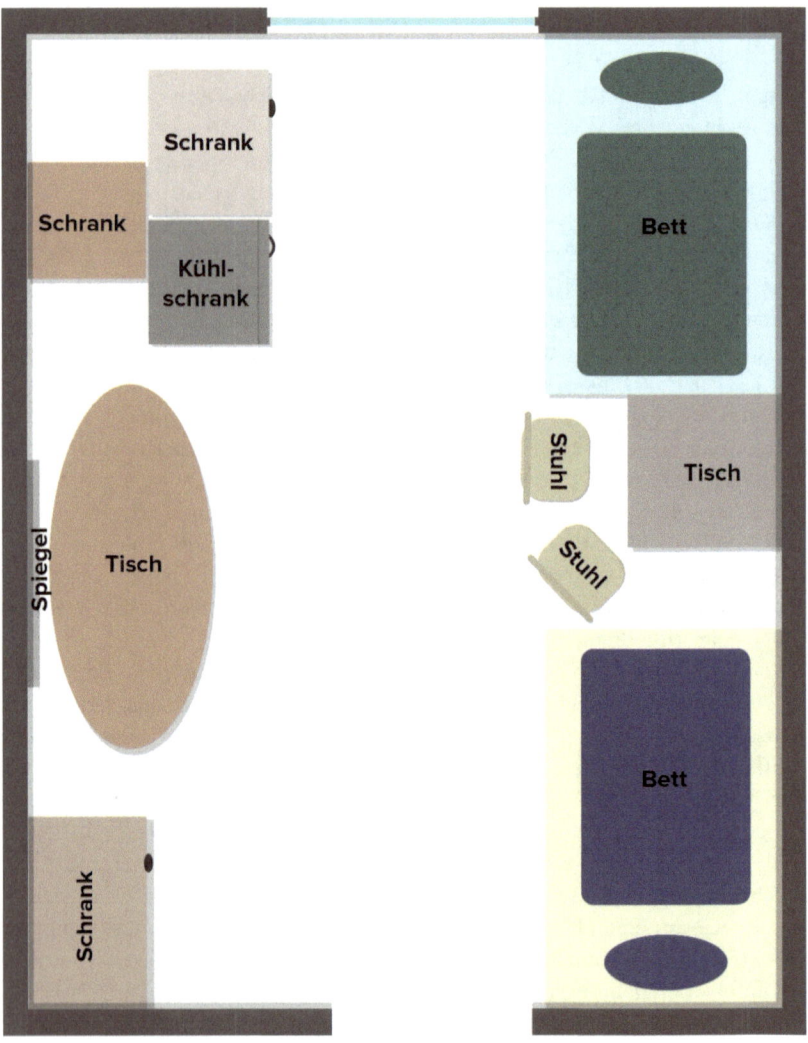

Abb. 5.4 Wohnraumskizze Mohammed, o. M. (Quelle: eigene Darstellung)

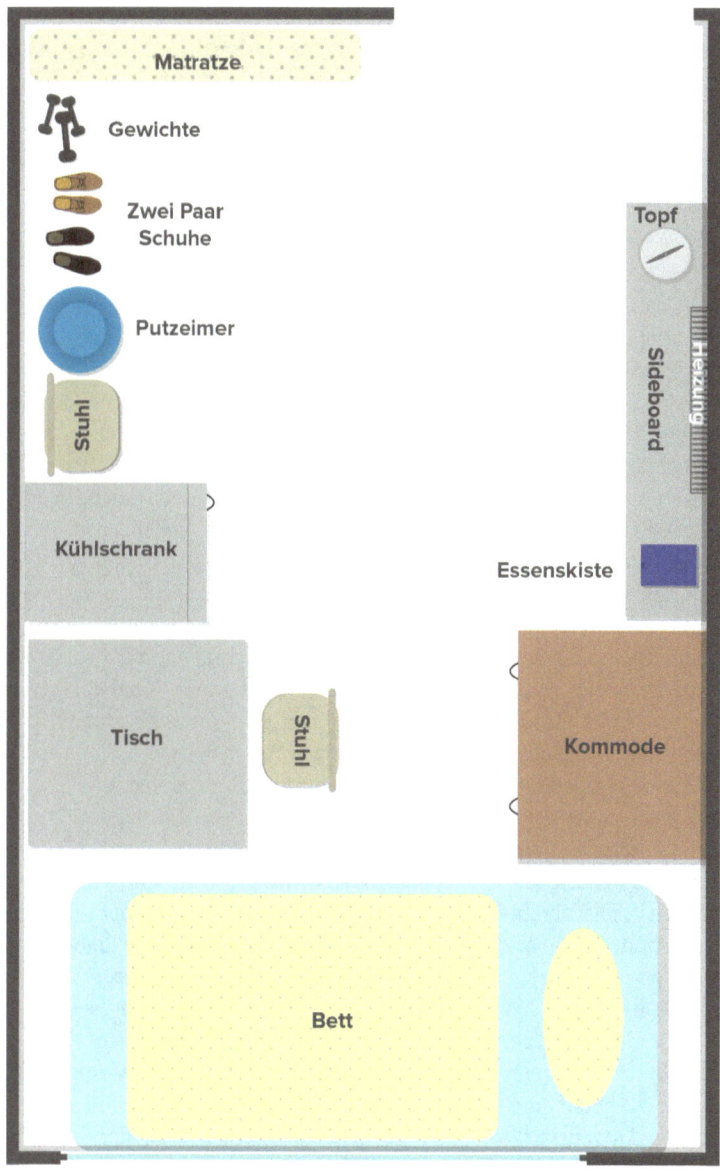

Abb. 5.5   Wohnraumskizze Milano, o. M. (Quelle: eigene Darstellung)

Matratze seines Mitbewohners steht hochkant neben der Tür, da so für den Tag etwas mehr Platz im Raum geschaffen wird. Zum Abend wird die Matratze dann wieder auf den Boden gelegt. Auch in anderen Unterkünften haben wir diese Praktik beobachten können. Sie verweist darauf, dass Geflüchtete versuchen, aus dem begrenzten Raum möglichst viele Nutzungsmöglichkeiten herauszuholen. Milano kann sich – trotz seines langen Aufenthalts in Erstaufnahme und Folgeunterkunft – das Leben in einer Wohngemeinschaft vorstellen. Ihm ist nur wichtig, dass er ein Zimmer für sich alleine hat. Er sagte, es sei ein Unterschied, sich Küche und Sanitärräume mit drei anderen Personen zu teilen als mit über zwanzig. Die Größe des Zimmers oder der Wohnung ist ihm dabei nicht wichtig. Wenn sie zentral läge, wäre es zwar ideal, er möchte aber vor allem bald einen Raum ganz für sich alleine.

Die Abb. 5.6 skizziert das Zimmer von Ibrahim, das mit Abstand am aufwendigsten dekoriert wurde. In der Wohnraumskizze ist die Dekoration leider nicht darstellbar, wird dafür aber im Folgenden ausführlich beschrieben.

Das Zimmer befindet sich im ersten Containerbau auf dem Gelände der Unterkunft im Obergeschoss und ist gleich das erste auf der linken Seite. Auch hier finden wir wieder eine Matratze an die Wand gelehnt. Allerdings ist es in diesem Fall eine dritte Matratze, obwohl nur zwei Personen das Zimmer bewohnen. In dem Raum gibt es einen großen Fernseher auf einem sehr alten Fernsehtisch. Über dem Fernseher befindet sich ein großes, eingerahmtes Bild des Wasserschlosses der Speicherstadt. Dieses Bild nimmt die gesamte Wand ein. Etwas versteckt in der Ecke auf einer Kommode befindet sich der Kühlschrank. Generell sind alle Aufbewahrungsmöbel zu einer großen Schrankwand zusammengestellt. Überall an den Wänden sind lila Blumen aus Plastik angebracht. Auch von der Decke hängen diese herunter. Insgesamt ist das Zimmer mit mindestens sechzig solcher Blumen dekoriert. Auf der Seite des Zimmers, wo die Betten in einem neunzig Grad Winkel zueinander stehen, sind mehrere Lichterketten angebracht. Vor das Fenster hat Ibrahim Lampions aufgehängt. Auch auf dem Flur dieser drei Zimmer umfassenden Wohneinheit hängen diverse Kunstdrucke. Ibrahim erklärt uns, dass er schließlich momentan hier wohne und es sich daher auch wohnlich gestalten möchte. Das Zimmer ist sehr beeindruckend und es wird schnell deutlich, dass hier viel Arbeit und Mühe in die Gestaltung investiert wurde. Im Laufe des Interviews zeigt uns Ibrahim einen Mietinteressentenbogen der SAGA. Dort hat er alle Stadtteile angekreuzt und eine Wohnungsgröße von ein bis zwei Zimmern und zwanzig bis fünfzig Quadratmetern angegeben. Ihm ist nur wichtig, endlich eigenen Wohnraum zu erhalten. Es scheint aber bei ihm mit der Wohnungssuche nicht zu eilen, denn Ibrahim wartet darauf, dass seine Frau und seine Kinder im Rahmen des Familiennachzugs zu ihm kommen.

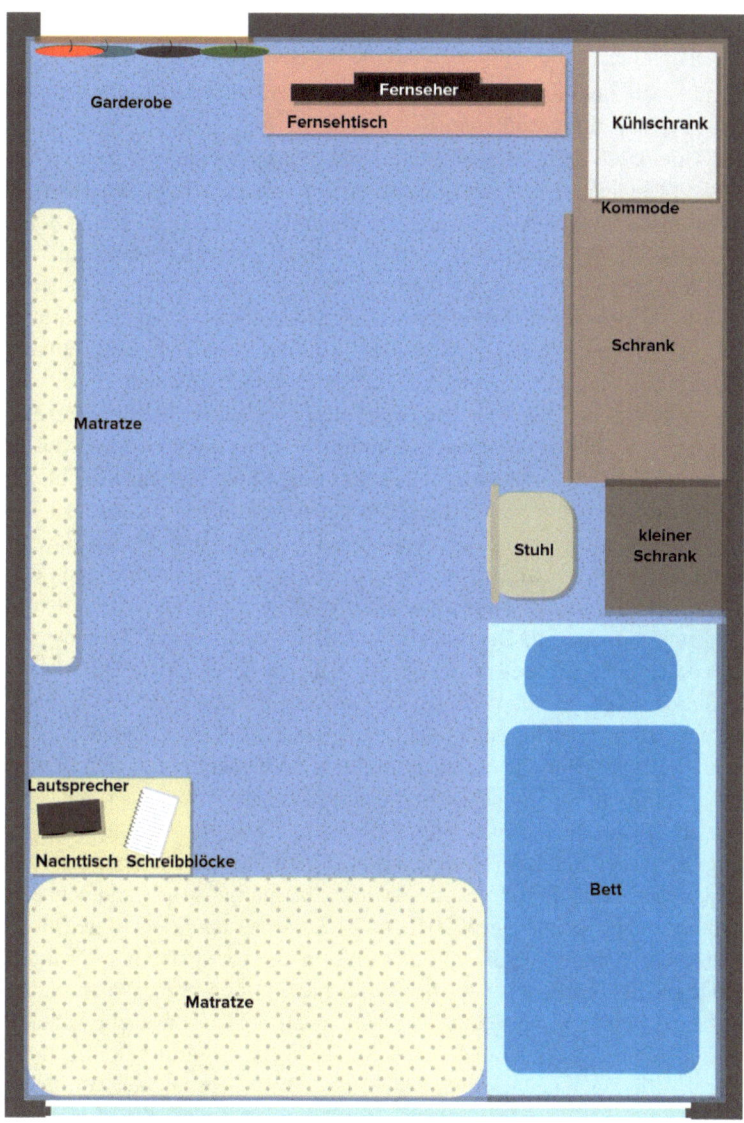

Abb. 5.6 Wohnraumskizze Ibrahim, o. M. (Quelle: eigene Darstellung)

5.2.3 Einzelbelegung

Abb. 5.7 beschreibt den Wohnraum von Fawaz, der als Beispiel für eine Einzelzimmerbelegung ausgewählt wurde.

Die Unterkunft liegt an einer lauten und viel befahrenen Straße und verfügt über zwei Eingänge. Der erste Eingang befindet sich direkt an der Hauptstraße, der zweite ist über eine Nebenstraße erreichbar. Die Vielzahl an Klingelschildern lässt die Größe der Unterkunft erahnen. Fawaz sieht uns bereits aus seinem Fenster und betätigt für uns den Türöffner. Der Hausflur ist etwas unübersichtlich. Viele Kinder spielen dort und es ist im ersten Moment nicht ersichtlich, wie wir auf den Flur gelangen, wo sich Fawaz' Zimmer befindet. Beim Eintreten fällt sofort auf, dass es sich um eine Art 2-Zimmerwohnung handelt und Fawaz ein Zimmer nur für sich hat. Der Eingangsbereich ist Vorraum, von dem die beiden Zimmer erschlossen werden. Im Vorraum stehen einige Regale, auf denen Lebensmittel lagern. Außerdem gibt es hier eine Spüle und einen Kühlschrank. Die Sanitärräume befinden sich hingegen auf dem Flur. Fawaz' Zimmer ist sehr individuell eingerichtet. Auf der Fensterbank befinden sich diverse Pflanzen in alten Olivenöl- und Kaffeedosen. Am auffälligsten ist allerdings sein Bücherregal. Dieses ist mit schätzungsweise siebzig Büchern, die er sich auf dem Flohmarkt kauft, bereits voll. Das Wandregal und das Bücherregal hat Fawaz selbst gebaut. Auch auf dem großen ovalen Tisch liegen neben einem Bildschirm und einer Stereoanlage, ein Papierstapel und weitere Bücher. Dass Fawaz nach seinem Sprachkurs versucht, durch das Lesen von Kinder- und Jugendbüchern und kurzen Romanen seine Deutschkenntnisse zu verbessern, zeigt sich deutlich in der Gestaltung seines Zimmers. Die Stange zwischen Wand und Kleiderschrank scheint ebenfalls eine Eigenkonstruktion zu sein, an der Jacken und Hemden aufgehängt sind und auf der sich eine Ablagefläche befindet. Insgesamt wirkt das Zimmer sehr wohnlich und dekoriert. Fawaz hat einige Arbeit und Mühe in die Gestaltung seines Raumes investiert, und ist zufrieden mit seiner aktuellen Unterbringungssituation. Er ist nah am Stadtzentrum und somit sind alle für ihn wichtigen Orte schnell erreichbar. Ohnehin möchte er keine große Wohnung haben. Eine kleine Wohnung mit Garten, die sich nicht mehr als zwanzig Minuten mit den öffentlichen Verkehrsmitteln vom Stadtzentrum entfernt befindet, wäre für ihn ideal. Allerdings sollte seine zukünftige Arbeit nicht zu weit von der Wohnung entfernt sein. Er möchte nicht jeden Tag ein bis zwei Stunden unterwegs sein müssen. Derzeit ruht die Wohnungssuche allerdings. Fawaz wartet ebenfalls darauf, dass seine Frau und seine jüngste Tochter im Rahmen des Familiennachzugs zu ihm kommen.

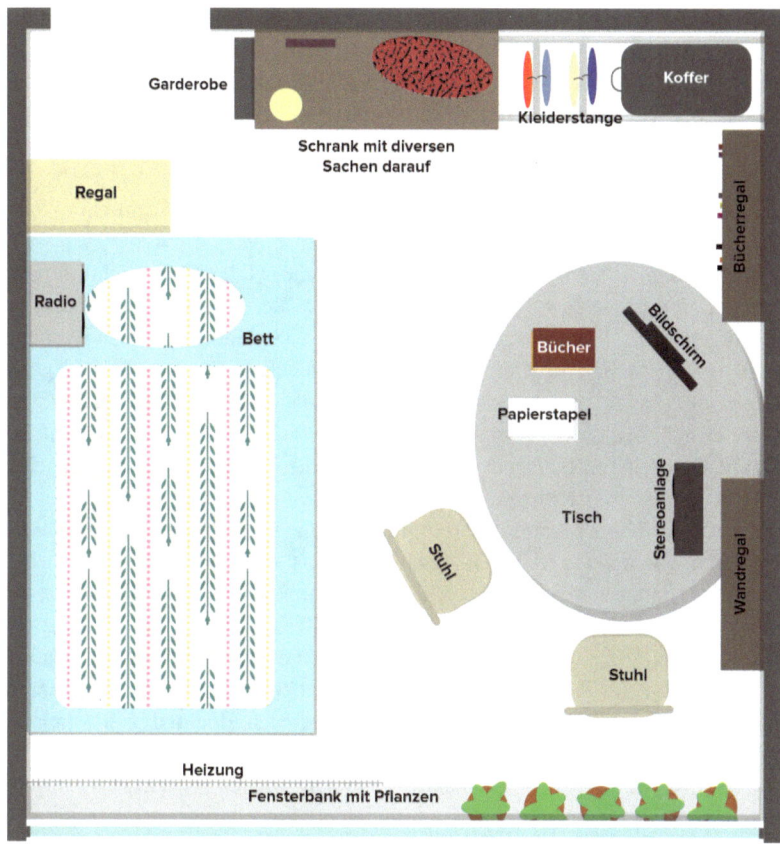

Abb. 5.7   Wohnraumskizze Fawaz, o. M. (Quelle: eigene Darstellung)

5.3   Wohnpraktiken und Alltagsleben in Unterkünften

Anhand der Kontextualisierung von Unterbringungsstrukturen und den gelebten Wohnpraktiken hat sich der Widerspruch gezeigt, dass ein ‚Wohnen‘ für Geflüchtete zwar nicht vorgesehen ist, viele aber dennoch versuchen, die Unterkünfte ‚wohnlich‘ zu gestalten. Dieser grundlegende Widerspruch durchzieht auch die weitere Lebensgestaltung; die Unterkunft und deren Umfeld bilden dabei die Rahmenbedingungen. Problematisch ist diese Grundvoraussetzung insofern, da sie keine Bedingungen schafft, die die Bewältigung gleichzeitig bestehender Anforderungen an die Geflüchteten unterstützen. Gesellschaftlich und politisch wird zwar stets ‚Integration' verlangt, jedoch erschweren die Rahmenbedingungen im Unterbringungskontext oftmals die Entwicklung einer eigenständigen Perspektive. Exemplarisch genannt seien häufige Wechsel der Unterbringungsstandorte (auch in der Folgeunterbringung) oder ein Unterkunftsumfeld, dass kaum Möglichkeiten zur ‚Integration' bietet.

Hintergrund ist auch ein Widerspruch rechtlicher Natur. Die Flüchtlingsunterbringung ist erstens als vorübergehende Situation für eine spezifische – ebenfalls vorübergehende – Lebenslage gedacht: Nämlich Geflüchtete im Asylverfahren, deren Aufenthalt und Zukunft in Deutschland noch nicht abschließend geklärt ist oder für diejenigen, bei denen infolge eines unsicheren Aufenthaltsstatus' ebenfalls unklar ist, wie lange und ob sie überhaupt für einen längeren Zeitraum in Deutschland bleiben können. Da sich die Verfahren und ein unsicherer Aufenthalt (z. B. aus humanitären Gründen) dennoch über Jahre hinziehen können, wird der Weg in Arbeit, Ausbildung und auch in eigenen Wohnraum zwar erleichtert: Theoretisch ist bereits nach spätestens sechs Monaten ein Umzug in eigenen Wohnraum möglich, doch ist bezahlbarer Wohnraum auf dem regulären Wohnungsmarkt in vielen Großstädten und insbesondere auch in Hamburg äußerst knapp. Das führt dazu, dass viele Geflüchtete zwangsläufig über Jahre in der öffentlich-rechtlichen Unterbringung verbleiben müssen. Das Bemühen um eine langfristige Perspektive muss folglich unter den Bedingungen temporärer Unterbringung entwickelt und aufrechterhalten werden.

Zweitens ist die öffentlich-rechtliche Unterbringung ohnehin als vorübergehende ‚Notlösung' zu verstehen, die eine akute Wohnungslosigkeit überbrücken soll. Zugespitzt formuliert könnte das bedeuten, dass wohnpolitisch das Unterbringungsumfeld so gestaltet wird, dass das Bestreben nach einem möglichst zeitnahen Umzug in eigenen Wohnraum bestehen bleibt. Die Bedingungen der Unterbringung dürfen in dieser Logik also nicht zu ‚komfortabel' sein. Der Grundsatz: ‚öffentlich rechtliche Unterbringung erfolgt immer in Doppelbelegung' (Ausnahme sind ärztliche Atteste, welche die Notwendigkeit einer Einzelbelegung anordnen) ist Teil dieser Unterbringungspolitik, die kaum Privatsphäre gewährt. Aus aneignungstheoretischer Perspektive stellt sich vor dem Hintergrund der vorgestellten Wohnpraktiken zunächst die Frage, wie die Bewohner_innen die institutionell vorgegebenen Bedingungen des Wohnens handhaben und inwiefern sich (welche) fluchtspezifische(n) Merkmale identifizieren lassen. Dem Umgang mit den ‚Bedingungen des Wohnens' schließt sich dann die Frage nach den Konsequenzen sowie nach möglichen Ursachen und Effekten an: Wie beeinflussen Spezifika der Lebenslage (z. B. Aufenthalts-situation, familiale Situation, gesellschaftliche Teilhabe) die Wohnsituation sowie die Aneignung des Wohnraumes und Wohnumfeldes, und wie hängen diese mit der Unterbringungs- und Flüchtlingspolitik zusammen? Ergänzend zu den bereits exemplarisch portraitierten konkreten Wohnorten wird im Folgenden dargestellt, wie die Bewohner_innen das Wohnen und ihren Alltag (in der Unterkunft) gestalten. Es wird auch auf die Wohnpraktiken von weiteren Interviewten Bezug genommen, deren Wohn- und Unterbringungssituation nicht in den zuvor portrai-tierten Wohnorten diskutiert wurden.

5.3.1   ‚Flucht' aus der Unterkunft

Häufig wiederkehrende Themen sowohl in den Interviews mit den Geflüchteten als auch in den Gesprächen mit den Unterkunftsleitungen und den Expert_innen-interviews aus dem Bereich der Flüchtlings(sozial)arbeit sind die fehlende Privatsphäre und ein Mangel an Rückzugsmöglichkeiten. Die Unterbringungs- und flüchtlingspolitischen Ursachen wurden bereits beleuchtet. Auf Seiten der Geflüchteten sind die Strategien im Umgang damit unterschiedlich und wiede-rum an weitere Faktoren gekoppelt. So suchen manche ihre Unterkunft nur zum Schlafen auf und auch eine Lehrkraft berichtet, dass insbesondere für die allein-stehenden Schüler_innen aus den Wohnunterkünften nach Nachmittags- und Ferienbeschäftigungen gesucht werde, damit sich die Jugendlichen so wenig wie möglich vor Ort aufhalten müssten. Der eigene Wohnraum kann hier kaum als Ausgangspunkt des ‚Ankommens' beschrieben werden, und so zentral das Thema ‚Wohnen' für den Prozess des Ankommens und auf dem Weg hin zu gesellschaft-licher Teilhabe auch ist, kann diese in einem so gelagerten Fall nur auf anderen Ebenen erfolgen: Manu absolviert beispielsweise erfolgreich und sehr motiviert eine Ausbildung, nur ‚wohnen' kann er (noch) nicht. Demgegenüber zeichnete sich in den Expert_inneninterviews sowie in den Gesprächen mit Mitarbeiter_innen der Unterkünfte für andere Fälle ab, dass die Unterbringung in einer Folge-unterkunft und das ‚mehr' an Privatsphäre erst als das tatsächliche Ende der Flucht und so als erstes Ankommen erlebt werden. Gerade nach sehr belastenden Erfahrungen in der Erstaufnahme und in deren Vorfeld ist die Phase des Ankommens auch davon geprägt, Vergangenes verarbeiten und sich erst Schritt für Schritt anderen Themen (Arbeit etc.) widmen zu können. Auf der einen Seite bietet die Folgeunterkunft erst den Ansatz eines Rückzugsortes und deckt damit ein Grundbedürfnis nach Ruhe. Auf der anderen Seite ist dieses Erleben als Rück-zugsort überhaupt nicht gegeben. Dieses zunächst gegensätzlich erscheinende

Ergebnis dürfte mit den unterschiedlichen Unterkunftsbedingungen zu erklären sein sowie mit der Situation, in der sich die jeweilige Person befindet: Ob sie froh ist, endlich die Erstaufnahme verlassen zu haben (wo die Bedingungen ja erheblich schlechter sind) oder sich bereits seit längerem vergeblich um eigenen Wohnraum bemüht (hat).

5.3.2   Flexibilität, Improvisation, Umfunktionieren, ‚Neu-Aneignung'

Auch wenn sich die hier genannten Beispiele der Wohnraum(um)gestaltung nicht allein anhand einzelner Wohnportraits rekonstruieren ließen, veranschaulichen sie dennoch, wie sich der Wohnraum als solcher und die Wohnverhältnisse – gerade in Bezug auf die ‚Privatsphäre' – auf die Lebens- und Alltagsgestaltung niederschlagen (können): Die Wohnverhältnisse verlangen oftmals ein hohes Maß an *Flexibilität, Improvisation* und geschicktem *Umfunktionieren*. Die gegebenen Verhältnisse können mit dieser Umwandlung neu angeeignet werden. Um in diesem Zusammenhang auch auf die Wohnpraktiken zurückzukommen, zeigen diese, dass größere Familien – wie diejenige von Sadiye – im Hinblick auf die Privatsphäre insofern in einem ‚Vorteil' sind, weil sie eine gesamte Wohnung für sich nutzen können. Die Wohnsituation ist für die siebenköpfige Familie zwar beengt und es sind flexible Umgestaltungen der Wohn-, Ess- und Schlafbereiche erforderlich (‚sichtbar' sind zum Interviewzeitpunkt neben dem Elternschlafzimmer nur drei Schlafmöglichkeiten), doch Küche und Bad werden lediglich von Sadiye und ihrer Familie genutzt.

Eine auf Flexibilität ausgerichtete Wohnraumgestaltung ist auch im Wohnbereich von Mayla und Husain erforderlich, die mit ihren zwei Kindern nur ein Zimmer zur Verfügung haben und, im Gegensatz zu Sadiye, Küche und Bad ebenfalls nur gemeinschaftlich mit anderen nutzen können. Die hier angewandte Praktik der übereinandergestapelten Matratzen (bei anderen, wie bei Milano und seinem Mitbewohner, eine an der Wand hochgeklappte Matratze) wurden von vielen Interviewten umgesetzt, um am Tage den erforderlichen Wohnraum auch als solchen nutzen zu können. Aufgrund der beengten Verhältnisse muss also tagtäglich improvisiert und umgebaut werden. Häufig wird auch vorgegebene Wohneinrichtung – bei Milano der ‚umgekippte' Spind – in ihrer Funktionsweise verändert: Als Sideboard genutzt entsteht zusätzliche Abstellfläche, sodass Milano hier nun Küchenutensilien aufbewahren kann, die er in der Gemeinschaftsküche als nicht sicher verwahrt sieht bzw. die dort aufgrund der Größe der Küche im Verhältnis zur Anzahl der Nutzer_innen keinen Platz mehr hatten. Ähnlich häufig wird das vorhandene Inventar – zum Teil ergänzt durch weitere

Möbel – wenn möglich übereinandergestapelt: Der Kühlschrank befindet sich beispielsweise bei Ibrahim und seinem Mitbewohner auf einer Kommode, weiterhin entsteht durch die hochgeklappte Matratze mehr nutzbarer Raum in den beengten Verhältnissen. Diese zum Teil äußerst kreativen und flexiblen Praktiken der Wohnraumum*gestaltung* und Wohnraum*nutzung* sind als Reaktionen auf die beengten Verhältnisse zu interpretieren. Die Aneignung folgt dabei sowohl ästhetischen als auch alltagspraktischen Kriterien sowie dem Bedürfnis nach Privatheit, wie das folgende Beispiel zeigt.

5.3.3   Nischen und „Hinterbühnen" der Privatheit

Erving Goffman (1983, S. 99 ff.) unterscheidet soziale Orte hinsichtlich „Vorderbühnen" als Bereiche, in denen die „Darstellungen des Selbst" geboten werden und die sich an ein (imaginäres) „Publikum" richten (ebd.). Möbelstücke, Dekorationselemente und räumliche Anordnungen werden gleichsam als „Bühnenbild" arrangiert. „Hinterbühnen" zeichnen sich indes durch eine stärkere Kontrolle von Sichtbarkeit und Zugänglichkeit aus, sie sind dem Blick von außen entzogen (ebd., S. 23).

Dass sich die beiden Familien von Sadiye und von Mayla, nach ihren Wohnvorstellungen befragt, in jedem Falle ein Wohnzimmer wünschen, kann u. a. als Wunsch nach einer Trennung zwischen ‚privaten' und ‚öffentlichen' Räumen in der eigenen Wohnung interpretiert werden. Während die Schlafzimmer dann den jeweiligen Familienmitgliedern vorbehalten wären, könnte das Wohnzimmer als gemeinschaftlicher Aufenthaltsort dienen und dazu, Gäste zu empfangen. Den Bedarf einer nach außen hin geschützten Privatsphäre bringen bei Sadiye die aus Brandschutzgründen in Containerbauten untersagten Vorhänge zum Ausdruck. In anderen Wohnungen sind uns zu gleichen Zwecken mit Zeitungen verklebte Fenster begegnet – möglicherweise, weil hier das Verbot der Vorhänge tatsächlich umgesetzt wurde (die Unterkunftsleitungen scheinen diesbezüglich unterschiedlich kulant zu sein).

Mohammed und sein Mitbewohner haben durch ihre Schrankkonstruktion eine kleine, nicht einsehbare Nische geschaffen, die es ihnen z. B. ermöglicht, sich unbeobachtet umzuziehen. Dass nicht das gemeinsame Wohnen das größte Problem ist, sondern die mangelnde Privatsphäre, die der geteilte Wohnraum mit sich bringt, macht Milano deutlich: So würde er durchaus in einer WG leben, wünscht sich aber die Abgeschlossenheit eines eigenen Zimmers. Fehlende Privatheit scheint vielen zudem den Prozess des Ankommens erheblich zu erschweren. Unter diesen Bedingungen einen Neuanfang zu starten, den das Leben in Deutschland unweigerlich mit sich bringt, scheint einigen so kaum möglich.

5.3.4 Verweigerung des Ankommens

Das Vorübergehende zeigt sich in Manus Wohnportrait besonders eindrücklich dort, wo er und sein Mitbewohner kaum etwas verändert haben: Es belastet
Manu sehr, keine eigene Wohnung zu haben und das, obwohl er sehr motiviert
und voller Tatendrang ist. Aufgrund seiner stetigen Bemühungen um Arbeit,
Ausbildung, gute Sprachkenntnisse sowie seines – so könnte man es formulie-
ren – ‚Integrationswillens‘, empfindet er die Hürden auf dem Wohnungsmarkt
als Ablehnung und große Ungerechtigkeit. Es belastet ihn derart, dass er in der
Thematisierung seiner Wohnsituation bzw. seiner Wohnungssuche zu weinen
beginnt. Als Konsequenz dieser Wohn- und Lebenssituation ist Manu so wenig
wie möglich zu Hause – konkrete Aneignungspraktiken im Bereich des Wohnens beschränken sich auf das Allernötigste. Der fehlende Wohnraum scheint für
Manu im übertragenen Sinne auch eine Barriere zur Gesellschaft zu sein bzw. den
Zugang massiv zu erschweren. Denn ein selbstständiges Leben und keine Hilfe
von anderen annehmen zu müssen, sind ihm sehr wichtig. Das Wohnen in einer
Flüchtlingsunterkunft ist für ihn insofern stigmatisierend, als dass er dadurch
von jedem als ‚Flüchtling‘ angesehen werde. Wie ‚Integration‘ und das Vorübergehende kollidieren und hier als eine Barriere im Fluchtkontext fungieren,
zeigt sich auch darin, dass Manu, der bereits nach drei Monaten als Flüchtling
anerkannt wurde, äußerst motiviert in der Suche nach Arbeits- und Ausbildungs-
plätzen war, schon nach kurzer Zeit gut Deutsch sprach und sich allein in der
Stadt und im Alltag zurecht findet. Das bisher erfolglose Bemühen auf dem
Wohnungsmarkt bindet ihn aber weiterhin an die fremd bestimmte Form der
Unterbringung, die er sich letztendlich auch nicht zu Eigen machen will, sondern,
wie die Wohnraumskizze zeigt, lieber im ‚Originalzustand‘ belässt.

5.3.5 Es sich wohnlich machen

Fawaz verfügt demgegenüber über den ‚Luxus‘, selbst in der öffentlich-rechtlichen Unterbringung in einem eigenen Zimmer und nur in einer Zweier-WG zu
wohnen: Interessanterweise drückt Fawaz' Zimmer nicht nur eine sehr wohnliche
Atmosphäre aus, die Vielzahl an deutschsprachigen Kinder- und Jugendbüchern
sowie Romanen spiegelt sein Bestreben wieder, Deutsch zu lernen und sich
eine Perspektive in Deutschland aufbauen zu wollen. Als einer der wenigen gibt
Fawaz an, mit seiner beschriebenen Wohnsituation in einem Einzelzimmer zufrieden zu sein. Auch er betrachtet diesen Zustand als vorübergehend, da er auf den
Nachzug von Frau und Kind wartet. Dennoch vermittelt Fawaz im Interview, dass

ihm seine derzeitige Wohn- und Unterbringungssituation ein ‚Ankommen' möglich macht, auch wenn er seine privaten Lebensbedingungen aufgrund der (noch) fehlenden Familie als vorübergehende Situation begreift.

Ähnlich wohnlich gestaltet auch Heidi ihre Wohnsituation. Sie hat als aktive Künstlerin von ihrer Unterkunftsleitung einen Raum gestellt bekommen, in dem sie ihrer Kunst nachgehen kann, und dekoriert ihre Räumlichkeiten mit den eigenen Gemälden. Damit will sie zum einen, zumindest optisch, den ihr zur Verfügung stehenden Raum ihren Wohngewohnheiten, die sie in ihrem Herkunftsland praktizierte, entsprechend gestalten. Zum anderen äußert sie ebenfalls den Wunsch, es sich schlicht wohnlich machen zu wollen.

Ibrahim, der mit Abstand seinen Raum am aufwendigsten dekoriert hat, beschränkt sich dabei nicht nur auf sein eigenes Zimmer, sondern hat zudem den Flur seiner Gemeinschaftsunterkunft mit Kunstdrucken ausgestattet. Zwar ist ihm bewusst, dass seine Unterbringung nur ein Provisorium darstellt, insbesondere da er bestrebt ist, seine Familie nachzuholen. Doch sei dies, so Ibrahim, nun einmal der Ort, an dem er sich derzeit befindet, und er möchte es sich, obgleich es sich bei ihm explizit um eine vorübergehende Situation handelt, so wohnlich wie möglich gestalten.

Zusammenfassend wurde deutlich, dass den Interviewten zwar bewusst ist, dass ihre derzeitige Unterbringungssituation zeitlich begrenzt ist. Dennoch nehmen die allermeisten von ihnen die Unterbringung doch als ‚Wohnen' wahr. Dementsprechend vielfältig sind auch ihre Praktiken, ihren Raum/ihre Räume entlang der eigenen Vorstellungen zu arrangieren.

5.3.6 Kindgerechte und pädagogische Gestaltung der Familienunterbringung

Was das Wohnen im Container bedeutet, beschreibt Kiana, eine der Interviewten, ihrer eigenen Erfahrung nach wie folgt:

> Eine Freundin von uns hat ein kleines Kind, das in den Kindergarten geht. Wenn sie z.B. irgendwo zu Besuch geht, hat er erstmal gefragt: „Sind die richtige Menschen?" Also Personen, die in einer Wohnung wohnen? Also nicht im Container? Er war ein richtiger Mensch, und wir, weil wir im Container wohnen, sind keine richtigen Menschen – für dieses Kind. Und noch eine Freundin von mir hatte einen Transfer in eine neue Wohnung. Die waren in einem Container und die waren bei uns in der EA [anonymisiert]. Wir treffen diese Familie in unserer Kirche. Und sie meinte, wenn ich da war, habe ich zu meiner Mutter gesagt: ‚Mama, die sind in einer richtigen Wohnung, guck. Eine richtige Wohnung!'. (Daria und Kiana, Abs. 425)

Nicht nur, dass dieser kleine Junge in kindlicher Unbekümmertheit das Bewohnen einer regulären Wohnung als entscheidendes Element der (Wieder-)Menschwerdung bzw. des (Wieder-)Menschseins begreift,[2] sondern auch die Begeisterung, die Kiana verspürt, als sie ihrer Mutter von der Wohnung ihrer Freundin berichtet, zeugen von der Bedeutung, die eigener Wohnraum im Fluchtkontext erlangt bzw. von der Sehnsucht, die den Wunsch nach einer eigenen Wohnung auslöst.

Abgesehen von diesem recht philosophischen Einwurf, sind die Auswirkungen der Gestaltung der Familienunterbringung auf Kinder und Jugendliche nicht leicht vorherzusehen. Aus diesem Grund muss eine Beschreibung der Unterbringungssituation hinsichtlich ihrer kindgerechten und pädagogischen Gestaltung ausreichen. Während in den Erstaufnahmen die Kindertagesstätten noch vor Ort waren, erfolgt mit dem Wechsel in eine Folgeunterkunft ein Transfer in reguläre Kitas. Das gilt auch für andere Angebote, wie beispielsweise Mutter-Kind-Cafés. Zwar konnten wir feststellen, dass die von uns besuchten Folgeunterkünfte entweder fast alle über einen eigenen Spielplatz verfügen oder sich in unmittelbarer Nähe zu einem solchen befinden. Fraglich ist allerdings, ob und wie diese bei kaltem bzw. schlechtem Wetter genutzt werden. Ebenso verfügen einige der Unterkünfte über einen kleinen Sportplatz mit Fußballtoren und/oder Basketballkörben. Prinzipiell sind somit Aktivitäten im Freien gewährleistet. Denn im häuslichen bzw. privaten Bereich ist aufgrund der äußerst beengten Verhältnisse kaum mit Räumen zu rechnen, in denen sich Kinder und Jugendliche bei Bedarf entweder zum Lernen zurückziehen oder ihrer Kreativität und ihrem Bewegungsdrang ungestört freien Lauf lassen könnten. Bei dem, auch in der Familienunterbringung, tendenziell begrenzten Platz, ist die Einrichtung eines Kinderzimmers nur schwer realisierbar. Ein besonders eindringliches Beispiel stellt hierfür die Tochter von Mayla und Hussein dar. Die vierköpfige Familie teilt sich einen Raum (vgl. Abb. 5.2 in Abschn. 5.2.1). Während die Eltern und ihr Sohn ihre Kleiderschränke alle in eine Reihe gestellt haben, befindet sich der Schrank ihrer Tochter auf der gegenüberliegenden Seite. Diesen Teil des Raumes, so erklärt es Mayla, beansprucht die Tochter für sich zu nutzen. Es ist der Versuch, sich immerhin einen Teil des Raumes persönlich anzueignen und sich unter den gegebenen Umständen zumindest kleine Rückzugsmöglichkeiten zu schaffen.

---

[2]Wohlwollend und etwas scherzhaft könnte man davon sprechen, dass das Kind hier zu der Erkenntnis gelangt ist, die bereits Martin Heidegger und Jürgen Hasse formulierten, wenn sie das Wohnen als die „Weise, wie die Sterblichen auf der Erde sind" beschreiben bzw. im Wohnen den „existenziellen Daseins- und Ausdrucksbereich menschlichen Lebens" sehen (zit. nach: Momić 2018, S. 223 f.).

Diese fehlende Möglichkeit sich zurückzuziehen, empfindet die Tochter als problematisch. Familien, denen mehr als ein Raum zur Verfügung steht, müssen hingegen abwägen, diesen als ein gemeinschaftlich genutztes Wohnzimmer oder als ein weiteres Kinderzimmer zu nutzen. (Aus den uns gegenüber geäußerten Wohnvorstellungen lässt sich ableiten, dass in einem solchen Fall eine Zusammenlegung des Wohn- und Elternschlafzimmers präferiert werden würde.)

5.3.7 Gastlichkeit ermöglichen

Wie bereits in Abschn. 5.3.3 erwähnt, stellt ein Wohnzimmer einen ‚öffentlichen‘ Raum in der eigenen privaten Wohnung dar. Dieser dient nicht nur als gemeinschaftlicher Aufenthaltsort, sondern auch als ‚Bühne‘, um Gäste zu empfangen. Ein solcher Raum ist jedoch in der öffentlich-rechtlichen Unterbringung nicht vorgesehen. Im Gegenteil, als Gemeinschaftsräume sind die von mehreren Parteien genutzten Küchenräume gedacht. Als de facto ‚Gemeinschaftsräume‘ (sofern es sich nicht um den abgeschlossenen Wohnraum einer Großfamilie handelt) sind sie auch für das Unterkunftspersonal offen zugänglich.

Allerdings haben wir bei unseren Interviews festgestellt, dass die Ermöglichung von Gastlichkeit in der Gestaltung der eigenen Räume durchaus eine wichtige Rolle spielt. Besonders auffällig war dies bei Familien, denen mehr als ein Raum zur Verfügung steht. Auch wenn Mayla und ihre Familie eine Ecke ihres Raumes mit einer Sitzgarnitur ausgestattet haben, ist hier dennoch keine Trennung von ‚privatem‘ Schlafbereich und ‚öffentlichem‘ Wohnzimmer möglich. Bei anderen Familien wurde eine solche Einteilung der Räume hingegen vorgenommen, obgleich dies zur Folge hatte, dass sich mehr Familienmitglieder einen Raum teilen müssen, als eigentlich vorgesehen ist. Dies wird, um einen gemeinsamen Aufenthaltsort zu schaffen und Gäste empfangen zu können, hingenommen. Insbesondere Daria und Kiana haben sich ihr Wohnzimmer so gestaltet, dass letztendlich nur die Wände des Containers einen Hinweis darauf geben, sich in einer provisorischen Unterbringung zu befinden, und haben sich so ein sehr gastliches Wohnzimmer geschaffen.

Letztendlich spiegelt sich der Wunsch nach Gastlichkeit am stärksten in den Wohnvorstellungen unserer Interviewten wieder. Johnny äußert dabei explizit, dass er sich eine 2-Zimmerwohnung wünscht, damit er in seinem Wohnzimmer Gäste empfangen kann. Auch Omid sucht eine Wohnung mit mindestens anderthalb Zimmern. Andere hingegen wollen hauptsächlich erstmal ihren eigenen Raum und somit mehr Privatsphäre haben. Auffällig ist jedoch, dass es sich dabei um Personen handelt, die in Unterkünften mit Flurbelegung untergebracht sind.

Hier liegt die Priorität vielmehr darauf, es sich wohnlich zu machen und sich Nischen der Privatheit zu schaffen. So ist nicht nur die Möglichkeit von Gastlichkeit zu erlangen, sondern auch der Wunsch danach durchaus von der Unterbringungssituation abhängig.

5.4   Zusammenfassung: Wohnpraktiken der Geflüchteten

Exemplarisch zeigt sich an den Wohnportraits vor allem der Konflikt zwischen institutionellen Vorgaben, beispielsweise die Regelung, dass das Mobiliar der Zimmer nicht ausgetauscht oder verändert werden darf, und den gelebten Praktiken. Er verdeutlicht, inwiefern die institutionalisierten Regelungen an den tatsächlichen Bedarfen der Menschen vorbeigehen. Institutionell wird entlang des Merkmals ‚Flucht' eine vorübergehende Lebenslage produziert, die schon mit der gleichzeitigen – und ebenfalls institutionell verankerten – Forderung nach ‚Integration' kollidiert.

Der Umgang mit den vorübergehenden Unterbringungs- und Wohnbedingungen fällt bei unseren Interviewten sehr unterschiedlich aus. Mal dominiert die Anpassung an die standardisierte Form der Unterbringung, mal wird auch die Unterbringung bewusst ‚wohnlich' gestaltet. Daran zeigen sich unterschiedliche Formen der Akzeptanz der gegenwärtigen Wohn- und Lebenssituation: Während einige Befragte regelrecht an ihren Unterbringungsbedingungen und allgemein dem Leben in einer Unterkunft für Geflüchtete leiden, akzeptieren andere die öffentlich-rechtliche Unterbringung als derzeitige Wohnform und bringen deshalb unter anderem durch die Dekoration zum Ausdruck, es besonders ‚wohnlich' haben zu wollen. Kreativität und Flexibilität in der (Um-)Gestaltung des Wohnraums finden sich in fast allen Wohnportraits.

Weiterhin wurde deutlich, dass die Frage, wie das vorübergehende Wohnen in der Unterbringung gestaltet wird, von unterschiedlichen Faktoren abhängig ist. Die individuellen Wohnpraktiken lassen zwar vorsichtige Schlüsse hinsichtlich des Zusammenhangs mit anderen Faktoren zu, beispielsweise Familienstand, Aufenthaltsstatus, Arbeit. Diese können im Umkehrschluss jedoch nicht als (wechselseitige) Bedingungen verstanden werden, sondern zeigen vielmehr, inwiefern räumliche Aneignungspraktiken – hier noch im häuslichen Bereich des zur Verfügung stehenden Wohnraumes – zwischen gegebenen Notwendigkeiten und Möglichkeiten schwanken: Für Familien ist es manchmal allein schon aufgrund der Familiengröße notwendig, den Wohnraum flexibel zu organisieren. Die Aneignung im Sinne einer räumlichen Umgestaltung macht den Familienalltag so überhaupt erst möglich. Wenn auf den Nachzug der Familie gewartet wird, ist die Wohnsituation leichter als eine vorübergehende anzunehmen und im Falle eines Einzelzimmers auch am ehesten akzeptabel. Erlebte Ausgrenzung auf dem Wohnungsmarkt als (herkunftsbedingte) Diskriminierung untergräbt bei gesichertem Aufenthalt und Ausbildungsplatz jedoch die Aufrechterhaltung einer Perspektive in Deutschland, und verstärkt das Risiko, vor den gegebenen Wohnverhältnissen zu kapitulieren. Denn trotz der selbstständigen Überwindung diverser Barrieren (z. B. durch Beschäftigung in unterschiedlichen Betrieben), bleibt das Thema ‚Wohnen' fremdbestimmt.

Obgleich in den skizzierten Portraits besonders prägnante Beispiele dargestellt sind, darf nicht vergessen werden, dass der Diskurs um die Unterbringung von Geflüchteten mit dem Thema ‚Abschreckung' einhergeht; darauf, dass die örU einen gewissen Abschreckungseffekt haben soll, wurde bereits verwiesen. Überschneidungen mit dem ‚Lagerbegriff' (vgl. Pieper 2008) sind auch dem Fluchtdiskurs zuzuordnen und können deshalb von dem Thema Unterbringung nicht ganz abgekoppelt werden. Gerade das Leben in Containerunterkünften verstärkt diesen Effekt und ist für viele stigmatisierend. Die Heteronomie von Unterkünften äußert sich darüber hinaus in Form von Barrieren und Grenzen: Selbst wenn die Wohnpraktiken Ausdruck flexibler Wohngestaltungen im Alltag sind, stoßen diese immer wieder auf die Grenzen des Unterbringungssystems – ob als eingeschränkter Wohnraum oder mangelnde Privatsphäre. Weitere Barrieren stellen der Wohnungsmarkt und aufenthaltsrechtliche Bestimmungen dar, die sich teilweise gegenseitig verstärken: Denn die Chance, mit einem kürzeren Aufenthaltstitel von unter zwei Jahren oder gar einem unsicheren Aufenthalt einen Mietvertrag zu bekommen, sind deutlich reduziert. Nach den oftmals beengten Wohnverhältnissen in den Unterkünften kommt dann paradoxerweise als weitere Barriere das Wohnraumschutzgesetz hinzu, das entsprechend der Anzahl der Familienmitglieder eine Mindestgröße bzw. Zimmeranzahl vorschreibt, die viele Haushalte aber nicht finanzieren können (vgl. § 7 HmbWoSchuG).

Die Analyse der Wohnpraktiken bietet Einblick in das Innere der Wohnunterkünfte und ergänzt die Diskussion der Unterbringungslandschaft um die Perspektiven derjenigen, die innerhalb dieser Strukturen und Bedingungen leben müssen. In diesen charakteristischen städtischen *Fluchtorten* manifestieren sich die mikroräumlichen Strukturen der Unterbringungslandschaft. Doch während die *Unterbringungslandschaft* in ihrer Charakteristik nicht verändert werden kann und schon in ihrem äußeren Erscheinungsbild – oftmals Containerbauten – ‚fluchttypische' Merkmale aufweist, sind die *Wohnpraktiken* von einem Spannungsverhältnis zwischen einem Höchstmaß an Kreativität und Flexibilität sowie den gegebenen – statischen – Bedingungen geprägt. Einerseits spiegeln die

Wohnpraktiken typische Merkmale von Notunterkünften und damit der Wohnsituation vieler Geflüchteter wieder. Hierzu gehören die Mehrfachbelegung, die
beengten Wohnverhältnisse, teilweise mit getrennten Wohn- und gemeinschaftlich genutzten Funktionsräumen. Andererseits weisen sie aber auch Bedürfnisse
an das ‚Wohnen' auf, die unabhängig vom Merkmal der ‚Flucht' relevant sind;
nur dass diese eben im Fluchtkontext stark eingeschränkt werden. Gemeint ist das
Bedürfnis nach Rückzugsmöglichkeiten und Privatsphäre sowie nach eigenen,
subjektiven Gestaltungsmöglichkeiten. Damit geht auch einher, die Wohnräum-
lichkeiten so zu gestalten, dass sie der eigenen Lebens- oder Familiensituation
entsprechen. An dieser Stelle gilt es noch einmal zu betonen, dass das Leben in
der eigentlichen *Notunterkunft* perspektivisch Jahre dauern kann. Da es sich de
facto also nicht allein um eine (kurzfristige) Übergangslösung handelt, stellt sich
die Frage, inwiefern die konzeptionelle Ausrichtung dieser ‚Übergangslösung'
dem Umstand eines möglicherweise längerfristigen Aufenthalts- und Wohnortes
gerecht werden müsste. Denn idealerweise sind die Unterbringungsorte *als Wohnorte* eben nicht nur ein Ort der Unterbringung, sondern Orte des Ankommens,
Orte der Bildung, Orte der Erholung und Orte des Aufwachsens. Demzufolge
müssten die Bedingungen der Unterkunft so gestaltet sein, dass sie die genannten
Prozesse unterstützen bzw. ermöglichen anstatt sie zu behindern.

 An dieser Stelle offenbart sich die Thematik des ‚Wohnens im Fluchtkontext'
als ein besonders hierarchisch strukturiertes Feld. Denn die konkreten Wohnpraktiken finden sich in den verschiedenen Landschaftskonfigurationen kaum
wieder, diese sind vielmehr stark von den makroräumlichen Prozessstrukturen
beeinflusst. Die leitende Akteurslandschaft ist im Kontext des Wohnens eng an
die institutionelle Landschaft geknüpft, über die konkreten Wohnformen entscheiden in erster Linie die zentralen Akteur_innen der Unterbringungspolitik,
nicht aber die Bewohner_innen. Der Einfluss der Bewohner_innen beschränkt
sich auf den mikroräumlichen Bereich, auf Flursprecherstrukturen o. ä. nicht aber
auf die grundsätzliche Frage danach, *wie* ein *Wohnen* in der Unterkunft möglich ist und aussehen könnte. Die fremdbestimmende Unterbringung und Wohnsituation steht dem handlungsfähigen Individuum gegenüber. Die erhobenen
Wohnpraktiken zeigen eindrücklich, wie kompetent und vielschichtig sich die
unterschiedlichen Interviewten ihre Wohnräume sowie individuelle Wohnmöglichkeiten erschließen. ‚Integration' zu fordern, aber die Möglichkeiten einer
selbstständigen Lebensführung zu beschränken, ist ein Widerspruch, den es in
Konzepten und Praktiken der Unterbringungspolitik aufzuheben gilt.

Lebenslagen und Aneignungspraktiken Geflüchteter sowie deren Relevanz für gesellschaftliche Teilhabe

6

In diesem Kapitel werden die Befragungen von Geflüchteten in Hamburg weiter ausgewertet. Aufbauend auf der vorhergehenden Analyse der Wohnpraktiken von Geflüchteten stehen im Folgenden Wechselwirkungen zwischen den einzelnen Lebenslagendimensionen und deren Auswirkungen auf die Lebensbedingungen zum Untersuchungszeitpunkt im Vordergrund:

> „Die soziale Lage eines Individuums wird durch verschiedene Dimensionen bestimmt, die sich nicht auf die finanzielle Dimension reduzieren lassen. Nicht nur materielle Lebensverhältnisse, sondern auch Bildung, Beschäftigung bzw. Arbeitslosigkeit, Krankheit, Wohnsituation, Trennung und Alleinerziehung, soziale Netzwerke und anderes beeinflussen die Lebenslage. Der Begriff meint die Gesamtheit der sozialen Zusammenhänge, in denen Personen ihre materiellen und immateriellen Möglichkeiten nutzen. Die Lebenslage bestimmt die Verwirklichungschancen der Menschen, ihre Möglichkeiten, ein Leben führen zu können, für das sie sich mit guten Gründen entscheiden konnten und das die Grundlagen der Selbstachtung nicht in Frage stellt" (Engels 2006, S. 643).

In einem ersten, überwiegend deskriptiven Abschn. (6.1) werden Momentaufnahmen zu den Lebensbedingungen einiger der Befragten präsentiert und die Komplexität der Lebenslagen aus Sicht der von uns interviewten Geflüchteten dargestellt. Denn nicht nur aus methodischen Erwägungen, sondern auch aus forschungsethischen Gründen erachten wir es als wichtig, zumindest exemplarisch und relativ ausführlich einige von uns befragte Subjekte ‚zu Wort' kommen zu lassen, bevor wir deren Erzählungen durch die Analysen mit unseren Interpretationen überformen.

In einem zweiten Analyseschritt der Interviewtranskripte und Feldprotokolle fokussieren wir – ergänzend zu den Aneignungsprozessen der lebensweltlichen ‚Innenräume' – nun Aneignungspraktiken der Stadt und somit das lebensweltliche

© Springer Fachmedien Wiesbaden GmbH, ein Teil von Springer Nature 2019
M. Arouna et al., *Fluchtort Stadt*, https://doi.org/10.1007/978-3-658-26871-8_6

‚Draußen'. Auch in diesem Abschn. (6.2) gehen wir von den Erzählungen der Befragten aus, arbeiten diese Aneignungspraktiken jedoch in einer noch zu begründenden theoriegeleiteten Systematik verallgemeinernd heraus.

6.1   Exemplarische Einblicke in die Komplexität der Lebenslagen von Geflüchteten

Die folgenden subjektiven Beschreibungen dienen der Verifizierung einer Annahme der Lebenslagenforschung, der zufolge objektiv gegebene Lebensverhältnisse subjektiv sehr unterschiedlich bewertet werden (Voges et al. 2003, S. 48). Manche Menschen äußern z. B. eine hohe Lebenszufriedenheit, obwohl sie mit wenig Geld auskommen müssen. Auch die Angst vor dem Verlust des Arbeitsplatzes kann trotz einer ‚objektiv' noch befriedigenden materiellen Situation zu einer subjektiv negativen Bewertung der Lebenslage führen. Diese Beispiele zeigen, dass zwischen objektiven Bedingungen von Marginalisierung, Exklusion und Diskriminierung, in denen Menschen ihr Leben bewältigen müssen, und der subjektiven Empfindung und Bewertung dieser Lebenssituation große Unterschiede auftreten können. Deshalb ist es unabdingbar, subjektive Sichtweisen zu berücksichtigen, wenn Lebenslagen wirklichkeitsnah untersucht werden sollen.

Nach Pierre Bourdieu (2006) spiegeln Lebenslagen die Positionierung eines Individuums oder einer sozialen Gruppe im gesellschaftlichen Raum wieder. Die folgenden Erzählungen verweisen auf Selbstpositionierungen der von uns befragten Geflüchteten am *Fluchtort Stadt*. In einer biografisch-narrativ orientierten Forschung würden diese Erzählungen selbst zum Gegenstand der Analyse, um zu untersuchen, wie die Geflüchteten ihre Geschichte ‚konstruieren'. Demgegenüber interessiert uns, wie die Geflüchteten ihre Lebenslagen implizit und explizit interpretieren: Welche Dimensionen der Lebenslagen sind für sie aus welchen Gründen relevant? Welche Wechselwirkungen zwischen Wohnen, Bildung, Gesundheit und Arbeit sehen sie selbst? Welche anderen Lebenslagendimensionen sind für sie eventuell ebenfalls von Bedeutung? Welche Strategien und Praktiken nennen sie, mit denen sie versuchen, ihren Alltag zu meistern? Und vor allem: Wie positionieren sie sich in der Hamburger Stadtgesellschaft?

Die fünf Beispiele wurden so ausgewählt, dass sie die Vielfalt des Gesamtsamples zumindest ansatzweise nachbilden: Es wurden Frauen und Männer, verschiedene Herkunftsländer, Altersgruppen, Bildungsniveaus und Familienkonstellationen berücksichtigt. In der Darstellung der Selbstbeschreibungen werden Paraphrasierungen und O-Töne der Erzählungen kombiniert; bei Amina wurden zudem ethnografische Protokolle einbezogen. Dieser Textkorpus basiert vorwiegend auf Interviewtranskripten, die deskriptiv, möglichst in der chronologischen Abfolge der Erzählung und überwiegend unkommentiert zusammengefasst wurden. In einleitenden Absätzen erfolgt eine kurze Kontextualisierung des jeweiligen Interviews einschließlich der Begründung für die Auswahl der Geschichte aus dem Gesamtsample. Am Ende einer jeden Paraphrase dient ein in Stichworten formuliertes ‚Memo' der Sicherung von Eindrücken, die uns für die abschließende Reflexion der fünf Narrationen relevant erscheinen.

6.1.1 Amina

Die Geschichte von Amina nimmt im Gesamtsample eine spezielle Rolle ein. Sie hat nie einen Asylantrag gestellt, ist im engeren Sinne der Gesetzgebung nicht geflüchtet, weshalb zunächst Unsicherheit bestand, ihren Fall in die Auswertung einzubeziehen. Da sie jedoch einige Zeit in einer der untersuchten Unterkünfte lebte und ihr Fall einige grundlegende Zusammenhänge offenbart, die für die Lebenslage geflüchteter Menschen nicht untypisch sind, fanden ihre Erfahrungen Eingang in diesen Abschnitt. Ihre Geschichte, die sie gern mit uns teilen wollte, verdeutlicht, welche individuellen Härten die Differenzierungspraxis zwischen Migration und Flucht bereithält. Um diesen Sachverhalt in seiner Komplexität zu erfassen, erfolgte die Datenerhebung nicht nur mittels eines Interviews, sondern wurde durch Beobachtungen und Gespräche während der Begleitung von Behördenbesuchen ergänzt.

Amina ist in einem ‚sicheren Herkunftsland' auf dem afrikanischen Kontinent geboren und hat dort einen Spanier geheiratet. Mit ihm ist sie nach Spanien gezogen und hatte somit bei ihrer ersten Einreise nach Europa zunächst einen verhältnismäßig sicheren Aufenthaltstitel. Nach dem Ende der Ehe lernte sie in Spanien einen Mann mit einer anderen europäischen Staatsbürgerschaft kennen, wurde schwanger und folgte dem Vater ihres Kindes nach Hamburg, als dieser hier Arbeit fand. Allerdings konnte sie nicht mit ihm zusammenwohnen, weil er in einer kleinen Wohnung mit einem Arbeitskollegen untergebracht war. Sie schilderte die Situation der Ausländerbehörde und bekam daraufhin einen Platz in einer öffentlich-rechtlichen Unterkunft zugewiesen. Als das Kind kurz nach der Geburt sehr krank wurde, verließ ihr Ehemann sie, seitdem besteht kein Kontakt mehr zu ihm. In der Unterkunft lernte sie jemanden aus ihrem Herkunftsland kennen, der sie mit dem Kind unterstützte. Als Amina von diesem dann wieder schwanger wurde, erhielten sie als Familie eine gemeinsame Wohnung in einer anderen Unterkunft. Ein Quartiersmanager in diesem Stadtteil bekam bald darauf von einer Wohnungsbaugenossenschaft die Möglichkeit, einige Wohnungen an von ihm ausgewählte Familien zu vermitteln, und er wählte unter anderem Aminas Familie aus. So kamen sie vergleichsweise schnell an eine Dreizimmerwohnung in einem regulären Wohnhaus, ohne wirklich mit der Wohnungssuche begonnen zu haben. Sie konnte ihr Glück kaum fassen, wusste sie doch von anderen Bekannten, dass sie über zwei Jahre lang mehrfach von Vermieter_innen abgelehnt worden waren. Sie führt dies vor allem auf mangelnde Deutschkenntnisse und in dieser Hinsicht diskriminierende Vermieter_innen zurück.

Als Amina mit dem dritten Kind schwanger war, wurde das Haus saniert, in dem die Familie wohnte. Über mehrere Wochen gab es Baulärm und -dreck, außerdem wurde das Wasser abgestellt. Aufgrund der Schwangerschaft und der zwei kleinen Kinder wurde sie aber von der Genossenschaft als Härtefall eingestuft und bekam nach ihrer Bitte um Hilfe eine andere, größere, bereits fertig sanierte Wohnung ein paar Häuser weiter zugewiesen. In dieser wohnt sie bis heute und fühlt sich dort in der Nachbarschaft sehr wohl.

Würde die Geschichte an dieser Stelle enden, wäre sie eher kein Fall, der in unsere Analyse Eingang gefunden hätte, weil sie bis dahin eine Aufenthaltserlaubnis hatte, die Wohnbiografie vergleichsweise reibungslos verlief bzw. die auftretenden Schwierigkeiten eher nicht auf ihre Migrationsgeschichte und die damit zusammenhängende Lebenslage zurückzuführen waren. Aber Aminas Geschichte nahm eine von ihr unvorhergesehene Wendung.

Als die Aufenthaltserlaubnis nach fünf Jahren in Deutschland erneut verlängert werden musste, wurde ihr Fall von der Ausländerbehörde an das Bezirksamt Altona abgegeben. Dort wurde ihr die Verlängerung verweigert, weil sie nicht arbeitete und der Vater ihres ersten Kindes keinen Unterhalt zahlte. Sie wurde also zurück zur Ausländerbehörde geschickt, ihr Pass wurde eingezogen und man sagte ihr, sie müsse abgeschoben werden: Entweder in das Herkunftsland des Vaters ihres ersten Kindes, da dieses über den Vater europäischer Staatsangehöriger ist, oder in ihr eigenes Herkunftsland.

Ich habe gesagt, nach [europäisches Land] abgeschoben werden, ich spreche kein [europäische Sprache], ich kenne niemanden in [europäischem Land], wie soll ich mit meinem Sohn und meinen zwei Töchtern, nach [europäisches Land]? Und dann die Frau hat gesagt: Okay, dann [afrikanisches Land], ich habe gesagt: [afrikanisches Land]? Ich habe kein zu Hause in [afrikanischem Land], ich bin seit acht Jahren von [afrikanischem Land] weg, ich kenne niemanden in [afrikanischem Land], habe ich erzählt (…). Und dann ich habe gesagt, was ist mit die Papa von meine zwei Töchter, sie werden getrennt von Papa und die Frau hat gesagt: Ja, er kann mit euch mitkommen, wenn er will. (Amina, Abs. 87)

Nur wenn sie mindestens drei Gehaltsabrechnungen einreiche, die belegten, dass der Unterhalt für sie und die Kinder gesichert sei, könne sie wieder eine Aufenthaltserlaubnis bekommen. Amina war zu dem Zeitpunkt aber mit ihrem dritten Kind im siebten Monat schwanger. Sie bekam zunächst eine Duldung, ihr Pass wurde einbehalten.

Beim ersten Treffen mit Amina war das dritte Kind acht Monate alt. Sie hatte bereits bei verschiedenen Firmen versucht, eine Arbeit zu finden, ihr Mann arbeitete in einem Restaurant als Küchenhilfe. Seine Aufenthaltserlaubnis war ebenfalls nur noch wenige Wochen gültig und sie machten sich große Sorgen, hatten aber andererseits Hoffnung, dass über eine mögliche Verlängerung und die damit verbundene Stabilisierung seiner Situation, auch Amina wieder einen Aufenthaltstitel bekommen könnte.

Amina hat Pläne, erarbeitete sich neben drei Schwangerschaften und der Kindererziehung deutsche Sprachkompetenzen (B2-Zertifikat) und möchte gern eine Ausbildung zur Hebamme oder zur Pharmazeutisch-Technischen Assistentin absolvieren. Vor ihrer Migration hat sie Abitur gemacht und Hotelmanagement studiert, die Nachweise darüber wurden ihr in Deutschland allerdings bisher nur als Hauptschulabschluss anerkannt, weil im Zeugnis keine Fremdsprache vermerkt war.

Ihre älteren beiden Kinder gingen bereits in den Kindergarten und die jüngste Tochter war bei der gleichen Kindertagesstätte angemeldet, jedoch werden dort erst Kinder ab einem Jahr aufgenommen. Aufgrund der schwierigen aufenthaltsrechtlichen Lage hatte sie aber vorläufig ihre Pläne zurückgestellt und suchte verzweifelt nach Arbeit. Bei einigen Reinigungsfirmen hatte sie sich schon beworben und wurde explizit wegen der Duldung abgelehnt. Deswegen hatte sie vor dem nächsten Termin bei der Ausländerbehörde, der vor dem ihres Mannes lag, große Angst. Spontan bot die Interviewerin an, sie dorthin zu begleiten.

Bei der Ausländerbehörde werden in der Regel keine Termine vergeben. Es empfiehlt sich, möglichst früh dort zu sein. Amina war deswegen schon um sieben Uhr da, um eine Nummer zu ziehen, obwohl die Sachbearbeiter_innen frühestens um acht Uhr die ersten Gespräche führen. Im Wartebereich stehen Mitarbeiter_innen eines Sicherheitsdienstes, die bei Bedarf auch das Prozedere erklären. Denn je nach Herkunftsland haben die Nummern noch unterschiedliche Buchstaben, die jeweils einem Wartebereich in den oberen Stockwerken zugeordnet sind. Dort werden alle Unterlagen den Sicherheitsleuten übergeben, die diese an die zuständigen Sachbearbeiter_innen weiterleiten. Die Reihenfolge, in der die Nummern dann aufgerufen werden, folgt nicht streng der numerischen Ordnung. Schwieriger gelagerte Fälle müssen manchmal länger warten, weil der/die Sachbearbeiter_in beispielsweise erst noch beim BAMF anrufen muss, bevor er/sie den Fall bearbeiten kann.

Bei Amina ging es bei diesem ersten Besuch relativ schnell, nach ca. 15 min im zweiten Wartesaal wurde sie zur Sachbearbeiterin vorgelassen. Diese hatte ihre Duldung um drei Monate verlängert und teilte ihr mit, dass sie das Baby noch beim Ankunftszentrum registrieren müsste, damit auch ihr Fall ausländerrechtlich bearbeitet werden könne. Auf Nachfrage wird Amina aus ausländerrechtlichen Gründen von einer Ausbildungsstelle abgeraten, weil diese zwar ihre Duldung verlängern würde, sie aber für einen sichereren Status eine Festanstellung vorweisen müsse. Andererseits könne sie abwarten, bis ihr Mann einen stabilen Titel hat und arbeitet, dann könnte sie ebenfalls über die Familie eine Aufenthaltserlaubnis bekommen. In diesem Fall wäre eine Ausbildung durchaus empfehlenswert.

Der Termin ihres Mannes verlief jedoch nicht gut. Seine Aufenthaltserlaubnis wurde nicht verlängert, da sein Verdienst nicht hoch genug sei, um die ganze Familie zu versorgen. Ihm wurde nur noch eine ‚Fiktionsbescheinigung'[1] ausgestellt Den Termin hat die Familie ohne Begleitung wahrgenommen, aber das Ergebnis hat sie so sehr verunsichert, dass sie die Interviewerin aktiv um Begleitung baten, als ein Brief vom BAMF kam. Das Baby und in Vertretung beide Eltern, waren zur Anhörung im Asylverfahren im Ankunftszentrum in Rahlstedt vorgeladen. Warum, verstand niemand so recht, es wäre ja klar, dass das Baby kein Asyl bekäme, wegen des sicheren Herkunftslandes und der Duldungen der Eltern. Aminas Mann musste dafür einen Urlaubstag nehmen, und da die Familie nicht sicher war, ob sie den Termin und den langen Rückweg schnell genug bewältigen könnten, um rechtzeitig zur Abholzeit wieder am Kindergarten zu sein, hatten sie die beiden älteren Kinder ebenfalls zu diesem ‚Ausflug' mitgenommen.

Der Eingangsbereich des Ankunftszentrums liegt in einem separaten Gebäude, das mit mehreren Sicherheitsbediensteten besetzt ist. Am Tresen legte die Familie das Schreiben mit der Vorladung vor. Daraufhin mussten alle Personen, die das Gebäude betreten wollten, die Ausweise zeigen und sie wurden in eine Liste eingetragen. Zwei Sicherheitsleute geleiteten zum nächsten Gebäude, wo wieder alle Dokumente vorgelegt werden mussten. Im Wartebereich gab es einige Stühle und eine Spielecke für Kinder. Nach einigen Minuten wurde die Familie aufgerufen. Die Sachbearbeiterin wunderte sich, dass der älteste Sohn einen

---

[1]Mit einer Fiktionsbescheinigung wird ein vorläufiges Aufenthaltsrecht erteilt, wenn die zuständige Ausländerbehörde nicht gleich über den Antrag auf Verlängerung der Aufenthaltserlaubnis entscheiden kann bzw. möchte. Sie gilt für den Zeitraum bis die Ausländerbehörde den gestellten Antrag geprüft und beschieden hat.

europäischen Pass und dass das Baby überhaupt schon einen eigenen Ausweis hat. Sie fragte, woher die Familie den hätte. Der Übersetzer half erklärend aus, dass alle in Deutschland geborenen Personen aus Aminas Herkunftsland automatisch über die Botschaft in Berlin einen Pass bekämen. Dann fragte sie, warum die Familie denn einen Asylantrag für das Baby gestellt hätte, das sei doch eigentlich überflüssig, da der Ausgang des Verfahrens relativ klar sei und niemand sonst aus der Familie Asyl beantragt hätte. Perplex erklärte Amina, dass sie von der Ausländerbehörde geschickt worden sei und sich auch darüber gewundert hätte. Die Sachbearbeiterin betonte noch einmal, dass das tatsächlich Unsinn sei, die Ausländerbehörde hätte das einfach selbst regeln können und müssen. Da nun das Asylverfahren aber eingeleitet sei, müsse das Baby auch angehört werden, also stellte sie die im Verfahren vorgegebenen Fragen. Am Ende wurde das Protokoll noch einmal verlesen und übersetzt und dann von den Eltern unterschrieben. Auf dem Rückweg aus dem Gebäude mussten wieder alle Besucher_innen die Ausweise vorlegen und aus den Listen ausgetragen werden.

Inzwischen hat Amina Arbeit gefunden als Zimmermädchen in einem Hotel, der Kitabesuch ihres jüngsten Kindes beginnt jedoch erst zwei Monate später als ihr Arbeitsvertrag. Also musste ihr Mann seinen Job vorläufig aufgeben, da Aminas Duldung vor seiner abläuft, und es ihr wichtig erscheint, dass sie zum Zeitpunkt der Verlängerung in Arbeit ist.

Zusätzlich zu der geschilderten Situation beim BAMF waren es behördliche Abstimmungsschwierigkeiten, die zu der schwierigen Gesamtlage beitrugen: Während sie in dem vom Jobcenter angeordneten B1 Kurs war, machte die Ausländerbehörde Druck, sie müsse arbeiten gehen, das Jobcenter bestand aber darauf, dass sie erst den Kurs beendet. Der Druck vom Jobcenter äußerte sich damals in einem Abschiebebescheid für ihr damals knapp zweijähriges zweites Kind.

Aber dann hatte meine Sachbearbeiterin gesagt: Nein, wir bezahlen für deine B1, sie müssen sowieso die B1 machen und deswegen konnte ich nicht arbeiten. Es war schwierig für mich und dann hatte diese Frau meine B1 bezahlt, gearbeitet hat der Mann, weil ich hatte eine Brief, dass meine Tochter, die zwei Jahre war, nach [afrikanisches Land] abgeschoben wird, weil ihr Aufenthalt fertig war, ungültig war. Und dann musste ich schnell arbeiten und dann hatte ich zu meiner Sachbearbeiterin gesagt: Guck mal ich kann nicht mehr B1 machen, guck mal diese Brief. Sie wollen meine zweijährige Tochter nach Afrika abschieben, ich muss arbeiten. Und dann hat die Frau gesagt: Nein, wir bezahlen für deine B1 Kurs, du musst damit fertig machen. Deswegen konnte ich nicht arbeiten. Und dann hatte sie diesen Herrn angerufen, diese Frau hat einen Brief von Ihnen bekommen, dass sie Arbeit gehen muss und sie möchten ihre zweijährige Tochter nach Afrika abschieben. Ah Nein, das ist nur eine Regel bla bla bla und dann konnte ich nicht mehr arbeiten, weil ich mit dem B1 fertig machen musste. (Amina, Abs. 179)

Das Verschicken von Abschiebebescheiden macht es Amina besonders schwer. Sie möchte unbedingt aus ihrem Leben etwas machen.

> Ich brauche nur Chance. Ich brauche einen gültigen Aufenthalt, damit ich weiter-gehen kann, aber mit diese Abschiebeduldung geht nicht. (Amina, Abs. 218)

An diesem Fall wird deutlich, dass unabhängig von der individuellen Migrations-geschichte, der Aufenthaltsstatus das zentrale Kriterium ist, das die Lebenslagen von Migrant_innen in Deutschland beeinflusst. Über die Verknüpfung des Auf-enthaltstitels mit der Pflicht zur Arbeitsaufnahme kann enormer Druck entstehen, insbesondere, wenn von den zuständigen Behörden die Gesamtumstände nicht berücksichtigt werden, sondern der Fall nur auf die Datenlage in der Akte redu-ziert und diese dann auch noch restriktiv ausgelegt wird. Amina wird nur selten als kompetente Frau wahrgenommen, die von dem Vater ihres ersten Kindes im Stich gelassen wurde. Die Tatsache, dass Amina in einem sicheren Herkunftsland geboren wurde, führt dazu, dass sie hier in eine Schublade illegaler Migrantinnen gesteckt wird, obwohl sie völlig legal mit einer Aufenthaltserlaubnis aus familiä-ren Gründen eingereist ist. Nur die Tatsache, dass der Vater ihres ersten Kindes keinen Unterhalt zahlt, hat dazu geführt, dass ihr Aufenthalt in Deutschland plötz-lich nicht mehr legal ist.

Im Jobcenter wurde zunächst nur ihr Mangel an akzeptierten Qualifikationen wahrgenommen, es wurde ihr auferlegt, erst einmal Deutsch zu lernen. In der Ausländerbehörde wird ausschließlich berücksichtigt, dass sie aus einem siche-ren Herkunftsland kommt und keine Arbeit hat, ihre Bemühungen um Sprach-kenntnisse oder ihre Mutterschaft werden in der behördlichen Fallbearbeitung kaum einbezogen. Die Ausländerbehörde scheint ohne zu zögern und ohne Rücksicht auf die Lebenssituation der Betroffenen standardmäßig Abschiebebe-scheide zu verschicken. Bei Amina wurde überdies nicht berücksichtigt, dass eine Abschiebung faktisch nicht so einfach ist, da der erste Sohn eine andere Staats-bürgerschaft hat und vor einer Abschiebung erst einmal geklärt werden müsste, wohin eigentlich.

6.1.2 Mohammed

Ganz ähnlich wie Amina wollte auch Mohammed (45) seine Geschichte unbedingt erzählen. Er kommt aus Syrien und ist nach sieben Monaten in Deutschland als Flüchtling anerkannt worden, was er als Glückssache bezeichnet. Die Besonderheit seines Falls zeigte sich schon beim ersten Kennenlernen: Bei

einem anderen Interview in einer Unterkunft im Bezirk Altona kam Mohammed in den Raum, er wohnte in der gleichen Wohnung wie der andere Interviewpartner und wollte mit seinem Mitbewohner etwas absprechen. Der erklärte
ihm die Interviewsituation. Daraufhin äußerte Mohammed, dass er auch eine
interessante Geschichte zu erzählen hätte. Er ging sofort Frühstück machen und
lud uns ein. Im Zuge dessen erzählte er bereits, dass er von seinem ehemaligen
Mitbewohner mit einem Messer schwer verletzt und dieser nicht dafür bestraft
wurde. Außerdem habe er gerade die Hoffnung, dass seine Familie jetzt bald
nachkommen könne. Weil er den Eindruck machte, seine Geschichte wirklich
unbedingt erzählen zu wollen, wurde ein Interviewtermin mit ihm vereinbart.
Zum Zeitpunkt des Interviews bewohnte er gemeinsam mit einem Mann aus dem
Irak ein Zimmer einer Vierzimmerwohnung im ersten Stock einer aus Containern
bestehenden Folgeunterkunft. Mohammed kocht sehr gern und hat in der Wohnung ein bisschen die Vaterrolle für die anderen jüngeren Mitbewohner über-
nommen.

Mohammed wurde zuerst in Ungarn registriert und saß da für ein paar Tage
unter prekären Bedingungen im Gefängnis.

> Irgendwie diese Situation war so kompliziert, erstmal zu wenig Essen, die geben
> einfach nur Sandwich und für den ganzen Tag, und die WC war irgendwie nicht so
> sauber, […] ja, also wir sind daran nicht so gewöhnt, aber diese Toilette ist nicht so
> ganz sauber, und es gab zu wenig Wasser und überall alles Schmutz und schmutzig.
> […] und die warfen einfach alles auf dem Boden und das war einfach so schlimm.
> (Mohammed, Abs. 220)

In Deutschland kam er zuerst in München an, wo ihm von anderen geraten wurde,
nach Hamburg zu gehen. Er lernte dort auch einen Hamburger kennen, der ihm
sofort half und ein Zugticket buchte.

> Als ich nach München gekommen bin und so, ich war total zufrieden, die haben
> mich begrüßt und so und ich habe nur einfach diese deutsche Person kennengelernt,
> für 15 Minuten, und dann hat uns einfach sozusagen zu seinem eigenen Haus ein-
> geladen und wir haben bei ihm eine Nacht übernachtet und dann am zweiten Tag hat
> uns gut geholfen, in welche Richtung wir hingehen sollen, und er ist ein Hamburger,
> aber er wohnt halt in München. Und das, er war total nett. (Mohammed, Abs. 244)

Die Unterbringung in der Erstaufnahme verglich er mit einem Gefängnis,
außer dass man rausgehen durfte. Es fiel ihm schwer, so eng mit so vielen verschiedenen Menschen zusammen zu leben. Mit der Unterbringung in der Folgeunterkunft, die zu den ‚beliebtesten‘ in Hamburg gehört, weil sie recht klein ist

und in einem Wohngebiet liegt, ist Mohammed sehr zufrieden, auch weil er derzeit einen Mitbewohner hat, mit dem er sich gut versteht. Er hat kein Problem
hier zu wohnen, bis seine Familie kommt. Er will keine Zeit mit der Wohnungssuche verschwenden, sondern lieber gleich arbeiten. Es gefällt ihm auch, dass
viele Deutsche ganz in der Nähe dieser Unterkunft wohnen, er würde sich nur
wünschen, dass sie mal zu Besuch kommen würden.

Seit mehr als zwei Jahren versucht er seine Familie nachzuholen. Bei der
Nachfrage zur Familie nimmt er eine Tablette ein und wechselt das Thema. Er
zeigt seine Medikamente und Papiere von der Staatsanwaltschaft, einen Ent-
lassungsbrief vom Krankenhaus und ein Schreiben vom Weißen Ring:

Vor etwa einem Jahr hat sein ehemaliger 18-jähriger Mitbewohner ihn mit
einem Messer schwer verletzt, aus seiner Sicht ohne Grund. Der junge Mann, der
ihn verletzt hat, war wie ein Sohn für ihn, hat aber nach einer Zeit angefangen
Drogen zu nehmen und Freunde zum Übernachten mitzubringen. Nach einem
Streit über ein kaputtes Mobiltelefon habe der Jugendliche erst, als Mohammed
nicht da war, mit dem Messer an der Zimmertür geübt, und hat ihn dann, als er
nach Hause kam, auf der Treppe angegriffen. Mohammed musste mehrere Tage
im Krankenaus bleiben. Seither fühlt er sich entrechtet. Er hat den Eindruck, dass
der Angreifer nicht bestraft und ihm nicht geholfen wurde:

> In solcher Situation, wenn ich in Syrien wäre, würde ich halt meine Rechte haben,
> statt, dass ich hier, also hier habe ich keine Rechte gehabt, wegen dieser Situation.
> (Mohammed, Abs. 61)

Das beschäftigt ihn sehr. Aus seiner Sicht machen die Deutschen einen Unterschied zwischen Leuten, die leicht lernen, so wie der junge Mann, und Leuten
wie ihm, die Schwierigkeiten haben zu lernen, auch weil sie sich um ihre Familie sorgen oder arbeiten wollen. Er findet es falsch, dass Deutschland straf-
fällige Leute schützt, sie würden, wie er es formuliert, dadurch hochnäsig. Die
Polizei habe ihn nur aus der Entfernung angesehen und zwei Zeugen angehört,
dann hat er keine Rückmeldung mehr bekommen. Ein ägyptischer Anwalt habe
ihm nicht wirklich geholfen, sondern erst nach der Bezahlung gefragt. Aus den
Unterlagen geht hervor, dass es polizeiliche Ermittlungen gab, Mohammed weiß
jedoch nicht, ob ein Gerichtsverfahren eingeleitet wurde oder was sonst passiert
ist. Von einer Schadensersatzforderung hat ihm sein Anwalt abgeraten, weil der
junge Mann ja kein Geld habe. Diese von ihm empfundene Ungerechtigkeit stellt
auch alle Annehmlichkeiten des deutschen Sozialstaats in den Schatten. Er hatte
schon mal eine Operation am Bein, er findet zwar, dass das hier gut organisiert

ist, weil alles bezahlt wird, aber er würde lieber dazu zahlen, und dafür sein Recht bekommen.

> Also die behandeln mich sehr gut für die Operation, also für solche Sachen werden alles bezahlt, und schon gut organisiert, aber stell dir vor, wenn ich das, dazu bezahlen muss, zum Beispiel und so, und im Vergleich zu was ich, im Vergleich zu dieser Situation, was mit dem jungen Mann passiert ist, ich kann das akzeptieren, einfach das dazu zu bezahlen, auch für diese Operation und so, statt, dass ich einfach meine Rechte zu verlieren. (Mohammed, Abs. 184)

Mohammed schätzt die deutsche Arbeitsmoral und Pünktlichkeit, auch seine Kinder habe er so erzogen. Aber die Erfahrung hat ihn schockiert, er hatte gehofft, in einer Demokratie zu sein, wo alle ihr Recht bekommen. In Syrien war er im Gefängnis und wurde geschlagen, aber in den 45 Jahren seines Lebens habe er noch nie Haschisch gesehen, hier sehe er das viel. Er wollte für seine Kinder eine sichere Zukunft in Deutschland, aber jetzt hat er Angst. Er hat immer noch Schmerzen. Die verschriebenen Medikamente hat er wegen Nebenwirkungen abgesetzt. Beim Arzt fühlt er sich nicht so gut versorgt, er hat den Eindruck, nur notdürftig behandelt worden zu sein und führt das auf seinen Flüchtlingsstatus zurück. Er schämt sich zudem für die Narben, die ihn zusätzlich auffällig machen. Neben dieser grundlegenden Verunsicherung belastet ihn die Situation seiner Familie so sehr, dass es gesundheitliche Folgen hat. Sie leben unter prekären Bedingungen bei Verwandten in Damaskus.

> Und die Situation jetzt in Damaskus, die Mieten sind ziemlich hoch, also die meisten, die Vermieter, die wissen einfach jetzt die Situation, jetzt kommen alle nach Damaskus, wegen des Kriegs und so, dann die benutzen einfach diese Chance, einfach die Miete zu erhöhen, daher hat er sich entschieden, ich kann nicht, also mehr, ich kann einfach diese Mieterhöhung von den Wohnungen nicht so halten und als Kosten, diese großen Kosten, diese hohen Kosten, kann er das nicht so schaffen. Und die Situation ist extrem schlecht und schlimm für seine Familie. (Mohammed, Abs. 118)

Dass er seine Angehörigen seit zweieinhalb Jahren nicht gesehen hat, ist schwer für ihn und hindert ihn daran, effektiv Deutsch zu lernen. Nachmittags besucht Mohammed einen Deutschkurs bei der Volkshochschule. Da fährt er mit Bus und U-Bahn hin. Das Verkehrssystem hier gefällt ihm sehr gut, und er fährt gern mit dem Fahrrad nach Barmbek, Rissen oder Blankenese, um sich mit Freunden zu

treffen und die Stadt kennen zu lernen. Aber das Lernen fällt ihm schwer, er führt
darauf auch all seine anderen Probleme zurück:

> Und er sagte auch, er hat das, einfach das Gefühl gehabt, dass hier in Deutschland,
> die machen sich Unterschied, einen Unterschied zwischen den Leuten, die lernen,
> und den Leuten, die Schwierigkeiten mit dem Lernen, oder halt, die haben nicht
> sofort mit der Kultur integriert oder halt mit der Sprache sofort gelernt. Und daher
> hat er diese Rechte gehabt, also der junge Mann, hat sofort […] keine Schwierig-
> keiten gehabt, um einfach eine Wohnung zu haben oder halt Aufenthalt. (Moham-
> med, Abs. 63)

Um mit seinen psychischen Belastungen besser umzugehen, hat ihn das Sozialmanagement der Unterkunft zu einer psychologischen Beratung bei der Diakonie geschickt; dort fühlte er sich aber unwohl, weil persönliche Fragen gestellt
wurden, und als er einmal bei einem Formular um Hilfe gebeten habe, weil dort
immer ein Übersetzer anwesend war, sei die Dame sehr unfreundlich gewesen.
Deshalb ist er nicht mehr hingegangen.

> Und er hat ein Papier gefunden, per Post von dem Anwalt oder von einer Richtung
> glaube ich, und er hat das gesehen, es gab einen Übersetzer dort, neben dabei, und
> er hat bei der, also bei der Frau schon gefragt, kannst du mir helfen, wie kann man
> das übersetzen, kannst du mir helfen und so. Dann sie hat ihm trotzdem unterstützt
> und geholfen. Aber danach hat ihm einfach geschimpft, du was, das soll nicht sein,
> du musst mir keine aufwendige Arbeit mir geben, das ist nicht meine Arbeit, dass
> ich für dich, jedes Mal zu übersetzen, oder einfach solche Sachen. (Mohammed,
> Abs. 343)

Sein wichtigstes Ziel ist derzeit, Arbeit zu finden, er möchte auf keinen Fall vom
Staat abhängig sein. Mohammed war in Syrien ein sehr renommierter Schneider
mit einer eigenen Werkstatt, aber hier in Deutschland ist es schwer, als Schneider
zu arbeiten. Bei der Agentur für Arbeit wurde ihm keine Hoffnung gemacht.

> Ja es gibt nur ein Prozent diese Chance zu arbeiten, und es gibt irgendwie keine
> Chancen für dich hier in Hamburg oder irgendwo hier in Deutschland. (Mohammed,
> Abs. 272)

Er kocht gern oder könnte sich vorstellen, als Hausmeister zu arbeiten. In einem
Praktikum bei einem türkischen Schneider hatte er jedoch das Gefühl, der wolle
nur für eine kurze Zeit einen kostenlosen Mitarbeiter und er hat von ihm verlangt,
schnell zu arbeiten. Deshalb hat er aufgehört, weil er nicht nachlässig arbeiten
möchte.

Seine Unterbringungsgeschichte ähnelt etlichen anderen, die wir im Zuge der Interviews gehört haben. Es wird deutlich, dass die behördlichen Vorgehensweisen, wenn sie nicht vollständig transparent gemacht werden, ein tief greifendes Gefühl von ungerechter Behandlung erzeugen können. Für Mohammed führen seine geringen deutschen Sprachkenntnisse zur Ausgrenzung, er hat den Eindruck, dass sowohl die Justiz, als auch das Gesundheitssystem und der Arbeitsmarkt ihn anders behandeln als Menschen, die gut Deutsch sprechen. Dass es jemandem, der bereits Mitte vierzig ist und sich große Sorgen um seine zwangsweise zurückgelassene Familie macht, nicht so leichtfällt, sich auf das Deutschlernen zu konzentrieren, dass er aber dennoch über umfassende fachliche Kompetenzen und vor allem Arbeitsmotivation verfügt, gerät dabei aus dem Blick.

6.1.3 Daria und Kiana

Daria (46) kam mit ihrer Tochter Kiana (18) und ihrem Sohn Amir (19) im Oktober 2015 mit einem Flugzeug aus dem Iran in Hamburg an. Aufgrund der gesundheitlichen Probleme ihres Sohnes wollte sie eine längere Reise über den Landweg nicht riskieren. Ihre Wohnbiografie in Hamburg ist von einer langen Zeit in der Erstaufnahme geprägt. Sie beschreibt diese als „unser kleines Kartongefängnis" (Daria und Kiana, Abs. 55). Ein wiederkehrendes Element in Darias Wohnbiografie sind die problematischen Umstände der Unterbringung und deren Auswirkungen auf die Gesundheit ihres Sohnes.

Amir leidet an Epilepsie. Dieser Umstand führte auch zu der Entscheidung, dass Darias Mann im Iran verblieben ist, um mit seinem dortigen Gehalt die notwendigen Kosten für Medikamente und Behandlung weiterhin finanzieren zu können. Ihnen war nicht bekannt, dass im Verhältnis zum Iran hier in Deutschland nur geringe Zuzahlungen für Medikamente und Behandlung zu leisten sind. Nach dem Transfer in eine EA in einer Sporthalle, brachte die prekäre Unterbringungssituation verschiedene Unannehmlichkeiten mit sich: 300 Personen, jeweils zur Hälfte Familien und Alleinstehende, verursachen in einem solchen Umfeld erheblichen Lärm. Die Halle wurde durch einen Vorhang in zwei Hälften geteilt und der Raum dahinter gemeinsam genutzt. Viele Familien hatten kleine Kinder, die oft schrien, und der Oktober war bereits sehr kalt. Unter diesen Umständen war es sehr schwierig, ausreichend Schlaf zu bekommen.

Generell gab es wenig Privatsphäre und Raum, um zur Ruhe zu kommen. Versuche sich den Raum anzueignen und zumindest etwas Privatsphäre zu schaffen – indem Betten zusammengeschoben und mit Bettwäsche Vorhänge installiert wurden – hat die Security unterbunden. Die prekären Umstände – der Lärm, der Mangel an Privatsphäre und der fehlende Schlaf – stellten für Daria aufgrund Amirs Gesundheitszustand eine katastrophale Situation dar, weil sie befürchtete, dass diese Faktoren einen epileptischen Anfall bei ihrem Sohn auslösen könnten. Ein erster Anfall führte zu keiner Veränderung der Situation der Familie. Erst der zweite Anfall und die Intervention des behandelnden Arztes veranlassten das Sozialmanagement, einen Transfer in eine andere EA zu erwirken. Die Situation in der neuen EA wurde aber kaum besser, obwohl die Familie nun einen eigenen Container bewohnte. Zwar habe sich dort das Verhältnis zur Security entspannt, doch habe Daria keine gute Beziehung zu den Mitarbeiter_innen gehabt. Ihre Wohnsituation beschreibt Daria als einen Container mit einer ungefähren Größe von etwa zwei Mal drei Metern, mit kleinen Fenstern und kaputten Jalousien. Die Stimmung und Atmosphäre schildert sie als sehr bedrückend.

> Es war ein Gefängnis da. Sie können es gar nicht glauben. Abends als Schnee kam und man von draußen kam, fiel das Licht auf diese Container und wenn man so von der Ferne da hinschaute, sah es wirklich aus wie ein Gefängnis. Vom seelischen Zustand her waren die Menschen kaputt, zerstört. (Daria und Kiana, Abs. 115)

Dass sie in der Erstaufnahme nicht selbstständig für ihre Familie kochen konnte, dass sie keine elektrischen Geräte besitzen durfte, nicht mal einen Ventilator gegen die sich in den Containern stauende Hitze, belastete sie sehr. Auch für Amir war diese Situation schwierig. So war im Nachbarcontainer eine Familie mit einem neugeborenen Kind untergebracht, das in der Nacht viel geschrien habe, weswegen Amir nicht schlafen konnte und deshalb den nächsten epileptischen Anfall hatte.

Dieser Anfall und die generelle Situation rund um die Gesundheitsversorgung in ihrer Zeit in der neuen EA ist ein zentrales Element ihrer Geschichte. Der Anfall ereignete sich an einem Abend, an dem außer der Security keine weiteren Mitarbeiter_innen in der EA anwesend waren. Daria und Kiana haben die Security sofort über den Gesundheitszustand informiert. Sie schildern, wie dieser sie wieder wegschickte mit der Ankündigung, gleich nach Amir zu sehen. Kiana jedoch ließ nicht locker. Als der Vertreter der Security letztendlich Amir begutachtete, habe er nur gemeint, dass es ihm ja jetzt wieder gut gehe. Daria und Kiana insistierten jedoch auf einen Arzt, da Amir nach einem Anfall nicht mehr gut sehen könne und sich regelmäßig übergeben müsse. Ein anderer Mitarbeiter der Security wollte eigenständig einen Transport in ein Krankenhaus rufen, was ihm jedoch vom Schichtleiter untersagt wurde. Somit wurde in dieser Nacht weder ein Krankenwagen noch eine andere medizinische Versorgung herbeigerufen. Amirs Zustand verschlechterte sich am nächsten Tag. Als ein weiterer Mitarbeiter der Security nachfragte, was in der Nacht zuvor geschehen war, wurde auch eine Mitarbeiterin der EA auf den Fall aufmerksam. Sie rief die Familie zu sich ins Büro des Sozialmanagements und erschrak angesichts des Zustandes von Amir. Sie rief den Leiter der Security an, der sodann in die EA fuhr. Gemeinsam riefen sie ein Taxi und brachten Amir ins Krankenhaus. Von dort kehrten sie mit einem Arztbrief zurück, der sich für eine Verlegung in eine andere Unterkunft aussprach. Daria wurde jedoch mitgeteilt, dass dies nicht möglich sei und der Brief wurde einbehalten.

Generell seien viele in der Unterkunft krank gewesen und sie gesteht den Mitarbeiter_innen zu, dass es schwer gewesen sei zu unterscheiden, wer wirklich krank und wer es nicht war. Sie berichtete uns von einem Mann aus Afghanistan, der 19 Monate mit seiner Frau in der EA lebte und an einem Herzleiden litt. Er wurde mehrfach operiert und war aus diesem Grund bettlägerig. Seiner Frau wurde zwar erlaubt, in ihrem Container für ihn zu kochen, doch ein Transfer in ein geeigneteres Umfeld erfolgte nicht, bis der Mann schließlich in der EA verstarb. Eine weitere Belastung stellte für Daria dar, dass ihre Kinder noch keine Schule besuchten. Bis die Einschulung erfolgte, vergingen weitere Monate und auch dieser Schritt war mit einigen Hürden verbunden. Sie berichtet davon, wie sie mit Amir und Kiana zur Schulbehörde – vermutlich meint sie hier das Schulinformationszentrum – ging und dort darauf hingewiesen wurde, dass ihre Kinder erst ab einem Alter von 16 Jahren zur Schule gehen könnten und dann allerdings nur auf eine Berufsschule. Dieses Vorgehen der Behörde ist jedoch ihrer Situation geschuldet, dass sie sich zu dem Zeitpunkt noch immer in der EA befanden. Eine Beschulung findet in der Regel in der EA statt. Erst nach einem Transfer in eine FU werden geflüchtete Kinder und Jugendliche in IVKs an regulären Schulen und an Berufsschulen verteilt. Für Daria war dies aber problematisch. Bei einer Berufsschule handele es sich schließlich um eine „Schule der Arbeit" (Daria und Kiana, Abs. 136), die Kinder dazu ermutigt, auf den Arbeitsmarkt zu gehen. Für sie ist klar, ihre Kinder müssen studieren.

> Aber für die Iraner heißt es ja, das wissen sie ja, mein Kind muss entweder Arzt werden oder Ingenieur, alles andere geht nicht. (Daria und Kiana, Abs. 135)

Mit 16 Jahren wurde Amir dann auf eine Berufsschule in der Osterstraße geschickt. Kiana wurde in der EA beschult. Sie sei allerdings die einzige Schülerin dort gewesen und habe daher Einzelunterricht erhalten. Dies war für Daria ein großes Problem, da sie hohe Ansprüche an die Bildung ihrer Kinder stellt. In der EA war regelmäßig eine Farsi-Dolmetscherin zugegen, die als Lehrerin an einer

Stadtteilschule arbeitet. Sie versprach, sich für die beiden Kinder einzusetzen und organisierte deren Teilnahme an einem Einstufungstest. Kiana schnitt dabei als Beste ab. Daraufhin schrieb der Schulleiter einen Brief an die Schulbehörde und erwirkte, dass Kiana die Schule besuchen konnte. An der Schule setzte sie sich wiederum für ihren Bruder ein, damit auch er diese besuchen könne. Kianas gutes Abschneiden – so vermutet es die Mutter – führte dazu, dass Amir ebenfalls zu einem Einstufungstest eingeladen wurde. Amir schnitt ebenfalls sehr gut ab. Der Wechsel von der Berufsschule auf die Stadtteilschule stellte sich jedoch nicht gerade als einfach dar.

> Beide kamen also hier her, aber Amir meinte, die Berufsschule erlaube nicht, dass er seine Schule wechsle und meinte er müsse dableiben. So hat also sein Arzt 'nen Brief geschrieben und gesagt, er sei krank und der Weg sei zu lang. Denn er war 45 Minuten unterwegs. Jedenfalls gab es ganz viel Hin und Her und Kopf-schmerzen, bis er schließlich die Schule wechselte. Wenn die ihn von Anfang an hier eingeschrieben hätten, ja dann wäre er halt direkt hier hingegangen. Er ist ungefähr sechs sieben Monate da zur Schule gegangen, einfach für nichts. Er hat dadurch ein Jahr wiederholen müssen. (Daria und Kiana, Abs. 159)

Erst ein Attest eines Arztes ermöglichte Amir den Schulwechsel. Um ihre Situation zu verbessern, versuchte Daria nach einer Weile, einen Transfer für ihre Familie zu erwirken. Sie berichtet, dass in ihrer Zeit in der neuen EA einige bereits nach sechs Monaten transferiert wurden. Daraufhin hat sie sich selbst-ständig mit dem Unterkunftsmanagement in Verbindung gesetzt und sich nach einem Transfer erkundigt. Da sie3 sich bereits seit drei Monaten in der zweiten EA befanden und zuvor bereits zweieinhalb Monate in einer Sporthalle unter-gebracht waren, erwartete sie, dass auch sie bald einen Transfer in eine FU erhalten würden. Allerdings wurde ihr in der zweiten EA entgegnet, dass sie ja gerade erst angekommen seien und daher nicht mit einem baldigen Transfer rechnen könnten.

> Es schien als ob die 2,5 Monate in der Sporthalle uns gar nicht angerechnet wur-den. Obwohl doch die Sporthalle von den Umständen her viel schlimmer ist, als ein privater Container! Ich weiß nicht wieso! Das ganze Gesetz, ihre Regeln haben überhaupt keine Ordnung! Einer war zwei Monaten da und wurde transferiert, ein anderer war in der Sporthalle seit einem Jahr und die sagten ihm dann nein, du bist erst seit einem Monat hier. (Daria und Kiana, Abs. 58)

Nach weiteren Monaten beschloss Daria etwas zu unternehmen und besuchte die Zentrale von f&w. Sie spricht dabei allerdings von der Firma, die für die Trans-fers zuständig sei. Dort wandte sie sich an eine Mitarbeiterin. Diese schaute sich die von Daria mitgebrachten Dokumente an und sprach mit ihrem Vorgesetzten. Auch dieser prüfte nochmal die Akte der Familie, in der ein Vermerk stand, dass die Unterbringung für die Familie angemessen sei. Wegen Amirs Gesundheitszustand versprach er jedoch einen Transfer zu erwirken. Als nach ungefähr 40 Tagen noch immer kein Transfer erfolgte, beschloss Daria ein weiteres Mal bei f&w vorstellig zu werden. Anscheinend wurde bereits ein Platz für Daria und ihre Kinder in eine Folgeunterkunft gefunden. Ihren Schilderungen nach, konnten sich auch die Mitarbeiter_innen in der Zentrale von f&w nicht erklären, warum dieser Umzug nicht vollzogen wurde. Als sie zurück in der EA war, ist die Nachricht, dass sie die Zentrale von f&w besucht hat, bereits angekommen. Eine Mitarbeiterin sprach Daria und ihre Tochter direkt an. Sie war sehr entrüstet darüber, dass Daria in die Zentrale von f&w gegangen ist, um dort um einen Transfer zu bitten. Sie weigerte sich sogar, weiter mit Daria zu sprechen und schickte sie in ihren Container. Am gleichen Tag kam sie bei Daria vorbei, händigte ihr einen Zettel aus und teilte ihr mit, dass ihre Familie noch heute transferiert wird. Unklar bleibt, wie der Transfer plötzlich so schnell über die Bühne gehen konnte und woher der Zettel, der vermutlich den Umzug anordnete, kam. Hier wird deutlich, dass in der Kommunikation zwischen der Zentrale von f&w und der EA ein Fehler passiert sein muss.

Die Familie erhielt jedenfalls nun nach 15 Monaten die Erlaubnis, aus der EA in eine FU in einem ehemaligen Hotel zu ziehen. Doch auch diese Unterbringung war für die Familie nicht geeignet. Sie erhielt ein Zimmer im vierten Stock des Gebäudes. Die vielen Treppenstufen machten Amir zu schaffen und Daria befürchtete, bei einem Notfall Amirs nicht schnell genug herunterkommen zu können. Auch die Unterkunftsleitung sah dies ein, wenngleich es, wie Daria betont, „angeblich" der Ort gewesen ist, an den sie transferiert werden sollten. Hier wird sehr deutlich, dass Daria mittlerweile besonders misstrauisch darüber ist, wie die Transfers ablaufen. Sie stellt in Zweifel, dass dies tatsächlich der Platz ist, den sie erhalten sollten. Dass zwei Briefe, die der Anwalt der Familie an die Zentrale von f&w gesendet haben soll, dort nicht auffindbar waren und nie angekommen seien, hat ihr Misstrauen weiter verstärkt. Zu dem Transfer in die derzeitige FU kam es dann bereits nach knapp 45 Tagen auf Initiative einer befreundeten Familie, die sich bei der dortigen Unterkunftsleitung für einen Umzug eingesetzt hat. Jetzt, in der aktuellen FU, hat die Familie erstmals ein Umfeld gefunden, das ihnen geeignet erscheint, wenngleich sie sich ihre aus drei Containern bestehende Wohneinheit mit zwei weiteren Personen aus dem Iran teilen. Amir und Kiana befanden sich zum Zeitpunkt des Interviews in einer IVK und bereiten sich auf die Abschlussprüfung der mittleren Reife vor. Diese Prüfung entscheidet dabei über die Zugangsberechtigung für die Oberstufe, die zumindest Kiana anstrebt.

Zusammenfassend ist dieser Fall insbesondere ein Beispiel dafür, wie Geflüchtete selbst aktiv auf einen Transfer hinwirken und durch Eigeninitiative diesen auch erreichen. Die Geschichte zeigt deutlich, wie Geflüchtete im Rahmen ihrer begrenzten Handlungsmöglichkeiten Initiative entwickeln, weitere Hürden überwinden und sich für eine Verbesserung ihrer Situation einsetzen. Er zeigt aber auch, wie wenig nachvollziehbar einige Regelungen und Entscheidungen für die Geflüchteten erscheinen und wie dies zu Misstrauen führt.

6.1.4 Habib

Habib (25) aus Afghanistan lernten wir in einem von ihm regelmäßig besuchten Sprachcafé kennen. Dort fand bereits eine erste Unterhaltung über seine Situation statt, wobei er sich bereit erklärte, seine Geschichte im Rahmen eines Interviews zu vertiefen.

Habib lebte zunächst ein Jahr in Schweden und kam dann im Januar 2014 in einer Stadt in Nordrhein-Westfalen in Deutschland an. Von dort wurde er in eine Erstaufnahme in Hamburg transferiert und bereits nach zwei Wochen in eine stadtnahe EA in Mecklenburg-Vorpommern verlegt. Nach zweieinhalb Monaten erfolgte der erste Transfer in eine Folgeunterkunft im Hamburger Osten. Die derzeitige Folgeunterkunft, ein Festbau, bewohnte er zum Zeitpunkt des Interviews seit Juni 2014. Seine Wohneinheit teilt er sich mit zwei Personen aus Ägypten, einer serbischen Familie und einer weiteren Person aus Afghanistan. Sein Zimmer hat er jedoch für sich alleine. Zuvor hatte er allerdings einen Mitbewohner, der von fünf bis neun Uhr früh arbeitete. Jeden Morgen stand dieser um vier Uhr auf und frühstückte. Dies führte dazu, dass Habib sehr schlecht schlafen konnte. Er wurde krank und litt unter starken Kopfschmerzen. Trotz vorheriger Bitten konnte er erst mit einem ärztlichen Attest erreichen, dass er allein in dem Zimmer untergebracht wird. Generell bewertete er seine Unterbringungssituation als schlecht. Bei acht Personen in fünf Zimmern sei es häufig sehr laut. Teilweise werde auf dem Flur, in der Küche oder dem Bad geraucht, was ihn als Nichtraucher sehr stört. Zusätzlich liegt die Unterkunft nah an den Gleisen der S-Bahn und der Fernbahn. Insbesondere der nächtliche Güterverkehr sei deutlich zu hören. Durch den regelmäßigen Besuch eines Sprachcafés im benachbarten Stadtteil, hat er jedoch dort einige Kontakte schließen können.

Seine aktuelle Situation, die er als bedrückend und problematisch wahrnahm, ist durch seinen Aufenthaltsstatus bestimmt. So wollte ihn das BAMF bereits nach Schweden zurückschicken. Dort hätte ihm eine Abschiebung nach Afghanistan gedroht. Dies war der Grund, weshalb er Schweden in Richtung

Deutschland verlassen hatte. Im ersten Halbjahr 2014 wurde der Versuch einer Rückführung nach Schweden unternommen, gegen die er sich widersetzte:

> Ja. Ungefähr fünf oder sechs Polizisten waren da, ne? Und dann ich habe gesagt: ‚Nein. Ich will nicht nach...' Und sagen: ‚Du musst.' Ich sage: ‚Nein.' Und ein bisschen so. Und dann ich sage: ‚Ich bin krank. Ich kann nicht.' Und dann wieder Ambulanz gekommen. Und Ambulanz fährt mich nach Krankenhaus. Ich habe beim Arzt geredet und so, so. Arzt gesagt: ‚Nein. Die Polizisten können nicht schicken dich nach Schweden oder so etwas.' (Habib, Abs. 66)

Nach diesem Ereignis verbrachte Habib 18 Tage im Krankenhaus. Seitdem musste er regelmäßig zur Ausländerbehörde, um seine Duldung zu verlängern. Anfänglich jeweils auf einen oder zwei Monate befristet, erhält Habib mittlerweile Duldungen für je ein halbes Jahr. Im Oktober 2016 hatte er schließlich sein Interview beim BAMF. Kurze Zeit später erfolgte die Ablehnung seines Asylantrages. Zum Zeitpunkt unseres Gesprächs war über Habibs Klage dagegen noch keine Entscheidung gefällt. Diese Situation hat weitreichende Konsequenzen, die seine Lebenslage betreffen. So darf er weder arbeiten noch eine eigene Wohnung beziehen.

> Ja. Weil ich habe gesagt: ‚Ich habe Kraft. Ich möchte selber arbeiten, ich bezahle, ich miete eine Wohnung und ich bezahle Steuern, kein Problem alles.' Und sagt: ‚Nein. Du darfst nicht. Musst (unv.) so bleiben.' Und noch etwas... Ja, Deutschkurs. (Habib, Abs. 424)

Ohne Arbeitserlaubnis kann Habib kein Einkommen erzielen, um selbstständig eine eigene Wohnung anzumieten. Aufgrund seiner sechsmonatigen Duldung stand ihm auch keine amtliche Übernahme von Mietkosten zu. Dennoch hatte er sich bereits häufiger um ein Zimmer in einer WG bemüht. Ihm blieb allerdings nichts Anderes übrig, als weiterhin in der Unterkunft zu wohnen und auf eine Arbeitserlaubnis zu hoffen. Sein Aufenthaltsstatus hat zudem Konsequenzen für seinen Spracherwerb. Insbesondere am Anfang war die sprachliche Barriere ein ernsthaftes Hindernis. Habib sprach zwar ein wenig Englisch, doch im Umgang mit Behörden war dies nicht sehr hilfreich. Das behördliche Insistieren, entweder Deutsch zu sprechen oder eine_n Dolmetscher_in mitzubringen, stellte für ihn eine große Hürde dar, vor allem, weil er zu diesem Zeitpunkt niemanden in Hamburg kannte.

> NEIN. Ich konnte nicht. Nur ich verstehe, dass die Leute wollen sagen: „Nein, Deutsch! Nur Deutsch!" Und (...) vier Tage ich bin immer zu Sozial gegangen. Und Sozial mit mir nicht Englisch geredet. Und nur Deutsch. Ich konnte nicht jemanden

finden hier, Übersetzer oder so etwas. Dann ich habe mein Papier gebracht (unv.) Sozial. Und: „Ah!" Die Sozialfrau hat ein Papier geschrieben so. Und dann ich komme heraus vom Sozialamt und ich sehe auf der Straße jemanden: „Kannst du bitte das lesen und sagen auf Englisch, was die wollen von mir." Oh, die Leute haben gesagt: „Ja, da steht hier: Du warst bei uns hier in Deutschland 2014, aber seit 20 Tagen oder drei Monaten du hast nicht gekriegt Geld von uns. Wo warst du?" Und die Leute verstehen nicht, ich war im Krankenhaus, ne? Dann, ja, ich bin wieder zum Sozial gegangen und ich habe mein Papier und alles so, Arzttattest, alles, gegeben da und sagt: „Ah, okay jetzt." Für so eine kleine Sache, vier Tage. Ich bin zu (unv.) Sozial. Nicht geredet Englisch (unv.). Einfach nicht sagen: „Wo warst du? Oder was hast du gemacht?" Ich verstehe nicht. (Habib, Abs. 20)

Zum Zeitpunkt des Interviews kannte Habib ausreichend Personen, die ihm beim Übersetzen helfen können, auch seine Deutschkenntnisse waren auf einem Niveau, das eine gute Unterhaltung ermöglichte. Allerdings konnte er sie nicht durch weitere Sprachkurse vertiefen, da er seine 300 Unterrichtseinheiten bereits verbraucht hatte. Zusätzlicher Deutschunterricht stand ihm erst nach einem erteilten Aufenthaltstitel zu. Wollte er dennoch einen weiterführenden Deutschkurs besuchen, müsste er selbst dafür aufkommen. Bei 400 EUR, die er im Monat erhielt, war ein Deutschkurs für ihn jedoch nicht finanzierbar. Ohne einen Deutschkurs und ohne Arbeit hat er auch nicht viel, womit er sich beschäftigen kann. Dennoch versuchte er weiterhin stetig seine Deutschkenntnisse zu verbessern, obwohl das Lernen in der Unterkunft ohne Ruhe, ohne einen Stuhl und Tisch zum Lesen und Schreiben schwer fällt. Seit mehreren Jahren besuchte er regelmäßig das Sprachcafé und half aus, wenn dort andere Aufgaben anfielen. So konnte er einige engere Bekanntschaften und Freundschaften über das Café schließen. Erfahren hatte er von dem Sprachcafé allerdings erst, als einige der Organisator_innen in seiner Unterkunft an die Türen klopften und die Bewohner_innen auf das Angebot aufmerksam machten. Es war Habib sehr wichtig, Deutsch auf einem Niveau zu beherrschen, mit dem er sich sicher fühlt. Ein Angebot für eine Ausbildung hatte er aus diesem Grund abgelehnt.

Ausbildung, nein, ich will nicht. Weil einmal einen Vorschlag bekommen von einer Firma: „Kannst du gerne bei uns hier Ausbildung machen." Ich habe gesagt: „Mach ich wirklich nicht. Weil ich muss Deutsch lernen." Jetzt kann ich nicht gut Deutsch reden oder schreiben. Das ist schwer bei der Ausbildung, wenn ich kann nicht schreiben oder ich verstehe nicht so gut dann. (Habib, Abs. 588)

Auf die Frage, ob er denn das Gefühl habe, nicht voranzukommen, antwortete uns Habib, dass er derzeit kein schönes Leben hier haben kann. Für ihn hängt alles mit der fehlenden Möglichkeit zusammen, im Rahmen eines Deutschkurses seine Sprachkenntnisse zu verbessern. Für ihn ist klar, ohne ausreichende Sprachkenntnisse kann er keine Ausbildung machen und keine Arbeit beginnen.

> Ja. Und wenn ich darf selber etwas machen oder selbst arbeiten, ne? Und dann kann ich ein schönes Leben haben hier, weil ich mache selber und ich bezahle selber und ich benutze selber das alles. Aber wenn die anderen oder die Politiker sagen: „Nein, du darfst nicht." Dann muss ich so bleiben. Und in der Zukunft kann ich nicht ein guter Mensch sein, ne? Oder so. (Habib, Abs. 456)

Diese Aussagen verweisen auf eine ausgeprägte Resignation und Unsicherheit. Habib wartet darauf, endlich ein eigenes Leben beginnen zu können. Sein einziger Wunsch ist, dass er hierbleiben kann. Zuvor hatte er viele Pläne entworfen, sich Schritt für Schritt überlegt, was er machen möchte. Vieles hat er bereits wieder aufgegeben. Erst wenn er einen Aufenthaltstitel bekommen sollte, wird er wieder Pläne schmieden. Zum Zeitpunkt des Gesprächs wartete er bereits seit vier Jahren. Auf seine Zukunft konzentriert er sich nicht mehr. Auch einen Plan, was er tun würde, wenn er wieder nach Afghanistan müsste, hat er nicht. Dennoch erzählt er, was er hier gerne machen würde. Deutlich wird dabei erneut die zentrale Bedeutung des Spracherwerbs für ihn. Er möchte unbedingt sehr gut Deutsch sprechen können. Danach will er sich selbstständig machen. Bereits in Afghanistan hatte er ein Geschäft und verkaufte gebrauchte Autos und Autoteile. Nach dem Spracherwerb würde er erst einmal einer Beschäftigung nachgehen, um genügend Startkapital zu sammeln. Er kannte bereits andere Personen aus Afghanistan, mit denen er gemeinsam ein Importunternehmen gründen würde. Dabei könnte er sich vorstellen, mit Reis, Autos aber insbesondere mit Fahrrädern zu handeln, denn Reis sei in Afghanistan und Pakistan sehr günstig und die hohen Preise für Reis in Deutschland sind ihm bereits aufgefallen. Mit Autos hat er, wie erwähnt, bereits gehandelt. Er kennt sich auch mit der Reparatur aus, was durchaus ein Vorteil wäre. Gebrauchte Autos würden in Afghanistan vornehmlich aus Japan bezogen. Daher rührt voraussichtlich seine Kenntnis, dass gebrauchte Fahrräder in Japan überaus günstig verkauft werden. Diese würde er dann nach Deutschland importieren, reparieren und verkaufen. Diesbezüglich ist ihm nicht entgangen, dass gerade in Hamburg die Preise für gebrauchte Fahrräder recht hoch sind. Habib war bereits beim Zoll, um sich darüber zu informieren, welche Abgaben zu leisten wären. Seine Ausführungen zeigen deutlich, dass es sich keineswegs nur um Ideen handelt, sondern dass er seinen Plan ernsthaft verfolgt hat. Solange er jedoch keinen Aufenthaltstitel hat, der ihm einen weiteren Spracherwerb und eine umfassende Arbeitserlaubnis ermöglicht, bleibt es bei einem bloßen Plan.

6.1.5 Manu

Manu ist ein junger Mann (25) aus Syrien, der vor seiner Flucht nach Deutschland bei seinen Eltern in Damaskus wohnte und Tourismus studierte. Heute macht er eine Ausbildung zum Hotelfachmann in einem Fünf-Sterne-Hotel in Hamburg. Damit ist er einer der erfolgreichen Beispiele für Integration. Dieser Erfolg ist in erster Linie auf seine ausgeprägte Eigeninitiative und seine Kreativität im Umgang mit Schwierigkeiten zurückzuführen.

Sein Ehrgeiz und die Zielstrebigkeit spiegeln sich zum Beispiel in seiner Einstellung zum Deutschlernen wieder:

> Ich sage immer: „Wenn man will, dann man kann." Vor zwei Jahren, ich konnte gar nichts sprechen. Echt. Ich konnte gar, gar nicht. Und dann habe ich gesagt: „Ja, will ich lernen." Und jetzt ich rede. Also ich bin nicht sehr zufrieden, wie ich spreche. Also das muss verbessert werden. […] Wenn ich sage: „Ja, das reicht mir schon." Dann lerne ich nicht mehr. Ich sage immer: „Ja, das ist nicht gut, muss ich immer verbessern." (Manu, Abs. 38–40)

Hinzu kommt seine ausgeprägte Selbstständigkeit, die ihn aber nicht davon abhält, sich bei Bedarf Unterstützung zu holen.

> Ich versuche immer, dass ich meine Sache oder meine Aufgaben alleine zu erledigen. Ohne Hilfe zu brauchen. Wenn ich das nicht alleine machen kann, dann frage ich nach einer Hilfe. (Manu, Abs. 194)

Die Zielstrebigkeit und Selbstständigkeit hat er – seinen Schilderungen zufolge – schon vor seiner Ankunft in Deutschland entwickelt. Er war in Syrien im Militärgefängnis, hat sich dort freigekauft und direkt auf den Weg nach Europa gemacht: Über Ägypten, Italien, Frankreich und Belgien kam er nach Deutschland. Sein erstes Ziel in Deutschland war Dortmund, weil es nicht weit zur belgischen Grenze ist und sein Onkel dort lebt. Er wurde jedoch nach Hamburg umverteilt, wo er zunächst in eine große EA im Bezirk Altona eingewiesen wurde. Obwohl er diese Unterkunft, als „die schlimmste in Hamburg" (Manu, Abs. 10) beschreibt, bemüht er sich, jederzeit das Beste aus seiner Situation zu machen. Auf kreative Weise verbessert er seine Wohnsituation, indem er sich beim Studierendenwerk einen Platz in einem Wohnheim sichert, mit der Begründung, erst Deutsch lernen zu müssen, um dann zu studieren. Er lebte dort ein Jahr und drei Monate bis er wegen der berufspraktischen Ausrichtung seines B2-Deutschkurses wieder ausziehen musste. Im Oktober 2016 erfolgte deshalb ein erneuter Umzug in eine öffentlich-rechtliche Unterkunft, in der er sich ein Doppelzimmer mit einem Mitbewohner teilt und versucht, so wenig wie möglich zuhause zu sein.

> „Also ich bin immer außer Haus. Hier, wenn ich hierbleibe, dann das macht KRANK." (Manu, Abs. 28)

Die Wohnsituation bezeichnet er als sein größtes Problem, das seiner Sichtweise zufolge nicht nur ihn, sondern alle Syrer betrifft (Manu, Abs. 28). Manu berichtet, dass er konstant auf der Suche nach eigenem Wohnraum ist. Er sucht vor allem online, hat es aber auch bei Wohnungsgenossenschaften versucht. Sein Resümee diesbezüglich fällt resigniert aus:

> Bei Wohnungsgenossenschaften ich bekomme gar nichts. (Manu, Abs. 32)

Als Manu über die Wohnungssuche sprach, klang seine Stimme verzweifelt. Er nimmt wahr, dass es für alle Menschen in Hamburg schwer ist, eine Wohnung zu finden, empfindet es aber als ungerecht, dass andere Geflüchtete, die sich seiner Einschätzung nach weniger engagieren als er, bereits eine Wohnung gefunden haben. Dass besonders Syrer diskriminiert werden, habe er teilweise deutlich per Mail signalisiert bekommen:

> Und meine Schuld, dass ich aus Syrien bin. Also ich habe so viele Rückmeldungen bekommen. „Du bist…" „Wir geben…" Also: „Keine Syrer. Wir brauchen keinen Syrer." (Manu, Abs. 30)

Auch an anderer Stelle schwingen Diskriminierungserfahrungen oder -befürchtungen in Manus Aussagen mit. So erzählte er beispielsweise, dass er den Jungfernstieg[2] meide, da er dort Polizeikontrollen im Rahmen von Racial Profiling befürchtet.

> Kann man gehen an Alster, wo Jungfernstieg. Aber dort gibt es so viele Flüchtlinge und die machen Musik laut. Die rauchen Marihuana. Manchmal kommt Polizei. Ich bin so. Dieser Weg vielleicht, wenn ich hier laufe, dann bekomme ich ein Problem. Vielleicht. Vielleicht kommt die Polizei zu mir und dann fragt irgendetwas. Und das will ich gar nicht erleben. Nein. Also lieber wo anders. (Manu, Abs. 323)

---

[2]Eine ausführliche Beschreibung des Jungfernstiegs und seiner Bedeutung im Fluchtkontext erfolgt in Abschn. 7.4.

Trotz dieser Erfahrungen und Befürchtungen hatte Manu nicht seine Motivation verloren, seinen eigenen Lebensweg weiter selbst zu gestalten. Er greift dabei auf konkrete Ressourcen zurück, die ihn dabei unterstützen. Hierzu gehört vor allem sein stabiles transnationales familiäres Netzwerk: Seine Eltern stärken ihm in täglichen Telefonaten den Rücken und sein Onkel in Belgien sowie Geschwister in den USA ermutigen zusätzlich. Motivierend ist zudem sein vergleichsweise hoher Bildungsabschluss und das angefangene Studium. Entscheidend war jedoch seine rasche Anerkennung als Flüchtling bereits nach drei Monaten. Der Flüchtlingsstatus erlaubte ihm, Deutschkurse zu besuchen, zu arbeiten und sich eine Wohnung zu suchen. Im Gegensatz zu seiner erwähnten Vermutung, als Syrer benachteiligt zu werden, erweist sich die Herkunft in Bezug auf den Aufenthaltsstatus eher als vorteilhaft.

Manus Vertrautheit mit sozialen Medien und Online-Diensten erleichtert seine erste Orientierung in Hamburg. Mittels Google Maps navigiert er sich mit öffentlichen Verkehrsmitteln durch die Stadt und über Facebook fand er Zugang zur arabischen Community. Auch das StadtRad wurde regelmäßig verwendet und zur Bewegung durch die Stadt genutzt.

Aufbauend auf diesen Ressourcen und seiner engagierten Persönlichkeit ist es Manu gelungen, sich einen Ausbildungsplatz zu sichern. Seine Strategie und Fähigkeit besteht darin, Menschen direkt persönlich anzusprechen, womit er sie offenbar für sich gewinnt. Auf diese Weise fand er nicht nur seine Nebenjobs, sondern baute auch einen anhaltenden Kontakt zu einer Mitarbeiterin von ‚Jugend Aktiv Plus' auf. Über den Kontakt zur Frau seines Chefs im Bistro erhielt er zeitweise privat Deutschnachhilfe.

> Die haben mir richtig geholfen bei der Sprache. (Manu, Abs. 56)

Die Leiterin des Studierendenwohnheims, in dem er zeitweise wohnte, gewährte ihm nach direkter Ansprache Aufschub, als er drei Monate kein Geld vom Jobcenter bekam.

Als anerkannter Flüchtling durfte Manu Deutschkurse besuchen. Er informierte sich selbstständig über Angebote und filterte heraus, dass die Volkshochschule die besten Deutschkurse hat. Weil er den Deutschkurs sehr schnell machen wollte, wechselte er zu einem Kurs des SBZ, der ein halbes (statt ein ganzes) Jahr dauerte. Die Einführung des DeuFöV-Programms führte dazu, dass er danach „fast fünf Monate" (Manu, Abs. 80) auf den zentralen Einstufungstest und die Zuteilung in einen weiterführenden Kurs warten musste. Von dort wurde er zunächst zu einem Kurs des Trägers ‚passage' geschickt, der aber zu einfach für ihn war. Er kontaktierte sowohl das Jobcenter als auch den Träger und konnte in einen sechsmonatigen Kurs mit Schwerpunkt Pflege wechseln. Die B2-Prüfung bestand er nicht, da ihm zwei Punkte im schriftlichen Teil fehlten. Er meldete sich bei einem weiteren DeuFöv Kurs an, der einen Monat später begann. An dieser Stelle kam es zu einem Interessenskonflikt mit seiner Sachbearbeiterin im Jobcenter, die verlangte, sich zeitgleich für einen Ausbildungsplatz zu bewerben.

> Ich bin fast nie zur Schule gegangen, weil ich mich bewerben musste. Für meine Ansprechpartnerin … Sie braucht das, nicht ich. (Manu, Abs. 84)

Die Sachbearbeiterin forderte von Manu zudem, einmal pro Woche zu ‚AQtivus‘ zu gehen, obwohl er die dort angebotene Unterstützung bereits über ‚Jugend Aktiv Plus‘ bekommen hatte. An diesem Angebot schätzte er, dass er es wahrnehmen konnte, wenn er es brauchte und wollte. Den Druck durch die Sachbearbeiterin beim Jobcenter empfand er als ungerecht und unproduktiv. Er war erleichtert, dass er seit Ausbildungsbeginn nicht mehr zu der Sachbearbeiterin musste, machte sich aber Sorgen darüber, ob seine Deutschkenntnisse für den erfolgreichen Abschluss der Ausbildung ausreichen werden. Den Deutschkurs musste er nämlich mit Ausbildungsbeginn abbrechen.

Auch bei der Arbeits- und Ausbildungssuche war Manu von Anfang an mit sehr viel Eigeninitiative dabei. Er hat eine sehr hohe Arbeitsmotivation, die sich u. a. darin zeigt, dass er beinahe konstant arbeitete, seit er die Möglichkeit dazu hatte. Selbst neben dem Deutschkurs und in seiner Freizeit ging er lieber arbeiten, als nichts zu tun. Verstärkt wird seine Motivation durch die Wohnsituation in den öffentlich-rechtlichen Unterkünften: Er möchte, wie bereits beschrieben – dort so wenig Zeit wie möglich verbringen.

Bei der Jobsuche nutzte ihm ebenfalls seine Vertrautheit mit den digitalen Medien. Im Internet suchte er sich Jobangebote heraus, um dann persönlich bei den Arbeitgebern vorzusprechen. Diese Strategie erwies sich als fruchtbar. Manu hat offenbar ein gutes Gespür dafür, was von ihm erwartet wird: Um in einer Zeitarbeitsfirma für Studierende aufgenommen zu werden, behauptete er – wie schon im Wohnheim – später studieren zu wollen. Diese Zeitarbeitsfirma bot ihm einen Minijob als Lagerhelfer an. Wegen eines Problems mit dem Jobcenter (er bekam drei Monate lang kein Geld) kündigte Manu jedoch. Bereits nach zwei Wochen fand er einen neuen Job in einem Bistro in der HafenCity. Hier wurde er als Spüler angestellt und arbeitete sich in den folgenden 16 Monaten in Küche und Service hoch.

Bekannte und Berater_innen empfahlen ihm übereinstimmend, eine Ausbildung in der Krankenpflege zu machen, da in diesem Bereich immer Mitarbeiter gesucht würden. Manu bewarb sich mit Unterstützung von ‚Jugend Aktiv Plus‘

auf ein Praktikum in der Krankenpflege. Trotz der positiven Rückmeldung für das absolvierte Praktikum war für ihn danach klar, dass dieser Berufszweig nichts für ihn ist:

> Und dann nachher habe ich gesagt: ‚Okay, jetzt ist mir egal, ob ich hier bleibe oder nein, mir ist wichtig, dass ich … Also meine Ausbildung, die ich machen möchte, was ich … Wo ich mich finde.' (Manu, Abs. 56)

An Manus Werdegang wird deutlich, wie absurd eine Reduzierung der beruflichen Perspektive für Geflüchtete auf sogenannte Mangelberufe sein kann. Obwohl sein angefangenes Studium im Tourismusbereich auf dem deutschen Arbeitsmarkt nicht als offizielle Qualifikation gilt, hatte Manu ja durchaus Gründe, sich ursprünglich für diesen Berufszweig zu entscheiden. Zudem hat er dort bereits Vorkenntnisse erworben, die ihm auch in Hamburg bei einer Ausbildung in diesem Bereich hilfreich sein könnten. Hätte er nicht die Stärke und den Mut gehabt, sich von Steuerungen von außen zu lösen, und seinen eigenen Weg zu verfolgen, wäre es möglicherweise zu späteren Konflikten und Abbrüchen gekommen, die dann wieder als Beleg gelesen werden könnten, dass möglicherweise seine Deutschkenntnisse nicht für eine Ausbildung ausreichten. Manu hat sich stattdessen für die Bewerbung um einen Ausbildungsplatz zum Hotelfachmann entschieden. Damit knüpfte er an seine mitgebrachten Fähigkeiten aus dem Tourismusstudium an und ließ sich für die Online-Bewerbung von ‚Jugend Aktiv Plus' beraten.

An dieser Stelle zeigt sich, dass die Sachbearbeiterin im Jobcenter Manus Situation falsch einschätzte: Sie unterstellte ihm, faul zu sein und traute ihm nicht die Kompetenz zu, sich passende Unterstützung zu suchen; vielmehr erschwerte sie die Ausbildungssuche und verschwendete Manus kostbare Zeit, die er produktiver im Deutschkurs hätte verbringen können.

Folgendes Beispiel verweist auf Manus Ehrgeiz und seine Fähigkeit Chancen aufzuspüren, die zusammen mit seiner freundlichen und offenen Art Menschen überzeugen.

> Und ich hatte so viele auch Vorstellungsgespräche. Und ich bin echt sehr ehrlich. Die meisten wollten mich einsetzen. Wieso, weiß ich nicht. Ich bin also… Ich weiß nicht. Ich habe mich echt gewundert. Also zuerst ich habe mich beworben bei zwei, drei Sterne Hotels. Und dann ich habe gesehen, dass ich so viele Vorstellungsgespräche bekomme. Dann habe ich gesagt: ‚Ja, jetzt bewerbe ich mich fünf Sterne und so.' Und habe ich damit angefangen. Und dann ich habe fast eine Zusage bekommen von (unv.), (unv.)… Das war die zwei. Und dann, wie heißt es? Wo ist jetzt The Westin. The Westin ist in der Elbphilharmonie da drin. Und dann

ich habe mich entschlossen, dass ich dort meine Ausbildung machen möchte, in der
Elbphil... Also bei The Westin. Ja, und dann hat es geklappt. Und jetzt bin ich bei
der Ausbildung. Ist gut. Ich bin sehr zufrieden. (Manu, Abs. 56)

Am 1. August 2017 trat Manu seine Ausbildung in einem Fünf-Sterne-Hotel in
Hamburg an. Zeit für einen Minijob gab es nun nicht mehr. Er engagiert sich und
lernt viel, denn er schätzt seine Lernzeit doppelt bis dreimal so hoch ein, wie die
eines Azubis, dessen Muttersprache Deutsch ist.
Auch beim Zugang zum Gesundheitssystem, mit dem er über eine Verletzung
an der Nase, die ihm im Gefängnis in Syrien zugefügt wurde, in Berührung
gekommen ist, wird seine große Eigeninitiative deutlich:

Wieso soll ich mich melden beim Sozialarbeiter: ‚Hey, kannst du mir suchen einen
Arzt?' Das kann ich machen selber. Und die haben viel zu tun. (Manu, Abs. 134)

Manu blickt sehr positiv in seine Zukunft:

Fehlt mir, dass ich mehr Geld verdienen anfange. So. Das, was mir fehlt. Was mir
fehlt auch (...) meine Eltern sind wichtig. Und die Wohnung. Sonst ich habe so alles
in Ordnung. Aber jetzt ich bin sehr zufrieden. [...] Also in Deutschland echt ich bin
sehr zufrieden. Wenn ich eine Wohnung bekomme, ich habe alles. (Manu, Abs. 325)

An Manus Werdegang wird deutlich, wie die Kombination aus dem rechtlich
gesicherten Aufenthaltsstatus und persönlichen Ressourcen wie Ehrgeiz, einem
höheren Bildungsabschluss, Sozialkompetenz und psychische Stabilität zum
Ankommen in Hamburg und Bewältigen von Herausforderungen beitragen kann.
Gleichzeitig zeigt sich, dass trotz der positiven Startvoraussetzungen, nicht alle
Hürden, wie z. B. die erlebte Diskriminierung auf dem Hamburger Wohnungsmarkt, überwunden werden konnten.

6.1.6 Zusammenfassende Erkenntnisse aus den Fallbeispielen

Die Erzählungen zeigen, dass die vier Lebenslagendimensionen, die wir in unserem Forschungsprojekt ins Zentrum der Analyse gestellt haben, für die Befragten
ebenfalls von entscheidender Bedeutung sind: Arbeit bei Manu, Bildung bei
Habib, Gesundheit bei Mohammed – doch Wohnen ist (neben dem Aufenthaltstitel) für alle ein großes Problem. Auch andere Dimensionen können die
Lebensbedingungen und Möglichkeiten der Alltagsgestaltung von Geflüchteten

bestimmen: Die Erfahrungen von Daria verweisen auf die besondere Einschränkung von Lebenslagen, wenn ein Familienmitglied behindert ist. Der
Zusammenhang von Migration, Flucht und Behinderung ist in der sozialwissen-
schaftlichen Forschung völlig vernachlässigt worden; aktuell werden erste empirische Studien für Deutschland veröffentlicht (vgl. Westphal und Wansing 2018).
In den Hamburger EA und FU existieren kaum barrierefreie Wohnmöglichkeiten,
die auf die besonderen Bedürfnisse von Personen mit Körper- oder Sinnesbeein-
trächtigungen ausgerichtet sind (vgl. Grotheer und Schroeder 2018). Hier zeigt
sich ein großer politischer und institutioneller Handlungsbedarf, ebenso wie bei
Mohammed, in dessen Erzählung die Gewalt, die er in der Unterkunft erfahren
hat, zu einem die Lebenslage bestimmenden Moment avanciert. Dies führt zu der
Frage, ob es überhaupt Schutzkonzepte in den Unterkünften gibt und wie wirksam diese sind.

Die subjektiven Beschreibungen verdeutlichen, wie stark einzelne Aspekte
unter Bedingungen von Flucht die individuelle Lebenslage beeinflussen, die
zumeist für lange Zeit das Muster einer „Konstanz im Extrem" (Laubstein
et al. 2012, S. 207) aufweisen. Doch es gibt auch gegenteilige Beispiele: Die
relativ rasche Anerkennung als Flüchtling löste bei Manu gleichsam einen
Motivationsschub aus, sodass er nun eine Ausbildung in einem hochklassigen
Hotel absolviert. Er ist somit subjektiv mit seinen Zukunftsplänen relativ zufrieden, obwohl sein Wohnproblem nicht gelöst ist. Seine und andere Erzählungen
zeigen überdies eindrücklich, wie die verschiedenen Lebenslagendimensionen
ineinandergreifen, wohingegen die institutionellen Systeme der Versorgung mit
Bildung, Ausbildung, Gesundheit und Wohnraum eher als in sich geschlossene
und separiert agierende ‚Säulen' erscheinen, sodass es gerade nicht gelingt,
‚ineinandergreifende' Handlungskonzepte vorzuhalten und abgestimmte ‚Förder-
ketten' zur Unterstützung der Geflüchteten anzubieten.

Diese Wechselwirkungen zwischen Lebenslagendimensionen können, wie der
Fall von Amina belegt, bei Familien zu komplexen rechtlichen Abhängigkeiten
zwischen Eltern und Kindern führen: Amina gerät häufiger in eine aufenthaltsrechtliche Abhängigkeit zu ihren jeweiligen Partnern, was ihr mal die Androhung
der Abschiebung einbringt, manchmal hingegen aufenthaltssichernde Wirkungen
haben kann. Auch die Frage, ob Amina arbeiten darf oder kann, hängt vom jeweiligen aufenthaltsrechtlichen Status ihrer Partner ab, die indes ebenfalls immer
wieder in die Situation geraten, eine Arbeitsstelle wegen Aminas aufenthalts-
rechtlichem Status aufgeben zu müssen. Ähnliche Abhängigkeiten bestehen zu
den Kindern, deren aufenthaltsrechtlicher Status direkte Auswirkungen auf den
von Amina oder die Väter haben kann. Die Lebenslagen werden jedoch von den
Behörden und Institutionen zumeist getrennt für jedes einzelne Familienmitglied

bearbeitet, was kafkaeske Züge annimmt, wenn beispielsweise der Säugling zur Anhörung geladen oder dem zweijährigen Kind ein Abschiebebescheid geschickt wird. Immerhin wird die Unterbringung überwiegend mit Blick auf die gesamte Patchwork-Familie bearbeitet, bei den anderen Lebenslagendimensionen folgt man hingegen einem individualisierenden Ansatz.

Wolfgang Clemens (1994), Gertrud Backes (1997), Wolfgang Voges et al. (2003), Dietrich Engels (2006) sowie Iris Beck und Heinrich Greving (2012) heben übereinstimmend hervor, dass der Begriff ‚Lebenslage‘ nicht nur die Gesamtheit der äußeren Bedingungen bezeichnet, durch die das Leben von Personen oder Gruppen beeinflusst wird, sondern die Menschen zugleich in gewissem Maße ebenso auf ihre Lebenslagen einwirken und diese gestalten können. Die Lebenslage bildet auch den Rahmen von Möglichkeiten, innerhalb dessen eine Person sich entwickeln kann; sie markiert deren Handlungsspielraum (Engels 2006, S. 643). Im Anschluss an Ingeborg Nahnsen wird Lebenslage deshalb als ein Bündel objektiv gegebener und subjektiv wahrgenommener Handlungsspielräume gefasst, in denen sich Versorgung und Einkommen, Kontakte und Kooperation, Freizeit und Regeneration, Lernen und Erfahrungen entfalten können (vgl. Backes 1997, S. 706 f.). Solche Spielräume erleben die Befragten, sie entdecken, erschließen und nutzen sie für sich: Unermüdlich versuchen sie, das Beste aus ihrer Lage zu machen, sich Perspektiven zu eröffnen, den Mut nicht zu verlieren, nach vorne zu sehen, sich immer wieder neu zu motivieren, ihr Leben, so gut es geht, selbst in die Hand zu nehmen, initiativ zu werden, Kontakte zu knüpfen, Informationen zu beschaffen und um ihre Würde zu kämpfen.

Hingegen finden sich in den Erzählungen nur wenige Hinweise, die im direkten Zusammenhang mit dem *Fluchtort Stadt* gedeutet werden können. Das ‚Städtische‘ spiegelt sich (eher implizit) lediglich an einzelnen Textstellen: So an dem relativ breiten Angebot an Bildungs- und berufsvorbereitenden Angeboten, von denen es in ländlichen Räumen weniger geben mag. Womöglich eröffnen sich auch aus den vielen Unterkünften und Heimen, die es in Hamburg gibt, immerhin gewisse Wahlmöglichkeiten, wie zum Beispiel das Studentenwohnheim, mit dem Manu seine Wohnsituation zumindest zeitweise verbessern kann. Die Diskriminierung von Geflüchteten am Wohnungsmarkt hingegen ist vermutlich kein ‚städtisches‘ Phänomen, wenngleich sehr hohe Mieten, ein geringes Angebot an bezahlbarem Wohnraum und eine ständig steigende Nachfrage nach demselben die Lage verschärfen können. Konkrete Hinweise auf Hamburg liefern die hier paraphrasierten Geschichten fast gar nicht, außer bei Mohammed, dem in München von anderen Geflüchteten geraten wurde, in die Hansestadt zu gehen. Weil aber eine unserer zentralen Forschungsfragen eben die nach den Aneignungspraktiken am *Fluchtort Stadt* ist, widmet sich das folgende Kapitel diesem Sachverhalt systematisch.

6.2   Aneignungspraktiken geflüchteter Menschen in der Stadt

In einer theoretisch begründeten Modellierung haben wir die Lebenslagen unserer Befragten fokussiert auf vier gesellschaftliche Funktionsbereiche untersucht. Dieser Forschungsansatz basiert auf der Annahme, dass Wohnen, Bildung, Arbeit und Gesundheit in ihrer Interferenz das Leben von Geflüchteten an ihrem Ankunftsort Hamburg bestimmen. Im vorhergehenden Abschn. (6.1) wurde deutlich, in welcher Weise Geflüchtete am städtischen Fluchtort auf jene Einrichtungen, Institutionen und Systeme besonders angewiesen sind, die diese Funktionsbereiche repräsentieren. Zwar müssen sich Geflüchtete jede einzelne dieser Lebenslagendimensionen aktiv aneignen, dennoch ist es weder theoretisch noch methodologisch plausibel, Aneignungspraktiken ausschließlich getrennt nach Funktionsbereichen zu untersuchen. Denn die Aneignungspraktik ‚Lernen' ist beispielsweise nicht allein im Funktionsbereich Bildung verortet, da sie auch von anderen Lebenslagendimensionen – wie z. B. einem Lernen begünstigenden ruhigen Wohnraum – beeinflusst wird. Aneignungspraktiken verweben somit Lebenslagen und verweisen auf sachliche Verbindungen und notwendige Vernetzung funktionaler Handlungsfelder.

Die folgenden Ausführungen konzentrieren sich auf unterschiedliche Aneignungspraktiken von Geflüchteten, mit denen sie sich den städtischen Fluchtort erschließen und zeigen, wie sich solche Praktiken gegenseitig beeinflussen. *Mobilitätspraktiken* stellen eine wesentliche Voraussetzung dar, um den im Falle Hamburgs immerhin 755 Quadratkilometer großen Stadtraum mit seinen vielfältigen Angeboten zu nutzen (Abschn. 6.2.1). Da die Bewegung in der Stadt nicht nur zu Fuß oder mit dem Fahrrad erfolgt, muss auch die Nutzung von öffentlichen Verkehrsmitteln erschlossen werden. Je nach lokalen, regionalen und internationalen Mobilitätserfahrungen, über die Geflüchtete verfügen, bereitet die Mobilität am Fluchtort mehr oder weniger Schwierigkeiten.

Geflüchtete sind in ihrem Ankunftsprozess mit unterschiedlichen deutschen *Institutionen* konfrontiert, deren Bedeutung und Vorgehensweisen sie verstehen lernen müssen, um deren potenzielle Unterstützung nutzen zu können und negative Auswirkungen institutioneller Entscheidungen auf ihre Lebenslagen möglichst zu vermeiden (Abschn. 6.2.2). Die bereits in Abschn. 3.5 dargestellte Komplexität und Unübersichtlichkeit der institutionellen Akteurslandschaft am *Fluchtort Stadt* stellt Geflüchtete vor die Herausforderung, notwendiges Institutionenwissen zu erwerben und Kompetenzen im Umgang mit Behörden auszubilden.

Die *sprachliche Aneignung* des *Fluchtortes Stadt* (Abschn. 6.2.3) vollzieht sich unter Bedingungen einer bereits mehr oder minder ausgeprägten „städtischen Mehrsprachigkeit" (Redder et al. 2013). Vor diesem Hintergrund ist es von wissenschaftlichem wie praktischem Interesse, welche sprachlichen Verständigungsmöglichkeiten Geflüchtete nutzen und wie sie insbesondere mit überwiegend monolingual in deutscher Sprache kommunizierenden Institutionen umgehen.

Neben Institutionen beeinflussen *soziale Netzwerke* von Geflüchteten deren Aneignungspraktiken im städtischen Raum (Abschn. 6.2.4). Hierzu gehören vor Ort existierende oder transregionale und -nationale familiäre Beziehungen, Freundeskreise sowie Kontakte zu Selbsthilfeprojekten oder Unterstützungsnetzwerken, die im Rahmen von bürgerschaftlichem Engagement entstehen. Von Interesse sind in diesem Zusammenhang Reichweiten, Intensitäten und Qualitäten solcher Netzwerke und deren Auswirkungen auf die Aneignungspraktiken von Geflüchteten. Zu fragen bleibt zudem, wie die Interviewten ihre sozialen Netzwerke bewerten und wie sie entstehen bzw. erweitert werden.

Die Ankunft an einem neuen Ort ist vielfach mit Veränderungen gewohnter *Zeitstrukturen* verbunden, auf die sich einstellen muss. Großstädte werden oft als temporeich, hektisch und stressig wahrgenommen; sie zwingen Geflüchtete dazu, im neuen sozialen Raum ihr ‚eigenes' Tempo und den ‚eigenen' Rhythmus zu finden und sich möglichst selbstbestimmt in die vorhandenen urbanen Zeitstrukturen zu integrieren. Eine Besonderheit des Asyls ist, dass die Lebenslage durch das lange Warten auf die Asylentscheidung, institutionell extrem ‚entschleunigt' wird. Geflüchtete beschreiben dies oftmals als „Stillstand", zumindest als extrem verlangsamtes Zeitempfinden, das sie ebenso belastend erleben wie Stress und Hektik. Das behördlich und gesetzlich ‚verordnete' Warten prägt die Aneignungspraktiken des Fluchtortes und wird deshalb in einem gesonderten Abschnitt analysiert (Abschn. 6.2.5).

Aus einer sozial-konstruktivistischen Perspektive betrachtet müsste am *Fluchtort Stadt* (wie in allen sozialen Räumen) das *Spacing* von einem permanenten *Doing gender* begleitet sein (Gottschalk et al. 2018). Dieser Ansicht folgend, müssten sich sowohl räumliche als auch geschlechtssensible Aneignungspraktiken in Unterkünften von fluchtspezifischen Einrichtungen und Institutionen in der Stadt nachweisen lassen. Interessant ist diesbezüglich die Frage, ob und inwiefern sich Geschlechterbeziehungen am *Fluchtort Stadt* verändern (Abschn. 6.2.6).

Nicht zuletzt sind räumliche Aneignungspraktiken von Möglichkeiten und Hindernissen zur *politischen Partizipation* abhängig. Geflüchtete erlangen volle bürgerschaftliche Beteiligungsrechte nicht nach der Anerkennung als Asylberechtigte, sondern erst mit einer deutschen Staatsbürgerschaft. Sie werden damit

‚volle' Bürger des Landes ihrer Zuflucht, können dann das aktive und passive Wahlrecht auf nationaler, föderaler und kommunaler Ebene ausüben. Dennoch könnte untersucht werden, ob und wie Geflüchtete sich schon im Ankunftsprozess eigene Räume der Politik schaffen oder vorhandene aneignen, in denen sie politisch-gesellschaftlich handeln können. Da kein einziges Interview hierzu Auskunft gibt, bleibt dieser Befund in der abschließenden Diskussion der vorliegenden Untersuchungsergebnisse zu bewerten.

Die folgende Analyse basiert auf dem gesamten Datenmaterial aller Befragungen von Geflüchteten. Ausschnitte aus den Interviewtranskripten dienen als Belege für zentrale Erkenntnisse, ohne dabei jedoch im Detail auf den jeweiligen biografischen Kontext einzugehen. Anders als in den exemplarischen Beschreibungen von Lebenslagen in Abschn. 6.1, erfolgt im Folgenden die systematische Auswertung aller empirischen Befunde zu Geflüchteten und deren interpretative Einordnung in die vorhandene Forschungsliteratur.

6.2.1 Transnationale und lokale Mobilitätspraktiken als Mittel zur Veränderung von Lebenslagen

Eine Vielzahl vorliegender Forschungsergebnisse verweist darauf, dass Wohn-, Bildungs- und Erwerbsbiografien nicht nur von Geflüchteten potenziell transnational verlaufen (vgl. Amelina 2010). Während manche Migrant_innen einmalig oder auch mehrfach von einem Herkunfts- in ein Ankunftsland wechseln (Auswanderung, Pendelmigration), sind gerade im Kontext von Flucht häufig biografische Verläufe zu finden, in denen mehrfach nationalstaatliche Grenzen gewechselt werden (Kettenwanderungen, Transmigration). Die eher unidirektional und auf dauerhafte Niederlassung in einem anderen Land ausgerichteten Mobilitätspraktiken des ersten Typus unterscheiden sich von denjenigen des zweiten Typus, die eher als plurilokal und vernetzt beschrieben werden. Das (geografische) Ziel der Migration ist im letztgenannten Fall offen oder – wie im Fall der Flucht – ungewiss und ungesichert. Mit dem Begriff der *transnationalen Migration* wird „eine grenzüberschreitende Mobilität von Individuen und Kollektiven bezeichnet, die langfristig zur Herausbildung spezifischer sozialer Felder führt" (Amelina 2010, S. 259). Denn bei der Transmigration entstehen oftmals familiäre Netze, die über die ganze Welt verstreut sein können und die von den Individuen zur Umsetzung ihrer persönlichen Migrationsprojekte genutzt werden.

Das Sample umfasste Familien, die gemeinsam nach Hamburg gekommen sind, die sich teilweise in Hamburg, im Ausland oder an unterschiedlichen Orten in Deutschland befinden, Alleinreisende, deren Familien im Herkunftsland verblieben sind, und Alleinreisende ohne Familie. Alle biografischen Verläufe der von uns Befragten können dem Migrationsmuster der transnationalen Wanderung zugeordnet werden. Wie die folgenden Befunde zeigen, empfinden viele der Interviewten Hamburg persönlich oftmals als eine biografische Durchgangsstation, einen Fluchtort, an dem sie eher zufällig angekommen sind und von dem sie aus den verschiedensten Gründen wieder wegwollen. Zum neuen Ziel werden Orte, an denen bessere Bedingungen vermutet werden als diejenigen, die am Ausgangsort vorherrschen. Wenn sich Lebensbedingungen an einem Zielort als zu schwierig erweisen, wird weitergezogen. Nationale Grenzen stellen dabei Hürden, aber keine unüberwindbaren Grenzen dar. Einige Befragte kamen auch gezielt nach Hamburg, wo schon Verwandte leben, die sie in der ‚Aneignung‘ des Fluchtorts unterstützen.

Ein weiterer Auslöser transnationaler Migration ist der Versuch der bereits in Hamburg angekommenen Geflüchteten, ihre im Herkunftsland verbliebenen Verwandten oder irgendwo verstreut lebenden Familienmitglieder in der Hansestadt zusammenzuführen. Dies erweist sich allerdings durchweg als äußerst schwierig. Familien spielen bereits im Vorfeld der Migration eine zentrale Rolle: Familienmitglieder in Europa stehen beratend bei der Wahl des Ziellandes zur Seite und helfen auch nach der Ankunft, wo sie können. Auf Grenzen stößt solche Hilfe insbesondere bei rechtlichen Fragen. In den folgenden Beispielen manifestieren sich die Belastungen, die mit der Trennung von der Familie sowie Ungewissheiten über ihren Verbleib und Möglichkeiten des Nachzugs verbunden sind.

Marie aus Afghanistan lebte zum Zeitpunkt der Befragung mit ihrer Familie schon sehr lange in Hamburg und berichtete z. B., dass sie irgendwann verzweifelt waren, weil sie keine Aufenthaltserlaubnis bekamen. Deshalb haben sie sich mit neuen möglichen Zielen beschäftigt:

Und dann mein Bruder hat gesagt: „Nein, dann gehen wir nach England.“ […] Alle haben gesagt: „England zu gehen ist sehr schwer, das geht nicht.“ Und dann haben wir gefragt: „Wo ist die Bildung besser?“ Und viele Leute haben gesagt: „Dänemark, sehr gut für Bildung.“ Die achten sehr gut auf Kinder und auf die Ausländerbildung. Haben wir gesagt: „Dann warten wir noch ein Jahr. Wenn wir kriegen eine Antwort von Deutschland, dann okay. Wenigstens Deutschkursmöglichkeit.“ Und keine Deutschkursmöglichkeit, gar nicht. Dann haben wir entschieden, wir gehen nach Dänemark. Wir wussten nicht, wann darf das sowas machen (lacht) oder nicht. Einfach Ticket genommen, nach Dänemark gefahren. (Marie, Abs. 50)

In Dänemark war das Leben aber auch nicht besser als vorher in Hamburg. Als in ihrer dortigen Unterkunft ein Mitbewohner erstochen wurde und verblutete, weil keine Hilfe kam, wollte Marie wieder nach Deutschland zurück, wo sie die Erfahrung gemacht hatte, dass ihr zumindest in gesundheitlichen Notfällen geholfen wurde.

> Von diesem Tag an habe ich gesagt: „Ich gehe wieder zurück." Und mein Mann, meine Kinder und alle haben gesagt: „[…] Viele Leute leben seit 20 Jahre in der Unterkunft. Das ist schrecklich." Aber ich habe gesagt: „Nicht schrecklicher als ich hier erlebt habe." […] Und endlich habe ich gesagt zu meinem Mann: „Statt hier zu bleiben, ich gehe wieder nach Afghanistan, oder bringe mich wieder nach Deutschland." Und er hat gesagt: „Spinnst du? Wenn wir jetzt gehen, dann in Deutschland du kriegst Strafe!" […] Und dann habe ich gesagt: „Egal, ich sage die Wahrheit. Wenn sie akzeptieren uns, dann bleibe ich. Sonst nicht. Dann gehe ich nach Afghanistan wieder." […] Mein Mann hat gesagt: „Wie du willst." Aber wir hatten keine Hoffnung, hier bleiben zu dürfen. (lacht) (Marie, Abs. 54)

Am Fall von Marie wird deutlich, welche Dramatik transnationale Familienverhältnisse annehmen können, insbesondere wenn weder der Aufenthaltstitel in einem Exilland noch die politische Situation im Herkunftsland sicher sind. Marie riskierte ihre Aufenthaltserlaubnis, um ihre kranke Mutter noch einmal zu sehen. Diese musste dafür jedoch auch noch reisen:

> Meine Mutter war richtig schwer krank und hat gesagt: „Ich möchte einmal euch am Ende meines Lebens sehen." Ich habe gesagt: „Das geht nicht. […] Wie soll ich kommen?" Und Afghanistan geht überhaupt nicht. Dann vielleicht Iran, können sie meine Mutter bringen. Ich habe mit meinem Bruder geredet: „Kannst du meine Mutter dorthin bringen?" Er hat gesagt: „Wir versuchen es, aber du musst erstmal" […]. Dann bin ich zu Ausländerbehörde gegangen. Und ich habe so gebittet diese Frau: „Meine Mutter ist krank, bitte helfen Sie mir." Sie hat gesagt: „Wenn Sie jetzt verlängern ihr Visum, dann Sie kriegen keine drei Jahre, dann kriegen Sie wieder (nur) sechs Monate." […] Ich habe so gekämpft für dieses Visum […]. Ich habe mich für meine Mutter entschieden. Und dann die Dame hat für mich sechs Monate gegeben und ich durfte reisen. Und meine Mutter gesehen. (unv.) So viele Erinnerungen von Mutter mitgebracht. Also ich freue mich, dass ich das gemacht habe. Nach zwei Monaten meine Mutter ist tatsächlich gestorben. Und es war ihr letzter Wunsch. (Marie, Abs. 68)

Billy und Fereshte wollten ursprünglich mit ihrer kleinen Tochter in die Niederlande zu Billys älterer Schwester. Hamburg sollte nur ein Zwischenstopp sein, da hier Billys jüngere Schwester wohnt. Sie hatten bereits im Vorfeld gehört, dass der Umgang mit Geflüchteten in Deutschland nicht gut sei und wollten deshalb weiterreisen. Die Hamburger Schwester hat der kleinen Familie jedoch davon abgeraten, da die Zustände in den Niederlanden für Geflüchtete eher schlechter seien als in Deutschland. Die Entscheidung für den Fluchtort Hamburg fiel somit bereits in enger Rücksprache mit der Familie. Billy vermutete in Hamburg bessere Möglichkeiten, eine Arbeit als Mechatroniker zu finden. Auch hierzu hat er sich mit Verwandten und Bekannten beraten. Fereshte hat selbst zwar keine Verwandten in Hamburg, wurde jedoch von der Verwandtschaft ihres Mannes gut aufgenommen und unterstützt. Sie konnten bei der Schwester essen, sich waschen und teilweise auch übernachten, und so der Massenunterkunft in Neuland II für ein paar Stunden entfliehen.

Für Dariusz und seine Familie war Deutschland ursprünglich gar nicht das anvisierte Ziel.

> Wir waren im Iran für 21 Tage. Weil wir hatten keinen Pass oder Aufenthaltsstatus. Deswegen die Kinder konnten nicht zur Schule gehen. Ich konnte nicht nach Afghanistan nochmal gehen, wegen der Probleme ich hatte in Afghanistan. Die Leute sagen: „Gib mir 10.000 Dollar und ich gebe dir für drei Jahre hier Aufenthalt." Einen Pass ich meine. Nach den drei Jahren, was soll ich machen? Und wir haben zusammen gesprochen, meine Frau und ich. Ja, wir sollen das andere Land gehen oder was. Und wir sind in die Türkei gereist. Türkei auch die Leute sagen: „Ist nicht so gut. Oder schlimm ist das hier." Wir waren dort für eine Woche. Und die Leute sagen: „Hier nicht so gut, weniger Arbeit. Bei drei Kindern kannst du nicht hier leben einfach. Nicht so einfach." Und die Leute in der Türkei denken über die europäischen Länder. Frankreich. Deutschland. Schweden heißt? Und meine Frau hat eine Schwester. Sie wohnt in England. Und wir denken über England. (Dariusz, Abs. 150)

Aber nach einer überaus anstrengenden Odyssee aus der Türkei teilweise zu Fuß mit drei kleinen Kindern, denen die Strapazen der Reise offensichtlich zu viel wurden, musste der Plan, nach England zu gehen, vorläufig aufgegeben werden.

> Ich dachte an England. Und wir sind nach Hamburg gefahren mit der Bahn. Und wir waren sehr müde. Wirklich. Die Kinder waren sehr krank und sehr müde. Meine Frau war so. Und ich dachte: „Deutschland ist gut. Wir können nicht weitergehen." Weil ich hab schon über England, über die Reise nach England gehört von den Leuten. Das ist nicht so einfach mit Kindern und Frau. Das ist sehr schwierig. SEHR, sehr schwierig. Und wir haben gesprochen: „Hier ist besser. Wir können nicht weitergehen." Und eine Familie war hier. Hat für uns ein Ticket nach Neumünster gekauft. Und sind wir dorthin gegangen. Und wir waren dort eine Nacht in einem Camp und dann wir wurden nach Hamburg transferiert. (Dariusz, Abs. 170)

Im Interview mit Dariusz veränderte sich die Stimmung bei der Frage nach der Familie erkennbar: Anfangs hatte er noch betont, dass es eine große Umstellung war, in Hamburg nur mit der engsten Familie zusammen zu leben, in Afghanistan habe er in der Großfamilie mit 21 Personen gelebt. Nachdem er aber sagte,

dass er seit zweieinhalb Jahren nicht wisse, wo seine Familie jetzt sei und
dann schwieg, war klar, dass er dieses Thema nicht vertiefen wollte. Die Frage
nach dem Verbleib der Familie erwies sich nicht nur in diesem Fall als heikle
Angelegenheit.

Auch Mohammed entschied sich erst nach mehreren vorangegangenen Orts-
veränderungen – zunächst von einer syrischen Kleinstadt in die Großstadt – und
nach anhaltenden Schwierigkeiten – wie einem Gefängnisaufenthalt in Ungarn –
für Deutschland als Wohnort.

Fawaz ist mit seiner Tochter und seinem Sohn aus Syrien nach Hamburg
gekommen. Während seine beiden Kinder mittlerweile in Wohngemeinschaften
leben und ein Studium begonnen haben, befindet sich seine Frau mit einer weiteren Tochter noch im Libanon. Er hat einen Antrag auf Familienzusammenführung
gestellt. Auf den Termin in der Botschaft in Beirut musste seine Frau allerdings
16 Monate warten. Mohammed wartet ebenfalls schon lange auf den Nachzug
seiner Frau und seiner drei Kinder, die er aufgrund eines Gefängnisaufenthaltes
vor seiner Flucht seit sechs Jahren nicht gesehen hat. Die Sorge um sie bereitet
ihm gesundheitliche Probleme (vgl. Abschn. 6.1.2).

Der Fall von Heidi ist etwas anders gelagert: Ihr jüngerer Bruder ist als erster aus dem Irak nach Europa geflüchtet. Als die Bedrohungslage immer ernster
wurde, hat sich der Rest der Familie ebenfalls auf den Weg gemacht. Gemeinsam
mit ihrem älteren Bruder und seiner Frau, ihrer Mutter, ihren zwei Schwestern
und ihrem Neffen haben sie die Reise begonnen. Dabei war Deutschland keineswegs von Anfang an ihr Ziel. Auf der Flucht hat sich ihr älterer Bruder mit der
Familie zerstritten und den Weg mit seiner Frau getrennt von den anderen fortgesetzt. Dies führte dazu, dass Heidi mit ihrer Mutter, ihren zwei Schwestern und
ihrem Neffen gemeinsam in Hamburg ankam und hier mittlerweile in einer FU
lebte. Ihr jüngerer Bruder, der zuerst nach Deutschland gekommen war, lebte zum
Zeitpunkt des Interviews hingegen in Frankfurt am Main, und ihr älterer Bruder
mit seiner Frau in München. Die bisherigen Versuche, die Familie in Hamburg
zusammenzuführen, waren alle gescheitert, da ihre Brüder keine Erlaubnis zu
einem Wohnortwechsel erhalten hatten.

Andere Befragte, wie Ibrahim, gingen ihren Weg, ohne vorher ein Ziel
bestimmt oder in Erwägung gezogen zu haben, suchten Orte, die bessere
Bedingungen als zuvor versprachen und kamen eher zufällig nach Deutschland.
Zum Zeitpunkt des Interviews befand er sich alleine in Hamburg. In Afghanistan
war er Soldat der afghanischen Armee. Als sich die Sicherheitslage zunehmend
verschlechterte, beschloss er nach Europa zu fliehen und seine Familie anschließend nachzuholen. Ibrahim hatte nur das Ziel, möglichst schnell aus Afghanistan
weg zu kommen. Innerhalb eines Monats wanderte er von dort nach Istanbul.

Daraufhin habe ich mich einfach spontan auf die Reise gemacht, und ich war in der Türkei und ich hatte kein Ziel gehabt. Ich habe die Masse gesehen und bin einfach der Masse hinterhergelaufen, dann bin ich nach Deutschland gekommen. (Ibrahim, Abs. 105)

Er macht sich große Sorgen um seine Angehörigen in Afghanistan, da diese in einer instabilen Region wohnen; zudem sei bekannt, dass er sich in Deutschland aufhält, woraus die Befürchtung erwächst, dass seine Familie zu einem Ziel werden könnte, um Geld von ihm zu erpressen. Er hatte bereits alles für die Familienzusammenführung organisiert, doch dann ereignete sich im Mai 2017 ein Anschlag im Kabuler Diplomatenviertel bei dem die Deutsche Botschaft erheblich beschädigt wurde. Der Termin fiel entsprechend aus. Zum Zeitpunkt des Interviews im Oktober 2017 hatte seine Familie noch immer keinen Termin in der Botschaft in Kabul, weshalb er für sie einen Weg nach Pakistan suchte, um sich dort an die Deutsche Botschaft zu wenden.

Der Anschlag in Kabul erwies sich für Mariam und ihre Angehörigen ebenfalls als eine Katastrophe. Sie hatte sich von vornherein für Hamburg als Ziel entschieden, weil ihre Familie schon früher einmal einige Jahre dort gelebt hatte:

Das war auch in Hamburg, in Billstedt haben wir damals gelebt und das war 2000 bis 2004 etwa und ja, dann dachten wir halt Afghanistan, also da hat man irgendwie so gesagt, dass es keinen Krieg mehr ist und die Taliban sind weg und so und dann sind wir einfach freiwillig zurückgegangen. (Mariam, Abs. 48)

Ihr jüngster Bruder blieb mit dem Vater zunächst zurück.

Mein Vater ist vor kurzem gestorben leider.
War der auch hier?
Nein, in Herat. Der und ein Bruder von mir, […] er ist dort gestorben und der Bruder musste das mitansehen, deswegen ist er, also wir haben nur einen Bruder sag ich mal in Afghanistan, in Herat. Und sonst wir vier leben hier und der ist dreizehn, er ist in Deutschland geboren. […] Der lebt zurzeit bei meiner Oma, aber ich kann mal sagen, der lebt auf dem Friedhof. Immer am Tag fünf bis sechs Stunden sitzt er da und spricht mit meinem Vater. Ansonsten ist er in einem Zimmer, da schließt er sich ab und verbringt die Zeit dort, geht nicht mehr zur Schule und macht gar nichts. (längere Pause)
Will er nicht mit her oder soll er nicht mit herkommen, oder geht es nicht?
Doch er will, das ist jetzt sein letzter Wunsch. Er denkt, also er hat seine Hoffnungen verloren, dass er auch meine Mama nicht mehr sieht, weil als er zehn war, da wurde mein Bruder krank und dann Indien, also der hatte dann so nicht meine Mama gesehen, sag ich mal, seit drei Jahren. Und wir versuchen ihn jetzt durch Familienzusammenführung nach Deutschland zu holen.

> Sind Sie da auf einem guten Weg […]?
> Nein. […] Seitdem dieses Attentat in Kabul geschah, ist eine Katastrophe. […]
> Wir wissen jetzt gar nichts mehr. Und dann muss man ihn, wir wissen überhaupt
> gar nichts mehr, ob wir warten, ob seine Dokumente in Berlin durchbearbeitet wer-
> den, oder müssen wir nochmal bewerben, nochmal einen Termin machen. (Mariam,
> Abs. 137–156)

Zudem ist Mariams mittlerer Bruder durch einen Hirntumor schwer behindert und sitzt im Rollstuhl und die Mutter leidet unter Depressionen, weshalb Mariam selbst die Hauptverantwortung für die ganze Familie trägt.

Jamals ursprüngliches Ziel war Schweden, doch einer seiner Onkel lebt in Hamburg und hat ihn davon überzeugt, zu ihm zu kommen. Hier habe er Ver-wandte und Bekannte, die ihm helfen könnten. Wieder waren es bereits existie-rende Beziehungen, die den Ausschlag für den Fluchtort gegeben haben. Dennoch fühlt sich Jamal ohne seine Familie aus Afghanistan sehr einsam.

> Natürlich, bin hier allein, lebe ohne Familie und weit weg von der Familie. Natür-
> lich fühle ich mich allein. Doch ich versuche mein Studium aufzunehmen und zu
> lernen und meine Gedanken vom Alleinsein und dem Fehlen der Familie fern zu
> halten. (Jamal, Abs. 153)

Auch Omid entschied sich für die Hansestadt aufgrund eines Bekannten und eines Cousins, die zum Zeitpunkt unseres Interviews bereits seit zehn bzw. zwei Jahren in Hamburg lebten. Seine Familie zurückzulassen schmerzt aber auch Omid sehr.

> Also ich habe jetzt nicht das Gefühl, dass es in Hamburg an etwas mangelt, aber
> wenn Sie jetzt persönlich fragen, also privat [sagt er auf Deutsch], dann fehlt es mir
> natürlich an meiner Familie, also es fehlt mir an meinem Herz. Denn wir waren eine
> große Familie und haben viel mit einander verkehrt, das fehlt. Oder auch meine
> Freunde aus der Uni, die sind auch nicht mehr da. Also ich mache hier alles alleine
> [sagt er auf Deutsch]. (Omid, Abs. 205)

Tommy konnte sich ebenfalls auf ein vorhandenes Netzwerk in Hamburg ver-lassen. Als er es nach einer beschwerlichen Reise endlich nach München geschafft hatte, wartete dort bereits ein Freund seines Onkels mit seiner Familie auf ihn. Er verbrachte drei Tage bei ihnen, um wieder zu Kräften zu kommen. Anschließend kaufte ihm der Freund seines Onkels ein Ticket nach Hamburg.

Kenan hingegen hat keine Familie mehr. Auf das Haus seiner Familie im Irak wurde ein Anschlag verübt. Dabei wurde sein Bruder schwer verletzt und ist anschließend gestorben. Sein Vater war ein hochrangiger Militär während der Zeit Saddam Husseins. Die Familie wurde enteignet. Weder sein Vater noch seine Mutter sind noch am Leben. Seine zwei Schwestern sind vermutlich im Iran. Kontakt hat er keinen mehr. Nach diesen Schilderungen war ein unbelastetes Fortführen des Interviews nur sehr schwer möglich.

Die exemplarisch ausgewählten Befunde zeigen, dass Hamburg oftmals nicht der Wunschort war und erste Erfahrungen mit der Stadt nicht immer angenehm waren. Dennoch gelang es den meisten Befragten, zumindest ein pragmatisches Verhältnis zu ihrem Ankunftsort zu entwickeln. Sie nahmen – wenigstens auf Zeit – Hamburg als ihren persönlichen Fluchtort an, verorteten sich und konstruierten sich ihren jeweils individuellen städtischen Handlungsraum. Relationalen Raumtheorien zufolge ist Raumkonstitution „an Wahrnehmungsprozesse gebunden" (Löw 2001, S. 196) und folgt damit einem Bildungsverständnis, das mit dem Konzept der Aneignung verknüpft ist:

> „Wie Raum konstituiert wird, ist Ergebnis eines Bildungsprozesses. Schüler oder Schülerinnen müssen lernen, institutionalisierte Verknüpfungsordnungen von sozialen Gütern und Menschen als Räume zu erkennen und dabei eigene Handlungsfähigkeit zu entwickeln." (ebd., S. 245 f.)

Mobilität ist zunächst eine Strategie, die Menschen wählen, um den Schwierigkeiten an ihren jeweiligen Wohnorten zu entfliehen und/oder Zukunftspläne anderswo umzusetzen. In Hamburg angekommen, bietet Mobilität einerseits eine Gelegenheit, der Enge und mangelnden Privatsphäre in den Unterkünften zu entrinnen, gleichzeitig aber auch eine Möglichkeit, sich den Ankunftsort, die neue Stadt zu erschließen.

Die meisten Interviewpartner_innen versuchten aktiv, so wenig Zeit wie möglich in den Unterkünften zu verbringen. Dabei ist letztlich die Wahl des Zielortes bzw. des Vorhabens abhängig vom Wetter oder der Jahreszeit. Bewegung findet jederzeit statt.

> Als ich ankam, da war es ja tiefster, härtester Winter und schrecklich kalt hier, aber ich ging meistens raus, weil ich keine Lust hatte in diesem Raum zu sein. (Omid, Abs. 32)

Während im Sommer meist öffentliche Plätze und Parks aufgesucht und generell eher spazieren gegangen und erkundet wird, stellen im Winter Cafés und andere geschlossene Räume eine Option dar. Bei den befragten alleinstehenden, männlichen und jungen Gesprächspartner_innen, war auch das Fitnessstudio ein häufiges Ziel.

Jeden Tag, ja wir haben jeden Tag da [in einem Café in der Nähe der EA] gespielt, so zwei bis drei Stunden. Also nachdem wir Mittag gegessen hatten sind wir da hin, bis zum Abendessen. Ich persönlich war wenig im Zimmer, weil ich zum Beispiel auch einen Ort gefunden hatte, wo ich was lernen konnte, dann war ich den halben Tag am Lernen. […] also nach so vier fünf Monaten als ich mich langsam in Hamburg und Wandsbek auskannte bin ich dann abends zum McFit gegangen, damit ich nicht zu Hause sein musste. (Omid, Abs. 62–74)

Was Omid hier anspricht verweist darauf, dass es in den Unterkünften wenige Möglichkeiten der Freizeitgestaltung gibt. Dies trifft insbesondere auf EAs zu, die hierfür nicht ausgestattet wurden. Dabei sind Räume, in denen man sich gerne aufhält und mit etwas beschäftigen kann, sehr wichtig, um dem Gefühl des ständigen Wartens etwas entgegensetzen zu können und sich zumindest ein wenig persönliche Handlungsfähigkeit zu bewahren. Auch der Lärmpegel, der an provisorisch gebauten Orten zwangsläufig hoch ist, wenn viele Menschen dicht gedrängt zusammenleben, verhindert die Nutzung von Räumen in Unterkünften für konzentriertes Lesen oder Lernen. Vor diesem Hintergrund ist die Suche nach Räumen außerhalb der Unterkünfte nachvollziehbar.

Um sich in Hamburg bewegen zu können, ist zumeist die Nutzung öffentlicher Verkehrsmittel erforderlich. Viele unserer Gesprächspartner_innen verfügten über ein Abonnement des Hamburger Verkehrsverbundes (HVV). Solche Fahrkarten, die direkt zwischen dem HVV und dem Sozialamt abgerechnet werden, erhalten all jene automatisch, die in einer EA untergebracht sind. Nach dem Transfer in eine FU wird der öffentliche Nahverkehr oftmals weiter genutzt. Es besteht die Möglichkeit, durch die ,Sozialkarte', die bei den Jobcentern beantragt werden kann, einen Preisnachlass zu erhalten. Den Befragten war auch der Unterschied zwischen Teil- und Vollzeitkarten oftmals bekannt. Wenn möglich, bevorzugten sie Teilzeitkarten, da diese im Vergleich zu den Vollzeitkarten erheblich günstiger sind. Allerdings erzeugen Teilzeitkarten gelegentlich auch Schwierigkeiten in der Alltagsplanung und behindern den Zugang zu Bildung und Arbeit:

Ich muss genau machen mit dieser Sozialkarte. Zum Beispiel, wenn mein Deutschkurs beginnt um acht Uhr. Ich muss anderen suchen. Ja, deswegen meine Karte ist für neun Uhr. (Amine, Abs. 292)

Grundsätzlich eröffnen Fahrkarten vielfältige Möglichkeiten, die Stadt zu erkunden. Tommy erläutert seine Mobilitätspraxis in Hamburg wie folgt:

I have a ticket. Buy a ticket every month. And ja, I (unv.) hang out in Hamburg, outside a lot. (Tommy, Abs. 436–437)

Dieses Erschließen der Stadt beginnt damit, das Verkehrsnetz kennen und es nutzen zu lernen. Nachdem das notwendige Orientierungswissen durch erste Mobilitätserfahrungen vorliegt, stehen Erkundungsausflüge auf dem Programm:

> Und ich hatte in dieser Zeit auch eine Fahrkarte von der Schule, deshalb konnte ich ein bisschen hin und her fahren und habe ich in dieser Zeit auch viel zu viel über Hamburg kennengelernt. Wie kann man mit dem Bus fahren, wie kann man mit dem Zug, was soll man machen, wie läuft überhaupt die Verkehrsmittel in Hamburg, ich habe solche Sachen sofort gelernt. (Ismail, Abs. 72)

> Im ersten Jahr nicht, nein. Da war es schon schwer zum Hauptbahnhof zu fahren. Denn ich kannte die Wege und Routen nicht. Dann fuhren wir ab und zu zu den Landungsbrücken beim Wasser, oder Baumwall. Das lernten wir kennen und fuhren dort hin. Wenn uns langweilig wurde fuhren wir dort mit den Freunden hin, gingen spazieren, erkundeten die Gegenden. Oder wir sind einfach mit der Bahn bis zur letzten Station gefahren. (Jamal, Abs. 174)

Häufig wird von der Praktik erzählt, an noch nicht bekannten Bahnhöfen auszusteigen, die Gegend zu erkunden und neue öffentliche Parks und Plätze zu entdecken, um Mobilitätssicherheit zu erreichen, die zukünftige Fahrten erleichtern kann.

> Wenn ich zum Beispiel eine Adresse bekomme, also ich weiß jetzt […] Ist jetzt einfacher geworden für mich, weil ich jetzt weiß die Umgebung und ich weiß, wo ich hingehe und so. Wenn ich eine Straße bekomme, ich kann bis zu der Straße fahren. Und wenn ich genau das Haus nicht gefunden habe oder so, dann frage ich die Leute dort. (Sadiye, Abs. 105)

Sich in der Stadt sicher bewegen zu können und zumindest bis in die Nähe des Zielortes zu gelangen, ermöglicht eine gewisse Selbstständigkeit und die Bestätigung eigener Handlungsfähigkeit.

> Ja, natürlich. Immer, immer. Ist echt schön dort. Und, oder mit Freunden zusammen woanders besichtigen, neue Station zum Beispiel. In der Umgebung ein bisschen spazieren gehen. Die neuen Parks in Hamburg sehen. Deshalb ich habe schon gute Erfahrung, ich kenne gut aus in Hamburg. Ich kenne echt gut aus in Hamburg. Ich habe gar kein Problem mit Verkehrsmitteln, ich kann irgendwo gehen einfach, manchmal ohne Navigation, ohne Internet auch, das ist gar kein Problem für mich. Und, ja das ist so. (Ismail, Abs. 406)

Diese Erkundungen finden selten alleine statt, sondern gemeinsam, zumeist mit anderen Geflüchteten. Die Tatsache, dass viele Befragte ihre EA oder FU häufiger gewechselt haben, prägte auch ihre Mobilitätspraktiken: Entstandene Freundschaften

können durch Mobilität gepflegt werden: Da gegenseitige Besuche in Unterkünften
aufgrund der dortigen räumlichen Situation eher unüblich sind, dienen Ausfahrten –
wie bei anderen Stadtbewohner_innen – dazu, sich mit Freunden zu treffen und
gemeinsam etwas zu unternehmen. So wird im Park gegrillt, Cafés und Einkaufszentren werden auch in weiterer Entfernung aufgesucht. Darias 18-jährige Tochter
Kiana erläuterte ihr Freizeitverhalten in der Stadt wie folgt:

> ... in allen Stadtteilen in Hamburg gibt es ein Zentrum. Z.B. in Poppenbüttel, beim
> Kornweg, also Ohlsdorf, da gibt es immer ein Zentrum. Wenn man in Berne, Trab-
> rennbahn und so wohnt, dann gibt es in Farmsen ein Zentrum. Wenn man neben z.B.
> Mümmelmannsberg und Burgstraße und so wohnt, gibt es auch in Billstedt ein Zen-
> trum. Also in jedem Stadtteil gibt es ein richtiges Zentrum, wo es z.b. die richtigen
> Marken gibt. Z.B. Zara gibt es da oder es gibt auch von Apple ein Geschäft. Es ist
> also egal, wo man ist. [...]
> Wir sind fast zwei Jahre in Hamburg. Ich fahre manchmal mit Freunden auf den
> Weg. Man sagt z.b. die ersten ein zwei Wochen, die wir in Hamburg waren, wussten
> wir nicht, wo Wandsbek ist. Das erste Mal, als ich zur Kirche gehen wollte – weil
> U3 gibt es in zwei Richtungen, und die fahren beide nach Barmbek – da bin ich zum
> ersten Mal falsch gefahren. Ich wollte dann wieder nach Berliner Tor zurück. Es war
> schwer für uns. Aber jetzt, seit zwei Jahren [...] im Heim gibt es z.B. HVV. [...]
> Wir haben immer ein Ziel. Wenn ich und meine Freunde rausgehen möchten, sagen
> wir immer wann und wo. Ich sag z.B. Jungfernstieg, dann sagt sie nein, da waren
> wir. Dann sag ich ok, Hamburger Meile. Kommst du? Dann sagt sie ne, ist nicht
> in meiner Nähe. Dann sag ich ok, Poppenbüttel, kommst du? Sie sagt ja. Und man
> sieht so z.B. viel. Hamburger Meile war ich z.B. fast ein Jahr lang, weil ich jeden
> Samstag da in die Kirche gehe, und so sehe ich ja, dass es da eine Passage gibt.
> Und die Hamburger Meile kenne ich ganz gut, weil es in der Hamburger Straße
> diese Schulbehörde gibt und da war ich wirklich jeden Tag. (Daria und Kiana,
> Abs. 431–437)

Kiana und ihre Mutter Daria kennen bereits sehr viele Stadtteile in Hamburg.
Sie steuern häufig gezielt bestimmte Orte an (Kirche, Schulbehörde, bestimmte
Einkaufsorte etc.); Kiana erkundet die Stadt außerdem aktiv mit ihren Freund_
innen. Einkaufszentren erweisen sich dabei für Teenager wie Kiana als wichtige
Anziehungspunkte. Anfängliche Schwierigkeiten in der Benutzung der öffentli-
chen Verkehrsmittel wurden schnell überwunden. Dabei ist zu berücksichtigen,
dass diejenigen, die vorher in großen Städten gelebt haben, bereits dort mit der
Benutzung von Bahnen und dem Bewegen in einem größeren Verkehrsnetz ver-
traut waren. In solchen Fällen sind es viel mehr die sprachlichen Barrieren und die
Ortsunkenntnis, die zu Schwierigkeiten in der innerstädtischen Mobilität führen.
   Neben den öffentlichen Verkehrsmitteln stellt das Fahrrad eine Alternative dar.
Es wird zum Beispiel als Möglichkeit gesehen, die Stadtteile von einer anderen

Seite kennen zu lernen und andere Orte zu sehen. Es ermöglicht, sich im Freien zu bewegen und wird, wie das ‚Spazieren‘, als eine ruhige Art der Fortbewegung verstanden.

> Ja, ja. Ich liebe das Spazieren. Und ich habe auch ein Fahrrad. (Ein Mensch 2, Abs. 170)

Das Fahrrad bietet auch eine Beschäftigungsmöglichkeit außerhalb der eigenen Unterbringung, allerdings nur im Sommer und wenn es nicht gerade gestohlen wurde. Ziad berichtete, dass ihm gerade das zweite Fahrrad abhanden gekommen ist, und auch Khalil machte eine Bemerkung, die vermuten lässt, dass er diese Erfahrung bereits mehrfach machen musste. Manu hatte auch für dieses Problem eine Lösung gefunden:

> Ich hatte [ein Fahrrad] und dann jetzt nicht mehr. Aber ich habe mich angemeldet bei StadtRad Fahrrad.
> Ich fahre das immer. Wenn das Wetter schön ist, dann fahre ich gerne. (Manu, Abs. 181–184)

Die Aneignung der Stadt bietet überdies Zugang zu ortsüblichen Aktivitäten: Marie geht z. B. gern auf Flohmärkte und findet über das Internet heraus, wo diese stattfinden und wie sie dorthin kommt; so lernte sie verschiedene Stadtteile und Straßenzüge kennen.

Zusammengefasst ist Mobilität für die befragten Geflüchteten nicht nur eine Möglichkeit, von einem Ort zum anderen zu kommen, es ist auch eine Strategie, um sich zu beschäftigen und den beengten Verhältnissen der Unterkünfte zu entfliehen. Die Stadt wird oftmals entlang der Verkehrslinien erkundet und dabei nach öffentlichen Plätzen und Parks gesucht. Das Netz des HVV strukturiert hierfür die Orientierung. Nasro lässt seine Bewegungen in der Stadt ganz davon leiten. Wenn er Zeit hat oder es ihm nicht so gut geht, er bedrückt ist, dann begibt er sich in verschiedene Stadtviertel: Er fährt mit Bus oder Bahn irgendwo hin und fragt sich durch. Auf diese Weise war er schon in Billstedt, Niendorf und St. Pauli. Er hofft, dies auch weiter machen zu können, um die Stadt kennen zu lernen.

Während transnationale Mobilität den Beginn der Veränderung von Lebenslagen markiert, transformiert lokale Mobilität am Ankunftsort die neue Lebenslage: Die strategische Funktion beider Mobilitätspraktiken ist die Bewahrung eigener Handlungsfähigkeit. Denn auch im lokalen Kontext wird durch mobile Aneignungspraktiken eine Verbesserung der Lebensbedingungen angestrebt. Hinzu kommt, dass die Zuweisungspraktiken in Unterkünfte und deren Wechsel Mobilität institutionell erzwingen und bürokratisch regeln, wodurch persönliche und selbstbestimmte Mobilität unter Umständen eingeschränkt werden.

6.2.2 Aneignungspraktiken in unterschiedlichen institutionellen Settings

Die Fallbeispiele zeigen, dass sich die in den Kapiteln drei und vier dargestellten institutionellen Rahmenbedingen am *Fluchtort Stadt* auf Lebenslagen der Geflüchteten und Aneignungspraktiken auswirken. In vielen Lebensbereichen ist der Entscheidungsspielraum von Geflüchteten durch formelle Vorgaben eingeschränkt. Während des laufenden Asylverfahrens aber auch noch danach, können sie über ihren Aufenthaltsort und dessen Nutzung nur begrenzt selbst entscheiden. Sie werden nach dem Königsteiner Schlüssel, einem abstrakten, zwischen den Bundesländern ausgehandelten Verteilungsmaß, Bundesländern zugewiesen. Diejenigen, die nach Hamburg kommen, werden zunächst in Erstaufnahmeeinrichtungen und später in Folgeunterkünften untergebracht, ohne Einfluss darauf nehmen zu können, wann sie wohin ziehen. Zudem erweist sich die Transferpraxis der Behörden als besonders intransparent und beinhaltet auf unterschiedlichen Ebenen Konfliktpotenzial:

> Alle sagen: „Ich will einen Transfer, ich will einen Transfer." Und der Sozialarbeiter muss sagen zum Chef: „Ja wir machen einen Transfer." Und ja manchmal sagen sie: „Warten, warten" und einen Tag sagen sie: „Aber morgen hast du einen Transfer". Aber wo, das man weiß nicht, das erste. Einfach kommt ein Taxi und abholt uns. Wohin ich weiß nicht, einfach ja da. […]
> Und wenn du sagst einfach: „Ich will nicht hier wohnen", das kommt Ärger mit Polizei und so. Musst hierbleiben. […]
> Ich will nicht Ärger mit Polizei und so machen. Ich habe gesehen, was mit einer anderen Familie passiert ist und so. Und einfach hiergeblieben. (Ziad und Fadi, Abs. 89–100)

Einsprüche oder eigene Initiative haben manchmal dennoch Erfolg: Da sich viele Geflüchtete über die Verhältnisse in den verschiedenen Unterkünften gegenseitig informieren, entsteht Eigeninitiative für Transfers:

> An dem nächsten Tag […] habe ich eine Sozialmitarbeiterin auch in der EA [anonymisiert] kennengelernt, wo ich immer noch [lebe]. Und ich habe sie gebeten, dass ich von hier rausgehen möchte. Dann hat sie gesagt: „Du darfst, aber du sollst zuerst einen freien Platz finden. Und … bitte sagst du nicht allen Leuten, das ist auch nicht

so einfach, nicht alle können das machen", aber sie war ein bisschen stolz, dass ich etwas auf Deutsch geredet habe und sie war glücklich, dass ich auch nicht so lange in Deutschland und ich habe auch ein paar Worte auf Deutsch gesagt habe. Dann ich habe gesagt, ich möchte nach [anonymisiert] Transfer, dort habe ich gesehen und ich werde mich sehr freuen, wenn ich dort bin. Dann hat sie sofort telefoniert und sie haben gesagt, okay wir überlegen, ob und wir schauen wie läuft und sagen wir euch Bescheid. Erst morgen. Und dann ich habe keine Geduld, eigentlich in diesem Moment und ich bin sofort hingefahren und als ich reingekommen bin, ich habe über die Sozialmitarbeiter alle geguckt, und ich habe versucht, welche Gesicht ist so nett. […] Und ich habe eine Sozialmitarbeiterin dort getroffen, […] sie war echt sehr sehr nett und habe ich sie sofort auch gefragt, ob ich hier wohnen darf. Und hat sie gesagt: „Wie heißt du und woher kommst du?", und ich habe mich vorgestellt sofort auf Deutsch. Und sie war auch, sie hat so viel auch gelacht, wie ich rede und ich war auch, ist ja auch viel zu viel komisch. […] Dann hat sie sofort mir gesagt, okay Ismail komm, du bist nicht mehr Besucher hier, du bist Mitbewohner hier. Und ich habe das nicht geglaubt zuerst, ich war geschockt, wie heißt das? Überrascht. (Ismail, Abs. 76)

Transfers, die jenseits geltender Regeln auf Eigeninitiative erfolgen, tragen ihrerseits zu Unklarheiten in Bezug auf die Reihenfolge und die Aufenthaltsdauer in einer öffentlich-rechtlichen Unterbringung bei.

Viele unserer Interviewpartner_innen sind innerhalb der ersten zwei Jahre in Deutschland sehr oft umgezogen. Die in Abb. 6.1 rechts oben dargestellten acht Transfers und Umzüge fanden innerhalb von zwei Jahren statt und sind in diesem Fall auf die relativ große Eigeninitiative des betreffenden Gesprächspartners zurückzuführen. Es waren vier Transfers in Erstaufnahmeeinrichtungen, einer in eine Folgeunterkunft und dann noch zwei Umzüge in eigenen Wohnraum. Auf der linken Seite sind fünf Transfers dargestellt, die alle im Rahmen der üblichen Verteilungspraxis erfolgten, bei denen innerhalb von ca. 24 Monaten drei Umzüge im Rahmen der Erstaufnahme und zwei in Folgeunterkünfte stattfanden.

Die untere Karte in Abb. 6.1 zeigt sämtliche Transfers unserer Interviewten in einer Grafik. Es wird daran deutlich, dass die Umzüge kreuz und quer im gesamten Stadtgebiet und teilweise zwischen weit auseinanderliegenden Unterkünften erfolgten, was immer wieder neue Aneignungsbemühungen und bei Familien auch häufigere Schulwechsel der Kinder erforderlich machen kann. Auf diese Weise entstehen innerstädtisch ‚plurilokale' Wohnbiografien, weil die Suche nach einem sicheren mikroräumlichen ‚Fluchtort' nach der Ankunft in Hamburg noch lange nicht abgeschlossen ist.

Generell bleibt festzuhalten, dass ein Transfer nur selten auf eigenen Wunsch erfolgt, wodurch Präferenzen der Betroffenen unberücksichtigt bleiben. So wurde

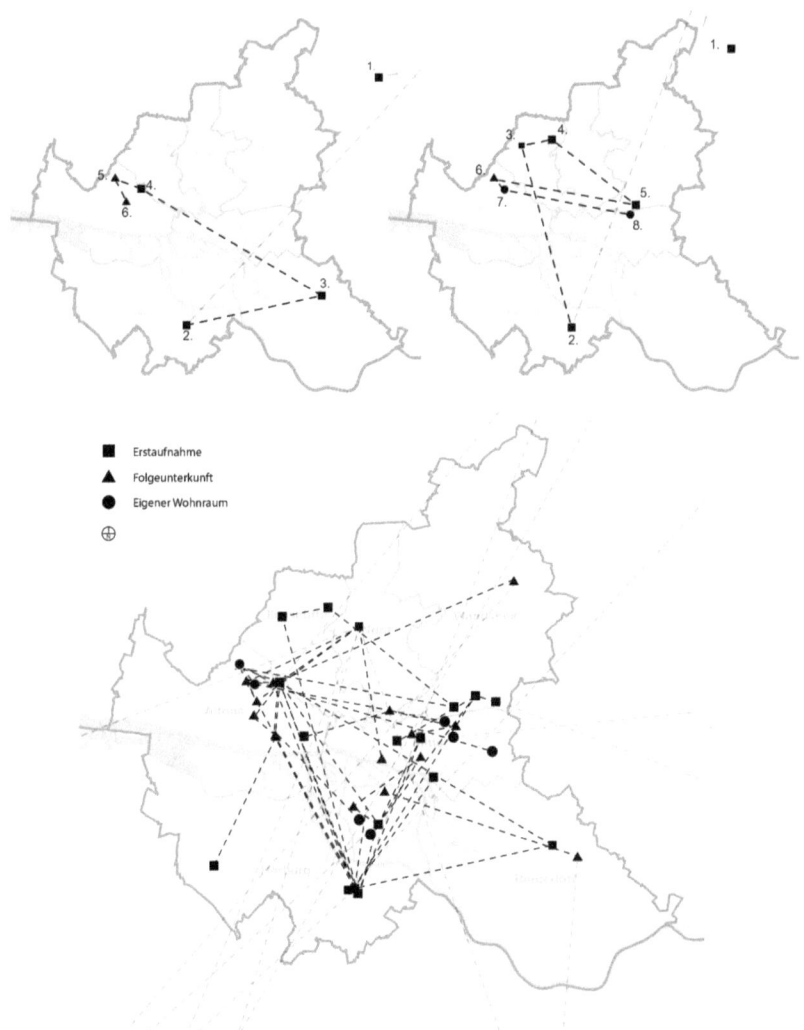

Abb. 6.1 Individuelle und überlagerte Wohnprofile, o. M. (Quelle: Wikimedia Commons User TUBS [CCBY-SA 3.0, https://creativecommons.org/licenses/by-sa/3.0/deed.de], eigene Bearbeitung)

ein Interviewpartner, der im Irak Agraringenieur war, Hamburg zugewiesen, obwohl er eigentlich gern in einem ländlichen Raum leben würde. Khalil hingegen wollte unbedingt in der Stadt wohnen und wurde stattdessen zunächst von Essen nach Neumünster und von dort nacheinander in zwei kleine Dörfer in Schleswig-Holstein geschickt. Er hat es nach einiger Zeit mit großem Aufwand und Unterstützung durch einen Freund geschafft, sich ein WG-Zimmer in Hamburg zu suchen, musste dann aber weiterhin zum Integrationskurs pro Strecke fast zwei Stunden nach Mölln fahren, da sein Aufenthaltstitel und damit die Finanzierung des verpflichtenden Kurses an Schleswig-Holstein gebunden waren.

Zwingende Voraussetzung eines Umzugs in ein anderes Bundesland ist der positive Asylbescheid. Vorher gibt es so gut wie keine Möglichkeit, den Wohnort zu beeinflussen. Auch die Aufnahme einer Arbeit oder der Besuch eines Sprachkurses, sind bei ungeklärtem Aufenthaltsstatus fast aussichtslos. Das neu eingeführte Konzept der guten Bleibeperspektive (siehe Abschn. 3.3.3) führt zwar dazu, dass einige Personen schon vor Abschluss ihres Asylverfahrens an einem Kurs teilnehmen können, während andere bei diesem Vorgehen aufgrund ihrer Nationalität diskriminiert werden:

Als Afghanin bekommt man ja keinen Integrationskurs von der Stadt. (Mariam, Abs. 42)

Doch auch wenn ein Kurs genehmigt wird, kann es weiterhin zu Problemen kommen. Im Falle Heidis war der begonnene Kurs für unsere Interviewpartnerin zu schwer. Sie kam dort nicht mit und musste den Kurs wechseln. Dies ist jedoch nicht ohne weiteres möglich und führt zu weiteren Schwierigkeiten, wie uns ihre, sie zum Interview begleitende, Freundin erläuterte.

Sie hatte also einen Deutschkurs angefangen, hatte 200 Stunden und hat ihn dann abgebrochen, weil es zu schnell ging. Und jetzt einen Folgekurs zu finden, war enorm schwierig, da haben wir uns die Hacken abgelaufen, [...] wir haben ja diesen Kurs gefunden, die haben sie also auch eingegliedert und das läuft gut, fühlt sich da auch wohl, aber ihr fehlen die 200 Stunden, um diesen Kurs zu Ende zu machen. Und eine Nachbewilligung zu kriegen, ist außerordentlich schwierig, es ist völlig idiotisch, sie muss erst eine Prüfung machen, dann muss sie durchfallen und dann kriegt sie eine Nachbewilligung. Diese Prüfung ist aber erst im März und dieser Kurs für sie endet im Dezember, also zwei Monate oder drei Monate verschenkte Zeit, da wollen wir jetzt nochmal bisschen Druck machen, also ja, das ist schwierig. (Heidi, Abs. 114)

Dieses Beispiel zeigt, wie sich administrative Verfahren auswirken, die weder nachvollziehbar noch förderlich für die Lebenslage einer Person sind. Im Gegenteil, kann durch solche Regeln Lernmotivation sinken und so den zukünftigen

Integrationsprozess behindern. Die Fallgeschichte von Amina (vgl. Abschn. 6.1.1) belegte bereits, dass die Entscheidungen einzelner Mitarbeiter_innen in Behörden nicht hinreichend aufeinander abgestimmt sind. So erhielt ihre Tochter einen Abschiebungsbescheid, obwohl sowohl sie selbst als auch der Vater des Kindes eine Aufenthaltserlaubnis hatten. Dies deutet auf eine standarisierte Behördenpraxis hin, in der Besonderheiten einzelner Fälle untergehen und die bei Betroffenen meist emotionale Reaktionen auslösen, die sich auch auf andere Lebensbereiche auswirken:

> Gucken Sie mal, wir bekommen jedes Mal so viele Briefe, zum Beispiel, wenn ich diese (unv.) wieder bekommen hatte, hatte ich einen freiwillige Rückkehr Brief bekommen und an dem Tag konnte ich gar nicht essen, weil ich dachte, okay jetzt ist alles vorbei. […] Dann bin ich dort gegangen, das war in (unv.), ich glaube 6. Stock oder etwas, eine (unv.) Zentrum und dann bin ich dort mit diesem Brief gegangen und gefragt, ich bin hier, was machen wir jetzt? Und die Frau hat gesagt: Nein, das ist nur ein Schreiben, jede, die eine Duldung hatte, hat sonstige Brief bekommen, du brauchst nicht mehr zu gehen. Ich brauche nicht zurück nach [Herkunftsland] zu fliegen? Sie hat gesagt: Ja, du brauchst nicht mehr. […] Aber jeden Tag, wenn ich aufstehe oder meine Briefkasten öffnete, dann denke ich, was jetzt? (lachen) Es ist wie, ich lebe, aber ohne Sicherheit, ja, oder vielleicht die Polizei kann meine Tür jedes Mal klopfen und sagen Frau D., sie müssen zurück […]. Ich hatte, habe alle meine Kinder hier bekommen, warum haben sie keine Recht hier zu bleiben? (Amina, Abs. 198)

Solche Erfahrungen prägten auch das Verhältnis von Amina zu allen anderen staatlichen Einrichtungen: Beispielsweise hatte sie zum Zeitpunkt des Interviews Angst vor der Vorschuluntersuchung ihres Sohnes, weil sie dort ihren Ausweis vorzeigen sollte und nicht einschätzen konnte, wie die Schule auf ihre Abschiebungsduldung reagieren wird.

Durch die unterschiedliche Bearbeitung der einzelnen Familienmitglieder kommt es auch in der Finanzierung von Wohnraum und Lebensunterhalt zu komplizierten Konstellationen:

> Mein Mann, meine Kinder sind bei Jobcenter, ich und meine Sohn, natürlich bei Sozialamt und das Sozialamt bezahlt nur, ich glaube 50 Prozent Teil der Wohnung und dann das Jobcenter bezahlt für meine drei, mein Mann und meine zwei Tochter. (Amina, Abs. 133)

Es scheint auch kein Einzelfall zu sein, dass die aufenthaltsrechtlichen Entscheidungen für einzelne Mitglieder einer Familie anders ausfallen, als für den Rest der Familie. Im Falle von Dariusz hat die ganze Familie außer der jüngsten

Tochter einen Abschiebungsbescheid bekommen, was ihn sehr belastet. Generell ist für ihn der Umgang mit der deutschen Bürokratie nicht einfach, er macht, was ihm gesagt wird, auch wenn er es manchmal nicht versteht:

> Wir haben [bei W.I.R.] einen Antrag unterschrieben. […]
> Ich weiß nicht Antrag über was. Weil ich verstehe das nicht. Ich verstehe Deutsch nicht. Ich konnte nicht verstehen, was ist das. Aber wir haben so gemacht. (Dariusz, Abs. 59–62)

Dieses Nichtverstehen und dennoch Handeln müssen, beschreiben auch einige andere Interviewteilnehmer_innen, wenn zum Beispiel der vorhandene Dringlichkeitsschein nicht das benötigte Dokument ist oder die Arbeitserlaubnis an die Aufenthaltserlaubnis gekoppelt ist, diese aber wiederum von der Möglichkeit einer Arbeitsaufnahme abhängig gemacht wird:

> Wir haben diesen Aufenthalt nicht gekriegt, solange wir keine Arbeit hatten. Und wir hatten keine Arbeitserlaubnis. Und die Behörden behaupten wir müssen Arbeit haben. Ein paar Mal ich bin zu einer Person […] Dann gehe ich, sage: „Sie sagen ‚Arbeit finden' und sie geben nicht für uns Arbeitserlaubnis und Sie wissen Ihr Deutschland besser als wir. Wer gibt uns Arbeit ohne Arbeitserlaubnis?" Aber trotzdem sie haben uns nicht gegeben. Wir sind richtig viel gelaufen, viel geredet. Niemand hat uns eine Arbeitserlaubnis gegeben. (Marie, Abs. 68)

Unsinnige Fremdbestimmung ohne eigenen Entscheidungsspielraum wird auch bei Menschen mit einer Aufenthaltserlaubnis zur Last, wenn das Jobcenter Druck ausübt und beispielsweise den Besuch des Integrationskurses streng kontrolliert:

> Ja, das Jobcenter schickt uns einen Termin, muss da. Und manchmal sagen: „Was geht in der Schule? Was macht ihr? Jeden Tag geht ihr hin?" Musst erzählen: „Ja, jeden Tag" und musst eine Bescheinigung von der Schule bringen […] zum Jobcenter. Und ja, darfst auch nicht Urlaub machen jetzt und so. Muss bleiben hier bis zum Ende des Integrationskurses. (Ziad und Fadi, Abs. 183)

Sobald der Aufenthaltstitel erteilt ist, wird der Zeitdruck, der durch das Jobcenter ausgeübt wird, spürbar. Vor dem Besuch eines Sprachkurses müssen sofort viele Formulare ausgefüllt und ein Übersetzer muss selbst bezahlt werden:

> Was schwer ist, dass nach dem Aufenthalt man muss sich melden beim Jobcenter. Und das war bisschen schwer. Zu viele Papiere und so unterschreiben und ich musste immer, immer gehen mit einem Übersetzer, Dolmetscher. Und dafür muss man immer bezahlen. Ja, zehn Euro pro Stunde. (Manu, Abs. 106)

Manu wurde dann noch von seiner Sachbearbeiterin bei einer Maßnahme angemeldet, die ihm bei Bewerbungen helfen sollte, obwohl er freiwillig schon eine andere Maßnahme mit dem gleichen Ziel besuchte, nur, dass die vom Jobcenter verordnete Maßnahme verpflichtend zu bestimmten Zeiten war, während er mit der selbstgewählten Organisation Termine abstimmen konnte, die mit seinem 450-EUR-Job nicht kollidierten. Generell hat er das Gefühl, sehr unter Druck gesetzt zu werden, obwohl es ihm an Eigeninitiative und Engagement eigentlich nicht fehlte. Der Druck wirkte sich für ihn eher nachteilig aus (siehe auch Fallbeispiel Manu, Abschn. 6.1.5).

Zusammenfassend betrachtet erwähnten fast alle unsere Interviewpartner_ innen mal mehr mal weniger explizit Erfahrungen der Fremdbestimmung und Intransparenz im Umgang mit Institutionen. Ihr Verhältnis zu staatlichen Einrichtungen wird somit durch Gefühle der Entrechtung geprägt und insbesondere die Entscheidung über den Aufenthaltstitel von vielen als Glückssache empfunden.

> Das ist halt nur einfach Glück, wenn man sowas bekommt in solcher kurzen Zeit. (Mohammed, Abs. 202)

Zusätzlich haben viele den Einsatz und die Unterstützung von ehrenamtlichen Helfer_innen als entscheidend für die Verbesserung ihrer Lage gesehen (vgl. auch Fallbeispiel Amina, Abschn. 6.1.1). Behördenmitarbeiter_innen scheinen sich anders zu verhalten, wenn sie mit deutschen Staatsbürger_innen zu tun haben:

> Sie ist mit zum Sozialamt gegangen und hat gesprochen. Das war anderes Verhalten. Aber, wenn ich alleine gehe. Es ist ein Ausländer, ne. Die verhalten sich nicht so, wenn ein Deutscher oder wenn ein höflicher deutscher Mensch [dabei ist]. (Khalil, Abs. 146–148)

Um diese Form der Unterstützung annehmen zu können, ist trotz der Erfahrungen mit unverständlichen belastenden Entscheidungen ein Grundvertrauen erforderlich, wie Marie es beschreibt, als sie einen Anruf von einer Frau bekommt, die sie in ein Restaurant einlädt, um über ihre Situation zu sprechen, nachdem sie und ihre Familie einen Abschiebungsbescheid bekommen haben und sie daraufhin eine Petition an den Bürgermeister geschickt hatten:

> Man muss positiv denken. Hier ist Deutschland, niemand entführt mich. Ich gehe mal. Wer weiß das? Vielleicht das ist eine Chance für mich? Also positiv gedacht und dahingegangen. Als ich da gegangen war, afghanischer Übersetzer da und die Frau war auch da. Und sie hat gesagt: „Wir wollen dir helfen. Ich weiß Sie haben

eine Abschiebung." Wir haben damals noch keinen Brief vom Bürgermeister bekommen. Und die Dame hat gesagt: „Wir bringen dich zu verikom. Da wir schreiben einen Antrag, Vertrag. So lange du in diesem Computerkurs bist, dann darf Deutschland dich nicht abschieben." Und meine Anwältin war auch an diesem Tag dabei und sie hat gesagt: „Dann hier ist Deutschland. Jeden Tag kommt ein neues Gesetz. Keine Sorge, keine Angst." [...] Und gottseidank der Bürgermeister hat auch positive Antwort gegeben. Und hat gesagt die Familie darf in Deutschland bleiben. [...] Und dann tatsächlich nach einem Jahr die Gesetze haben sich geändert und wir durften in Deutschland bleiben (Marie, Abs. 66)

Formelle Strukturen behinderten in vielen Fällen Eigeninitiative und boten wenig Flexibilität für an Einzelfälle angepasste Vorgehensweisen. Intransparenz von Entscheidungen ermutigt kaum zu einem vertrauensvollen Verhältnis der Geflüchteten gegenüber formellen Strukturen. Mehrere institutionelle Praktiken verstärken somit die Fremdbestimmung der Geflüchteten und behindern ihre eigenständige Aneignung des fremden Fluchtortes.

6.2.3 Sprache als eine Bedingung der Aneignung neuer Lebenswelten

In Deutschland muss man Deutsch lernen, sprechen. Und arbeiten. (Ziad und Fadi, Abs. 361)

Wir haben uns integriert. Wir haben die Sprache gelernt. (Marie, Abs. 168)

Dies sind interessante Statements, wie sie sich bei unterschiedlichen von uns befragten Geflüchteten zahlreich wiederfinden; sie sind auch unter befragten Expert_innen sowie in öffentlichen, politischen und selbst in wissenschaftlichen Diskursen weit verbreitet und können deshalb als hegemonial interpretiert werden. Die Statements irritieren, weil eine jüngere Untersuchung erneut bestätigt hat, dass zumindest deutsche Städte ganz gewiss „Orte urbaner Mehrsprachigkeit" sind (Redder et al. 2013, S. 13). Die Studie untersuchte unterschiedliche Dimensionen und Orte der Mehrsprachigkeit in Hamburg. Für unseren Zusammenhang ist vor allem das Untersuchungsfeld „Institutionalität" von zentraler Bedeutung (ebd., S. 16), in dem gefragt wurde, wie gesellschaftliche Institutionen auf urbane Mehrsprachigkeit reagieren. Den Befund, dass öffentliche Einrichtungen auf mehrsprachige Verhältnisse (immer noch) nicht vorbereitet sind (ebd., S. 17), können wir für den Fluchtort Hamburg und seine fluchtspezifischen Institutionen bestätigen.

Wie aus den untersuchten Fällen hervorgeht, setzen sowohl Akteur_innen in Institutionen als auch Geflüchtete Kenntnisse der deutschen Sprache als wichtigstes Kriterium für Integration in eine mehrsprachige Stadt voraus. Die Hamburger Akteurslandschaft zum Handlungsfeld Flucht folgt in ihren Strukturen dieser Erwartung, denn der Zugang zu sämtlichen städtischen Funktionsbereichen wird über die Messung deutscher Sprachkompetenzen geregelt. Somit wird ein diskursiver Kausalzusammenhang konstruiert, der das Deutsche als unabdingbare und vor allem als wichtigste Voraussetzung für die Integration in die Stadtgesellschaft behauptet. Viel seltener finden wir die umgekehrte Ansicht, dass gute Deutschkenntnisse eine direkte Folge von Integration sein könnten.

Ohne mindestens ein B2-Zertifikat wird die Teilhabe am Arbeitsmarkt als aussichtslos beurteilt, auch Arzt- oder Behördenbesuche bereiten ohne ausreichende deutsche Sprachkenntnisse oder geschulte Übersetzer_innen Schwierigkeiten. Befragte Expert_innen bewerteten Versuche, Geflüchtete ohne vorgeschaltete Sprachkurse in die Berufsausbildung zu integrieren, als vorwiegend gescheitert, wobei Schwierigkeiten weniger in den Betrieben als in der Berufsschule aufträten. Andererseits plädierten sie dafür, individuell einen früheren Zugang zum Arbeitsmarkt zu ermöglichen, sodass der Spracherwerb im Kurs parallel zur Arbeitsaufnahme erfolgen kann.

Nicht nur für den Arbeitsmarkt, sondern auch für den Zugang zum Wohnungsmarkt werden deutsche Sprachkenntnisse übereinstimmend als notwendig angesehen. Amina empfand das als unfair, obwohl sie selbst Vorteile davon hatte:

> Bei mir, als ich diesen Paragraph 5 Schein wollte, hatte der Mann mir gefragt: Du sprichst sehr gut Deutsch. Das ist ein Vorteil für dich. Und es ist immer das gleiche Problem. Kennst du Deutsch, sprichst du Deutsch? Es ist ein Vorteil, wenn man eine Wohnung bekommen will, aber ich glaube das ist […] nicht […] so fair. (Amina, Abs. 43)

Für einen Arztbesuch ist die deutsche Sprache zwar unabdingbar, zumindest, wenn komplexere medizinische Probleme zu lösen sind. Bei kleineren gesundheitlichen Problemen ist eine Verständigung in Englisch möglich oder es wird mit Hilfsmitteln kommuniziert. Oftmals unterstützen andere Geflüchtete bei Arztterminen, die selbst Englisch sprechen oder sich mittlerweile ausreichend in Deutsch verständigen können.

> Wenn ich zum Beispiel Ärzte brauche oder, die meisten Ärzte können auch Englisch. Ich kann auch von Anfang an sagen: „Ich kann nicht." Oder ich nehme halt meine Freunde, die auch Englisch können mit. Und eigentlich bis jetzt ist gut gelaufen. Also mit Englisch. Bei den Ärzten. (Sadiye, Abs. 103)

Bei Meldeämtern, dem Sozialamt oder dem Jobcenter wird ebenfalls oftmals Deutsch verlangt. Gerade beim Beantragen von Deutschkursen führt dies zu Problemen, wenn man niemanden zum Übersetzen mitbringt. Deutsch zu sprechen wird so zu einer Zugangsvoraussetzung zum Deutsch lernen. Die hegemoniale Sprache der Hamburger Ämter ist im Wortsinn die Amtssprache Deutsch. Vielfach werden Geflüchtete bei den Jobcentern zurückgewiesen, wenn sie ihr Anliegen dort nicht auf Deutsch vortragen können, mit Englisch kommen sie in den Hamburger Jobcentern zumeist nicht weiter.

> Mit dem Jobcenter war schwierig, weil die unbedingt jemanden, der Deutsch spricht, wollen. Und ich habe erst neulich angefangen, also mit dem Sprachkurs. Weil ich wurde halt im April anerkannt. Und da habe ich angefangen. Jetzt bin ich bei A2. Und Englisch […] Die können nicht mit mir Englisch sprechen. Die verbieten das. Mit der Ausländerbehörde geht das auch mit Englisch […] (Milano, Abs. 82)

Der Zwang, beim Jobcenter Deutsch sprechen zu müssen, kann zu kuriosen Situationen führen:

> Das war am Anfang, wo ich das erste Mal beim Jobcenter gelandet bin. Das war nach einem Jahr, nachdem ich hier in Deutschland war. Und war alles schwer für mich. Weil die verlangen, dass ich mit denen Deutsch spreche. Und bis dahin hatte ich noch keine Schule besucht. Weil ich noch keinen Aufenthalt bekommen hatte. Erst, wenn man anerkannt ist, dann kann man Sprachkurs oder Integrationskurs besuchen. Und dann habe ich einen Bekannten mitgebracht, der spricht meine Sprache und übersetzt auf Englisch. Und dann haben sie immer gesagt: „Nein, wir brauchen jemanden, der Deutsch mit uns spricht." Und dann habe ich noch einen gefunden, der übersetzt von Englisch ins Deutsche. […] Ein Mann spricht Deutsch und der andere [übersetzt] von Deutsch zu Englisch, und dann von Englisch zu Somali. (Sadiye, Abs. 95)

Indem Deutsch lernen zur zwingenden Voraussetzung für Integration stilisiert wird, setzen viele unserer Interviewpartner_innen es mit Integration gleich. Deswegen ermuntert beispielsweise Mohammed seine Tochter, die seit zweieinhalb Jahren in Syrien auf den Familiennachzug wartet, schon mal Deutsch zu lernen, einerseits um die Hoffnung aufrecht zu erhalten, andererseits um ihr die Integration zu erleichtern.

> Und das ist, sie fängt jetzt gerade an, also in Syrien sie versucht einfach selber beizubringen Deutsch zu lernen, also, sie hat, sie sagt, guck mal, ich bin hier in Deutschland, vielleicht sie kann sogar besser als ich, Deutsch zu lesen und zu lernen, und ich wollte einfach diese Hoffnung für meine Tochter nicht zu verlieren,

wenn sie hier kommt und sie erlebt genau, was ich erlebt habe, und ist nicht so alles
vorbereitet für meine Kinder und so, wie können meine Kinder einfach hier in dieser
Situation integrieren, und sofort mit der deutschen Sprache einfach anfangen zu lernen. (Mohammed, Abs. 313)

Kinder, die bereits in Deutschland sind, haben meist weniger Probleme beim
Spracherwerb. Dies geht jedoch damit einher, dass sie bereits früh sehr viel Verantwortung für ihre Familie und andere übernehmen müssen. So sind sie es oft,
die bei verschiedensten Angelegenheiten übersetzen.

Daria: Allerdings, in der Unterkunft [anonymisiert] war Kiana mit vielen Leuten in
Kontakt und sie kennt die Probleme von vielen Leuten. Weil sie mit den Menschen
ins Krankenhaus ging, so. [...] Abends kam der Krankenwagen und es gab ja kein
„Übersetzen" [auf Deutsch] und dann kamen die und meinten, Kiana komm, und
Kiana ging und half. [...] Weil Kiana minderjährig war, meinten die Security, wir
dürfen Kiana nicht schicken, weil sie minderjährig ist. Dann meinte der Arzt wieder,
dass z.B. zwei Leute hinten in den Krankenwagen einsteigen können. Kiana solle
vorne einsteigen und ihre Mutter solle mitkommen, also ich. Ich meinte, ich würde
erlauben, dass Kiana mitfährt. Ich bin dann aber mit ihr mit [...] (Daria und Kiana,
Abs. 278–282)

Gerade die Zustimmung des Arztes verdeutlicht in diesem Fall, dass der Kern der
Problematik ein struktureller ist, wenn, wie es scheint, selbst Krankenhäuser auf
die ‚Hilfe' der Kinder angewiesen sind.
    Nicht nur Expert_innen, sondern auch Geflüchtete selbst betrachteten die
gemeinsame Unterbringung vieler Menschen mit einer gemeinsamen Sprache
außer Deutsch als problematisch:

Wir wohnen mit sechs Personen in dieser Wohnung und alle Personen sind arabisch
und sprechen immer arabisch. Das ist ein Problem für uns. Wir können nicht gut
Deutsch sprechen, weil ich keinen Kontakt hier mit deutschen Männern habe. (Ziad
und Fadi, Abs. 57)

Andererseits bietet Verständigung in derselben Sprache mehr Möglichkeiten, Probleme selbst zu lösen:

Die Sozial versuchten, dass in einem Flur eine, alle Familie Iraner und andere
alle Afghanen und andere alles Syrer. Das war gut, weil die Menschen konnten
zusammen sprechen, und ihre Probleme selber lösen, aber ja, diese Lösung war sehr
gut. (Billy und Fereshte, Abs. 170)

Insgesamt erscheint Deutsch lernen, wie bereits angedeutet, als grundlegendes und fast unlösbares Problem. Fadi und Ziad beschreiben, dass sie einerseits ohne Kontakte zu Deutschen nur schwerlich Deutsch lernen können, andererseits aber Deutschkenntnisse die Voraussetzung für diese Kontakte sind:

> Und ich versuche Deutsch zu lernen. Aber ohne Kontakt ich glaube, das ist bisschen schwer. [...] Aber ich habe immer gedacht, wenn nicht Deutsch gut sprechen, ich kann nicht einen Freund finden oder überlegen, sie haben Angst vor uns. (Ziad und Fadi, Abs. 327–328)

Viele andere, wie Marie, Mariam, Manu, Amine, Khalil, Mayla und Husain, haben von Ehrenamtlichen berichtet, die ihnen geholfen haben, indem sie mit ihnen Deutsch sprechen oder sie bei Tätigkeiten unterstützen, für die ihre Sprachkenntnisse nicht ausreichen. Zu diesem Zweck besuchen auch Ziad und Fadi regelmäßig das durch Ehrenamtliche betriebene Café in ihrer Unterkunft. Andere gehen zu Sprachcafés, die in der Stadt verteilt sind. Manu hat zusätzlich in seinem Job in der Gastronomie über den Kontakt zu Gästen seine Sprachkenntnisse erweitert.

Bei dieser einseitigen normativen Fokussierung auf Deutschkenntnisse werden einige Aspekte im Zusammenhang mit sprachlichen Kompetenzen außer Acht gelassen: 1) der eingeschränkte Zugang, 2) die unterschiedlichen Lernvoraussetzungen und 3) der defizitorientierte Blick auf Mehrsprachigkeit:

Zu 1): Zunächst muss *der eingeschränkte Zugang* zu Sprachkursen für einige Gruppen bzw. Nationalitäten ebenso problematisiert werden wie die deutlichen Qualitätsunterschiede der angebotenen Kurse. Ursprünglich bekamen nur Menschen mit einem positiven Asylbescheid Zugang zu qualifizierten und qualifizierenden Sprach- und Integrationskursen. Da aber so manch ein Asylverfahren sehr lange dauert, gibt es lange Wartezeiten. Nachdem die ‚gute Bleibeperspektive‘ eingeführt wurde, konnten betreffende Personen schon vor Abschluss des Asylverfahrens einen Kurs besuchen. Menschen aus ‚sicheren Herkunftsländern‘ wie beispielsweise Afghanistan blieb der Zugang zu Sprachkursen jedoch weiterhin erschwert. Zwar wurde in Hamburg auch für diese Menschen ein Angebot geschaffen, die Interviews zeigen jedoch, dass es noch nicht bedarfsdeckend ist. Viele unserer Interviewpartner_innen berichteten, dass sie auf ehrenamtliche Hilfe angewiesen waren, weil sie (mindestens zeitweise) keinen Zugang zu einem offiziellen Sprachkurs hatten. Einige haben sich in Eigenregie auf die Zertifikatsprüfungen vorbereitet, um ihre Chancen auf Arbeit zu verbessern.

Offenbar bestehen noch Unklarheiten darüber, welches Zertifikat für eine Arbeitsaufnahme erforderlich ist. Allgemein wurde der Eindruck geschildert, es müsse mindestens das B2-Zertifikat sein:

> Aber für eine Ausbildung muss man B2 machen jetzt. (Ziad und Fadi, Abs. 367)

Einige unserer Interviewpartner_innen bekamen den entsprechenden Kurs auch bewilligt, während der offizielle Anspruch das B1-Zertifikat ist.

> Eigentlich normalerweise die Stadt bezahlt nur bis B1, aber das Jobcenter hat mir gesagt: „Ja, es ist okay, kannst du B2 weitermachen. wenn du Lust hast." Dann habe ich gesagt: „Ja okay, mache ich." (Khalil, Abs. 82)

Zur Zulassung für ein Studium gibt es verschiedene Zertifikate, die zwar die gleichen Berechtigungen verleihen, aber anscheinend nicht unbedingt die gleichen Fähigkeiten verlangen.

> Da bin ich voll frustriert, um ehrlich zu sein. DSH [Deutsche Sprachprüfung für den Hochschulzugang], weil ich kannte da viele Studentinnen, die dieses DSH nicht ablegen müssen und deren Deutsch war wirklich nicht gut. Die haben nicht mal, also ich sag das nicht so und ich bin nicht egoistisch, aber das hat mich voll geärgert. Und die durften studieren und ich nicht, wegen diesen ein Prozent und dann wollte ich nie wieder was von DSH hören, dann habe ich TestDAF gemacht. (Mariam, Abs. 285)

Zu 2): Neben diesen Unstimmigkeiten in Bezug auf den allgemeinen Zugang zu Sprachkursen und den Möglichkeiten, die bestimmte Kurse eröffnen, sind *unterschiedliche Lernvoraussetzungen* zu berücksichtigen. Wer länger zur Schule gegangen ist und eventuell auch früher schon andere Fremdsprachen gelernt hat, ist diese Form des Lernens eher gewohnt, hat also bereits hilfreiche Strategien erworben oder vielleicht auch Techniken ausgebildet, um eventuelle Defizite zu verstecken:

> Als ich dahingegangen, die haben ganze Papiere für mich hingelegt. Ich habe schnell, schnell geschrieben. Natürlich, ich habe Schule besucht und so. Man merkt, wenn ich geschrieben. Man denkt: „Oh, sie weiß alles." Und der Mann hat nicht gemerkt, ich kann nicht so gut Deutsch. Und er hat gesagt: „Ja okay, wunderbar, alles gut." Und ich wurde akzeptiert. Und ich habe mich sehr gefreut. (Marie, Abs. 80)

Im Gegensatz dazu haben es Menschen mit weniger Schulerfahrung schwerer. Amine (23), der nur drei Jahre zur Schule gegangen ist, fällt das Deutsch lernen trotz hoher Motivation und hohem Arbeitseinsatz mit Unterstützung durch ehrenamtliche Helfer_innen eher schwer. Er benötigte mehrere Anläufe, um die B1-Prüfung zu bestehen. Orientieren sich die Kurse nicht an den Kompetenzen und Bedarfen der Teilnehmer_innen, sind sie kaum zu bewältigen; die Anforderungen des Alltags unter anhaltend prekären Lebensumständen und unsichere Zukunftsaussichten beeinträchtigen den Spracherwerb. Hinzu kommen Prüfungsängste und das Gefühl, nicht ausreichend auf die Prüfungen vorbereitet zu sein. All dies scheint abermals für eine Flexibilisierung der Sprachkurse zu sprechen.

In einem langwierigen intransparenten Asylverfahren oder generell im Kampf um einen Aufenthaltstitel oder den Familiennachzug nicht zu wissen, was die Zukunft bringen wird, behindert oftmals ebenfalls den Lernerfolg. Die unterschiedlichen Lernvoraussetzungen sind also nur zum Teil individuell bedingt, sondern im Fluchtkontext zu einem Großteil auch strukturell begründet.

Zu 3): Andere Sprachkenntnisse werden durch die Betonung der defizitären Deutschkenntnisse systematisch abgewertet. Aminas Abiturzeugnis wurde lediglich als Hauptschulabschluss anerkannt, weil ihre Herkunftssprache nicht als Fremdsprache im Sinne eines Schulabschlusses beurteilt wurde. Dabei spricht sie zusätzlich zu dem im Zeugnis zertifizierten Englisch, noch mindestens drei andere Sprachen (außer Deutsch, damals auf B1-Niveau), was aber nicht beachtet wurde.

Demgegenüber finden sich in den Interviews viele Belege dafür, dass vielfältige Sprachkenntnisse Gesprächspartner_innen in verschiedenen Lebensbereichen Zugänge verschafft haben. Manu kann sich, seit er ganz gut Deutsch gelernt hat, als Übersetzer ein bisschen Geld hinzuverdienen. Tommy konnte mit seinen Englisch-, Arabisch- und Tigrinyakenntnissen in seiner Unterkunft als Übersetzer helfen und hat so dort Kontakte geknüpft. Auch anderen hat ihre Mehrsprachigkeit schon geholfen: Marie erhielt beispielsweise nach einem Praktikum aufgrund ihrer Dari- und Russischkenntnisse einen Job bei einer Beratungsstelle für Frauen:

> Ich war sehr erfolgreich, besonders mit den Beratungsstellen Damen. Ich verstehe auch ein bisschen Russisch und natürlich meine Muttersprache ist Dari. Und Persisch verstehe ich auch, iranische Sprache und afghanische Sprache ist gleich, nur ein bisschen Dialekt, und das macht nichts. Und da war ich sehr erfolgreich mit den Damen. (Marie, Abs. 70)

Da sie schon früher in der Schule Englisch gelernt hatte, konnte sie von Anfang
an mit vielen Menschen kommunizieren. Sie hat sehr früh Kontakt zu deutschen
Frauen und Frauen anderer Nationalitäten gesucht, um mit ihnen Deutsch zu
üben. Besonders die Frauen in einem Secondhandladen, wo sie immer Kleidung
gekauft hat, waren sehr offen.

> Und damals habe ich gesehen, die Damen sind sehr nett und ich habe immer geübt
> mein Deutsch mit den Damen. Und denen habe ich auch ganz deutlich gesagt:
> „Ich rede mit euch, ich möchte mein Deutsch verbessern, wenn Sie nichts dagegen
> haben." Und sie sagen: „Ja, gerne, warum nicht?" Und dann habe ich jeden Tag
> schnell von meinem zuhause aus Halt gemacht. Damals hatte ich keinen Deutsch-
> kurs. (Marie, Abs. 68)

Inzwischen übt sie aber auch mit ihrer Nachbarin in der Unterkunft, die in einer
vergleichbaren Lebenslage ist.

> Und tagsüber wir beide haben keine Zeit. Kochen, waschen, bügeln […]. Und die
> Dame hat auch die gleichen Probleme, auch fünf Kinder, auch viel zu tun. Tagsüber
> haben wir keine Zeit. Nachts, wenn unsere Kinder schlafen, dann klingelt sie bei
> mir und sagt (flüstert) „Können wir jetzt üben?" Dann wir gehen beide zusammen
> und wir machen mit dem Internet die (ZEIT-App?). Wir wissen das, aber noch mehr
> Wissen. Präteritum, Perfekt, Plusquamperfekt. Damit wir sicher werden. Ich rede
> Deutsch, aber ich bin immer noch nicht sicher. Ich denke immer, wenn ich sage
> etwas, ich hoffe, dass die andere Seite mich richtig versteht. (Marie, Abs. 152)

Sie hat allerdings den Eindruck, dass durch das Deutschlernen alle anderen Sprachen
verloren gehen. Englisch sei schon „total gestorben". Weil ihr die Muttersprache aber
sehr wichtig ist, übt sie regelmäßig mit ihrem Mann und ihren fünf Kindern.

> Muttersprache ist auch für mich sehr, sehr wichtig, lernen. Dann alle Kinder sitzen
> und wir lernen afghanisch. (Marie, Abs. 92)

> Okay. Ja, difficulty sometimes with connecting with people. […] I don't know, but
> I feel like it's […] German is not my language. So I will not speak it perfect. And
> some people like: „Ja, you should learn German." I was like: „Ja, come on man,
> what am I doing here. Like I know. You should learn Arabic then or Tigrinya to see
> how difficult it is. So just relax, you know." And I don't feel the people sometimes
> understand that (unv.) hard to learn another language. That fast. […] So […] Ja, it's
> going to take time. (Tommy, Abs. 679)

So elementar deutsche Sprachkenntnisse sowohl aus Sicht der Geflüchteten als
auch aus gesellschaftlicher Sicht angesehen werden, stellt sich die Frage der

angemessenen Beschulung bzw. des (politischen) Umgangs. Politisch gesehen sind die Sprachkenntnisse fundamentale Grundlage für Teilhabe, sei es auf dem Arbeits- oder Wohnungsmarkt. So berechtigt diese Ansicht auf der einen Seite ist, ist sie auf der anderen Seite auch problematisch, da der Spracherwerb an das (verschulte) Kurssystem gekoppelt ist. Die Arbeitsaufnahme ist für viele ebenso wichtig für ein eigenständiges Leben wie der Spracherwerb. Nicht selten sehen sich Geflüchtete aber vor die Wahl gestellt, sich zwischen Sprachkurs oder Arbeit entscheiden zu müssen. Flexiblere Möglichkeiten des Spracherwerbs hätten den Vorteil, dass sich diese mit einer Erwerbsarbeit kombinieren ließen. Gerade Geflüchteten, deren Schulzeit bereits lange zurückliegt, die seit vielen Jahren in Arbeit waren, würde so der Zugang zur Gesellschaft und einer eigenständigen Lebensbewältigung sicherlich erleichtert werden und nicht die ‚Pflicht‘, zunächst erfolgreich auf der Schulbank zu sitzen, um dann nach bestandener Prüfung einer Erwerbsarbeit nachgehen zu ‚dürfen‘. Ein selbstbestimmtes Leben erscheint so leicht als ein Privileg, welches deutsche Sprachkenntnisse voraussetzt. Auch Expert_innen plädierten diesbezüglich für mehr Flexibilität.

6.2.4 Aneignung des Fluchtortes in sozialen Netzwerken

Im folgenden Abschnitt steht die Analyse der Bedeutung sozialer Beziehungen in Fluchtprozessen im Vordergrund, die belegt, wie lokale Netzwerke in der Alltagspraxis Zugänge zu Arbeit, Bildung, Gesundheit und Wohnen eröffnen. Die Kommunikation in diesen Netzwerken erfolgt einerseits face-to-face im Kontext von Begegnungen und gemeinsamen Unternehmungen. Andererseits werden in fast allen untersuchten Fällen auch der Messenger WhatsApp oder die soziale Plattform Facebook intensiv genutzt. Nahezu alle außerhalb von Unterkünften lebenden Familienangehörigen unserer Befragten verfügten über einen Internetzugang, während die Befragten regelmäßig ein Guthaben für ihre Smartphones kaufen mussten, wodurch ihr knappes monatliches Budget belastet wird. Teilweise werden von Geflüchteten in Unterkünften auch öffentliche Internet-Hotspots genutzt. So wurde uns beispielsweise berichtet, dass sich ein solcher in unmittelbarer Nähe zur Unterkunft ‚Am Veringhof‘ befinde und deshalb oftmals Geflüchtete dort beim Telefonieren angetroffen werden können. Einer der bekanntesten Internet-Hotspots ist wahrscheinlich derjenige des Apple-Stores am Jungfernstieg, den auch viele Geflüchtete zum Telefonieren nutzen (vgl. Abschn. 7.4). Unter den Geflüchteten kursieren Informationen über gute Internet-Hotspots in der Stadt, die auch notwendig sind, da die Unterkünfte, in denen Interviews durchgeführt worden sind, keinen Internetzugang für Geflüchtete bereitstellten. Begründet wird dies u. a. mit baulichen Gegebenheiten, da in Containern aus Metall der Empfang generell schlecht ist oder mit der Annahme, dass die Nutzung des Smartphones von Integrationsbemühungen ablenken kann. Ein Internetzugang wird von den meisten Befragten als essenziell betrachtet, da das Smartphone unverzichtbar sei, um Netzwerke aufrechtzuerhalten und sich selbständig zu informieren.

Auch die Vorbereitung auf Prüfungen für Sprachzertifikate erfolgt häufig mittels Internet: Mehrere ‚Apps' und Videodienste helfen beim Erlernen der deutschen Sprache, erzeugen jedoch hohe Kosten für den Datentransfer. Besonders benachteiligt erwiesen sich diesbezüglich Geflüchtete, die zeitweise in ländlichen Gebieten mit geringer oder fehlender Hotspot-Ausstattung leben mussten:

Eigentlich (…) die ersten Jahre ich konnte gar nicht zu lesen oder gar nicht zu studieren […]. Kein Recht einen Deutschkurs zu besuchen habe ich auch gar nicht. […] Ein Jahr.
Kein Internet, es ist ein kleines Dorf. Auch kein Internet. Habe ich auch kein Recht Internet zu bestellen. In diesem Dorf, in Hammer, auch gibt es keine 3G Internetverbindung. Es ist nur die erste sehr langsame Verbindung. Das war echt schlimm. (Khalil, Abs. 44–50)

Khalil hatte erst nach seinem Umzug nach Hamburg Zugang zu einem funktionierenden Internetanschluss und hat auf diesem Wege nach einem Sprachtandem gesucht und es gefunden.

Bei der Suche nach *Arbeit* spielen Netzwerke und informelle Kontakte ebenfalls eine nicht zu unterschätzende Rolle. Ibrahim war beispielsweise bereit, jede Arbeit zu übernehmen. Sein Mitbewohner in der Unterkunft hatte Arbeit gefunden und konnte dort einen Gabelstaplerschein machen. Von ihm erfuhr Ibrahim, wo diese Stelle ist und wo er sich für eine solche Arbeit melden muss. Eine Arbeitsgelegenheit, sollte sie zustande gekommen sein, wäre somit über ein direktes persönliches Netzwerk vermittelt worden. Auch Tommy hatte über einen persönlichen Kontakt Arbeit gefunden: Er betreute im Rahmen einer informellen Beschäftigung regelmäßig eine ältere Dame. Der Kontakt ergab sich über einen Freund, dessen Großmutter mit der Dame bekannt ist. Neben der Möglichkeit, so etwas Geld zu verdienen, gefiel ihm die Arbeit auch:

And she is so sweet. She is like most coolest old lady (Tommy, Abs. 501)

Im Bereich *Bildung* wird ebenfalls häufig auf Netzwerke zurückgegriffen: Darias Kindern hat ein solches Netzwerk den Besuch einer IVK an einer regulären Schule ermöglicht (mehr dazu siehe Abschn. 6.1.3). Vergleichbare Zugänge zu Bildung vermittelten in anderen Fällen auch Kirchengemeinden. Jamal hatte z. B.

als Geflüchteter aus Afghanistan sehr lange keinen Zugang zu einem offiziellen Sprachkurs und erfuhr von anderen Geflüchteten, dass eine Kirche in Wandsbek regelmäßige Sprachkurse für Geflüchtete anbietet. Jamal fand Zugang zu Bildung auch über sein familiäres Netzwerk: Da er seinen Nachweis über sein Studium nicht bei sich hatte, ist sein Onkel nach Afghanistan gereist, um diesen dort für ihn zu holen. Heidi nutzt ihren Kontakt zu einer älteren Dame, die ihr in allen Fragen und Lebenslagen zur Seite steht und zu der sich eine tiefe Freundschaft entwickelt hat. Sie erhält von ihr Hilfe bei den Hausaufgaben ihres Deutschkurses.

Sogar die *Gesundheit* betreffend wird teilweise auf ein Netzwerk im erweiterten Sinne zurückgegriffen, wie das Beispiel von Fawaz zeigt: Sein Zahnarzt hat ihm ein Tandem vermittelt, der ihn auch zu den Terminen begleitet hat. Ebenfalls mit einem Tandem erhielt er Zugang zu Arztpraxen, in denen er seine Augen und seine Ohren untersuchen lassen konnte. Neben dem Sprachaustausch stellten diese beiden Tandems überdies den Zugang zum Gesundheitswesen her. Bei Heidi ist der Fall ähnlich gelagert: Ihre Freundin, die ältere Dame, erzählt, dass sie bei einem Begegnungsfest in der FU bemerkte, wie Heidi auf dem Hof stand und sich vor Schmerzen den Unterleib hielt. Daraufhin ist sie mit ihr zum Arzt gegangen. Marie bekam Hilfe von deutschen Nachbarn, als bei ihr die Geburtswehen einsetzten und ihr Mann nicht da war; bei dieser Familie durfte sie auch im Garten sitzen und Deutsch lernen. Milano lernte seinen Arzt ebenfalls über eine deutsche Familie kennen, mit der er sich angefreundet hatte. Bei Johnny, Toni und Kenan werden Netzwerke der eigenen Community genutzt, um die notwendigen Zugänge zum Gesundheitswesen über arabischsprachige Ärzt_innen zu finden. Auch Kenan kam über einen ebenfalls geflüchteten Freund in Kontakt zu einem passenden Arzt. Johnny und Toni nutzten dafür die Facebook-Seite ‚Arab Hamburg‘. Andere wiederum gingen offizielle Wege über behördliche Seiten im Internet oder wendeten sich an ihr Sozialmanagement. In einigen FUs vereinbarte das Sozialmanagement, über die Verweisberatung hinaus, Termine für die Bewohner_innen. Das untersuchte Sample zeigt, dass sich Geflüchtete ihre Wege ins Gesundheitssystem relativ selbstständig entweder über persönliche Netzwerke oder offizielle Wege suchen.

In Bezug auf das *Wohnen* ist eine Bewertung der Rolle von Netzwerken für die Vermittlung regulären Wohnraums schwierig, da dies in unserem Sample erst vier Personen gelungen war. Ebenso ist in der örU die Handlungsmacht der Netzwerke durch die derzeitige Transferpraxis stark eingeschränkt. Dennoch erweisen sich Netzwerke für das Finden von Wohnraum als relevant. Dies zeigen die Fälle von Ismail, Amina, Amine, Khalil, Kenan und Tommy: Ismail hatte bereits über ‚WG-gesucht‘ ein Zimmer in einer Wohngemeinschaft erhalten, bevor er seine eigene Wohnung bezog. Während seiner Zeit in Neumünster hatte er sich mit einer Person angefreundet, deren Bruder in Hamburg wohnte. Als er eines Tages gemeinsam mit dem Bruder zusammensaß, erhielt Ismail einen Anruf von einem Bekannten, ebenfalls geflüchtet, der für eine Wohnung bereits einen Makler bezahlt hatte, welcher aber mit dem Geld verschwunden ist. Daraufhin hat der Bruder nachgefragt, ob Ismail eine Wohnung suche, hat den Kontakt zu einem Vermieter hergestellt und so maßgeblich dafür gesorgt, dass Ismail über den Bruder eines Freundes aus Neumünster eine Einzimmerwohnung im Hamburger Osten gefunden hat.

Amina hatte zwar zuerst über formale Netzwerke eine Wohnung bekommen (vgl. Abschn. 6.1.1), als diese Wohnung aber saniert wurde, bekam sie von der Tochter eines Nachbarn Unterstützung. Die Genossenschaft stellte zwar recht unkompliziert eine neue Wohnung zur Verfügung, da diese aber größer war, wollte das Jobcenter zunächst die Kosten nicht übernehmen. Die Überzeugungsarbeit der Tochter des Nachbarn beim Amt führte schließlich zum Erfolg.

Amine hat seine Wohnung auf offiziellem Weg direkt über eine Anfrage bei der SAGA erhalten: Die Informationen, wie das funktioniert, bekam er jedoch von anderen Eritreern in seinem Bekanntenkreis. Bei der Vertragsunterzeichnung und anderen Formalitäten erhielt er Unterstützung durch Ehrenamtliche aus dem Willkommenscafé der Unterkunft.

Khalil hatte zunächst in Ratzeburg über einen Bekannten, der schon länger in Deutschland lebte, eine Wohnung gefunden. Später konnte er bei einem anderen Freund in Hamburg, den er schon aus Syrien kannte, ein WG-Zimmer mieten. Auch er brauchte Unterstützung bei den Ämtern durch eine Ehrenamtliche, um den Umzug nach Hamburg genehmigt zu bekommen und die Finanzierung des Zimmers zu sichern.

Der kuriose Fall von Kenan verdeutlicht neben der Relevanz des persönlichen Netzwerks vor allem die Bedeutung sozialer Medien. Er berichtete, dass er eines Tages eine Freundschaftsanfrage einer ihm unbekannten älteren Dame auf Facebook hatte. Sie erkundigte sich bei ihm, ob er nach Deutschland geflüchtet sei und ob er derzeit etwas brauche. Nach fünf Tagen hat sie ihm gesagt: „Du hast einen Termin für diese Wohnung."

Die Dame, die sich in einem Café-Treff für Geflüchtete engagierte und die Kenan vorher nicht kannte, hat für ihn den Kontakt zu einem Vermieter hergestellt. Nach dem Besichtigungstermin erhielt er ein Zimmer in einem Reihenhaus, in dem er mit anderen Geflüchteten wohnen konnte.

Tommy hat sich mit einer Mitarbeiterin seiner Erstaufnahme angefreundet. Durch diesen Kontakt lernte er viele weitere Freunde kennen, von denen einige in der Wohnung lebten, in der Tommy nun sein Zimmer hat. Nachdem diese Freunde eine andere Wohnung gefunden hatten, boten sie ihm an, dort selbst eine

Wohngemeinschaft zu gründen. Nach anfänglichen Schwierigkeiten, die behördliche Erlaubnis zum Umzug in die Wohnung zu erhalten, konnte die neue WG
schließlich einziehen.

Ismail erkundigte sich bereits während des Aufenthalts in der Erstaufnahme
bei anderen Geflüchteten, wie sie untergebracht waren. Er lebte zu dem Zeitpunkt
in einer EA in einer großen Halle und wollte unbedingt in eine mit Container-
modulen. Also hat er bei anderen Geflüchteten gefragt, wo es eine solche EA
gibt, und selbst vor Ort vorgesprochen und einen Transfer erwirkt. Ibrahim hingegen wurde von einem Freund benachrichtigt, den er bereits aus seiner Zeit in
einer anderen Unterkunft kannte, dass in seiner aktuellen Unterkunft ein Platz frei
geworden sei. Sie baten darum, dass er dort einziehen könne, was ihm ermöglicht wurde. Sadiye ist auf diese Weise ebenso in ihre Unterkunft gekommen:
Eine Freundin von ihr befand sich bereits dort und hat direkt nachgefragt, ob
sie auch in diese Unterkunft transferiert werden könne. Aus unseren Interviews
mit Geflüchteten wurde deutlich, dass Netzwerke nicht nur auf dem regulären
Wohnungsmarkt hilfreich sind, um eine Wohnung zu finden, sondern bereits bei
der Zuteilung des Unterbringungsstandorts Netzwerke genutzt werden, um bei
der Standortauswahl zumindest ein wenig mitzubestimmen.

Netzwerke spielen auch für den alltäglichen *Einkauf* eine wichtige Rolle: Da
viele unserer Interviewten entweder Leistungen vom Sozialamt oder den Jobcentern erhalten, ist es für sie relevant zu wissen, wo es gerade welche Produkte
im Sonderangebot gibt bzw. genereller, welches die günstigsten Läden für jeweils
benötigte Waren sind. Kiana betont, dass dies ein Lernprozess sei:

> Man hört von anderen Leuten, die lange hier sind, was man wo machen kann. Z.B.
> in Wandsbek kann man jenes kaufen. Und man versteht nach einiger Zeit, wo es was
> gibt, wo man besser etwas kaufen kann. (Daria und Kiana, Abs. 433)

Auch Billy und Fereshte berichteten uns davon, dass sich in ihrer Unterkunft alle
gegenseitig informierten wo es günstige Geschäfte gibt, wo diese zu finden seien
und dabei immer auf dem aktuellsten Stand waren. Dies schließt, wie Fawaz
berichtete, auch Flohmärkte ein.

Relevant sind Netzwerke schließlich beim Zugang zu vielen anderen *Informationen*. Viele Interviewte fragen zunächst andere Geflüchtete, bevor sie sich bei
Ärzt_innen, Anwält_innen, Mitarbeiter_innen der Unterkünfte und bereits länger in Deutschland lebenden Bekannten, Verwandten aber auch Fremden nach
etwas erkundigen. Darias Ankunft in Hamburg konfrontierte sie gleich mit Hilf-
losigkeit: Sie kam am Hauptbahnhof Hamburg an und traf dort die Person, die

ihre Flucht organisiert hatte und erhielt von ihr die Dokumente. Wie es allerdings weitergehen sollte, wusste sie nicht. Am Hauptbahnhof seien jedoch viele Personen gewesen, die sich auf Dari oder Farsi über Anwälte unterhielten, und so wurde ihr von einem jungen Mann aus Afghanistan ein Anwalt empfohlen, zu dem sie gehen solle. Über seinen Anwalt hat auch Habib einen Arzt gefunden, bei dem er nun in psychologischer Betreuung ist. Den Anwalt wiederum hat ihm ein behandelnder Arzt bei einem Krankenhausaufenthalt vermittelt und sogar einen Termin für ihn vereinbart. Mit diesem Anwalt ist er bereits seit 2014 in regelmäßigem Kontakt. Des Weiteren erhält er sehr häufig Informationen durch den Besuch eines Sprachcafés. Zwar habe Habib nicht viel mit Personen aus Afghanistan zu tun, die bereits seit längerem in Deutschland wohnen, doch immerhin hält er zu einem Mann und einer Familie unregelmäßig Kontakt, die bereits seit über dreißig Jahren in Hamburg leben. Jamal bezieht seine Informationen zwar ab und an von seinem Onkel, doch erhält er die meisten Hinweise von ehemaligen Mitarbeiter_innen des Sozialmanagements seiner Unterkünfte, zu denen er den Kontakt behalten hat und die er im Interview als seine Freunde bezeichnete. Während des Sprachkurses in einer Kirche halfen ihm die dortigen Lehrer_innen, notwendige Informationen zu beschaffen. Die Hilfemöglichkeiten seiner Verwandten bezeichnete er demgegenüber als eingeschränkt: Sie kamen früher per Flugzeug nach Hamburg und nicht über den Landweg wie er. Sie kennen die aktuellen Gesetze und Regelungen nicht, daher wendet er sich eher an seine Freunde, auch wenn er betont, dass beide für ihn wichtig sind. Tommy erhielt wichtige Information außerdem von Mitarbeiter_innen von f&w, zu denen er noch immer Kontakt pflegt. An offizielle Stellen wendet er sich eher selten. Am meisten halfen ihm Freund_innen, die er über die Mitarbeiter_innen kennengelernt hatte.

So you get all your information from your German friends and…
Yeah. And they helped me…
Not from Amt or…?
NO. They don't (unv.). They never do give me information or something. Never.
You went there. Didn't get information. Then you talked to your German friends and they told you.
Yeah. (unv.) They told me the… (unv.) They are going to look it up. (unv.) We all sit down, we were looking it up. We were like, I don't know, 15 people out there. And we all 15 people sitting in one room doing this.
Okay.
We just look in for laws that make […] I have been here for like 15 months. More than 15 months. I have the right to go out from the camp and this situation to live in a flat. (Tommy, Abs. 49–56)

Kenan wendet sich häufig an einen Freund, der schon lange in Deutschland ist, aber in München lebt. Milano trifft oft eine Freundin, die immer seine Post öffnet und an die er sich bei Fragen wendet. Zudem greift er auf das Sozialmanagement zurück und berichtete uns, dass er sich immer an einen Mitarbeiter wendet, der fließend Englisch spricht. Auch zu anderen Mitarbeiter_innen hat er über Facebook weiterhin Kontakt. Omid bekam Informationen über die Lehrer_innen seines Deutschkurses. Des Weiteren hatte er sich bei ‚#UHHhilft', einer Einrichtung der Universität Hamburg, die Geflüchteten Orientierung in der deutschen Hochschullandschaft bieten möchte, gemeldet, da er sein Studium fortsetzen wollte. Dort wurde ihm eine Person vermittelt, die ihm bei Bewerbungen zur Seite steht. Außerdem berichtete er von einer jungen deutschen Frau, die ihm Hilfe angeboten hat. Dieses Interview belegt die Bedeutung des Zugangs zu notwendigen Informationen über persönliche Kontakte. Für einen Mann aus dem Irak, der sich selbst mit dem Pseudonym „Ein Mensch 2" bezeichnete, wurden Ehrenamtliche in der EA zuerst zu Freunden und später sogar zu einer Art Familienersatz: Er trifft sie regelmäßig, sie kochen und essen gemeinsam und er bekommt dort Hilfe bei Bewerbungen und Ähnlichem. Khalil wurde von einer Ehrenamtlichen in seiner Freizeitgestaltung unterstützt:

> Als ich war in Ratzeburg, Frau E. war der einzige Mensch, der hat mir geholfen. Ja. Sogar auch sie arbeitet mit keiner Organisation. Sie kriegt kein Geld, aber sie war wirklich ein Mensch. Sie hat mir geholfen. Sie versucht einmal mit mir Harfe zu spielen, aber leider nicht geklappt. Ich war auch doof. Ich konnte mich nicht konzentrieren zu spielen. […] Ich weiß nicht, wie viel hat bezahlt, weil sie hat für mich eine Harfe gemietet. Für vier Monate ungefähr. Das war sehr liebevoll. (Khalil, Abs. 118)

Sie hat für ihn u. a. eine Veranstaltung organisiert, bei der er seine Fotos ausstellen konnte. Über Anzeigen bei Ebay und am Schwarzen Brett der Universität auf der Suche nach Partnern für Sprachtandems fand er Freunde.

Amina nutzte die Moschee als soziales Netzwerk, um Unterstützung in der Kinderbetreuung, Rat und Arbeit zu finden. Allerdings sei es nicht einfach gewesen, deutsche Menschen kennen zu lernen. Kontakt zu anderen Afrikaner_innen sei einfacher zu bekommen:

> Ja, wir Afrikaner sind ein bisschen: Hallo, (unv.), woher kommen Sie? Manchmal wir treffen auf dem Spielplatz und dort: Hallo, wie geht es dir, ich komme aus […]. Wir afrikanisch haben kein Problem damit, ja. Wir können gleich Hallo sagen und dann ja. (Amina, Abs. 252)

Mehrere unserer Interviewpartner_innen schilderten jedoch auch Schwierigkeiten, neue Netzwerke aufzubauen: Zum einen fehle unter dem Zeitdruck der
zahlreichen Behördengänge, der verpflichtenden Sprach- und/oder Integrationskurse und dem Druck zur Arbeitsaufnahme durch die Jobcenter die Zeit, neue
Bekanntschaften zu pflegen. Zudem führe die aufgeheizte politische Stimmung
zu Schwierigkeiten. Ziad und Fadi haben den Eindruck, dass Deutsche Angst
vor ihnen hätten. Manu schildert Misstrauen seinerseits, es gebe so viele Terro-
risten, dass er Angst habe, Freundschaften mit anderen Menschen in seiner Situation einzugehen. Auch der Sozialraum am konkreten Wohnort beeinflusst die
Möglichkeit neue Kontakte zu knüpfen oder Netzwerke aufzubauen zum Teil
erheblich: Ziad, der zur Zeit des Interviews in einem eher wohlhabenden Stadtteil
im Hamburger Westen mit einem geringen Anteil an Bewohnern mit Migrationshintergrund lebte und aus einer EA in einem Stadtteil kam, in dem Menschen mit
Migrationshintergrund und Student_innen häufiger vertreten waren, berichtete,
dass es dort deutlich einfacher war, Menschen kennen zu lernen.

Seit ihrer Ankunft in Hamburg haben sich sehr viele unserer Interviewten sta-
bile Netzwerke aufgebaut. Sie werden genutzt, wo offizielle Wege nicht mehr
weiter helfen, oder um diese zu ergänzen.

6.2.5 Warten – Umgang mit einer desintegrierenden Zeitstruktur

Das Wort ‚Warten' und die damit bezeichnete Aktivität beschrieben nicht nur die
Geflüchteten selbst, sondern auch Expert_innen und Unterkunftsleitungen als
ein gravierendes Problem, das die Lebenslagen stark beeinflusse. In der Studie
„While we are waiting" hat der Sozialwissenschaftler Jan-Paul Brekke (2004) in
schwedischen „Reception Centers" mit Geflüchteten das Warten untersucht und
aus diesem Material erste Überlegungen zu einer asylspezifischen Theorie der
Zeiterfahrung abgeleitet, die wir für diesen Analyseabschnitt nutzen.

Die Geflüchteten fühlen sich nach Jan-Paul Brekke (ebd., S. 21) während
des Asyls „in der Zeit verloren" *(lost in time),* weil das Warten auf die Asylentscheidung endlos ist *(open-ended)* (ebd.). Zwar wurde manchen Geflüchteten
von den schwedischen Behörden eine zeitliche Prognose gegeben, der zufolge ihr
Verfahren vier oder acht Monate oder auch zwei Jahre dauere, doch weil diese
Angabe keine verbindliche *deadline* ist, empfinden sich Betroffene der Zeit
und dem Warten ausgeliefert. Wenn die Behörden hingegen keinen zeitlichen
Horizont benennen, erzeugt das für Geflüchtete ebenfalls einen unerträglichen
Zustand des Wartens.

Auch in Hamburg ist die Ankunft für viele Geflüchtete mit einer langen Phase des Wartens verbunden: Sie warten auf die Registrierung in der ZEA, auf den Transfer in eine EA, den Umzug in eine FU und insbesondere auf den Asylbescheid. Nachfragen bei den Mitarbeiter_innen von Einrichtung münden oftmals in der Aufforderung zu „warten":

> Und wir haben auch viel zu viel nachgefragt, was soll man machen jetzt, was passiert danach? Wie? Bisher, bis jetzt weiß man gar nichts, was wird passieren. Wie läuft, wann kommt das Interview, wann werden sie uns fragen, warum bist du in Deutschland, was passiert mit dir und sowas. Wir wissen gar nichts. Sie fragen zum Beispiel die Sozial, die Sozialverwaltung, und sie sagen, wir wissen gar nichts, ihr sollt einfach warten, bis die Ausländerbehörde die Mitarbeiter hier schicken und danach sie fotografieren euch und sie geben euch auch Interviewtermine. Und haben wir viel zu viel auch darauf gewartet, bis sie gekommen sind. Sie kommen erst nach eineinhalb Monaten, inzwischen haben wir echt gar nichts gemacht. Einfach schlafen, aufstehen, essen, bisschen Fußball spielen draußen [...] (Ismail, Abs. 40)

Es geht nicht voran – dieses grundlegende Gefühl begleitet das ‚ewige Warten'. Wenn erst nach zwei Jahren der Unterbringung in einer EA ein Transfer in eine FU erfolgt, wird man als Bewohner gewissermaßen gelähmt. Da jedem Bewohner bekannt ist, dass man eigentlich nach sechs Monaten transferiert werden muss, erweist sich der Wechsel von einer EA in eine FU für die Geflüchteten als sehr intransparente Praxis.

> Alle sagen „Ich will einen Transfer, ich will einen Transfer". Und der Sozialarbeiter muss sagen zum Chef: „Ja wir machen einen Transfer". Und ja manchmal sagen sie: „Warten, warten". (Ziad und Fadi, Abs. 89)

Entsprechend sinkt auch das Vertrauen, dass ein (baldiger) Transfer bzw. Auszug zunächst aus der EA und später aus der FU in naher Zukunft möglich sein wird. Die bereits erfahrene Ungewissheit und das damit verbundene Warten dominieren vielmehr den Blick in die Zukunft:

> Ja, das ist besonders schwer für mich, für so lange Zeit, unter diesen Umständen zu leben. Wären es sechs Monate [...] also die Zeiten sind unterschiedlich. Zum Beispiel das erste Camp, es sollte maximal sechs Monate sein. [...] Aber das Problem ist, ich sehe, es geht nicht voran. Zwei Jahre war ich im ersten Camp und nun bin ich im Heim und weiß nicht, ob ich hier vielleicht sechs Jahre sein soll? Oder vier Monate? Daher tue ich mein Bestes, eine WG oder ähnliches zu finden. (Jamal, Abs. 258)

Das Anfordern von Unterlagen und Nachweisen nimmt oftmals viel Zeit in Anspruch und führt zu weiteren Wartezeiten. Sowohl das Warten auf einen (positiven) Bescheid kann Monate dauern aber auch darüber hinaus, wie im Fall von Tommy, die Zusendung der Unterlagen durch das BAMF an die örtliche Ausländerbehörde, auf die er trotz positivem Bescheid seit nunmehr acht Monaten wartet. Für Habib führte die Situation des andauernden Wartens in Verbindung mit einem unsicheren Aufenthaltsstatus dazu, dass er nun keine Pläne mehr für die Zukunft macht (s. dazu auch Abschn. 6.1.4). Ursprüngliche Pläne und Geschäftsideen seien vom Warten überschattet:

> Ja. Und ich warte einfach. Ich sage: „Ich warte auf einen Aufenthalt." Und wenn ich habe einen Pass und dann ich kann wieder einen Plan machen. […] Aber, wenn ich habe keinen Pass und dann muss ich reisen nach Afghanistan, dann wieder einen zweiten Plan muss haben, ne? […] Hier bei mir ist nicht einfach hier. […] Vielleicht kann ich bleiben hier, vielleicht nicht. Wenn ich kann nicht hierbleiben, und dann ich kann nicht Plan machen, ne? (Habib, Abs. 656–664)

Mit dem Warten geht zunehmend ein Gefühl der Unsicherheit einher, das letztendlich zu einer Art Resignation führt. Habib hat keinen weiterführenden Sprachkurs erhalten, darf nicht arbeiten und muss seine Duldung regelmäßig alle sechs Monate verlängern. Er wartet bereits seit vier Jahren darauf, sich ein geregeltes Leben aufbauen zu können. Auch wenn das Warten viele Befragte betrifft, so wird im Fall Habibs besonders anschaulich, was Étienne Balibar als „waiting-to-live" beschreibt (vgl. Balibar 2002, S. 83).

Jan-Paul Brekke hat ähnliche Beobachtungen gemacht: Der „normale" Zeitfluss *(chronological sequenzial time)* mit einem relativ klar strukturierten Empfinden für Vergangenheit, Gegenwart und Zukunft, wird im Asyl abrupt gestoppt *(blocked)* (Brekke 2004, S. 25). Mit der Flucht haben die Geflüchteten ihre Vergangenheit zurückgelassen, aber sie können in der Zeit des Asyls mit ihrer Zukunft nicht beginnen, und die Gegenwart ist *„in-between"* dieser beiden abgeschlossenen bzw. verschlossenen Zeitblöcke (ebd.).

Die Ungewissheit, wie es weitergehen wird, ist manchmal derart belastend, dass am aktuellen Wohnort keine Perspektiven mehr gesehen werden. So entwickelt beispielsweise ein junger Mann, Jamal, eine Art Doppelstrategie, sich einerseits weiterhin um eine Wohnung oder zumindest ein WG-Zimmer in Hamburg zu bemühen. Andererseits hat er den dringenden Wunsch, sein in Afghanistan begonnenes Bauingenieurstudium fortzusetzen, was für ihn weitere Optionen mit sich bringen würde: Nämlich sich mit dem Studium für einen anderen Wohn- und Studienort zu entscheiden. Hier zeigen sich die Komplexität des Wartens und die unterschiedlichen Kontexte, in denen dies situiert ist: Um sich zum richtigen Zeitpunkt an der Universität München einschreiben zu können, muss er zunächst abermals noch mindestens sechs Monate warten. Dennoch sucht er weiterhin eine Wohnung oder wenigstens ein WG-Zimmer in Hamburg.

In der schwedischen Untersuchung wird in diesem Zusammenhang noch ein anderer interessanter Aspekt genannt: Das Gefühl, dem behördlich verordneten Warten ausgeliefert zu sein, wird dadurch verstärkt, dass die Geflüchteten untereinander vergleichen, wer wie lange wartet, in der Hoffnung, daraus Anhaltspunkte gewinnen zu können, wie lange das eigene Verfahren dauern könnte. Ein Geflüchteter drückte es nach Jan-Paul Brekke so aus: *„The lenght of my waiting is mirrored by the waiting of others"*; das heißt, die individuelle Bewertung des Wartens wird auch im Vergleich mit anderen konstruiert *(relative waiting)* (ebd., S. 24). Da jedoch jedes Asylverfahren seine eigene bürokratische Zeit hat, ist es für die Geflüchteten völlig intransparent, wer wann an der Reihe ist. Geht es bei anderen „schneller" *(jumping the queue),* erzeugt dies ein Gefühl der Ungerechtigkeit (ebd.).

Zwar wird auch die Gegenwart in gewisser Weise als „fließend" erlebt, aber die Rhythmisierung der Zeit erfolgt nur noch *„day to day"* (ebd., S. 31). Diese massive Verlangsamung des Zeitflusses wird vor allem als Gefühl der Passivität bilanziert.

Gerade in den EA findet sich das Warten bereits in kleinen alltäglichen Handlungen wieder. So wird berichtet, dass man beim Gang zum WC oder den Duschen regelmäßig in einer Schlange warten musste, obwohl man darum bemüht sei, die WCs so selten wie möglich aufzusuchen (mitunter sind nämlich bereits solch alltägliche Kleinigkeiten mit einem dreiminütigen Fußweg verbunden). Ein Geflüchteter, der zum Teil als Übersetzer in den Sprechstunden der Ärzt_innen ausgeholfen hat, berichtete, dass hier das Warten mit dem Risiko verbunden ist, gar nicht mehr in der regulären Zeit der Sprechstunde dran zu kommen. Das Warten setzte sich dann in der EA bei der Essensausgabe fort.

Ich habe viele Probleme durchlebt, die ich meine bisherige Lebenszeit nicht kannte. Die ewig lange Schlange von hier bis zur anderen Seite des Parks zur Essensausgabe, und wir wussten nicht einmal, dass man so etwas essen kann. (Omid, Abs. 21)

Um das Warten in einer EA, einer großen Halle eines ehemaligen Baumarktes, erträglich zu machen, berichtete ein ehemaliger Bewohner, dass sie regelmäßig vor die Tür gingen, um sich dort an der frischen Luft die Zeit zu vertreiben. Dort ernteten sie obendrein schiefe Blicke aus der Nachbarschaft. Es gab aber auch engagierte Nachbarn im Einrichtungsumfeld, die die Anwohner_innen unterstützten.

Allerdings erreichten diese ‚Angebote' engagierter Nachbarn oftmals nur diejenigen Geflüchteten, die selbst aktiv in Erscheinung traten, um der Langeweile und
dem ‚ewigen Warten' zu entfliehen und sich selbst zu beschäftigen. So beschrieb
ein junger Mann mit Blick auf seine Zeit in der EA, sich dort aktiv darum bemüht
zu haben, eine Familie kennenzulernen, zu der er bis heute Kontakt hält. Ferner
halfen in diesem Fall auch die Englischkenntnisse des Interviewten, um einer sinn-
haften Tätigkeit nachzugehen, indem er in der EA als Übersetzer aushalf:

> Ich habe mich so viel mit solchen Sachen beschäftigt, damit ich nicht Langeweile
> kriege. (Ismail, Abs. 40)

Manche Geflüchtete in Schweden erzählten von schizophrenen Symptomen
(catatonic ways of spending time), so ein junger Mann, der stundenlang vor dem
Spiegel stand und Zwiegespräche mit sich selbst über früher, heute und morgen
führte (Brekke 2004, S. 25). In diesem Zusammenhang fiel auch sehr oft das Wort
müde: „They were mentally tired of waiting and physically tired from the lack of
sleep" (ebd., S. 26). Vergleichbare Phänomene sind bereits aus der prominenten
„Mariental-Studie" bekannt, in der soziale Folgen von Massenarbeitslosigkeit in
einem österreichischen Dorf in den 1930er Jahren untersucht wurden (vgl. Jahoda
et al. 1975).

Das empirische Material der Befragung von Geflüchteten enthält ebenfalls
viele solcher Befunde, die oftmals zur Resignation führten. Doch es werden
auch Auswege und Strategien gegen das Erleben permanenter Fremdbestimmung
gesucht. So erzählt Jamal, wie er sich irgendwann an die Umstände gewöhnt und
sich auch in der EA ein ihm vertrautes Umfeld entwickelt hat, sodass er die EA
eigentlich gar nicht mehr verlassen wollte. Es überwog vielmehr der Wunsch, bei
seinen Mitbewohnern zu bleiben.

> Nein, denn zwei Jahre sind eine lange Zeit. Egal wo man zwei Jahre bleibt, man
> gewöhnt sich daran. Ich habe mich auch dran gewöhnt, und an die fünf Personen,
> mit denen ich zuletzt gelebt habe, habe ich mich auch sehr gut verstanden. Es war
> sehr schwer mich von den Freunden zu trennen. Daher habe ich nie um einen Trans-
> fer gebeten. Als ich transferiert wurde, war ich der einzige, der darum flehte, nicht
> transferiert zu werden. Ich wollte lieber bei meinen Freunden bleiben. (Jamal,
> Abs. 48)

Unabhängig davon, wie das Umfeld erlebt wird, sind das ‚Nichtstun' und eine
fehlende Rhythmisierung des Alltags für viele belastend, weil das ewige Warten
mit dem Wunsch zu arbeiten verknüpft ist. Ibrahim, der früher als Soldat in der

afghanischen Armee gedient hat, charakterisierte die Situation des Wartens wie
folgt:

> Die Leute, die aus Afghanistan und so kommen, die sind Arbeiterleute, die wollen
> einfach arbeiten. Dass sie hier rumsitzen und schlafen ist für die keine, macht kei-
> nen Sinn. (Ibrahim, Abs. 117)

Auch er selbst würde am liebsten sofort einer Arbeit nachgehen und hat sich
über erste Schritte erkundigt, wie er einen Gabelstaplerschein erwerben könnte.
Mayla und Hussein, die in Syrien als Psychologin bzw. LKW-Fahrer und Lackie-
rer gearbeitet haben, sahen im Umstand, aufgrund der fehlenden Arbeitserlaubnis nicht arbeiten zu können, eine psychische Belastung. Die ständige Langeweile
mache viele krank, sodass einige gerade nach langen Phasen der verordneten
Erwerbslosigkeit nur schwer wieder einer regulären Arbeit nachgehen können. Daria war vor der Flucht 18 Jahre lang um sieben Uhr morgens zur Arbeit
gegangen. Die Untätigkeit wurde von ihr als derart belastend erlebt, dass sie in
der EA freiwillig Arbeit übernehmen wollte, die eigentlich an externe Dienst-
leister vergeben worden war.

> In der Sporthalle z.B. hat das „Sozial" ja immer geputzt, vor allem die Küche, und
> ich hab sogar zu denen gesagt, lasst mich putzen und kümmert euch dafür um die
> Angelegenheiten der Leute. Ich war sogar bereit, das Putzen dort zu übernehmen,
> da ich einfach nichts zu tun hatte. Ich ging nicht zum Sprachkurs, nichts. Mir wäre
> egal, was ich mache, Hauptsache ich mache etwas! Arbeitslosigkeit ist für jemanden
> der viel gearbeitet hat wie eine Krankheit. Nach diesen zwei Jahren ist das wirklich
> sehr lang. (Daria und Kiana, Abs. 359)

Toni, der bereits einen Praktikumsplatz bekommen hatte, wartete darauf, dass
es losgeht. Auf die Frage, was er denn alltäglich mache, antwortete er mit „gar
nichts" (Johnny und Toni, Abs. 632). Auch Sadiye beantwortete die Frage nach
ihrem Alltag mit „gar nichts" (Sadiye, Abs. 60). Sie warte auf Arbeit. Den Haushalt zu führen, Essen für ihre siebenköpfige Familie zu kochen und ihre jüngeren Kinder von der Schule abzuholen, ist von außen betrachtet „sehr viel Arbeit",
aber die Tatsache, dass Sadiye sich gegen einen weiteren Sprachkurs und für die
Jobsuche entschieden hat, zeigt, wie sehr ihre Definition von „etwas machen" mit
Erwerbsarbeit verknüpft ist. Omid betont ebenfalls, dass zwei Jahre ohne Arbeit
und ohne eine eigene Wohnung, eine sehr lange Zeit sei.

Jan-Paul Brekke nennt die Zeit des Asyls „desintegrated" (Brekke 2004,
S. 53 ff.). Das Asylverfahren unterbricht massiv das individuelle Gefühl, in den
eigenen Zeitfluss, das eigene Leben integriert zu sein – das fremdbestimmte

Warten wird zum bestimmenden Moment der Eigenzeit und individuellen Identität. Das Warten hält aber auch das Bemühen um Integration in die Ankunftsgesellschaft auf. Sich-Integrieren ist eine ‚normale' Aktivität, mit der Migrant_innen unverzüglich beginnen, wenn sie irgendwo ankommen. Das Asylverfahren fördert indes eher die Des-Integration. Dabei kann ein Gefühl von Verlust auftreten, ein Bedauern um verlorene Lebenszeit. Manu betont dieses Gefühl wie folgt:

> Leider ich habe zu viel Zeit verloren. (Manu, Abs. 82)

Er führt diesen Verlust auf zu langwierige formale Entscheidungsprozesse zurück. Einzelne Organisationen bräuchten zu lange, sich abzustimmen und zu Ergebnissen zu kommen:

> Die meinte, ich muss jetzt zuerst Einstufungstest machen und dann die entscheiden bei Volkshochschule […] wo ich meinen Deutschkurs mache. Und dann, ich habe davor mehr als fünf Monate gewartet bis der Einstufungstest kommt. Ich habe fast fünf Monate gewartet. Ich habe in dieser Zeit nichts gemacht. (Manu, Abs. 80)

Noch dramatischer kann sich das Gefühl eines Zeitverlustes entwickeln, wenn nicht auf einen Sprachkurs oder eine Ausbildung gewartet wird, sondern beispielsweise auf Familienmitglieder, wie im Fall von Mariam, die ihren jüngsten Bruder (13) nach dem Tod des Vaters so schnell wie möglich nach Hamburg holen wollte. Die rechtliche Situation war ungeklärt und dann passierten auch noch formale Fehler, was bei Mariam zu einem Gefühl der Verzweiflung führte.

> Zum Beispiel meine Email-Adresse hat sie falsch eingegeben, obwohl das, also man guckt auf die Email-Adresse richtig und deswegen hat es sich noch so etwa einen Monat verzögert, die Arbeit. Da wir so eilig haben und das Kind es geht um sein Leben und ja, halt solche Probleme. (Mariam, Abs. 164)

Oftmals ändert sich die Einstellung zum Warten deutlich, wenn ein Sprachkurs begonnen werden kann und/oder ein Arbeitsplatz gefunden wird. Das Warten mag immer noch zumindest einen Teil des Alltags beeinflussen, es ist aber weniger bestimmend: Ismail, der einen Sprachkurs und eine Arbeit hat, betont in unserem Gespräch, dass er nun in der Lage ist, selbstständig zu sein. Auch wenn er derzeit, neben der Miete für seine kleine Wohnung, noch ungefähr 50 EUR vom Jobcenter erhält, ermöglicht ihm die eigene Wohnung in Verbindung mit seinem Minijob als Gartenpfleger ein Gefühl der Selbstermächtigung mit dem klaren Ziel vor Augen, eine Ausbildung zu beginnen und den eigenen Unterhalt vollständig selbst zu bestreiten.

Jetzt was wichtig für mich, ich kann in dieser Zeit Deutsch sprechen, ich hatte mein Aufenthalt, ich kann jetzt was machen. Ich habe Arbeitsrecht, ich kann jetzt was machen, ich kann jetzt nicht mehr zu, im Heim bleiben und auf kleine Sachen warten, wie das Essen oder solche Sachen. Ich kann jetzt selbst etwas machen. (Ismail, Abs. 176)

Ismail forderte deshalb, Geflüchteten insbesondere in den Erstaufnahmen mehr Möglichkeiten der Selbstbestimmung einzuräumen. Etwas zu tun zu haben – Praktikum, Arbeit, Sprachkurs – beschrieb er zwar als stressig, ist aber dennoch zufrieden damit, obwohl er kaum noch Zeit habe. Auch sein Zeitgefühl hat sich dadurch verändert. Vorher habe er sich zwar regelmäßig darüber beklagt, weshalb man auf Termine immer so lange warten müsse, nun vergeht die Zeit für ihn jedoch viel schneller und einen Termin erst in einem Monat zu haben, erzeugt kein negatives Gefühl mehr.

Für Omid hat sich mit dem Besuch eines Sprachkurses und dem Transfer in eine Folgeunterkunft ebenfalls vieles geändert. Früher ging er zum Zeitvertreib vor die Tür, inzwischen aber nur noch, wenn er Termine habe.

Ja also hier bin ich meistens in meinem Zimmer, also, wenn ich nichts zu tun habe, dann bin ich in meinem Zimmer, aber naja also es gibt immer was zu tun, Briefe, Papiere, Deutschkurs. Also damals bin ich einfach so grundlos zum Zeitvertreib rausgegangen, hier bin ich halt beschäftigt durch solche Sachen und wenn ich nichts zu tun habe, bin ich hier. (Omid, Abs. 129)

Der Deutschkurs und seine Termine überlagern nun, dass er sich eigentlich immer noch in einem Wartezustand befindet. Er wartet auf eigenen Wohnraum und auf eine Arbeit. Da dies jedoch Wartezustände sind, die er durch eigenes Handeln begrenzen kann, haben sie nicht die Auswirkungen einer völligen Fremdbestimmung. Fawaz berichtete uns ebenfalls, dass er kaum noch Zeit habe, seine Freizeit draußen zu verbringen. Zur Alster gehe er mittlerweile nur ein bis zwei Mal im Jahr, obwohl seine FU nicht sehr weit davon entfernt ist. Mit seinem Sprachkurs, den Hausaufgaben und den Besuchen in diversen Sprachcafés sowie dem Lesen von auf dem Flohmarkt erstandenen Büchern fühlte er sich gut beschäftigt.

Billy und Fereshte erzählten, dass sie zwar gerne ihre Freizeit mit ihrer kleinen Tochter draußen im Stadtpark verbringen oder auch mal die HafenCity besuchen, sie aber auch nichts Anderes machen konnten, da sie kein Geld für Unternehmungen hatten. Während sie früher die Zeit dafür gehabt hätten und ihnen es an Geld fehlte, haben sie nun das Geld für Unternehmungen, aber durch ihren Sprachkurs und diverse Termine keine Zeit mehr. Den aktuellen Zustand

nehmen sie jedoch als angenehmer wahr und als weiteren Schritt in ein selbstständiges Leben. Je mehr Handlungsmöglichkeiten die Befragten (wieder-)
erlangten, umso weniger schwerwiegend wurden Wartezeiten empfunden.

Jan-Paul Brekke kommt im Anschluss an Aaron Antonovskys Unterscheidung
von drei wesentlichen Bedingungen, die es Menschen erlauben, in Stress-
situationen zu handeln und seelisch gesund zu bleiben, zu folgender Bilanz
(Brekke 2004, S. 55): Verständlichkeit *(comprehensibility)* ist eine grundlegende
Voraussetzung für ein umfassendes Kohärenzgefühl *(sense of coherence),* doch
die institutionelle Zeit (Termine, Fristen, Deadlines) ist für Geflüchtete intransparent und nicht nachvollziehbar. Auch das Gefühl, man könne das eigene Leben
gestalten *(manageability),* fehlt den meisten Geflüchteten: Dies betrifft sowohl
die Alltagsgestaltung und noch stärker die Zukunftsperspektiven (ebd.). Die dritte
Komponente, Sinnhaftigkeit *(meaningfullness),* ist das Gefühl, aus eigener Kraft,
Initiative und Engagement etwas zu schaffen, das eigene Handeln als positiv zu
erleben, weil Ziele erreicht und Wünsche erfüllt werden können. Insgesamt sei
die Selbstwirksamkeit *(self-efficacy)* in der Zeit des Asyls überwiegend kaum
erlebbar (ebd.). In Schweden gab es bereits 1988 ein Gutachten einer Experten-
kommission mit dem Titel „*A shorter wait*"; bis 2004, so Brekke, habe sich daran
allerdings nichts geändert (ebd., S. 57) Das bleibt auch in Deutschland eine wichtige noch zu erledigende Aufgabe.

6.2.6 Genderspezifische Aneignungspraktiken

In den Expert_inneninterviews und in der Analyse von Diskursen zur Fluchtthematik stellte sich ein Reflexionsbedarf in Bezug auf die Kategorie Geschlecht
heraus. Insbesondere seit dem Medienereignis um Silvester 2015 nahm die
Debatte um junge geflüchtete Männer an Schärfe zu. Die Erhebung der Akteurslandschaft verwies außerdem auf die Diskrepanz, dass die Mehrheit der
nach Deutschland Geflüchteten Männer waren, sie bei den sozialräumlichen
Angeboten jedoch unterrepräsentiert schienen. Zahlreiche Angebote für Frauen
und Kinder standen wenigen gegenüber, die sich speziell an Männer richteten. Befragte Expert_innen meinten beobachtet zu haben, dass gerade Männer
durch die langen Wartezeiten auf Aufenthaltstitel und Transfer sowie durch die
erzwungene Arbeitslosigkeit Gefahr liefen, Orientierung zu verlieren und sich in
der Folge an subkulturellen Strukturen zu orientieren. Auch auf dem Wohnungsmarkt seien alleinstehende Männer teilweise noch stärker benachteiligt als
Familien.

Zwar wurde in keinem der Interviews mit Geflüchteten die Genderthematik besonders explizit ausgeführt, dennoch finden wir im Interviewmaterial implizit einige interessante Hinweise dazu, die sich in zwei Themengruppen gliedern lassen: Der Umgang mit Geschlechterverhältnissen in der Unterkunft und geschlechtsspezifische Aneignungspraktiken der städtischen Funktionsbereiche.

Die *Gestaltung der Unterbringung* in den EA und FU führt zu einer Neuordnung der sozialen Beziehungen, die auch Auswirkungen auf die Ausgestaltung der Geschlechterverhältnisse hat (siehe dazu beispielsweise Foroutan et al. 2017). Lebten die meisten Geflüchteten in ihren Herkunftsländern nur mit ihren Angehörigen zusammen, so müssen sich kleine Familien und Ehepaare ihren Wohnraum im Ankunftskontext häufig mit anderen Personen teilen. Solche Situationen sind konfliktanfällig und können auch zu Paarkonflikten führen. So erzählte beispielsweise Billy:

> Unsere Kultur ist nicht so offen, ne, also (unv.), es gibt bei uns zum Beispiel, wenn ich meine eigene Wohnung habe oder Haus mit Garage, je nach dem, dann weiß ich, dass meine Frau in einem Haus, eigene Wohnung ist, und hier zum Beispiel Gemeinschaftswohnen habe ich immer den Nebengedanken, hier sind auch Männer, ich fühle mich quasi unwohl. Habe immer diesen Gedanken, hier wohnen Männer zusammen, das nervt mich, so sollte es nicht sein in der Zukunft. (Billy und Fereshte, Abs. 544)

Zwar führte die Unterbringungssituation in diesem konkreten Fall nicht zu einem Konflikt, es wird jedoch deutlich, dass insbesondere Familienväter und Ehemänner ein Problem mit dieser haben, was Eifersucht und Misstrauen begünstigen kann. Anders als Billy, der mit seiner kulturellen Herkunft argumentiert, ist das unseres Erachtens kein fluchtspezifisches Phänomen, sondern lässt sich eher strukturell aus den Wohnverhältnissen erklären.

Neben der konkreten Gestaltung wird auch die *Lage der Unterkünfte* genderspezifisch bewertet. Daria bemerkt dazu:

> Da hinten musste man immer ein wenig zu Fuß gehen. Wenn Kiana z.B. zum Tae-Kwan Do wollte abends, dann musste ich mit ihr gehen und kommen, das war schwierig. Oder ich selber z.B., wenn ich mal von draußen kommen wollte, das war schwer, denn dieses eine Stück auf der Brücke da, da ist überhaupt niemand. Aber weil da zwei Heime waren, war da eigentlich doch viel los immer, es gab schon immer Menschen. (Daria und Kiana, Abs. 225)

Auch Kiana pflichtet ihr bei.

> Ich gehe nach draußen und ich komme z.b. um sieben Uhr zurück, aber im Winter ist sieben Uhr schon Nacht, also es ist ganz dunkel. Also für Frauen ist es ein bisschen schwerer als für Männer, die zurückkommen bis zum Camp. Also da waren viele Leute aber es ist doch gefährlich. (Daria und Kiana, Abs. 228)

Liegt die Unterkunft in einem Gewerbegebiet und mehrere Minuten Fußweg vom nächsten öffentlichen Verkehrsmittel entfernt, begünstigt dies ein Gefühl der Unsicherheit: Eine wenig bewohnte Gegend wie ein Gewerbegebiet stellt nachts für Frauen generell eine sehr nachvollziehbare Quelle der Unsicherheit dar – ganz gleich, ob sich dort Unterkünfte befinden oder nicht.

Die vom Herkunftsland bekannten *Geschlechterbeziehungen* erfahren im Migrationsprozess oftmals eine Erschütterung, die ebenfalls zu Konflikten führen kann.

> Es gab zum Beispiel eine Familie, die Armen, eine Frau und ihre zwei Kinder […] Sie hatte sich mit ihrem Mann gestritten und so wurde der Mann in ein anderes Camp gebracht […] Wenn die Männer hierherkommen […] fällt es ihnen schwer, zu akzeptieren, dass das die Realität ist. Und die Frauen auch ein paar Rechte haben. Es gab viele solcher Streite, wo die Frauen dann von ihren Männern getrennt wurden. (Daria und Kiana, Abs. 117–119)

Generell wurde uns davon berichtet, dass es bei vielen verheirateten Paaren in Deutschland zu einer *Scheidung* gekommen ist. Gründe dafür sind häufig die beengten Lebensverhältnisse in den Unterkünften, durch die es schwer ist, sich auch mal aus dem Weg zu gehen.

> Es ist so, viele Leute, viele Familien haben sich getrennt, also viele haben sich geschieden wegen der Einzimmerwohnung, wegen der Enge. Weil viele Frauen beschuldigen ihren Mann und der Mann hat Frust auf seine Familie und beschuldigt die Familie. Viele sind auch geschieden, es gab auch so viele Scheidungsfälle. (Mayla und Husain, Abs. 215)

Die konventionellen *Geschlechterrollen* wurden durch die Unterbringungssituation bei etlichen der von uns befragten Familien aufgeweicht. Aminas Mann musste zeitweilig seine Arbeit aufgeben und sich um das jüngste Kind kümmern, weil die rechtliche Situation für ihren Aufenthaltsstatus zwingend erforderte, dass Amina einer Erwerbsarbeit nachgeht (vgl. Porträt Amina, Abschn. 6.1.1). Sie hatte ohnehin vor, arbeiten zu gehen, allerdings nicht so früh.

Marie hingegen machte nicht den Eindruck, als gehörte Erwerbsarbeit selbstverständlich zu ihrem Lebensentwurf dazu. Die längeren Phasen der Arbeitslosigkeit und die Suche nach Arbeit scheinen sie nicht besonders zu belasten. Ihr

Mann jedoch konnte aus gesundheitlichen Gründen nicht arbeiten, was ihn sehr stresste, und übernahm deshalb Aufgaben im Haushalt:

> Einkaufen bringt immer mein Mann. Also mein Mann hilft mir auch beim Haushalt auch sehr viel. (Marie, Abs. 152)

Ebenso berichtet uns Daria von einer Situation in der Unterkunft, in der es die Männer waren, die das Putzen und Aufräumen übernahmen.

> Es gab einen afghanischen Mann, der jeden Morgen aufstand und von der einen Ecke anfing zu fegen – er hatte auch einige Jungs mit sich – und forderte die mit auf. Naja und als die anderen das sahen, haben sie sich auch gedacht, dass es doch peinlich ist, wenn man nur die saubermachen lässt, also haben alle Männer geholfen und den Frauen gesagt, sie sollen aus der Halle rausgehen. Sie fegten, machten sauber, auch vor der Tür putzten mit einem Wasserschlauch. Dann haben die Ledigen gesehen, oh, es ist auf der Seite der Familien viel sauberer, und dann haben die das auch auf ihrer Seite gemacht. (Daria und Kiana, Abs. 28)

Auch hinsichtlich der Aneignungspraktiken in der Stadtgesellschaft fanden sich einige Hinweise auf geschlechtsspezifische Praktiken. Insbesondere im Umgang mit ihrer *Gesundheit* wurden Unterschiede zwischen männlichen und weiblichen Interviewpartner_innen deutlich. Die meisten Männer gaben beispielsweise an, regelmäßig ein Fitnessstudio oder einen Sportverein zu besuchen, dahingegen hat keine einzige Frau derartige Angaben gemacht. Eventuell kann dieses Verhalten der Männer nicht als bewusste Gesundheitsvorsorge, sondern eher als Reaktion auf die erzwungene Tatenlosigkeit gewertet werden, aber es lässt sich daraus doch ein Rückschluss auf einen geschlechtsspezifischen Umgang mit dem eigenen Körper ableiten.

Die meisten Hinweise von Frauen zum Thema Gesundheit hatten mit Schwangerschaften und Geburten oder mit Kinderärzt_innen zu tun, nahmen jedoch sehr unterschiedliche Richtungen ein. Amina berichtete beispielsweise von sehr positiven Erlebnissen mit einer freiberuflichen Hebamme, die jedoch kurz vor der Geburt ihres zweiten Kindes plötzlich verstarb, woraufhin sie aber im Krankenhaus Altona sehr unkompliziert aufgenommen wurde, welches sie jederzeit weiterempfehlen würde. Im Gegensatz dazu berichtet Marie, dass sie von einer Frauenärztin während einer Schwangerschaft sehr unzureichend behandelt worden war.

> Ich weiß nicht warum sie hat so gnadenlos mit mir verhalten. Jedes Mal wenn ich zu ihr gegangen, sie hat gesagt „Haben Sie in Afghanistan auch solche Möglichkeiten sich untersuchen zu lassen? Jeden Monat und so?" Ich habe gesagt „Ja, meine

Mutter war Frauenarzt sogar. Da ist Krieg, aber es gibt unterschiedliche Situationen.
Es gibt Reiche, es gibt Arme, alles. Genau wie Deutschland. Bei uns ist nur Krieg,
man kann nicht Deutschland mit Afghanistan vergleichen, aber normales Leben gibt
es da auch." Und dann sie hat für mich kein Eisen gegeben und so, bis ich immer
ständig ohnmächtig geworden. Und dann eines Tages bin ich im Krankenhaus
gelandet. Im Krankenauto (unv.). Dann habe ich gesagt so. Und sie haben gesagt
„Sie sollte für dich Eisen geben. Deine weiße Blutdings ist total weg. Null. Du bist
auch schwanger. Du bist in einer ganz schlechten Situation." Ich habe schnell vom
Krankenhaus, vom Krankenhaus solche Blutkonserven gekriegt […].
Und dann bin ich wieder zum Arzt gegangen und ich habe mich ein bisschen beschwert. Und dann diesen Arzt, also ich habe geändert. Und da waren
zwei Frauen und die andere Frau hat sich sehr viel entschuldigt und hat gesagt:
„Bestimmt sie hat das nicht gewusst, das war nicht mit Absicht. Es tut mir leid so
geschehen." Und sie hat für mich Vitamine gegeben, richtig um mich gekümmert
und hat sich entschuldigt. Nicht die Dame, die andere Partnerin. Dann habe ich
gesagt, ich möchte nicht mehr mit dieser anderen Dame zu tun haben, weil fast mein
[…] Also für mein Kind auch Schaden gebracht. Könnte Schaden bringen. […]
(Marie, S. 87)

Dennoch war es das deutsche Gesundheitssystem, das sie bei ihrer ersten Ankunft
in Deutschland davon überzeugte, hier an einem guten Ort angekommen zu sein.
Ihr Kind war schwer krank und wurde sofort im Krankenhaus aufgenommen. Als
sie am Bett ihres Kindes zusammenbrach, wurde auch sie direkt gut behandelt,
nicht nur in medizinischer Hinsicht:

Ein Arzt ist gekommen und hat gesagt: „Haben Sie Hunger?". Ich habe gedacht
(flüstert): „Ich habe kein Geld" und dann habe ich gesagt: „Nein", obwohl ich hatte
richtig großen (lacht) Hunger. Hat gesagt: „Aber es sieht nicht so aus, man denkt du
hast großen Hunger". Ich habe gesagt: „Nein, ich habe keinen Hunger". […]
Der Arzt war sehr nett und hat gesagt: „Ich habe auch kein Geld, aber ich habe
eine Karte für Essen. Dann können wir zusammen gehen essen." Dann habe ich
gedacht: „Warum nicht?" Und dann bin ich gegangen und ich hatte so Hunger. Als
ich angefangen zu essen, wie manchmal im Film sehe ich, jemand (lacht) Gott.
Bestimmt der arme Mann einen Schreck gekriegt. Was macht die Frau? Aber ich
hatte richtig großen Hunger und ich habe richtig gut gegessen. (Marie, Abs. 30–42)

Maries Mann verweigerte hingegen nach einigen wenig erfolgreichen Operatio-
nen medizinische Hilfe. Solche Tendenzen waren auch bei anderen Männern zu
erkennen. Mohammed hatte beispielsweise die Tabletten, die ihm nach seiner
schweren Verletzung verschrieben worden waren, eigenmächtig abgesetzt, weil er
die Nebenwirkungen nicht ertrug.
    Finanzielle Schwierigkeiten betreffen Männer wie Frauen in gleicher Weise.
Hier sind sehr ähnliche, eher individuell als geschlechtsspezifisch begründete

Unterschiede in Strategien und Praktiken zu erkennen. Flohmärkte werden von Männern wie Frauen für günstige Einkäufe genutzt. Eine andere bei beiden Geschlechtern beliebte Strategie ist das Verhandeln mit offiziellen Stellen, um entweder zusätzliche finanzielle Ressourcen zu erlangen, oder zumindest einen zeitlichen Aufschub bei Zahlungsverpflichtungen zu bekommen.

Trotz der geringen Hinweise im Interviewmaterial auf Genderfragen erweist sich dieser Aspekt von Bedeutung und bedarf weiterer Untersuchungen.

6.3 Zur Wechselwirkung von Lebenslagen und Aneignungspraktiken

In der Einleitung haben wir uns einer Definition von Ulrich Deinet und Christian Reutlinger (2004, S. 7) angeschlossen, die Aneignung als subjektive aktive Gestaltung und Veränderung von Räumen und Territorien verstehen (vgl. Abschn. 2.1.2). Nach der ausführlichen Auseinandersetzung mit den exemplarischen Fällen der Befragten, die das Spektrum von Lebenslagen veranschaulichen (Abschn. 6.1), der detaillierten Rekonstruktion von Wohnpraktiken in Kap. 5 und weiterer Aneignungspraktiken des *Fluchtortes Stadt* (Abschn. 6.2), kann diese Definition sowohl fluchtspezifisch konkretisiert, als auch inhaltlich differenziert und begrifflich teilweise relativiert werden. Denn die Formulierung „subjektiv aktive Gestaltung und Veränderung" (ebd.) enthält normative Qualitätsdimensionen (‚aktiv', ‚Veränderung'), die wir im Untersuchungsfeld Flucht und Asyl nur bedingt wiederfinden können. Das Handeln der Geflüchteten kann nicht als passiv gedeutet werden: Sie sind nicht ausschließlich Opfer globaler Verhältnisse und auch nicht verloren in der Zeit. Was also charakterisiert fluchtspezifische Aneignungspraktiken?

Viele der beschriebenen Handlungen sind der Definition entsprechende aktive Aneignungspraktiken von Räumen und Territorien: Die Geflüchteten gestalten ihre Unterkünfte so gut es geht nach ihren jeweiligen Möglichkeiten und sie verändern einzelne Orte entsprechend ihrer Bedürfnisse und Vorstellungen. Dennoch sind viele dieser Aneignungspraktiken überwiegend reaktiver Art, es sind individuelle Reaktionen auf extrem fremdbestimmte Lebenslagen. Diese Aneignungspraktiken sind manchmal eigensinnig, widerständig und – wenngleich selten – subversiv. Aber die Geflüchteten betonen selbst immer wieder, dass sie *eigentlich* ganz andere Wünsche, Pläne und Vorstellungen haben, dass sie sich den *Fluchtort Stadt eigentlich* völlig anders aneignen möchten, dass sie ihr Leben *eigentlich* anders gestalten wollen, als ihnen dies gegenwärtig in ihrer Aneignungspraxis möglich ist. Subjektorientierte Forschung ist naturgemäß fasziniert von aktiven, gestaltenden, kämpferischen und mutigen Menschen, insbesondere, wenn sie in marginalisierten Milieus leben. Viele Befragte präsentierten sich in den Interviews genau so, jedoch bleibt zu respektieren und wertzuschätzen, dass ihre Aneignung des neuen Sozialraumes häufig unter Bedingungen großer Erschöpfung, unendlicher Müdigkeit und temporärer Kraftlosigkeit stattfindet, und die ‚aktive Gestaltung' somit manchmal an ihre Grenzen stößt.

In fluchtspezifischen Lebenslagen zielen Aneignungspraktiken notwendigerweise zunächst auf die Sicherstellung der Basisversorgung für sich alleine oder/ und die Familie, sowie die sukzessive und mühsame Stabilisierung von Lebenslagen, die durch Krieg, Flucht und ungewisse Zukunft ‚desintegriert' sind. Die rekonstruierten Aneignungspraktiken sind zuvörderst existenzielle Überlebensstrategien, zumeist verbunden mit der übergreifenden Zielsetzung, sich in die Hamburger Stadtgesellschaft zu integrieren. Die Aneignung von ‚Freiräumen' der Selbstgestaltung, von Räumen der Kreativität und Territorien der Selbstentfaltung, all das wird in die Zukunft verschoben. Parks werden vor allem besucht, um der Enge der Unterkunft zu entfliehen, zum Jungfernstieg geht man, weil es dort ein gutes öffentliches WLAN gibt, Harfe lernt man, wenn Ehrenamtliche für das Instrument sorgen, die selbstgemalten Bilder stellt man aus, wenn einem geholfen wird, eine Galerie zu finden. Vor dem Hintergrund dieses Befundes erscheint es riskant, das Subjektive, das Aktive, das Gestaltende in Aneignungspraktiken – definitorisch und damit verallgemeinernd – hervorzuheben. Solche Annahmen beinhalten auch ethnozentristische Implikationen, die wir Ulrich Deinet und Christian Reutlinger nicht unterstellen, die aber zwangsläufig entstehen, wenn man den Begriff Aneignung mit Werten der mittleren sozialen Milieus verbindet, für die Selbstverwirklichung, Selbstbestimmung, Emanzipation, Leistungsorientierung, Individualisierung, Wunsch nach Authentizität, Suche nach Selbstbestätigung u. ä. identitätsbildend sind (Vester et al. 2001, S. 335 ff.). Es gilt, auch ‚passive', informelle, nicht zielgerichtete, unsichtbare und indirekte Aneignungspraktiken wahrzunehmen, die in Lebenslagen umso bedeutender sind, je mehr tagtäglich um die eigene Würde gekämpft werden muss.

Die Analysen belegen, dass die befragten Geflüchteten sich Hamburg individuell aneignen: Die Kartografierung der angeeigneten Orte in der Stadt ergibt sehr unterschiedliche persönliche Landkarten. Hier werden die emotionalen Qualitäten der Aneignungspraktiken erkennbar, denn es sind ‚Lieblingsorte' dabei, subjektiv positiv bewertete Räume und bevorzugte Territorien. Doch diese individuellen Aneignungspraktiken sind durchmachtet: „Die Aneignung von Raum ist Folge von Macht und eine Dimension der Hierarchisierung von Gesellschaft" (Dangschat 1998, S. 34). Die individuellen Landkarten bilden somit zugleich Orte, Räume und Territorien ab, die Menschen in Hamburg zugänglich sind und deren Aneignung von den relativ Mächtigen und dominierenden sozialen Gruppen zugestanden wird. Die individuellen Landkarten veranschaulichen auch die Verräumlichung sozialer Ungleichheit, die Jens Dangschat „räumliche Ungleichheit" nennt, als „nicht zufällige Ungleichverteilung von Wohnungs- und Wohnumfeldqualitäten in einer Stadtregion" (ebd., S. 33). Das Gefühl der Durchmachtung zieht sich als Leitmotiv durch die meisten Aussagen der Befragten zu ihren Lebenslagen und Aneignungspraktiken.

Auch Hamburg verändert sich, weil es sichtbare ‚Fluchtorte' wie Asylcafés, Beratungsstellen oder spezielle Einrichtungen gibt, und Treffpunkte in der Stadt, die vor allem oder auch von Geflüchteten genutzt werden. Der *Fluchtort Stadt* hat seine eigene fluchtspezifische Akteurslandschaft, die durch den institutionell bestimmten Raum strukturiert wird, an ein übergeordnetes Ordnungs- und Regulationssystem gebunden ist und – strukturell – nur bestimmte Handlungsspielräume definiert, die Aneignung und mehr noch Teilhabe ‚erlauben'. Diese Spielräume werden genutzt, *trotz* unzureichender Deutschkenntnisse, *trotz* permanenter Rückschläge, *trotz* belastenden Wartens. Und so liegt in der Arbeit an der eigenen Lebenslage auch das Potenzial einer strukturellen Veränderung des *Fluchtortes Stadt* – wofür es bislang allerdings nur einige wenige Befunde gibt.

Fluchtort Stadt: Zur Bedeutung relevanter und spezifischer Orte im Fluchtkontext

In unserer bisherigen Analyse zum *Fluchtort Stadt* wurden bereits Orte in den Blick genommen, die aufgrund ihrer Funktion in der institutionellen Akteurslandschaft oder der Unterbringungslandschaft relevant sind. Weiterhin wurde in der Rekonstruktion der Lebenslagen und Aneignungspraktiken der Geflüchteten darauf eingegangen, welche Orte in Hamburg von einzelnen Geflüchteten aus unterschiedlichen Gründen aufgesucht werden. In diesem Kapitel wollen wir jene Orte konkretisieren, die sich als Ergebnis aus dem gesamten Sample als ‚relevante Orte' am *Fluchtort Stadt* herauskristallisiert haben. Dieser Zugang basiert auf der Annahme, dass bedeutsame Orte im Sinne von *Räumen der Integration* im Wohnkontext wie am gesamten städtischen Fluchtort erst über ihre tatsächliche Nutzung identifiziert werden können. Zwar bringen auch die Akteurs- und die Unterbringungslandschaft spezifische Orte hervor, da sie im Fluchtkontext von den Geflüchteten genutzt werden *müssen* und insofern den Integrationsprozess prägen. Die Bedeutung des Ortes ist in diesem Falle aber fremdbestimmt. Demgegenüber fragen wir in diesem Kapitel nach Orten, die Geflüchtete selbst als ‚relevante Orte' ansehen und interpretieren diese Befunde in Bezug auf ihren Einfluss auf die Lebensqualität am *Fluchtort Stadt*.

Konkret wurde in den Interviews auch gefragt, welche Orte die befragten Geflüchteten für verschiedene alltägliche Bedürfnisse und Verpflichtungen aufsuchen. Aus den so erhobenen Daten wurden Karten angefertigt, die die Lage dieser Orte im Stadtgebiet wiedergeben. Eine Karte gibt zentrale Orte des Einkaufens wieder, eine andere Orte der Freizeit und in der Karte zu den Bildungsorten sind neben den Sprach- und Integrationskursen auch Sprachcafés und andere Orte verzeichnet, an denen Deutsch vermittelt oder die zum Lernen genutzt werden. Als relevante Orte wurden in einzelnen Interviews auch Arbeitsstätten und Einrichtungen der medizinischen Versorgung genannt. Allerdings haben wir für diese Orte aus unterschiedlichen Gründen keine Karten angefertigt: Die meisten Befragten sind zum Erhebungszeitpunkt noch keiner Arbeit nachgegangen, wenn überhaupt, wurden lediglich kurzfristige Arbeitsgelegenheiten wahrgenommen oder Praktika absolviert. Diese als gesammelte ‚Orte der Arbeit' festzuhalten würde einen falschen Eindruck vermitteln, da es für die meisten Geflüchteten den ‚Ort der Arbeit' (noch) nicht gibt. Für den Bereich der Gesundheit gestaltet sich eine detaillierte Kartografierung als schwierig: Zwar wurde eine Vielzahl von Arztpraxen genannt, deren genaue Lokalisierung war aber auch den Geflüchteten zum Teil selbst nicht mehr möglich, so dass sich die Darstellung auf einer Karte als unmöglich herausstellte. Allerdings sei an dieser Stelle darauf verwiesen, dass die Wahl der Arztpraxis entweder aufgrund der Sprachkompetenzen des medizinischen Personals getroffen wurde, oder es erfolgte eine Vermittlung durch Mitarbeiter_innen der Unterkünfte, Ehrenamtliche oder Bekannte.

Auf den von uns angefertigten Karten wurden auch die Wohnorte der Interviewten gekennzeichnet, um einen Eindruck der Bewegungsräume und zurückgelegten Distanzen zu gewinnen. So lässt sich rekonstruieren, wie sich räumliche Aneignungspraktiken im gesamten Stadtgebiet entfalten und ausdifferenzieren. Da einige Orte im gesamten Sample besonders häufig erwähnt wurden, nehmen wir an, dass ihnen eine *besondere Bedeutung* im Fluchtkontext zukommt. Drei dieser spezifischen Orte – dem Steindamm, dem Jungfernstieg und der Zentralbibliothek – widmen wir deshalb in diesem Kapitel besondere Aufmerksamkeit. Zunächst soll jedoch ein Überblick über die relevanten Orte im Zusammenhang mit Bildung, Versorgung und Freizeit gegeben werden.[1]

7.1 Relevante Orte im Fluchtkontext: Bildung, Versorgung und Freizeit

In Abb. 7.1 sind alle uns genannten Bildungsorte verzeichnet. Jeder Punkt steht dabei für eine Nennung. Eine erste Auffälligkeit liegt in der großen Konzentration von Bildungsorten im innerstädtischen Bereich und um die sogenannte ‚City Süd' (Stadtteil Hammerbrook im Bezirk Hamburg-Mitte). Die Punkte sind hier etwas versetzt dargestellt, um vielfache Nennungen besser zu veranschaulichen. Ansonsten sind die von den Interviewten aufgesuchten Bildungsorte, mit Ausnahme eines Bezirks (Bergedorf), auf alle Hamburger Bezirke verteilt, befinden

---

[1]Es handelt sich bei diesem Kapitel um die Darstellung der Ergebnisse erster durchgeführter Erkundungen. Eine ausführlichere Untersuchung relevanter und spezifischer Orte ist im Rahmen des Folgeprojekts „Transformationsprozesse am Fluchtort Stadt" geplant.

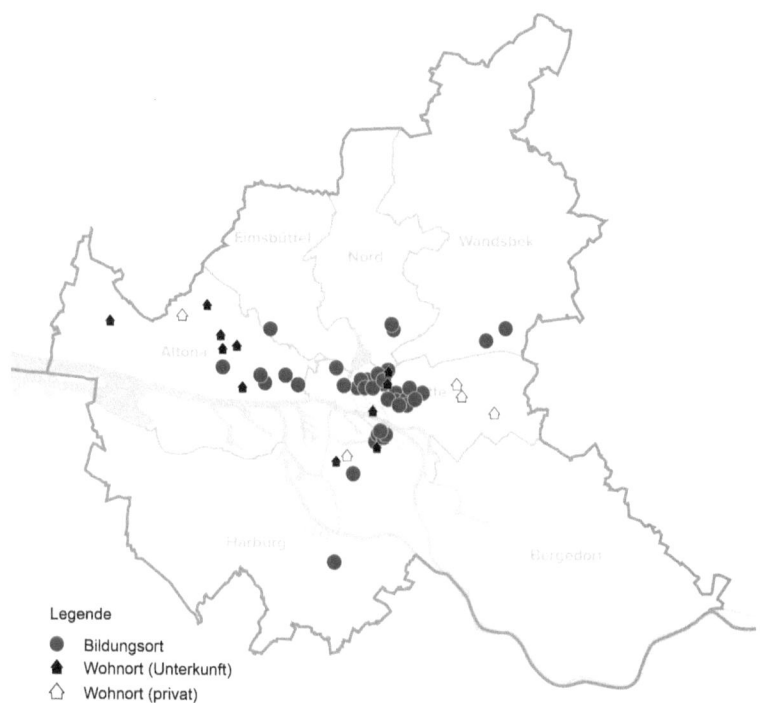

Abb. 7.1 Bildungsorte am Fluchtort Stadt in Hamburg, o. M. (Quelle: Wikimedia Commons User TUBS (CCBY-SA 3.0, https://creativecommons.org/licenses/by-sa/3.0/deed.de), eigene Bearbeitung)

sich dort aber mehrheitlich in Stadtteilen, die relativ nah am Zentrum Hamburgs liegen.

Das Zentrum Hamburgs ist durch die Innenstadt mit ihren diversen Läden, Cafés, Shopping- und Flaniermeilen geprägt. Bekannte innerstädtische Orte sind der Hauptbahnhof und der Jungfernstieg, in deren unmittelbarer Umgebung sich auch diverse ‚Bildungsorte' befinden: Nicht nur einige Sprachschulen liegen in diesem Gebiet, sondern mit der Zentralbibliothek auch ein wichtiger Anlaufpunkt vieler Befragter (s. Abschn. 7.3). Da Hammerbrook mit mehreren Sprachschulen in südlicher Nähe zur Innenstadt liegt, verstärkt dies die ersichtliche Konzentration von Bildungsorten im Stadtzentrum. Die Ballung südlich des nördlichen Arms der Elbe ist bedingt durch das Sprachcafé ‚Café Nova', einem Projekt des

Hamburger Schauspielhauses, das ebenfalls sehr häufig besucht wurde. Da hier mehrere Interviews akquiriert wurden, nennen solche Befragte diesen Bildungsort häufig. Hinzu kommt, dass auch viele Interviewpartner_innen aus dem Raum Wilhelmsburg das Sprachcafé mehr oder weniger regelmäßig besuchen, weil es für sie leichter erreichbar ist als andere Orte. Diese Angebote werden überdies von Mitarbeiter_innen in umliegenden Gebieten bekannt gemacht und stehen allen Interessierten offen, wodurch ein vielfältiger Begegnungsort entsteht, an dem auch relevante Informationen ausgetauscht werden können. Auffallend ist in der Karte außerdem die Diskrepanz zwischen der Häufung von Wohnorten im Westen Hamburgs und nur relativ wenigen Bildungsorten. Somit verdeutlicht die Karte, dass Sprachschulen oftmals nicht in der Nähe der Unterkunft und auch nicht im gleichen Bezirk besucht werden, sondern im gesamten Stadtgebiet bzw. offensichtlich recht häufig im innerstädtischen Zentrum. Über die Hintergründe kann an dieser Stelle nur spekuliert werden: Angebote vor Ort sind entweder nicht bekannt, die Plätze bereits belegt oder der Ruf anderer Sprachschulen ist besonders gut. Häufigere Wechsel des Wohnortes können diesbezüglich ebenfalls eine Rolle spielen, da Bildungsangebote nach Umzügen noch in der Nachbarschaft eines vorherigen Wohnortes aufgesucht werden.

Neben den bereits genannten regulären Sprachkursen und einer Vielzahl von Sprachcafés wurden interessanterweise auch Bibliotheken (z. B. der Hamburger Universität) und die Bücherhallen genannt. Während es an diversen Standorten der Bücherhallen mit dem Format ‚Dialog in Deutsch' eine mittlerweile bekannte und breit genutzte Möglichkeit zum Spracherwerb gibt, halten die Universitätsbibliotheken keine vergleichbaren Angebote vor, diese werden also eher als individuelle Lernorte aufgesucht.

Zusammenfassend ist zu den Bildungsorten festzustellen, dass sich die Mehrzahl der von den Interviewten besuchten Sprachschulen im Zentrum Hamburgs befindet, obwohl dafür – gerade die aus dem Westen der Stadt kommenden Teilnehmer_innen – teilweise lange Wege in Kauf nehmen. Auch die Interviewten mit Wohnorten in weniger zentralen Stadtteilen von Hamburg-Mitte scheinen vor Ort keine Bildungsangebote in Anspruch zu nehmen. In Bezug auf die Bildungsorte spielt das eigene Quartier offenbar kaum eine Rolle, wobei Hintergründe hierfür unterschiedlich sind: Zum Teil fehlen Angebote im Quartier, Plätze in näherer Umgebung sind bereits belegt oder Vorlieben und Mobilitätspraktiken beeinflussen die Wahl des Bildungsortes. Nicht außer Acht gelassen werden darf, dass weitere Strecken oft mit einer zusätzlichen finanziellen Belastung einhergehen, wenn wegen der Zeiten des Sprachkurses eine teurere Vollzeitkarte des HVV erworben werden muss (s. Abschn. 6.2.1). Fehlende Angebote vor Ort sind gerade dann ein Problem, wenn Personen beispielsweise aus Gründen der Kinderbetreuung nur begrenzt Zeit für Sprachkurse zur Verfügung haben.

Die Rolle des Wohnumfeldes und des Quartiers im Bereich der Nahversorgung wird im folgenden Abschnitt beleuchtet.

Abb. 7.2 veranschaulicht Orte, an denen Befragte ihre (Lebensmittel-)Einkäufe erledigen. Auch Einkaufsorte konzentrieren sich auffällig im Stadtzentrum: Nahezu alle Befragten nannten den ‚Steindamm' in unmittelbarer Nähe des Hauptbahnhofs als den wichtigsten Ort, an dem sie bekannte Produkte aus ihrem Herkunftskontext erhalten (s. Abschn. 7.4). In örtlichen Supermärkten und Discountern fehle ein entsprechendes Angebot.

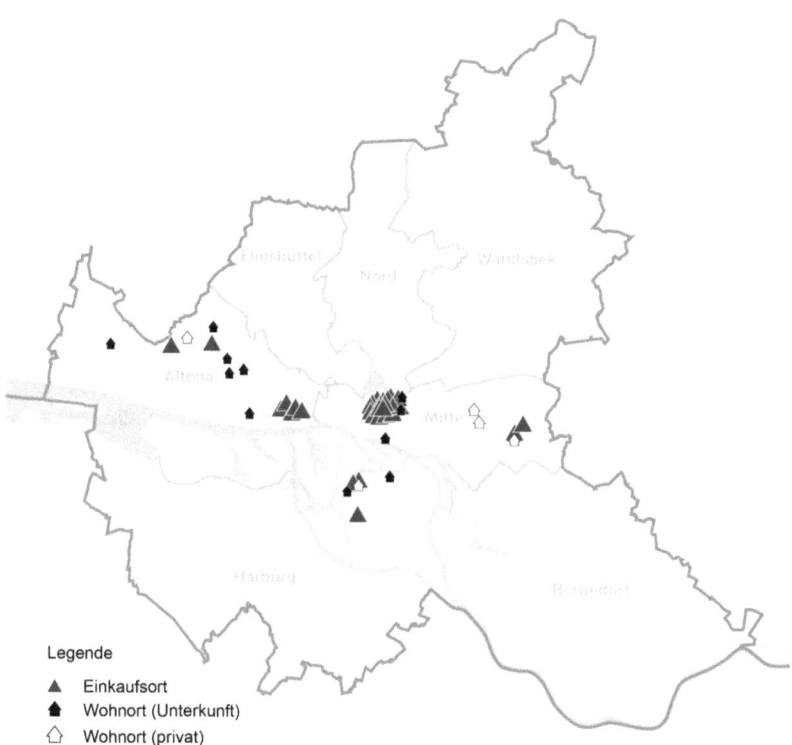

Abb. 7.2 Einkaufsorte am Fluchtort Stadt in Hamburg, o. M. (Quelle: Wikimedia Commons User TUBS (CCBY-SA 3.0, https://creativecommons.org/licenses/by-sa/3.0/deed.de), eigene Bearbeitung)

Die zweite Ballung von Einkaufsorten liegt im Hamburger Westen im Zentrum Altonas. Insbesondere Befragte, die im Bezirk Altona leben, nutzen neben dem Steindamm auch Versorgungsmöglichkeiten in ihrem Bezirk. Besondere Relevanz kommt hier der Großen Bergstraße zu, in der insbesondere türkische Lebensmittelgeschäfte zu finden sind mit Produkten, die in den örtlichen Supermärkten fehlen. Befragte, die ihre Einkäufe im Gebiet des Steindamms oder der Großen Bergstraße erledigen, besuchen dort jeweils verschiedene Discounter und Supermärkte und versuchen so ihren gesamten Bedarf an einem Ort zu decken. Die Versorgung durch Supermärkte im eigenen Wohnquartier spielt eher eine untergeordnete Rolle, da dort benötigte Produkte fehlen und/oder nicht in Unterkunftsnähe liegen, sodass längere erforderliche Wege dann gleich dorthin führen, wo das reichhaltigste Angebot zu finden ist. Etwas anders gelagert ist die Situation im Stadtteil Wilhelmsburg: Hier finden Befragte eine Mischung aus migrantischen Ökonomien, Supermärkten und Discountern vor, die das Einkaufen im eigenen Quartier umfassend gewährleisten. Entsprechend verteilen sich Einkaufsorte im südlichen Gebiet etwas mehr. Da der Zugang zu Lebensmitteln, die aus dem Herkunftskontext bekannt sind, von großer Relevanz ist, nahmen Befragte auch hier – je nach Lage des Wohnortes – ein hohes Maß an Mobilität für deren Erreichbarkeit in Kauf. Größere Strecken führen in diesem Fall nicht zwangsläufig zu einer höheren finanziellen Belastung, da Einkaufsorte – anders als die Sprachkurse – mit gängigen Fahrkarten des ÖPNV zeitlich flexibel aufgesucht werden können.

Abschließend werden nun identifizierte relevante Orte der Freizeit vorgestellt. Aussagen der Geflüchteten zu ihren Freizeitorten sind in Abb. 7.3 in Beziehung zum Wohnort zusammengefasst. Auch Freizeitorte konzentrieren sich offenbar deutlich im Stadtzentrum und verlängern sich verdichtet in westlicher Richtung bis nach Altona. Sehr häufig wurde der Jungfernstieg genannt, der aus diesem Grunde in Abschn. 7.4 näher betrachtet wird. Neben dem Boulevard sind es vor allem diverse Parks, die von den Interviewten in ihrer Freizeit aufgesucht werden: *planten un blomen* befindet sich in unmittelbarer Nähe zum Bahnhof Dammtor, der nur eine S-Bahn-Station vom Hauptbahnhof entfernt ist. Auch verschiedene U-Bahn- und Buslinien grenzen an den Park, der damit nicht nur sehr zentral gelegen, sondern auch bestens an verschiedene Stationen des ÖPNV angebunden ist. Allgemein wird *planten un blomen* besonders gerne von Dari bzw. Farsi sprechenden Interviewten aufgesucht. Sie begründeten ihre Präferenz vor allem mit der Gestaltung des Parks, die ihren Erwartungen an einen Park am ehesten entsprechen würde. Damit gleichsam einhergehend hat sich der Park für diese Community zu einem Treffpunkt entwickelt, der es ermöglicht, dort Bekannten zu begegnen, neue Personen kennenzulernen, die die eigene Sprache sprechen und gemeinsam die Freizeit zu verbringen.

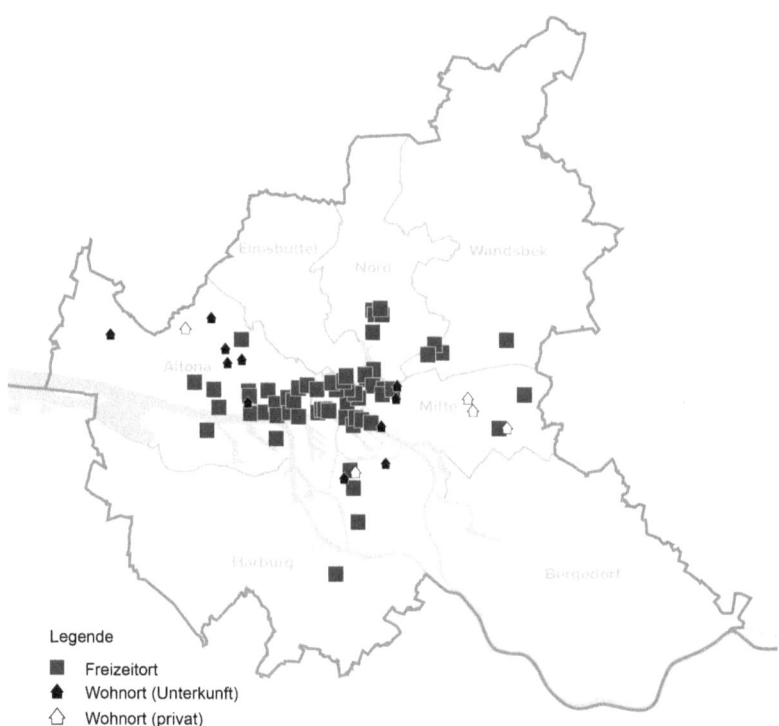

Abb. 7.3 Freizeitorte am Fluchtort Stadt in Hamburg, o. M. (Quelle: Wikimedia Commons User TUBS (CCBY-SA 3.0, https://creativecommons.org/licenses/by-sa/3.0/deed.de), eigene Bearbeitung)

Interessanterweise werden häufiger Parks und Cafés angesteuert, die sich in der Nähe von Unterkünften befinden, in denen die Interviewten ehemals untergebracht waren. Dies war insbesondere dann der Fall, wenn noch Kontakt zu früheren Unterkunftsmitbewohner_innen bestand. Lokale Zentren bleiben ebenfalls längerfristig als Treffpunkte relevant und zeigen, dass sich im Ankunftsprozess auch Freizeitpraktiken ritualisieren, so wie der erste Unterbringungsort in Hamburg für viele Befragte ein wichtiger Ort für entstandene erste Kontakte und Beziehungen war, die auch längerfristig erhalten blieben. Die Praktiken verweisen auf die große Herausforderung, die Verluste vertrauter Umgebungen oder der Abbruch von Beziehungen infolge häufiger Standortwechsel im Fluchtkontext mit sich bringen können.

Die Nutzung von Freizeitorten unterstützt Praktiken der Aneignung des gesamten Stadtgebiets. Die Haltestellen des öffentlichen Nahverkehrs entwickeln sich teilweise zu einem Orientierungsrahmen, von denen aus die Stadt erkundet wird. Die Befragten besuchten ebenso gerne die Landungsbrücken mit Blick auf den Hamburger Hafen oder fuhren mit diversen Fährlinien des HVV, wie dies auch große Teile der Hamburger Bevölkerung als Highlights ihrer Freizeit an hochfrequentierten touristischen Hotspots praktizieren.

Die unterschiedlichen aufgesuchten Orte der Freizeit befinden sich im urbanen Freiraum, dienen meist der Erholung und sind für jeden frei zugänglich. Damit ist die Nutzung dieser Freizeitorte von Wetterverhältnissen und Jahreszeiten abhängig. Vor dem Hintergrund beengter Wohnverhältnisse in den Unterkünften bleibt der Zugang zu Freizeitgelegenheiten bei Regen oder im Winter stark eingeschränkt. Alternativen wie beispielsweise der Besuch von Cafés sind in der Regel mit finanziellen Aufwendungen verbunden. Dieses Problem betrifft zwar die gesamte Bevölkerung, die auf kostengünstige oder freie Freizeitangebote angewiesen ist; je beengter und unfreiwilliger die Wohnbedingungen aber sind, umso gravierender sind solche Einschränkungen vor allem dann, wenn es vor Ort keinen Raum gibt, um Freizeit gemeinsam mit anderen zu verbringen. Erschwerend kommt hinzu, dass es schwierig ist, Gäste zu empfangen. Aufgrund der nicht vorhandenen Privatsphäre und einer oft fehlenden Trennung von Wohn- und Schlafbereichen entsprechen die Wohnverhältnisse bei weitem nicht den Vorstellungen der Bewohner_innen, Gastlichkeit zu ermöglichen.

Abschließend werden die zuvor beschriebenen einzelnen Karten zu Bildungs-, Einkaufs- und Freizeitorten übereinandergelegt und deren Nutzung zusammenfassend bewertet.

Die Karte in Abb. 7.4 veranschaulicht noch einmal, dass sich die von uns Befragten vornehmlich in innenstadtnahen Stadtteilen aufhalten: Ob zum Einkaufen, für Freizeitaktivitäten oder um Sprach- bzw. Integrationskurse zu besuchen, konzentrieren sich die Aktivitäten auf zentrumsnahe Orte. Das eigene Quartier scheint für diese Nutzungen eine eher untergeordnete Rolle zu spielen. Besonders anschaulich wird dies an den im Westen Altonas liegenden Unterkünften. Auch wenn hier der Weg in die innenstadtnahen Stadtteile mit einem erhöhten Zeitaufwand verbunden ist, wird er dennoch in Kauf genommen. Dies liegt zum Teil an der fehlenden oder unpassenden Infrastruktur vor Ort. Es darf überdies nicht außer Acht gelassen werden, dass die Unterkünfte selbst keine beliebten Aufenthaltsorte sind. Entsprechend hoch ist die Motivation der Befragten, andere Orte aufzusuchen.

Der Vollständigkeit halber muss diesbezüglich berücksichtigt werden, dass die untersuchten Bezirke Hamburg-Mitte und Altona im Vergleich zu den anderen

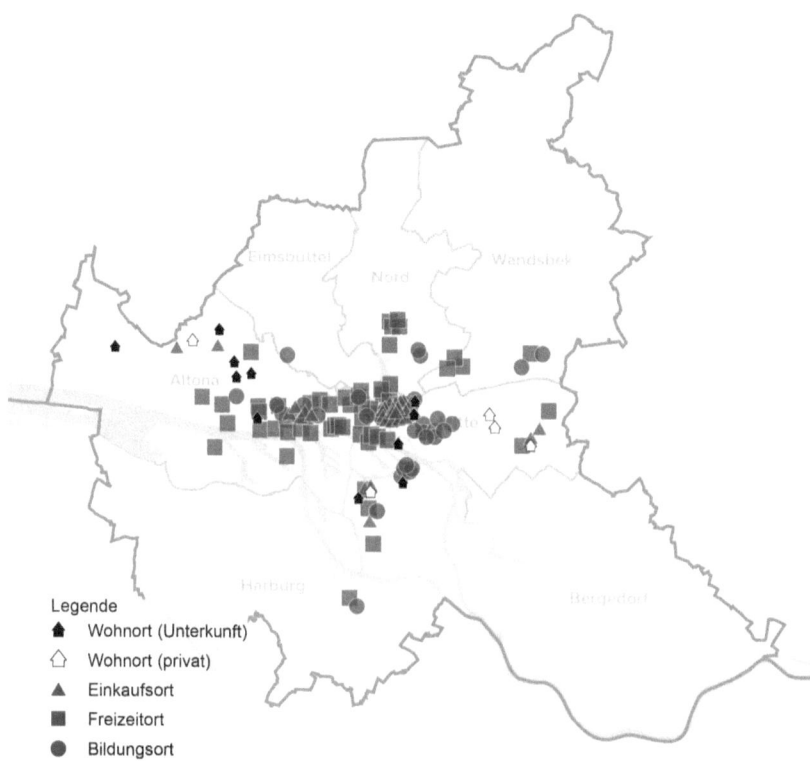

Abb. 7.4 Wichtige Orte am Fluchtort Stadt in Hamburg, o. M. (Quelle: Wikimedia Commons User TUBS (CCBY-SA 3.0, https://creativecommons.org/licenses/by-sa/3.0/deed.de), eigene Bearbeitung)

Bezirken eher zentrumsnah liegen, beide aber auch Randlagen aufweisen. Zudem gehören sowohl die zentralen Gebiete in Altona als auch in Hamburg-Mitte stadtweit zu den beliebten Stadtteilen, die von der Bevölkerung in umliegenden Stadtteilen und Gebieten aus verschiedensten Gründen aufgesucht werden. Es handelt sich also um Ballungszentren sozialer Aktivitäten, deren Qualitäten erst erkennbar werden, wenn die Bedeutung und Funktion einzelner Quartiere oder Straßen herausgearbeitet wird. Dies erfolgt anschließend am Beispiel der Zentralbibliothek, des Steindamms und des Jungfernstiegs, die jeweils einen im Fluchtkontext relevanten Ort der Bildung, Versorgung und Freizeit repräsentieren und alle relativ zentral im Zentrum Hamburgs liegen (Abb. 7.5).

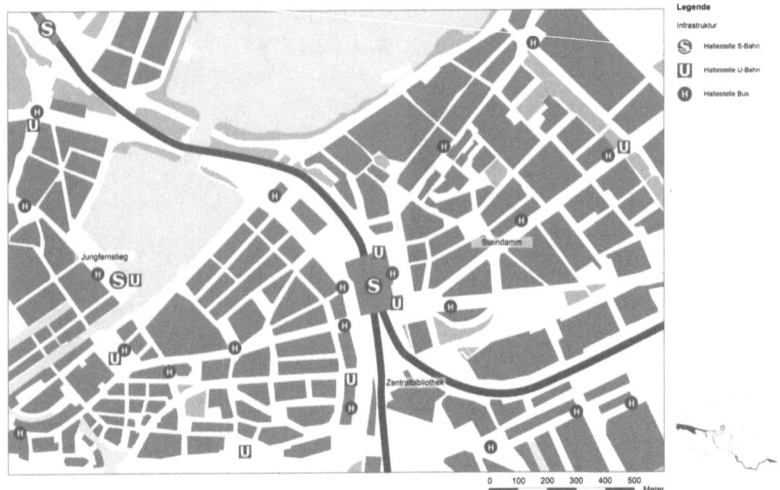

Abb. 7.5 Umfeldkarte Hamburger Zentrum. (Quelle: eigene Darstellung, Kartendaten: OpenStreetMap contributors)

7.2   Zentralbibliothek

Die Zentralbibliothek befindet sich unweit des Hauptbahnhofes in einem im Jahr 1906 erbauten Gebäude des ehemaligen Hamburger Hauptpostamtes und ist der zentrale Standort der öffentlichen Bücherhallen Hamburg. Auf drei Etagen beherbergt sie 500.000 Medien. Neben Romanen, Sachbüchern und Zeitschriften stellt sie ebenso Kinder- und Jugendbücher bereit. Im Rahmen der Kinderbibliothek finden regelmäßig Veranstaltungen für Kinder und Familien statt. Die Jugendbibliothek bietet neben Büchern auch Filme, Musik und Konsolenspiele an und möchte mit ihrem Veranstaltungsprogramm ein Treffpunkt und Freizeitort für Jugendliche sein.[2] Für Deutschlernende stellt die Zentralbibliothek, nach eigenen Angaben, sämtliche Lehr- und Übungsmaterialien für Deutschkurse und zum Selbstlernen zur Verfügung. Für diejenigen, die in einer Gruppe lernen möchten, findet allein in der Zentralbibliothek 45 Mal pro Woche der „Dialog in Deutsch" statt. Dabei handelt es sich um kostenlose Gesprächsgruppen, einige der Zeiten

---

[2]https://www.buecherhallen.de/zentralbibliothek-profil.html [27.02.2019].

sind explizit für Anfänger_innen, Frauen und junge Erwachsene reserviert.[3] Im Lern- und Informationszentrum stehen zudem 60 Computerplätze mit Internetanschluss bereit und es gibt die Möglichkeit, Dokumente zu scannen und zu drucken.[4] Ein kostenloser WLAN-Zugang ist ebenso gewährleistet.

Insbesondere die Tatsache, dass die öffentlich-rechtlichen Unterkünfte in Hamburg keine vergleichbare Infrastruktur bereitstellen, macht die Zentralbibliothek zu einem wichtigen Anlaufpunkt für Geflüchtete. Im Café gibt es Getränke und Speisen und weitere Sitzgelegenheiten. Auf dem fast täglich geöffneten Flohmarkt werden ausrangierte Bücher verkauft. Weiterhin bietet der große Platz vor der Zentralbibliothek vor allem im Sommer bzw. bei gutem Wetter die Möglichkeit, sich allein oder in Gesellschaft draußen aufzuhalten.

Die Nutzung der Zentralbibliothek steht prinzipiell jedem offen. Eine Zugangshürde kann allenfalls die Gebühr für den Bibliotheksausweis sein, allerdings gibt es bei allen Bücherhallen in Hamburg weitreichende Ermäßigungen für Empfänger_innen von Leistungen nach SGB II, SGB XII und AsylbLG. Kinder und Jugendliche bis zu 17 Jahren zahlen beispielsweise gar keine Gebühr, für alle anderen stellt die Zentralbibliothek einen ermäßigten Tarif bereit, der sich für sechs Monate auf fünf Euro beschränkt. Für junge Erwachsene bis zu 26 Jahren gilt eine jährliche Gebühr von 20 EUR. Weiterhin besteht die Möglichkeit des Erwerbs von Tageskarten für drei Euro. Allerdings ist ein Bibliotheksausweis nur notwendig, um Medien auszuleihen, wenn diese auch außerhalb der Bücherei genutzt werden sollen und um einen Zugang zu den Computern im Lern- und Informationszentrum zu erhalten. Die Angebote des ‚Dialog in Deutsch‘ können auch ohne Ausweis in Anspruch genommen werden.

Das breite Angebot für unterschiedliche Zielgruppen (Deutsch lernen, Angebote für Kinder und Jugendliche) und diverser Materialien wie Bücher, Medien sowie Internet- und Computerzugänge macht die Zentralbibliothek für viele Geflüchtete attraktiv und führt zu häufigen Besuchen. Die zentrale Lage und gute Anbindung mit öffentlichen Verkehrsmitteln über den Hauptbahnhof erweisen sich ebenfalls als Vorteil. Letztendlich stellt die Zentralbibliothek einen Ort zum (gemeinsamen) Lernen bereit, den die Unterkünfte für Geflüchtete nicht bieten. Im Fluchtkontext sind insbesondere das Lern- und Informationszentrum sowie die Bereitstellung eines kostenlosen WLAN-Zugangs von zentraler Bedeutung (zur Relevanz eines Internetzugangs s. Abschn. 6.2.4). Die Zentralbibliothek hat sich

---

[3]https://www.buecherhallen.de/zentralbibliothek-gruppenuebersicht-dialog-in-deutsch.html [27.02.2019].

[4]https://www.buecherhallen.de/zentralbibliothek-service-liz.html [27.02.2019].

vor dem Hintergrund der unterschiedlichen Besuchsanlässe zu einem wichtigen und leicht zugänglichen Begegnungs- und Bildungsort für Geflüchtete entwickelt, der von dieser Zielgruppe entsprechend gut genutzt wird.

7.3   Steindamm

Der Steindamm ist eine hoch frequentierte Straße in unmittelbarer Nähe des Hamburger Hauptbahnhofs und zeichnet sich durch eine Vielzahl migrantischer Ökonomien aus. Während es sich, vom Hauptbahnhof kommend, bei dem unteren Teil des Steindamms um eine gepflasterte Einbahnstraße mit breiten Gehwegen handelt, ist der weiter östlich gelegene obere Teil durch eine große, vierspurige Straße mit schmaleren Gehwegen geprägt. Hier konzentrieren sich migrantische Ökonomien vor allem auf die Westseite des Steindamms sowie teilweise auf der östlichen Seite in den direkt angrenzenden Seitenstraßen, in denen auch die große ‚Zentrumsmoschee' und mehrere kleine Moscheen gelegen sind. Durch den Hauptbahnhof am unteren Ende, den U-Bahnhof Lohmühlenstraße am oberen Ende und diverse Buslinien, die den ebenfalls nahegelegenen ZOB anfahren, ist der Steindamm von vielen Orten der Stadt aus schnell zu erreichen.

Neben einem breiten gastronomischen Angebot, diversen Juweliergeschäften und Dienstleistungen, wie beispielsweise Friseurläden, beherbergt der Steindamm unzählige Lebensmittelgeschäfte, die Produkte anbieten, welche vielen Geflüchteten aus ihrem Herkunftskontext bekannt sind. Weiterhin gibt es Möglichkeiten des (Bar-)Geldtransfers (Western Union, Ziraat Bank etc.) und durch die vielen Handy-Shops ein breites Angebot an internationalen Telefonkarten. Auch diverse Wettbüros, Spielhallen und Erotikläden sind am Steindamm ansässig. Der Steindamm fungiert mit seiner Angebotsstruktur als ein Ankunftsort, an dem sich transnationale Netzwerke räumlich manifestieren und auch längerfristig gepflegt und aufrechterhalten werden. Durch die Nutzung der beschriebenen Läden und Einrichtungen bestehen Gelegenheiten zum Austausch und zur Vernetzung mit anderen Geflüchteten sowie mit schon länger in Hamburg ansässigen und bereits etablierten Migrant_innen. Mit seiner sprachlichen Vielfalt und dem informellen und niedrigschwelligen Zugang trägt der Steindamm zur Informationsverbreitung und zu individuellem Informationsgewinn bei. Auch wenn unsere Interviewten den Steindamm überwiegend als Ort beschreiben, den sie meist zum Einkaufen besuchen – das berichteten uns fast alle Gesprächspartner_innen –, halten die umliegenden Straßen und der Steindamm selbst darüber hinaus weitere Angebote für Geflüchtete bereit. Als Beispiel kann hier das nahegelegene Flüchtlingszentrum genannt werden, das Beratungsangebote zu den

Themen Arbeit, Qualifizierung und Gesundheit unter einem Dach vereint. Aber auch die migrantischen Ökonomien vor Ort sind nicht nur Orte des Konsums, sondern werden ebenso zum Informationsaustausch sowie für erste berufliche Kontakte genutzt.

Obgleich der Steindamm von unseren Interviewten häufig angesteuert wird, fällt seine Bewertung interessanterweise unterschiedlich aus: Viele Befragte beschreiben den Besuch des Steindamms als eine Notwendigkeit, da sie manche Produkte und Dienstleistungen überwiegend nur dort erhalten können.

> Da sind viele Leute von verschiedenen Ländern. Und dann viele neue Leute da auch. Und die Leute manchmal ist zu verkehrt, ne? [...] Ich fahre nicht so viel dahin, aber manchmal, wenn ich gehe, muss ich dort kaufen oder muss [...] Wenn ich etwas brauche, ich muss dorthin gefahren. (Habib, Abs. 490)

An Habibs Ausführungen wird deutlich, dass er auf die Infrastruktur des Steindamms angewiesen ist. Manche Produkte erhält er nur dort, weshalb ihm lediglich die Wahl bleibt, den Steindamm zu besuchen oder auf diese Produkte zu verzichten. Auch das medizinische Angebot des Flüchtlingszentrums nimmt Habib wahr. Was er hier als „verkehrte" Leute bezeichnet, wird nicht ganz klar, lässt sich aber von der Intention her über die Ausführungen in den anderen Interviews nachzeichnen, in denen die Befragten dies stärker ausformulieren. Dabei geht es oft um den Aspekt der Sicherheit. Der Steindamm wird als unsicherer Ort empfunden, an dem betrogen und gestohlen wird. Häufige Polizeieinsätze verstärken dieses Gefühl. Die Gründe der skeptischen bis ablehnenden Haltungen gegenüber dem Steindamm ähneln dabei Teilen des mehrheitsgesellschaftlichen Diskurses um diesen Ort. Diesem zufolge wird der Steindamm bzw. dieser Teil des Stadtteils St. Georg als ein kriminalitätsbelastetes Bahnhofsviertel betrachtet. Geprägt durch migrantische respektive muslimische ‚Parallelgesellschaften' und Straßengewalt, wird dadurch das Bild eines anti-modernen Raumes konstruiert (vgl. Pott und Tsianos 2018, S. 128 ff.; Tsianos 2014a, S. 71 ff.; Tsianos 2014b, S. 55 f.).

In unseren Interviews finden sich jedoch auch positive Bezüge zum Steindamm:

> Steindamm ist so wie Multikulti, also wenn ich da bin, hört ich manchmal, also Dialekte an, also die syrischen Dialekte, die irakischen Dialekte, fühle ich mich so, nicht wie in einem fremden Land, sondern so ein Heimatgefühl ergibt sich und ich meine so, das ist nicht nur meine Meinung, sondern ich glaube, dass das die anderen auch denken, genau dasselbe wie ich. Dort begegne ich auch öfter meinen Bekannten, die Leute, die mich gerne haben, weil ich weiß dort kaufen sie immer ein, also das ist nur so, das ist eine Erinnerung an ein Heimatgefühl. (Heidi, Abs. 212)

Für Heidi ist der Steindamm ein Ort, der ihr das Gefühl nimmt, fremd zu sein. Ein Ort, von dem sie weiß, dass sie dort Bekannten begegnen kann. Sie hört die verschiedenen arabischen Dialekte und bekommt dort die Produkte, die sie aus ihrem Herkunftskontext kennt. Damit erhält der Steindamm eine zusätzliche symbolische Bedeutung. Er stellt selbst nicht nur einen wichtigen Ankunftsort und einen Ort der Transition dar, sondern verdeutlicht die bereits existierende Heterogenität der Aufnahmegesellschaft. Dies wird vor allem durch die örtliche Gastronomie symbolisiert, die ein weiterer positiver Bezugspunkt ist. Schließlich dienen die ansässigen Restaurants und Cafés als Treffpunkte und sind somit wichtige Orte der Freizeitgestaltung.

Auch wenn der Steindamm von unseren Interviewten unterschiedlich bewertet wird, sind sie alle in gewisser Weise auf ihn angewiesen. Die Kombination aus zentraler Lage, migrantischen Ökonomien und Möglichkeiten der Informationsgewinnung machen einen Besuch des Steindamms für viele Geflüchtete unverzichtbar. Der Steindamm und das umliegende Gebiet ist oftmals ein erster Anlaufpunkt im weiteren Prozess des Ankommens und fungiert damit im Sinne einer ‚Arrival City' als ein wichtiger Ankunftsort für Neuzugewanderte und Ort der Transition (vgl. Saunders 2011; Tsianos 2014b, S. 71). In der öffentlichen und städtischen Wahrnehmung hingegen, stellt er einen problembehafteten Ort dar, der umfassender stadtplanerischer und -politischer Maßnahmen bedarf, insbesondere um die ihm zugeschriebene Kriminalität einzudämmen.

7.4   Jungfernstieg

Der Jungfernstieg ist der zentrale Boulevard der Innenstadt und befindet sich am südlichen Ufer der Binnenalster. Unweit des Hamburger Rathauses ist er von diversen Geschäften und Einkaufsstraßen umgeben. Während die naheliegende Mönckebergstraße mit ihren Geschäften vom Rathaus bis zum Hauptbahnhof ein breit gefächertes Angebot bereitstellt und durch das Einkaufszentrum Europa Passage mit dem Jungfernstieg verbunden ist, zielen die direkt vom Boulevard abgehenden Straßen, insbesondere der Neue Wall, auf ein kaufkräftiges Publikum ab. Entsprechend heterogen setzt sich der Personenkreis zusammen, der sich am Jungfernstieg aufhält. Hinzu kommt, dass der Boulevard bei gutem Wetter von den umliegenden Angestellten der vielen ansässigen Büros genutzt wird; Publikum wird an diesem Ort zudem auch durch das Rathaus und die Finanzbehörde generiert, die ebenfalls in unmittelbarer Nähe liegen.

Der Jungfernstieg wurde zuletzt im Rahmen umfassender Baumaßnahmen im Jahr 2006 aufwendig umgestaltet. Die Bäume der ehemaligen Allee wurden

entfernt und die Fahrspuren der Straße, die parallel zum Ufer verlaufen, ver-
ringert. Die Kantsteine wurden abgesenkt und die Gehwege nicht nur erweitert,
sondern durch ein helles Pflaster ersetzt. Zur Promenade des Jungfernstiegs
gehört auch der Anleger der Alster-Touristik. Seine neuen Stufen und Holzbänke
laden zum Verweilen ein und sind besonders im Sommer ganztägig ein beliebter
Aufenthaltsplatz. Er wird jedoch das ganze Jahr über auch für verschiedene Veranstaltungen genutzt: Neben dem Weihnachtsmarkt und dem Alstervergnügen
zählen dazu diverse Sport- und Kulturveranstaltungen, wie der Marathon, das
Radrennen Cyclassics sowie Film- und Musikfeste. Mit der ‚Interessengemein-
schaft Jungfernstieg' und ‚Lebendiger Jungfernstieg e. V.' existieren zwei Organisationen, die sich um die Belange des Boulevards, seine Gestaltung und seine
Belebung bemühen.

Eine wichtige Funktion im Fluchtkontext, auf die bereits eingegangen wurde,
kommt am Jungfernstieg dem Apple-Store zu, der einen kostenlosen WLAN-Zugang bereitstellt und damit einer der bekanntesten Internet-Hotspots der Stadt
ist. Nicht nur während, sondern auch vor bzw. nach den Öffnungszeiten des
Apple-Stores ist zu beobachten, wie Menschen davorstehen, über das Internet
telefonieren oder anderweitig mit ihren Smartphones beschäftigt sind (siehe zur
Bedeutung eines Internetzugangs Abschn. 6.2.4).

> Die Armen haben da Internet gekriegt. Fast alle Flüchtlinge von der [Unterkunft],
> denn das war ein großes Camp, waren da. Wenn wir von der Kirche zurück kamen
> haben wir immer geguckt, wie viele von unserem Camp wohl da vorm Apple Store
> am Handy sind. (Kiana, Abs. 385)

Die Bereitschaft, auch einen weiteren Weg zu diesem Internet-Hotspot auf sich
zu nehmen, erklärt sich aus seiner zentralen Lage in der Innenstadt, sodass hier
diverse Freizeitaktivitäten unternommen werden können. Ebenso ist der Jungfernstieg nicht weit vom Hamburger Hauptbahnhof entfernt und wird von vielen
S-Bahnen, U-Bahnen und Buslinien angefahren. Insbesondere der nahegelegene
Rathausmarkt ist ein Knotenpunkt mehrerer Metrobus-Linien und des Nachtbus-
verkehrs.

Der Jungfernstieg erhält im Fluchtkontext jedoch vor allem eine symbolische Bedeutung eines öffentlichen Treffpunktes mit vielen Sitzgelegenheiten in
zentralster Lage. Auch wurde von Befragten immer wieder auf die schöne Aussicht auf die Binnenalster Bezug genommen. Die Alsterschiffe, die ihre Tou-
ren am Jungfernstieg beginnen und beenden, die Fontäne auf der Alster und die
Begrünung an den anderen Ufern der Binnenalster, machen diesen Ort zu einem
beliebten und oftmals als idyllisch wahrgenommenen Freizeitort.

Mein Lieblingsplatz ist halt an der Alster. Weil das eine schöne Aussicht hat. Und weil die Kinder immer so glücklich sind, wenn die dahingehen. Da gibt es keine bewaffneten Menschen. Es gibt hier keinen Krieg. „Wir sind glücklich. Wir wollen hier nur für immer und ewig bleiben." Und weil die das halt anders kennen. Die kleinen Kinder. Weil die sehen immer in ihrer Heimat bewaffnete Leute, immer Krieg, immer wird jemand vor denen getötet. Und das ist halt mein Lieblingsplatz, weil das komplett das Gegenteil ist. (Sadiye, Abs. 153)

Wie aus dem obigen Interviewausschnitt deutlich wird, stellt der Jungfernstieg vor allem einen starken Kontrast zu den Situationen dar, vor denen unsere Interviewten geflüchtet sind. Am durchweg positiv beschriebenen Treffpunkt, an dem man auch mal verschiedene Leute treffen kann, wird die schöne Aussicht genossen, getanzt und auch mal getrunken.

Einen starken Gegensatz dazu stellt die mediale Berichterstattung über den Jungfernstieg dar, die ihn oftmals ebenfalls mit ‚Flucht' in Verbindung bringt. Hier überwiegt ein Diskurs, der den Boulevard als einen „Brennpunkt" (Zand-Vakili 2018), ein „Problemgebiet" (Pflug 2018) oder „Angstraum" (Woldin 2018) beschreibt, in dem es immer wieder zu „Massenschlägereien" (ebd.) oder „Pöbeleien, Messerstechereien und Trinkgelagen, an lauen Abenden" (Herder) kommt. Entsprechend zeigt die Polizei mittlerweile eine hohe Präsenz am Jungfernstieg, führt regelmäßig Personenkontrollen durch und spricht Aufenthaltsverbote aus. Es wurden helle Scheinwerfer und diverse Kameras installiert. Ihre Zielgruppe hat die Polizei dabei bereits definiert: Hier konzentriert sich eine „problematische Szene [...] fast ausschließlich aus Jugendlichen und jungen Männern mit Migrationshintergrund, teilweise in der dritten Generation, und etwa 20 jungen Mädchen", so der Leiter des nahegelegenen Polizeikommissariats (zit. nach Zand-Vakili 2018). Es wird sogar ein direkter Zusammenhang mit der Unterkunft für minderjährige unbegleitete Geflüchtete am Bullerdeich hergestellt und die rückläufige Zahl an Delikten auf ihre Schließung und die generell verminderte Zahl an jungen Geflüchteten und ‚Ausländern' zurückgeführt (Woldin 2018). Auch wenn die Polizei darauf hinweist, dass Straftaten vor allem ‚untereinander' begangen werden (vgl. Zand-Vakili 2018), sei „der Ort vielen Bürgern nicht mehr recht geheuer" (Pflug 2018).

Während der Jungfernstieg unter unseren Interviewten emotional fast ausschließlich positiv besetzt ist, taucht dieser in der medialen Berichterstattung vor allem als gefährlicher Ort auf. Dieser Diskurs wird dabei immer wieder mit dem Thema (Flucht)Migration verknüpft. Er stellt einen direkten Zusammenhang mit der steigenden Fallzahl an Delikten am Jungfernstieg her und der zu diesem Zeitpunkt gestiegenen Zahl an Zuwanderer_innen. Damit befördert der Diskurs eine negative Perspektive auf städtische Aneignungsprozesse von Geflüchteten.

7.5 Zusammenfassende Diskussion

Im vorliegenden Kapitel konnten wir erste Erkundungen durchführen, wie und welche Orte für unsere Befragten in der Stadt eine persönliche Relevanz entfalten. Obwohl uns eine Vielzahl von Orten mit unterschiedlichsten individuellen Bedeutungen genannt wurde, konnten doch einige durchgängige Muster identifiziert werden. Im Themenfeld Bildung wurde deutlich, dass ein Großteil unserer Interviewten, unabhängig von ihrem Unterbringungsstandort, einen Sprach- bzw. Integrationskurs in der City Süd besuchen. So scheint es hier eine entsprechend hohe Konzentration an Sprachschulen zu geben. Die City Süd ist über die S-Bahnlinien 3 und 31 gut erreichbar und befindet sich zudem noch in der innerstädtischen Tarifzone des HVV, sodass in den meisten Fällen keine weitere Tarifzone hinzugebucht werden muss. Einen weiteren bedeutenden Ort stellt die in Abschn. 7.2 näher beschriebene Zentralbibliothek dar, da sie in zentraler Lage nicht nur Räumlichkeiten, sondern auch die nötige Infrastruktur bereitstellt, die in vielen Unterkünften fehlt.

Die Versorgung mit Lebensmitteln wird vor allem durch den Steindamm gewährleistet. Die migrantischen Ökonomien vor Ort verkaufen Produkte, die unseren Befragten bereits aus ihrem Herkunftskontext bekannt sind. Die Versorgung über Supermärkte und Discounter im eigenen Quartier wird zwar ebenso genutzt, spielt aber eine untergeordnete Rolle. Nicht vernachlässigt werden darf jedoch, dass der Steindamm über die Lebensmittelversorgung hinaus ein Ort ist, an dem sich bereits seit langem migrantisches Wissen konzentriert und an dem viele Geflüchtete für sie relevante Informationen erhalten. Zum Teil liegt dies auch daran, dass er ein Ort ist, an dem sich mittlerweile viele Träger mit ihren Angeboten für Geflüchtete angesiedelt haben.

Diverser gestaltet sich das Freizeitverhalten unserer Befragten. Hier werden vor allem öffentliche Parks und Plätze aufgesucht, die im Rahmen von Erkundungstouren entdeckt worden sind (s. Abschn. 6.2.1). Die aufgesuchten Orte unterscheiden sich dabei nicht erkennbar von denen der länger ansässigen Bevölkerung. Da hauptsächlich Orte im Freien genannt wurden, beschränkt sich die Bedeutung dieser Orte auf entsprechende Wetterverhältnisse und verdeutlicht die Problematik der beengten Wohnverhältnisse bei schlechtem Wetter.

Besonders auffällig ist, dass unsere Interviewten mit dem Steindamm (Versorgung, Informationsgewinnung) und dem Jungfernstieg (Freizeit) zwei Orte besonders häufig genannt haben, die im öffentlichen und medialen Diskurs überwiegend negativ bewertet werden; für den Jungfernstieg gilt dies nur im Hinblick auf den Zusammenhang mit ‚Migration'. Hinzu kommt, dass auch die

Umgestaltung des Boulevards mit dem Bestreben einherging, diesen zu beleben. *Wie* er belebt wird, entspricht jedoch offenbar nicht den Vorstellungen dieses Diskurses.

Viele relevante Orte lassen sich nur zentral in der Stadt finden, insbesondere die Unterkünfte in Randlagen der Stadt verfügen nicht über die Infrastruktur, die ein Ankommen begünstigen. Einzige Ausnahme bilden die bereits durch Migration geprägten Stadtteile. Aus diesem Grund müssen die Standorte der Unterkünfte für Geflüchtete dringend an das Zentrum der Stadt angeschlossen werden, um lange Wartezeiten und häufiges Umsteigen zu minimieren. Des Weiteren sind mehr Freizeitmöglichkeiten vor Ort erforderlich, die einen niedrigschwelligen (finanziellen) Zugang bieten und auch bei schlechtem Wetter Aufenthaltsmöglichkeiten gewährleisten. Denn sonst, so schildern es unsere Befragten, bleibt nicht viel anderes übrig, als in den beengten Verhältnissen des eigenen Raumes auf besseres Wetter, die nächste Arbeitsgelegenheit oder den Sprach- bzw. Integrationskurs zu warten (zu den Auswirkungen des Wartens s. Abschn. 6.2.5).

Besonders konfliktträchtig erweist sich die negativ geprägte mediale und öffentliche Perspektive auf räumliche Aneignungsprozesse geflüchteter Menschen, die dazu führt, dass Orte, an denen sich geflüchtete Menschen aufhalten, schnell mit Gefahr bzw. einem Angstraum assoziiert werden. Der Ruf nach Maßnahmen, die das subjektive Sicherheitsgefühl der Mehrheitsgesellschaft steigern und nicht nur Geflüchtete, sondern generell Menschen mit einem *Migrationshintergrund* zum Ziel haben, ist dann meist nicht mehr fern.

Die Aneignung von Orten am *Fluchtort Stadt* speist sich zusammenfassend aus unterschiedlichen Dynamiken: Relevante Orte entwickeln eigene Funktionen und Bedeutungen, die nicht im Vorfeld festgelegt oder vorhergesagt werden können. Zwar spielt die jeweilige Infrastruktur eine Rolle, sie steht aber auch im Zusammenhang mit der individuellen Nachfrage der Einzelnen. Festzuhalten ist: Sobald ein Ort tatsächlich genutzt wird, kommt ihm automatisch eine Funktion im Alltag und damit auch im Prozess des Ankommens zu. Will man die Akteurslandschaft am Fluchtort Stadt also entsprechend der *relevanten Akteure* rekonstruieren, müsste diese um solche Orte ergänzt werden, die institutionell weniger von Bedeutung sind, dafür aber einen hohen Gebrauchswert für die Geflüchteten haben. Die vielen Unternehmen am Steindamm, der Apple Store und die Zentralbibliothek sind beispielsweise Orte, welche die Landschaft am Fluchtort Stadt prägen. Als Orte des Konsums (Einkauf) ist die materielle Dimension hier von Bedeutung, für den Informationsgewinn die Ebene der Interaktion und schließlich, gerade im Bereich der Freizeitgestaltung, ist die symbolische Dimension wichtig. Einzig die Ebene der Institutionen rückt aus dieser Perspektive in den Hintergrund. Dies ist interessant, weil Institutionen im politischen Kontext im Vordergrund stehen, und sich der *Fluchtort Stadt* hauptsächlich über die institutionelle Landschaft am *Fluchtort Stadt* manifestiert. Ratsam wäre es für zukünftige stadt- und flüchtlingspolitische Maßnahmen, die Potenziale der Orte zu berücksichtigen, die für Geflüchtete von Bedeutung sind, und diese als Ausgangspunkte zu nutzen bzw. in weitere Planungsprozesse einzubeziehen.

Schlusskapitel: Zusammenfassung der Ergebnisse

8

Mit den dargelegten Analysen zum *Fluchtort Stadt* wurde detailliert rekonstruiert, wie verschiedene Lebenslagendimensionen und Praktiken der (Orts-)Aneignung von Geflüchteten ineinandergreifen und wie diese den *Fluchtort Stadt* prägen. Diesen Fragen haben wir uns aus raum- und bildungstheoretischen Perspektiven angenähert.

Hamburg ist seit jeher ein ‚Ort der Integration'. Auch Geflüchtete nutzen das gesamte städtische Gefüge, um ihren Alltag und ihr Leben zu organisieren. Die tatsächliche Gestalt des ‚Integrationsortes' ist dabei so differenziert und individuell wie die Lebenslagen des oder der Einzelnen. Somit gibt es keine idealtypischen Aneignungspraktiken, wie es auch keine idealtypischen Lebensverläufe gibt. Ähnliches gilt für die von uns fokussierten städtischen Funktionsbereiche Unterbringung/Wohnen, Arbeit, Bildung und Gesundheit, die ebenfalls nicht einheitlich strukturiert sind. Wie gezeigt wurde, gibt es vielfältige Faktoren, die Zugänge zu den damit in Verbindung stehenden existenziellen ‚Funktionsorten' ermöglichen, vereinfachen oder erschweren können. Auch die konkreten Aneignungspraktiken sind sowohl von bestimmten äußeren als auch individuellen Bedingungen beeinflusst und entfalten sich in unterschiedlichen Formationen.

Als grundlegende Problematik erweist sich im Fluchtkontext die Tatsache, dass Integration in der Regel als linearer Prozess – mit einem Anfangs- und Endpunkt – gedacht und konzipiert wird, in dem verschiedene Zugänge und unterschiedliche Stationen aufeinander aufbauen: Exemplarisch ist es im Bereich Wohnen der institutionell vorgesehene Weg von der Erstaufnahmeeinrichtung über die Folgeunterkunft in den eigenen Wohnraum; im Bereich Arbeit sollen angebotene Sprach- und Integrationskurse und ggf. berufliche Qualifizierungsmaßnahmen schließlich den Zugang zum Arbeitsmarkt ermöglichen. Obgleich dieser ‚Weg' zunächst logisch und folgerichtig erscheint, zeigen die Erfahrungen

© Springer Fachmedien Wiesbaden GmbH, ein Teil von Springer Nature 2019
M. Arouna et al., *Fluchtort Stadt,* https://doi.org/10.1007/978-3-658-26871-8_8

der Geflüchteten, dass sich die Zugänge weder so geradlinig und bruchlos realisieren lassen, noch werden sie dem Lebensverlauf oder den Fähigkeiten des oder der Einzelnen gerecht. Es stellt sich somit die Frage, *wie ‚förderlich' und ‚nachhaltig' eine so konzipierte ‚Integration' ist? Und wo – oder warum – sie doch Lücken aufweist und Fallstricke mit sich bringt?* Eine solche letztendlich flüchtlingspolitische Reflexion erachten wir als unentbehrlich, denn obgleich es immer wieder von unterschiedlichen Seiten heftige Kritik an der Ausrichtung der Flüchtlingspolitik gibt, können erst wissenschaftlich am Einzelfall verdichtete, qualitative Erhebungen solche ‚Lücken' im Regel- und Parallelsystem – und auch die entsprechenden Bedarfe – erfassen und systematisieren. Um zur Beantwortung der Frage bei den Erfahrungen der Geflüchteten selbst anzusetzen, werden die von uns rekonstruierten Aneignungspraktiken im Folgenden zusammenfassend diskutiert und abschließend jene Struktur- und Wirkungsmomente herausgearbeitet, die die Stadt zu einem *Fluchtort* machen. Wie also sind die ermöglichenden und verhindernden Zugänge einzuordnen? Und welche Konsequenzen hat dies für die theoretische und empirische Erschließung einer durch Zuwanderung geprägten Stadt und ihrer künftigen Entwicklung? Nach der knappen Zusammenfassung von grundlegenden Antinomien am *Fluchtort Stadt* als einem ersten zentralen Ergebnis der Studie (s. im Folgenden Abschn. 8.1), orientiert sich der Aufbau der weiteren Abschnitte an der Struktur des vorliegenden Bandes.

8.1   Widersprüchlichkeiten am *Fluchtort Stadt*

Ein erstes zentrales Ergebnis unserer Untersuchungen ist die Identifizierung von grundlegenden Widersprüchlichkeiten, durch die Lebenslagen am *Fluchtort Stadt* bisweilen geprägt sind: Obgleich solche Widersprüche oder Paradoxien unterschiedlicher Natur sein können, ist ihnen gemeinsam, dass sie den Zugang zu Regelsystemen umfassend beschränken und sich deshalb gravierend auf die Lebenslagen der Einzelnen auswirken. Das Ineinandergreifen der verschiedenen Dimensionen der Lebenslagen kann sich ‚integrationsfördernd' auswirken, es kann aber auch Integrationsbemühungen geradezu verwehren. Ein Beispiel dafür ist der im Folgenden beschriebene Zusammenhang von Arbeit und Aufenthaltsstatus sowie das anschließend skizzierte Beispiel einer zugleich ‚gelungenen' und ‚verhinderten Integration'.

Bei einigen befragten Geflüchteten zeigte sich eine gegenseitige Bedingung einer unsicheren Bleibeperspektive – beispielsweise im Rahmen einer Duldung – und prekärer Jobverhältnisse. Obgleich der nachfolgend beschriebene Zusammenhang von Arbeit und aufenthaltsrechtlichen Kontexten nicht grundsätzlich als kausal anzusehen ist, ergibt sich mitunter dann ein Teufelskreis, wenn Betroffene ohne das eine, aus anderem nicht herauskommen. Der mittlerweile gesetzlich deutlich früher gewährte Arbeitsmarktzugang kann Verstrickungen zwischen der Bleibe- und Beschäftigungsperspektive und den Jobverhältnissen zwar verhindern, für die Geflüchteten aber trotzdem eine Problematik im Alltag darstellen. Die Chance auf einen dauerhaften/sicheren Aufenthalt ist wesentlich höher, wenn eine Familie für den Lebensunterhalt selbst aufkommt und nicht auf Sozialleistungen angewiesen ist. Doch ist die Aussicht auf eine Arbeitsstelle mit einer möglicherweise nur kurzfristig erteilten Duldung gering, wenn nicht unmöglich. Pointiert zusammengefasst ist man also für einen gesicherten Aufenthalt auf eine (sichere) Arbeitsstelle angewiesen, die wiederum von einem sicheren Aufenthalt abhängt.

Andere Befragte, deren Ankunftsprozess mithin als ‚Musterbeispiel gelungener Integration' gelten kann, haben es mit einem Höchstmaß an Eigeninitiative geschafft, passende Sprachkurse sowie eine Arbeits- und/oder eine Ausbildungsstelle zu finden. Und doch verzweifeln sie trotz dieser Erfolge an den Barrieren auf dem Wohnungsmarkt und dem damit einhergehenden unfreiwilligen Leben in der öffentlich-rechtlichen Unterbringung. Konstitutiv für diese Lebenslage ist eine Verknüpfung der Anerkennung als Flüchtling, die aufenthaltsrechtlich eine sichere Perspektive bietet, mit einer äußerst prekären und als temporär anzusehenden Wohnsituation: Hier bleiben ‚gelingende' und ‚nicht gelingende Integration' unauflösbar miteinander verschränkt, ohne dass die Akteur_innen aus eigener Kraft daran Grundlegendes ändern könnten. Der allseits formulierten normativen Forderung nach ‚gelungener Integration' bleibt dieser Widerspruch also inhärent, da wesentliche Zugänge doch verwehrt bleiben (können).

Diese Beispiele verdeutlichen, inwiefern zwar einerseits Zugänge erleichtert wurden, indem es Geflüchteten ‚mit guter Bleibeperspektive' rechtlich bereits nach kürzerer Zeit möglich ist, an Deutsch- und Integrationskursen teilzunehmen, und ihnen de jure auch Zugänge zum Arbeits- und Wohnungsmarkt eröffnet werden. Gleichzeitig können bestehende Zugangsbarrieren de facto aber auch mit größten Bemühungen nicht überwunden werden: Eine Arbeitsstelle wird nicht gefunden oder man ist aufgrund des ohnehin überlasteten Wohnungsmarktes jahrelang auf ein Leben in Unterkünften angewiesen. Wie lassen sich diese Widersprüchlichkeiten theoretisch einordnen und welche Schlussfolgerungen ergeben sich daraus für eine Theoretisierung des *Fluchtortes Stadt?*

8.2   Der *Fluchtort Stadt:* zum Verhältnis von Räumlichkeit und Landschaft

Ein zweites wichtiges Ergebnis sehen wir in der Identifizierung einer doppelten Struktur der Verräumlichung von Aneignungspraktiken am *Fluchtort Stadt,* die zugleich reziproke Wirkungen entfaltet. Das Integrationsparadigma beeinflusst und prägt zum einen den *Fluchtort Stadt* in räumlicher Dimension maßgeblich; zum anderen eignen sich Geflüchtete die Stadt und ihre Lebensräume selbst auf jeweils besondere Weise an. Mit der Verräumlichung von Aneignungspraktiken werden also Orte und Grenzen der Integration sichtbar, die sich zwar auf ganz unterschiedliche Art und Weise und in den verschiedensten Kontexten zeigen, aber doch gemeinsam konstitutiv für die räumliche Morphologie des *Fluchtortes Stadt* sind. In der empirischen Analyse räumlicher Aneignungspraktiken haben wir unseren Blick auf die Entstehung und Bedeutung von spezifischen Landschaften gerichtet, die den *Fluchtort Stadt* als solchen markieren. Dafür lohnt es sich, an dieser Stelle die im Anschluss an Dieter Läpple beschriebenen verschiedenen Ebenen des gesellschaftlichen Raumes aufzugreifen und diese mit dem Landschaftsbegriff von Detlef Ipsen bzw. den ‚landschaftsgestaltenden Kräften' zusammenzuführen: Materiell-physische Artefakte, soziale Interaktionen, institutionelle Regulationen und schließlich ästhetisch-symbolische Repräsentationen erzeugen gemeinsam spezifische Landschaften, die für den Fluchtkontext konstitutiv sind. Mit dem Landschaftsbegriff lassen sich spezifische Flucträume in ihrer Struktur, ihrer Funktion und Bedeutung sowie ihrer Dynamik erfassen und im Kontext jeweiliger räumlicher Aneignungspraktiken interpretieren. Denn die Landschaft bezieht sich sowohl auf die Materialität des Raumes, als auch auf die soziale Konstruktion und damit die individuelle und gesellschaftliche Bedeutung des Raumes als Landschaft und schließt entsprechend die verschiedenen Ebenen ein. Die Analyse gesellschaftlicher Räume als Landschaften geht insofern über die Beschreibung der genannten räumlichen Ebenen hinaus, als der Landschaftsbegriff die gelebte Bedeutung des Raumes und seine (unterschiedlichen) Funktionen aufgreift. So können die komplexen Dimensionen von Fluchträumen unter Einbezug der räumlichen Ebenen im Hinblick auf spezifische Landschaftstypen konkretisiert und gleichermaßen die damit in Verbindung stehenden Aneignungspraktiken rekonstruiert werden. Eine erste Annäherung bietet die nachfolgende Übersicht (Tab. 8.1):

Tab. 8.1 Morphologie des Fluchtortes Stadt als ‚Landschaft'

Ebene	Landschaftstyp	Raumbezogene Integrationspraktiken der Systeme	Raumbezogene Aneignungspraktiken der Geflüchteten
Institutionelle Regulationen	Institutionenlandschaft	Ressortspezifische Versäulung versus Verknüpfung der fluchtspezifischen Teilsysteme	Qualitäten des Unterbringungsortes beeinflussen Zugänge zu Bildung, Arbeit und Gesundheit
Soziale Interaktionen	Akteurslandschaft	Engagement und Protest	Unterkunft wird kaum verlassen versus Mobilität im gesamten Stadtgebiet
Materielles Substrat	Unterbringungslandschaft	Physische Beschaffenheit von Unterkünften bzw. Wohnungen und ihre Umgebung	Kreatives Einrichten versus Verweigerung der Aneignung
Symbolische Repräsentationen	Symbollandschaft	Containerdorf als *das* räumliche Symbol des Fluchtortes Stadt	Markierung städtischer Orte als Flucht- oder Zuwanderungsorte anhand spezifischer Symbole

(Quelle: eigene Darstellung)

Die in der Tabelle genannten Landschaften wurden in den vorherigen Kapiteln ausführlich beschrieben bzw. hergeleitet. Zwar lag – entsprechend der Ausrichtung des jeweiligen Kapitels – der Fokus mal auf der Akteurs- und Institutionenlandschaft (s. Kap. 3), mal auf der Unterbringungslandschaft (s. Kap. 4), doch finden sich immer auch Verweise und Querverbindungen zu den anderen Landschaften. Exemplarisch genannt sei hier die Materialisierung relevanter Institutionen (s. Abschn. 3.5.1) – wie die Ausländerbehörde als konkreter Ort – oder die Unterbringungsunterkünfte mit ihrer temporären und separierenden Symbolhaftigkeit (s. insbes. Abschn. 5.4). Ähnlich weisen die beschriebenen Lebenslagen und Aneignungspraktiken Bezüge zu allen Landschaftstypen auf.

Wenn die den *Fluchtort Stadt* prägenden Landschaften nur gesondert betrachtet werden, bleibt die Relevanz ihrer Überlagerung für Integrationsprozesse unterbelichtet. Denn die unterschiedlichen Dimensionen von gesellschaftlichen Räumen finden sich, wie die Beispiele gezeigt haben, zum Teil überlagert in einzelnen Landschaften wieder, obgleich, wie in der Tabelle dargestellt, eine Ebene jeweils einen Landschaftstyp dominiert. Bevor die einzelnen Landschaftstypen zusammenfassend beschrieben werden, stellt sich allerdings die Frage, welche Kräfte und Dynamiken es sind, unter deren Einwirkung die einzelnen Landschaften entstehen? Eingangs haben wir bereits beispielhafte Widersprüchlichkeiten genannt, die den Prozess des Ankommens oder der ‚Integration' erheblich erschweren (können). Ergänzend dazu fällt an den Ergebnissen der Fallanalysen sowie der Struktur der Institutionen- und Akteurs- oder Unterbringungslandschaft auf, dass es im Wesentlichen antinomische Dynamiken sind, welche die fluchtspezifischen Landschaften in der Stadt hervorbringen: So sind die Landschaften am *Fluchtort Stadt* – hier in Kürze zusammengefasst – mal *temporär,* mal *verstetigt* strukturiert, sie sind in ihren Handlungskonzepten *präventiv* und dann wieder *reaktiv* ausgerichtet, sie sind in Parallelsysteme *separiert* oder in Regelsystemen *integrativ* gestaltet, zur Unterbringung von Geflüchteten wurden vorhandene Gebäude *umgebaut,* es wurden neue Unterkünfte *gebaut* und es erfolgt gegenwärtig ein massiver *Rückbau* (ohne dass sicher davon ausgegangen werden kann, dass diese Unterkünfte nicht bald wieder benötigt werden).

8.3   Institutionelle Struktur und Akteurslandschaften am *Fluchtort Stadt*

Charakteristisch für das Feld der *Akteurslandschaften* sind ihre unterschiedlichen Ebenen, da sich die Akteurslandschaften nicht nur aus den institutionellen Settings und sozialen Interaktionen konstituieren, sondern auch durch symbolische Repräsentationen und die Ebene des materiellen Substrats der Unterbringungslandschaft. Die oben beschriebene Überlagerung der unterschiedlichen Ebenen (s. Abschn. 8.2) tritt bei den Akteurslandschaften besonders deutlich in Erscheinung. Demzufolge gibt es innerhalb der Akteurslandschaften auf den gesamten Ebenen verschiedene Handlungssphären im Bereich der Institutionen, zwischen unterschiedlichen Gruppen von Akteur_innen, im (übergeordneten) Repräsentationssystem sowie im Unterbringungskontext. Die Akteurslandschaften sind also von vielfältigen Dynamiken geprägt und von diversen Akteur_innen, die in den unterschiedlichen Handlungsfeldern agieren.

Die *Institutionenlandschaft* lässt sich durch gegenläufige Tendenzen der ressortspezifischen Versäulung und ressortübergreifenden Verknüpfung von Strukturen und Handlungsprozessen charakterisieren. Obgleich in Hamburg politisch weitestgehend Einigkeit darüber besteht, dass es einer Integration der Geflüchteten in die Regelsysteme bedürfe, gibt es doch eine Vielzahl von Maßnahmen oder ‚Subsystemen' *im* oder am Rande des Regelsystems, die den Zugang zum Regelsystem ermöglichen, erleichtern oder verbessern sollen.

Musste man im Jahr 2003 in Bezug auf die Bildungssituation Geflüchteter noch vom „Lernen am Rande der Gesellschaft" sprechen (vgl. Neumann et al. 2003), so befindet sich die Institutionenlandschaft des *Fluchtortes Stadt* heute eher am Rande des Regelsystems. Allerdings droht eine Verfestigung fluchtspezifischer Versäulungen eine tatsächliche Öffnung des Regelsystems zu unterlaufen.

Die Akteurslandschaft im Bereich der *sozialen Interaktionen* ist von Engagement und Protest gekennzeichnet. Sowohl das Engagement als auch der Protest definieren sich über die Kategorie ‚Flucht'. Durch den Rekurs auf die Kategorie ‚Flucht' bleibt der Blick auf die Gesellschaft als Ganzes zum Teil verborgen. So kommt es zu

- einer ‚Konkurrenz der Marginalisierten' um Ressourcen, beispielsweise um Wohnraum: Sowohl politische als auch zivilgesellschaftliche Akteur_innen müssen, um dieser entgegenzuwirken, die unterschiedlichen, als benachteiligt anzusehenden Zielgruppen im Blick behalten;
- einem oftmals hierarchischen bzw. paternalistischen Verhältnis zwischen ‚Gebenden' und ‚Nehmenden', sodass Geflüchtete nicht als eigenständige, handlungsfähige Akteur_innen wahrgenommen und unterstützt werden, sondern ihnen auf (bevormundende) Weise Hilfe geboten (oder verwehrt) wird;
- erstarkenden Protestakteur_innen, die in breiteren populistischen Strömungen Anschluss finden und ein oftmals ethnisch-nationalstaatlich definiertes Gesellschaftsbild vertreten, das alles als ‚fremd' und ‚anders' Markierte als nicht zugehörig ausgrenzen will.

Im Feld der sozialen Interaktionen spiegeln sich gesellschaftliche Verhältnisse, die letztendlich auch auf institutioneller Ebene stetig reproduziert werden. Die Betonung des Merkmals ‚Flucht' erzeugt Effekte, die ihrerseits separierend wirken. Prominente Repräsentationsorte der Flüchtlingspolitik sind in Hamburg, wie mehrfach dargelegt, der ZKF und das W.I.R. Beides sind ‚fluchtspezifische Institutionen', deren maßgeblich strukturierendes Moment das Merkmal ‚Flucht' ist. An diesem Beispiel zeigt sich exemplarisch, inwiefern die Ausgestaltung der Akteurslandschaft in ein übergeordnetes – fluchtspezifisches – Repräsentationssystem eingegliedert ist. Im übertragenen Sinne findet sich hier der Container als *das* räumlich-territoriale Symbol des Asyls als ein in sich geschlossenes, visuell und auch die Diskurse prägendes Phänomen. Das gleichsam konstitutive Merkmal des Containers ist die lebensweltliche Separation: Im Unterbringungskontext von seinem Umfeld getrennt, ist es kein üblicher Wohnort, vielmehr steht er fremdartig, inselhaft und isoliert in der Landschaft. Ein Container kann sich nicht ‚harmonisch' in eine Stadtlandschaft einfügen – nur in einer Container-Landschaft würde er nicht auffallen. So steht der Container als *das Symbol* für ‚Flucht' und den *Fluchtort Stadt* schlechthin. Gesellschaftliche Teilhabe ist unter solchen Bedingungen nur eingeschränkt möglich, da sie immer an ‚Flucht' gekoppelt bleibt und ihren Ausgangspunkt in ihrer gerade beschriebenen lebensweltlichen Separation hat.

8.4   Unterbringungslandschaften am *Fluchtort Stadt*

In den Unterbringungslandschaften konkretisiert sich in erster Linie die materielle Ebene des *Fluchtortes Stadt*. Container sind hier nicht allein symbolisch, sondern der materialisierte Ausdruck des Fluchtortes Hamburg. In der Unterbringungslandschaft ist der *Fluchtort Stadt* demzufolge am sichtbarsten. Diese neuen Formen der Behausung verändern den *Fluchtort Stadt* am auffallendsten und erzeugen deshalb den vehementesten Protest. Trotzdem wird in den politischen Diskursen die vorübergehende Präsenz des Containers hervorgehoben und betont, dass sich diese auch kurzfristig wieder entfernen ließen, dass sie die Stadt also *nicht wirklich* verändern. Containerdörfer würden gebaut für den Rückbau. Bewohner_innen und umliegenden Anwohner_innen wird suggeriert, dass dies lediglich eine temporäre Form der Unterbringung und des Wohnens sei. Dass sich diese Phase aber über Jahre hinziehen kann – was durchaus auch schon in der Vergangenheit der Fall war – macht die Sache äußerst komplex und schwierig insbesondere für diejenigen, die sich als Betroffene innerhalb solcher Provisorien mehr oder weniger auf Dauer einrichten und arrangieren müssen. Fluchtspezifisch ist die gesetzlich festgeschriebene Unterscheidung von Unterbringung und Wohnen, die unter anderem planerische Spielräume, niedrigschwellige Umsetzung von Bauvorhaben und die Herabsetzung der Kriterien für ‚Zumutbarkeit' von Wohnbedingungen ermöglicht (beispielsweise Gemeinschaftsbäder, Gruppenbelegung etc.), eben weil die Unterbringung nur temporär ist. Gleichzeitig werden dadurch aber die Bedingungen geschaffen, unter denen Geflüchtete – entsprechend der Integrationsvorstellungen – in ihrem Ankommensprozess gefördert werden sollen. Die Möglichkeit des *Wohnens* aber, als einem elementaren Grundbedürfnis über die Phase des Ankommens hinaus, bleibt ihnen vorenthalten oder durch Bedingungen des Arbeits- und Wohnungsmarktes erschwert.

Die separierende Unterbringungslandschaft soll Integration in ein Quartier und die Nachbarschaft, und darüber auch Teilhabe an der Gesellschaft ermöglichen. Einerseits wird von Geflüchteten erwartet, sich darauf einzustellen, gerade *nicht* über einen längeren Zeitraum an diesem Nicht-Wohn-Ort zu verweilen, andererseits sollen sie sich um Kontakte und Bindungen im Umfeld bemühen, da diese sozialen Beziehungen und Netzwerke außerhalb der Einrichtung den Integrationsprozess erleichtern könnten. Angesichts dieser Ausgangslage wäre es aus Sicht der Geflüchteten langfristig sinnvoller, sich gerade *nicht* auf die Strukturen im Quartier vor Ort zu verlassen, sondern die *gesamte Stadt* zu nutzen. Tatsächlich tun das auch viele, zumindest diejenigen, die in der Lage sind und die Motivation haben, sich die (gesamte) Stadt zu erschließen. Andere hingegen laufen Gefahr, sich im Mikrokosmos der Einrichtung zu verbarrikadieren. Denn ein aus Sicht der Politik, der Betreiber und der Subjekte angestrebter Auszug aus der Unterkunft, im Idealfall in eine Wohnung, würde in den meisten Fällen auch eine neue Wohnumgebung und damit ein verändertes Umfeld mit sich bringen, das man sich erneut aneignen muss. Gleichwohl sind es aber gerade die sozialen Kontakte außerhalb der Einrichtungen (Ehrenamtliche, Nachbarschaft etc.), die Zugänge zu existenziell wichtigen Handlungssphären unterstützen (können). Die Unterbringungslandschaft offenbart aus der Perspektive der Geflüchteten einerseits, dass man trotzdem wohnt, es sich irgendwie ‚wohnlich‘ gestaltet. Doch verdeutlichen die Wohnpraktiken der Geflüchteten andererseits, dass sie die charakteristischen Orte der Unterbringung am *Fluchtort Stadt* nicht als reguläre Wohnorte wahrnehmen, auch wenn manche versuchen, sich diese mit den ihnen zur Verfügung stehenden Mitteln möglichst wohnlich zu gestalten.

8.5 Wohnpraktiken am *Fluchtort Stadt*

Die Wohnpraktiken der Geflüchteten bieten Einblicke in den räumlichen Alltag an Nicht-Wohnorten. Das Innere der für den *Fluchtort Stadt* charakteristischen Unterkünfte ist durch typische Merkmale von Fluchtorten gekennzeichnet. Der materialisierte *Fluchtort Stadt* steckt hier die äußeren Bedingungen, den Rahmen ab, in dem die Geflüchteten agieren können. Er legt fest, welche Aneignungsmöglichkeiten ihnen – in erster Linie räumlich – zur Verfügung stehen. Auch wenn Aneignung hier eher begrenzt und fremdbestimmt stattfindet, offenbaren die Praktiken der Geflüchteten im Inneren der Unterkünfte, wie sie versuchen, bestehende Einschränkungen zu überwinden: Bereitgestellte Möbel werden z. B. umfunktioniert, angepasst oder entsprechend eigenen Bedürfnissen und Wünschen ersetzt. So entstehen auf engstem Raum nichteinsehbare ‚Nischen‘, die ein wenig Privatsphäre ermöglichen. Teilweise wurden die karg ausgestatteten Räume aufwendig dekoriert und mit diesen Symbolen Zeichen einer privaten Aneignung gesetzt. In anders gelagerten Fällen kann hingegen kaum von Wohnpraktiken gesprochen werden: Der Unterbringungsort bleibt als funktional konzipiertes Obdach belassen. Typische Merkmale der (Not-)Unterkunft treten besonders deutlich hervor, wenn in beengten Verhältnissen Mehrfachbelegungen stattfinden und andere Funktionsräume wie Küche und Bad nur über den öffentlichen Raum zugänglich sind bzw. als Gemeinschaftsräume allen zugänglich sind. Der ‚Wohnraum' an sich ist nicht mehr als ein multifunktionales Zimmer für (in der Regel) zwei Personen, ausgestattet mit zwei Betten, einem Tisch, zwei Stühlen, Spind und Kühlschrank. Unter solchen Bedingungen verweigern einige Geflüchtete das Wohnen, indem sie ihre Wohnpraxis weitgehend auf das Schlafen und Hygiene reduzieren und andere Wohnfunktionen wie das Essen oder Treffen von Freunden und Bekannten möglichst in die Stadt externalisieren.

8.6   Lebenslagen am *Fluchtort Stadt*

Verschiedene Dimensionen der Lebenslagen von Geflüchteten erzeugen spezifische Bilder des *Fluchtortes Stadt*. Diese veranschaulichen, inwiefern dem sozialen Handeln und damit auch den Möglichkeitsräumen der Geflüchteten durch das übergeordnete Regulationssystem kontinuierlich (neue) Grenzen gesetzt werden. Anders als die gerade beschriebenen mikroräumlichen Prozesse und Aneignungspraktiken im Inneren der Unterkünfte, liegen nun die mesoräumlichen Strukturen und Prozesse im Fokus, in denen Geflüchtete als Akteur_innen handeln.

Erstens bestehen verschiedene Speziallandschaften am *Fluchtort Stadt,* die zwar Teil der gesamten Stadt sind, aber doch als separierte Systeme fungieren. *Zweitens* liegen in der Lebenslage Flucht neue/weitere Hürden, welche die Bewältigung des Alltags und damit auch Zugänge zu unterschiedlichen Lebensbereichen oftmals erschweren. Zunächst erweist sich die existenzielle aufenthaltsrechtliche Sicherheit als Voraussetzung, um überhaupt eine Perspektive in Deutschland zu entwickeln. Von größter Relevanz sind weiterhin der Zugang zum Wohnungs- und Arbeitsmarkt. Fehlt nur einer dieser Aspekte, ist die Lebenslage auf gravierende Art und Weise vom *Warten* bestimmt. Das Warten wurde durchweg als äußerst belastend beschrieben. Es ist – aus Sicht der Geflüchteten – charakteristisch für den *Fluchtort Stadt* und dominiert die unterschiedlichen Ebenen: Am materialisierten *Fluchtort Stadt* ist es das Warten auf angemessenen Wohnraum. Auf der Ebene der Interaktionen sind es die begrenzten individuellen Handlungsspielräume oder Möglichkeiten, überhaupt selbst aktiv werden zu können. Man wartet nicht nur auf den Wohnraum – als Beispiel für den materialisierten *Fluchtort Stadt* –, sondern auch darauf, einen Sprachkurs besuchen zu dürfen, einen Ausbildungsplatz antreten zu können oder eine Arbeit aufzunehmen. Das Warten durchzieht die institutionelle und materielle Landschaft gleichermaßen, insofern auf freie Plätze in den unterschiedlichen Kontexten gewartet wird. Auch das Aufsuchen der Institutionen selbst ist insbesondere in aufenthaltsrechtlichen Belangen oft mit erheblichen Wartezeiten verknüpft. Daran anschließend ist gerade im Kontext des Themas Aufenthalt die Macht des (aufenthaltsrechtlichen) übergeordneten Regulationssystems besonders spürbar und entscheidet maßgeblich über (Nicht-) Zugänge zu verschiedenen gesellschaftlichen Bereichen und den von uns fokussierten Lebenslagendimensionen. Wie gravierend das Warten in nur einem der genannten sozialen Handlungsfelder sein kann, wurde anhand der Lebenslagenanalyse der Geflüchteten gezeigt (s. Kap. 6). Dabei beschränkt sich das Warten, wie gerade skizziert, oftmals nicht auf die eine Dimension, sondern ist gleichsam vom Wohnen in der Unterkunft, der Suche nach einem Arbeitsplatz, aufenthaltsrechtlichen Unsicherheiten und möglicherweise auch dem Warten auf Angehörige im Zuge des Familiennachzugs geprägt.

‚Fluchtfolgebedingungen‘ zeigen sich hier de facto als ein deutlich begrenztes und begrenzendes System. Dementsprechend zeichnet sich auch die Symbollandschaft am *Fluchtort Stadt* durch ihre ‚fluchtspezifischen Grenzen‘ aus. Diese verweisen im übertragenen Sinne wiederum auf die Abgeschlossenheit des (fluchtspezifischen) Containers. Für die Geflüchteten selbst droht diese Begrenztheit mitunter in eine empfundene Ausweglosigkeit, in Frustration und Perspektivlosigkeit umzuschlagen. Verhinderte Teilhabe wird dann zu einem potenziellen Risikofaktor, der sich gerade an Unterbringungsstandorten verdichtet, da die Bedingungen der Unterbringung einerseits konkrete Auslöser der Unzufriedenheit darstellen können und andererseits hier besonders viele Menschen aufeinandertreffen, bzw. auf engstem Raum zusammen untergebracht sind, die auf vergleichbare Weise von Perspektivlosigkeit, Frustration und Ausweglosigkeit betroffen sind.

Unsere Befunde zum *Fluchtort Stadt* belegen, dass das Wohnen derzeit die *bestimmende Dimension der Lebenslage* ist. Gründe hierfür sind

- flüchtlingspolitische Entwicklungen der letzten drei Jahrzehnte, die Verschränkungen und gegenseitige Beeinflussung der Dimensionen Wohnen, Bildung, Arbeit und Gesundheit nicht hinreichend berücksichtigt haben,
- das dreiphasige Unterbringungs- und Wohnmodell der Stadt Hamburg und
- die Tatsache, dass die Aneignungspraktiken der Stadt durch Geflüchtete von ihren Wohn- bzw. Unterbringungsorten vorstrukturiert sind.

Diese drei Wirkungskonstellationen können wie folgt erläutert werden:

Die flüchtlingspolitischen Entwicklungen: In den letzten drei Jahrzehnten ist durch politisches Handeln die Zugänglichkeit zu Bildung, Ausbildung und Arbeit deutlich erhöht worden. Insbesondere in den Bereichen der Beschulung, aber auch in den Feldern beruflicher Ausbildung und Arbeit sind viele rechtliche und organisatorische Barrieren abgebaut worden, die Geflüchteten den Zugang in den Jahren zuvor noch erschwert haben. Im Gegensatz dazu blieb der Zugang zum Wohnen und die Strukturierung der Unterbringungspolitik erstens stark institutionell reguliert und damit entsprechend bürokratisch; die Praxis der Umverteilung und die nach wie vor geltende Residenzpflicht werden ebenfalls auf unterschiedlichen politischen Ebenen stark und wechselnd gesteuert und sind damit massiv fremdbestimmend. Nicht zuletzt beeinträchtigt ein Wohnungsmarkt mit erhöhter Nachfrage die Chancen von Geflüchteten auf einen Zugang zu regulärem Wohnraum: Während Arbeitskräfte zum Teil dringend gesucht werden, können Vermieter zwischen einer Vielzahl von Mietinteressenten auswählen – je prekärer die Lebenslage ist, desto schwieriger dürfte es also sein, sich gegenüber den anderen Mietinteressent_innen zu behaupten. Weiterhin geht mit der neuen flüchtlingspolitischen Kategorie der ‚Bleibeperspektive‘ ein Selektionsprinzip einher, das Geflüchteten *ohne Bleibeperspektive* den Zugang zum eigenen Wohnraum zusätzlich erschwert und in der Regel noch nicht einmal das Verlassen einer Erstaufnahme-Einrichtung ermöglicht. Wenn Zugänge in einigen Lebensbereichen erleichtert werden, gleichzeitig in anderen aber erschwert sind, bedeutet dies angesichts des Ineinandergreifens der verschiedenen Lebenslagendimensionen, dass die Situation vieler Geflüchteter dauerhaft prekär bleibt.

Das dreiphasige Unterbringungsmodell: Die Unterbringungspolitik der Stadt Hamburg ist, wie ausführlich gezeigt wurde, maßgeblich durch den Ansatz der dreiphasigen Wohn- bzw. Unterbringungskarriere bestimmt. Bereits politisch wird das Wohnen damit zur bestimmenden Dimension der Lebenslage. Die faktischen Wohnbiografien verlaufen indes oft anders – obgleich das Unterbringungsmodell an sich maßgeblich prägend bleibt. Gründe dafür sind zum einen, dass Behörden bzw. das operativ zuständige Unterbringungsmanagement (das wiederum politisch gesteuert wird) kein reibungsloses bzw. vorschriftsmäßiges Durchlaufen der Wohnkarrieren organisieren können. Folgen davon sind häufigere Transfers zwischen bestehenden Unterkünften, intransparente Transferpraktiken sowie die sog. ‚Überresidenten‘ in den Erstaufnahmen und Langzeitverbleib in Folgeunterkünften. Geflüchtete wollen Wohnkarrieren aber auch nicht immer wie vorgesehen durchlaufen und bemühen sich selbst um Alternativen oder einen Transfer. Wohnkarrieren werden schließlich auch kaum transnational gedacht, sondern bewegen sich in der traditionellen Dichotomie von Hierbleiben der Rückkehr. Aus diesen Gründen findet der politisch-rechtlich vorgesehene Weg von einer Erst- zu einer Folgeunterbringung und dann in den eigenen Wohnraum eher selten statt; vielmehr dominieren häufige Standortwechsel infolge administrativer

Entscheidungen oder individueller, noch nicht hinlänglich systematisierbarer Veränderungsgelegenheiten und subjektiver Notwendigkeiten.

Wohnortspezifische Aneignungspraktiken: Zwar eignen sich viele Geflüchtete die gesamte Stadt an, doch spielt der Wohnort als Ausgangspunkt dabei eine zentrale Rolle, weil Aneignungspraktiken der Stadt durch diesen vorstrukturiert werden. Für den Bildungsbereich (Schulen) oder die Nahversorgung ist man auf die Strukturen angewiesen, die das Unterbringungsumfeld vorgeben; Zugänge und Möglichkeiten der Teilhabe sind also (auch) an den Wohn- oder Unterbringungsort gebunden. Nicht außer Acht zu lassen ist allerdings, dass sich Geflüchtete in der ganzen Stadt bewegen wodurch auch weiteren Orten im Fluchtkontext eine wichtige Bedeutung zukommt.

8.7 Spezifische Fluchtorte in der Stadt

Als Repräsentationsorte der Flucht gelten zunächst die bereits genannten Containeranlagen. Bei solchen regulären Flüchtlingsunterkünften handelt es sich zwar um temporäre Unterbringungsorte – doch nicht um selbst gewählte oder eigenständig aufgesuchte (Wohn-)Orte. Diese Orte erhalten zunächst durch lokale flüchtlingspolitische Entscheidungen ihre Bedeutung im städtischen Gewebe und weniger durch das Handeln der Geflüchteten selbst. Damit steht ihre besondere Funktion *als Repräsentationsorte von Flucht* in enger Verbindung zu dem jeweiligen städtischen fluchtpolitischen Kontext. Diese vorherrschende Unterbringungsart und der damit verbundene Unterbringungsort vieler Geflüchteter wirken sich sowohl auf die Lebenslagen der Geflüchteten als auch auf das Zusammenleben in der Nachbarschaft, im Stadtteil und in der gesamten Stadt aus. Liegen die einen Containerdörfer versteckt am Stadtrand und sind öffentlich nicht sogleich sichtbar (wie beispielsweise Billbrook, im Bezirk Hamburg-Mitte), befinden sich andere zwar im zentralen Stadtteil der HafenCity (ebenfalls Bezirk Hamburg-Mitte), jedoch auch hier in äußerster Randlage des Quartiers, wodurch der Kontrast zu den umgebenden schicken neuen Wohngebäuden und die geplante temporäre Charakter spürbar bleiben. Obwohl Containerunterkünfte im gesamten Spektrum von Unterbringungseinrichtungen – das auch reguläre Wohnhäuser, ehemalige Bürogebäude oder neu gebaute Unterkünfte mit der Perspektive Wohnen umfasst – unterrepräsentiert sind, darf ihre Relevanz hinsichtlich städtischer Präsenz nicht unterschätzt werden: Ein ehemaliger Bürokomplex mitten im Gewerbegebiet bietet sicherlich kein geeignetes Umfeld, das ein (kindgerechtes) Aufwachsen oder nachbarschaftliche Kontakte bieten kann, doch ist das Gebäude

Teil des Umfeldes, die Anwesenheit von Geflüchteten kaum präsent. Aus der Perspektive der öffentlichen Wahrnehmung führen diese Geflüchteten also eher ein (gesellschaftliches) Schattendasein. Anders ist die Situation in Containerdörfern, von denen es derzeit sieben im Bezirk Hamburg-Mitte und fünf im Bezirk Altona gibt. Sie sind zwar grundsätzlich im gesamten Stadtgebiet verteilt und doch gibt es eine sozialräumliche Konzentration von Unterkünften für Geflüchtete, sowohl in Altona als auch in Hamburg-Mitte. Im Hinblick auf die öffentliche Wahrnehmung wurde bereits ausführlich auf die Sichtbarkeit dieser Orte, auf die Irritation oder ihre störende Funktion im übrigen Umfeld eingegangen. An die Diskussion um die Repräsentationsorte am *Fluchtort Stadt* anknüpfend sei an dieser Stelle auf die von uns nicht näher untersuchten Unterkünfte mit der Perspektive Wohnen verwiesen, deren Konzept und Realisierung in Abschn. 3.3.1 skizziert wurde. Zwar handelt es sich hierbei nicht um Container, sondern um reguläre Wohnungen, in denen geflüchtete Anwohner_innen zunächst nach den Regeln öffentlich-rechtlicher Unterbringung leben. Dennoch sind die Standorte zum Teil ähnlich präsent wie Containerdörfer, infolge der Protestaktionen und Bürgerinitiativen, die Planungs- und Bauprozesse begleitet haben. Der Wohnkomplex am ‚Mittleren Landweg', als erste fertiggestellte Einrichtung dieser Art im Stadtgebiet, steht exemplarisch für einen dieser neuen Repräsentationsorte von Flucht. Seine Sichtbarkeit wird u. a. durch die Protestschilder in den umliegenden Kleingärten betont und so wird das gesamte Gebiet als ein Fluchtort markiert.

Weitere spezifische städtische Orte in Verbindung mit Flucht sind sowohl flüchtlingspolitisch als auch durch Praktiken geflüchteter Akteur_innen geprägt: Dazu gehören z. B. verschiedene Institutionenlandschaften, die als Orte der Bildung, der Arbeit oder der Qualifizierung infrage kommen und von Geflüchteten – individuell – genutzt werden. Darüber hinaus gehören hierzu auch Orte, die flüchtlingspolitisch nicht in Erscheinung treten, jedoch im Alltag der Geflüchteten von hoher Relevanz sind. Gezeigt wurde dies am Steindamm, als Ort des Einkaufens, der Vernetzung und des Informationsgewinns, am Jungfernstieg als Ort der Freizeit sowie an der Zentralbibliothek als einem wichtigen Ort der Bildung. Diese Orte werden stadtentwicklungs- und integrationspolitisch kaum mit dem Thema Flucht in Verbindung gebracht – bzw. wenn sie doch thematisiert werden, dann in einem negativen Duktus und nicht in ihrer Funktion als potenzielle Orte der Integration. In diesem Zusammenhang sind die politischen und medialen Diskurse zur Nutzung öffentlicher Räume (auch) durch Geflüchtete interessant, die auf einen (ideologischen) Kampf um die Nutzung öffentlicher Räume verweisen. Diese regen dahin gehend weiterführende Fragen an, wem die Stadt gehört, wer welche Orte in der Stadt wie nutzen kann und wo sich Zuwanderung in der Stadt in welcher Weise repräsentieren darf?

8.8   Der *Fluchtort Stadt* im Wandel?

Die zusammenfassende Diskussion verdeutlicht, dass sich der *Fluchtort Stadt* in einem Wandlungsprozess befindet. Wirft man einen resümierenden Blick auf die Stadt als Fluchtort und die Entwicklung dieses Fluchtortes seit Mitte des Jahres 2015, fällt zunächst die maximale Sichtbarkeit eines Fluchtortes in jenem Sommer auf – beispielsweise die Zelte direkt am Hauptbahnhof, um die erste Versorgung und Orientierung neu ankommender Geflüchteter zu unterstützen. Inzwischen hat sich die Sichtbarkeit von Flucht in der Stadt deutlich reduziert, es kann von einer ‚Normalisierung' des Fluchtgeschehens gesprochen werden. Allerdings bleibt die Frage bestehen, wie sich der *Fluchtort Stadt* im Zuge dieser Normalisierung (weiter) entwickelt. Er ist, wie gezeigt wurde, in seiner Fluchtspezifik einerseits geprägt von einer temporär eingerichteten Unterbringungslandschaft sowie einer sich auf den Fluchtkontext reduzierenden Akteurs- und Institutionenlandschaft. Obgleich es jeweils das Ziel jeglicher Fluchtspezifik ist, im Regelsystem aufgehen bzw. einen nachhaltigen Zugang zum Regelsystem zu schaffen, stellt sich die Frage, inwiefern sich ein fluchtspezifisches ‚Teilsystem' innerhalb des Regelsystems herausgebildet hat. Andererseits befindet sich der *Fluchtort Stadt* durch die Aneignungspraktiken der Geflüchteten stetig in Bewegung: Geflüchtete nutzen die Stadt, die Orte und die Bereiche, die ihnen zur Verfügung stehen. Sie agieren insbesondere dort, wo es keine Grenzen im Zugang gibt oder die Barrieren selbstständig überwunden werden können.

Als ein weiteres zentrales Ergebnis unserer Auswertung zu Aneignungspraktiken am *Fluchtort Stadt* deuten wir den Zeitraum der vielen Provisorien und Ad-hoc-Maßnahmen begrifflich als ‚Übergangsphase'. Dabei gibt es seit einiger Zeit Anzeichen des Beginns einer qualitativ neuen Phase, die zu einem (langfristigen) gesellschaftlichen und städtischen Transformationsprozess führen könnte. Dies führt uns zu der weiterführenden Frage, ob sich an die ‚Übergangsphase' anschließende und über Transitionsprozesse hinausgehende gesellschaftliche und städtische Transformationsdynamiken ergeben und wie diese die individuellen Aneignungspraktiken prägen. Denn obwohl absehbar ist, dass viele Geflüchtete dauerhaft in der Stadt leben werden, zeigen unsere Ergebnisse, dass sich die Teilhabe in den Bereichen Wohnen, Bildung, Arbeit und Gesundheit nach wie vor schwierig gestaltet und weniger durch strukturell bzw. institutionell vorgegebene Angebote ermöglicht wird, sondern vor allem auf Eigeninitiative der Geflüchteten selbst beruht. Die Aneignungspraktiken, die in diesen Bereichen sichtbar wurden, umfassen vor allem die Erschließung und Nutzung informeller Wege, insbesondere von (auch transnationalen) Netzwerken, und die Anpassung der individuellen Strategien an strukturelle Hürden.

Mit dem Ende der ‚Übergangsphase' und einer beginnenden Verstetigung lokalpolitischer und institutioneller Praktiken zeigt sich erst, wie stark Fluchtbewegungen städtische Regelsysteme zu Transformationen ihrer Praktiken herausfordern: Einige der von uns befragten Expert_innen definieren inzwischen (Flucht-)Zuwanderung nicht mehr als Ausnahmesituation, sondern grundsätzlich als Teil der gesellschaftlichen Dynamik. Am Fluchtort Hamburg existieren mittlerweile umfassende politische, zivilgesellschaftliche und soziale Aktivitäten, die darauf abzielen, Voraussetzungen zur gesellschaftlichen Teilhabe der Geflüchteten auf institutioneller, struktureller und administrativer Ebene zu schaffen, weil auch politisch machtvolle Akteur_innen – wie der amtierende sozialdemokratische Bürgermeister – erkennen, dass eine lang anhaltende Desintegration verbleibender Geflüchteter mit unsicherer Bleibeperspektive hohe wirtschaftliche, politische und soziale Risiken für das Gemeinwesen mit sich bringen (vgl. Heinemann und Unger 2017). Eine Fokussierung der städtischen Entwicklungen auf verbesserte Teilhabe, kann potenziell auch die Spielräume für Aneignungspraktiken erweitern. Ebenso kann die Partizipation von Individuen, die in transnationalen Zusammenhängen Aneignungspraktiken entwickeln, institutionelle Transformationsprozesse „von unten" anregen (vgl. Aksakal et al. 2016, S. 17).

Die in der ‚Übergangsphase' neu geschaffenen oder auch ausgebauten Strukturen befinden sich in einem Verstetigungsprozess mit unterschiedlichen Akzentuierungen: Sowohl Konzepte der frühen Eingliederung in vorhandene Regelsysteme werden propagiert, als auch neue flüchtlingsspezifische Maßnahmen, durch deren Etablierung die Regelsysteme verändert werden.

Die Ergebnisse deuten zusammenfassend also auf beginnende Transformationsprozesse in den lokalen Regelsystemen hin, die womöglich einen Wandel der städtischen Infrastruktur und gesellschaftlicher Teilhabemöglichkeiten für Geflüchtete einleiten könnten. Stadtgesellschaftliche Veränderungen manifestieren sich im Abbau der akuten Krisenbewältigung und einer längerfristigen Integration von Migrationsprozessen in eine Stadtentwicklung mit verbindlichen fluchtpolitischen Zielsetzungen und einer strukturellen Verstetigung nachhaltiger Integrationsmaßnahmen durch Öffnung der Regelsysteme für Geflüchtete. Solche Prozesse indizieren eine gesellschaftliche und städtische *Transformation,* weil sie durch ein Verständnis von Fluchtintegration geleitet sind, das notwendige Veränderungen in der Stadtgesellschaft nicht ausschließt. Allerdings war es in der untersuchten Phase des Übergangs aufgrund der institutionellen und administrativen Vielfalt und diversen Neuerungen in diesem Bereich noch

nicht möglich, langfristigen Entwicklungs- und städtischen Transformationsprozessen im Kontext von Flucht nachzugehen. Diese sind in der Beziehung
zwischen Stadtgesellschaft und Flucht jedoch von großer Relevanz: Aus der Perspektive der Stadtentwicklung geht es dabei um konkrete Handlungsbedarfe und
das langfristige Zusammenleben in einer durch Flucht (oder fluchtfolgebedingte
Bewegungen) geprägten Gesellschaft. Bildungswissenschaftlich betrachtet ist
die kurze Zeit des Überganges zwar relevant, kann aber erst längerfristig auf
der Grundlage einer Rekonstruktion unterschiedlicher Bildungsverläufe von
Geflüchteten Aufschluss über die Nachhaltigkeit gesellschaftlicher In- und
Exklusionsmechanismen geben. Vor diesem Hintergrund bleibt nach der Verstetigung fluchtspezifischer Strukturen bzw. nach der Transformation institutio-
nalisierter Regelsysteme zu fragen, die nicht nur für Geflüchtete von Bedeutung
sind. Mit Blick auf die Geflüchteten ist von herausragendem Interesse, wie sie
sich auch langfristig selbst Zugänge aneignen, wie sie strukturelle bzw. institutionelle Barrieren wahrnehmen und inwiefern sie diese durch informelle Zugangs-
möglichkeiten zu überwinden versuchen. Abschließend bleibt also zu analysieren,
inwiefern sich der Fluchtort Hamburg in einem gesamtgesellschaftlichen
Wandlungsprozess befindet und wie sich dieser Transformationsprozess gestaltet:
Führen beginnende politische, sozialkulturelle und wirtschaftliche Maßnahmen
sowie Entwicklungen aus einer raumtheoretischen Perspektive zu strukturell
grundlegenden Transformationsprozessen, die gesamtgesellschaftliche Relevanz
(auf makro-, meso- und mikroräumlichen Ebenen) besitzen?

Auf der Grundlage der formulierten offenen Fragen stehen in einem Folgeprojekt Verstetigungen am *Fluchtort Stadt* und deren Verschränkungen mit
den Lebenslagen Geflüchteter im wissenschaftlichen Fokus: Welche Veränderungen der städtischen Strukturen sind inwiefern als Transformationsprozesse, also auf Langfristigkeit und Verstetigung angelegte Entwicklungs- und
Wandlungsprozesse, zu deuten? Welche Bedingungen tragen zur Realisierung
oder Verhinderung von Transformationsprozessen bei? Wie wirken sich Transformationsprozesse längerfristig auf Lebenslagen der Geflüchteten und auf ihre
Möglichkeiten zur Aneignung des Ortes aus?

Ziel des Folgeprojekts ist eine weiterführende Theoretisierung des heu-
ristischen Konstrukts *Fluchtort Stadt*. Die erweiterte Grundlagenforschung
beabsichtigt aufzuzeigen, wie sich Aneignungspraktiken am *Fluchtort Stadt* und
die Regelsysteme aufeinander beziehen bzw. sich wechselseitig angepasst haben,
und welche Möglichkeiten oder Erfolge erzielt wurden, um Flucht und Stadtgesellschaft auf institutionellen und individuellen Handlungsfeldern langfristig

produktiver vernetzen und zusammendenken zu können. Eine empirische Grundlagenforschung zum *Fluchtort Stadt,* die das Ineinandergreifen verschiedener Lebenslagendimensionen, Zugangs- und Teilhabemöglichkeiten und -barrieren sowie deren Wechselwirkungen mit formalen, non-formalen und informellen Strukturen in den Blick nimmt, ergänzt den vorliegenden Forschungsstand und kann langfristig angesichts anhaltender globaler Fluchtmigration hoffentlich zu einer Optimierung gesellschaftlicher Integrationsprozesse beitragen.

Anhang

Anhang 1: Interviewsample Geflüchtete

gewähltes Pseudonym	Alter	Herkunft	Ankunft in Dtl.
Amina	32	anonymisiert	2012
Amine	22	Eritrea	10/2015
Billy und Fereshte	32/25	Iran	10/2015
Daria und Kiana	46/18	Iran	10/2015
Dariusz	31	Afghanistan	05/2015
EinMensch9	45	Irak	/
Fawaz	48	Syrien	09/2015
Habib	25	Afghanistan	01/2014
Heidi	38	Irak	05/2015
Ibrahim	27	Afghanistan	10/2015
Ismail	26	Syrien	09/2015
Jamil	ca. 25	Afghanistan	07/2015
Johnny und Toni	24/44	Irak	2015/12/2014
Kenan	31	Irak	08/2015
Khalil	ca.25	Syrien	2015
Manu	25	Syrien	03/2015
Mariam	25	Afghanistan	02/2016
Marie	ca.40	Afghanistan	2003
Mayla und Husain	38/42	Syrien	/
Milano	27	Irak	/
Mohammed	45	Syrien	03/2015
Muhammad	ca. 25	Afghanistan	04/2014
Nasro	ca. 25	Afghanistan	09/2016
Omid	27	Afghanistan	/

© Springer Fachmedien Wiesbaden GmbH, ein Teil von Springer Nature 2019
M. Arouna et al., *Fluchtort Stadt*, https://doi.org/10.1007/978-3-658-26871-8

gewähltes Pseudonym	Alter	Herkunft	Ankunft in Dtl.
Sadiye	38	Somalia	06/2014
Tommy	26	Eritrea	05/2015
Ziad und Fadi	23/32	Syrien	10/2015

Anhang 2: Interviewsample Expert_innen

Institution	Bereich/Funktion
BASFI	Staatsrätin, Mitarbeiter
BSW	Staatsrat, Mitarbeiter
ZKF	Mitarbeiterin
Bezirksamt Altona	Sozialraummanagement Altona
Bezirksamt Altona	Sozialraummanagement Altona Sozialraumkoordination Altona Bildungskoordination Altona Fachkraft Integration
Bezirksamt Altona	Sonderausschuss Flüchtlinge
Bezirksamt Hamburg-Mitte	Sozialraumkoordination Mitte
Bezirksamt Hamburg-Mitte	Bildungskoordination Mitte
Gesundheitsamt Altona	Mitarbeiterin
Caritas	Ehrenamtlichenkoordination Mitte
Mehrgenerationen Haus	Ehrenamtlichenkoordination Mitte
Großstadtmission	Quartiersmanagement Bahrenfeld
Grundschule	Lehrerin
Gewerbeschule	Schulleiter
B.T.Z. (W.I.R.)	Mitarbeiter Screening Geflüchtete mit psych. Erkrankungen
W.I.R.	Öffentlichkeitsarbeit
Handelskammer	Bewerbungstraining für Geflüchtete
Handwerkskammer	Mitarbeiter
Fördern und Wohnen	Bereichsleitung Mitte Unterkunftsleitung

Institution	Bereich/Funktion
Fachstelle für Wohnungsnotfälle	Mitarbeiter Mitarbeiterin
Verband Norddeutscher Wohnungsunternehmen	Zuständigkeitsbereich Hamburg
Genossenschaft	Mitarbeiterin Mitarbeiter
Diakonisches Werk Hamburg	Migration, Flucht, Interkulturelle Öffnung
Diakonisches Werk Hamburg	Migration und Existenzsicherung
Flüchtlingszentrum	Mitarbeiterin
Passage Hamburg	Mitarbeiterin
Flaks	Mitarbeiterin
Wohnbrücke Hamburg	Mitarbeiterin
Al Nour Moschee	Imam
Ehrenamtliche	

Anhang 3: Übersicht besichtigte Unterbringungseinrichtungen

Bezirk	Einrichtungsart	Einrichtung	Anzahl Bewohner_innen zum Erhebungszeitpunkt
Altona	EA	Schnackenburgallee	ca. 850
Altona	FU	Alsenstraße	72
Altona	FU	August-Kirch-Straße	ca. 495
Altona	FU	Holmbrook	208
Altona	FU	Luruper Hauptstraße	643
Altona	FU	Notkestraße 25	ca. 645
Altona	FU	Sieversstücken	ca. 720
Hamburg-Mitte	EA	Dratelnstraße	ca. 740
Hamburg-Mitte	FU	Am Veringhof	142
Hamburg-Mitte	FU	Berzeliusstraße	607
Hamburg-Mitte	FU	Billstieg	650

Bezirk	Einrichtungsart	Einrichtung	Anzahl Bewohner_innen zum Erhebungszeitpunkt
Hamburg-Mitte	FU	Eiffestraße	ca. 309
Hamburg-Mitte	FU	Grüner Deich	ca. 172
Hamburg-Mitte	FU	Hinrichsenstraße	157
Hamburg-Mitte	FU	Kirchenpauerstraße	ca. 700

Literatur

Aksakal, M., Schmidt, K., & Faist, T. (2016). Social Transformation and Migration: Unveiling the Nexus. In: Centre on Migration, Citizenship and Development (COMCAD) (Hrsg.), COMCAD Working Papers 147. URL: https://www.ssoar.info/ssoar/handle/document/50610. Zugegriffen: 15.04.2019.

Allemann-Ghionda, C., & Bukow, W.-D. (Hrsg.). (2011). *Orte der Diversität. Formate, Arrangements und Inszenierungen.* Wiesbaden: Springer VS.

Amelina, A. (2010). Transnationale Migration jenseits von Assimilation und Akkulturation. *Berliner Journal für Soziologie, 20,* (S. 257–279).

Arouna, M. (2018). *Positionierungen im Fluchtkontext. Zur Handlungsfähigkeit geflüchteter Jugendlicher vor dem Hintergrund gesellschaftlicher Flüchtlingskonstruktionen.* Berlin: Peter Lang.

Backes, G. (1997). Lebenslage als soziologisches Konzept zur Strukturanalyse. *Zeitschrift für Sozialreform, 43,* (S. 704-727).

Balibar, È. (2002). *Politics and the Other Scene.* London: Verso.

Barboza, A., Eberding, S., Pantle, U., & Winter, G. (Hrsg.). (2016). *Räume des Ankommens: topographische Perspektiven auf Migration und Flucht.* Bielefeld: transcript.

Baumann, Z. (2017). *Die Angst vor den Anderen: ein Essay über Migration und Panikmache.* Berlin: Suhrkamp.

Beck, I., & Greving, H. (2012): Lebenswelt, Lebenslage. In dies. (Hrsg.): *Lebenslage und Lebensbewältigung* (S. 15-59). Stuttgart: W. Kohlhammer.

Becker, M., Kronenberg, V., & Pompe, H. (Hrsg.). (2018). *Fluchtpunkt Integration. Panorama eines Problemfeldes.* Wiesbaden: VS.

Böhmer, A. (2016). *Bildung als Integrationstechnologie? Neue Konzepte für die Bildungsarbeit mit Geflüchteten.* Bielefeld: transcript.

Bogner, A., & Menz, W. (2009). Das theoriegenerierende Experteninterview. Erkenntnisinteresse, Wissensformen, Interaktion. In A. Bogner, B. Littig & W. Menz (Hrsg.), *Experteninterviews. Theorien, Methoden, Anwendungsfelder* (S. 61–98). Wiesbaden: Springer VS.

Bookmann, B., Hirschfeld, H., Klee, G., Knirsch, C., Lücke, M., Puhe, H., Scheu, T., Späth, J., & Stöhr, T. (2017). Wie kann eine gesamtwirtschaftlich erfolgreiche Integration der Flüchtlinge gelingen? Institut für Angewandte Wirtschaftsforschung. http://www.iaw.edu/tl_files/dokumente/Abschlussbericht_Final_2017_06_01.pdf. Zugegriffen: 18. April 2018.

Bourdieu, P. (1979). Das Haus oder die verkehrte Welt. In ders., *Entwurf einer Theorie der Praxis* (S. 48–65). Frankfurt/Main: Suhrkamp.

Bourdieu, P. (2006). Sozialer Raum, symbolischer Raum. In J. Dünne & S. Günzel (Hrsg.), *Raumtheorie. Grundlagentexte aus Philosophie und Kulturwissenschaften* (S. 354–368). Suhrkamp: Frankfurt/Main.

Braches-Chyrek, R., Kallenbach, T., Müller, C., & Stahl, L. (Hrsg.). (2018). *Bildungs- und Teilhabechancen geflüchteter Menschen. Kritische Diskussionen in der Sozialen Arbeit.* Leverkusen: Barbara Budrich.

Braun, K.-H. (2004). Raumentwicklung als Aneignungsprozess. In U. Deinet & C. Reutlinger (Hrsg.), *„Aneignung" als Bildungskonzept der Sozialpädagogik* (S. 19–48). Wiesbaden: Springer VS.

Breckner, I. (2016). StadtLandschaften in hybriden Gesellschaftsstrukturen. In S. Hofmeister & O. Kühne (Hrsg.), *StadtLandschaften, hybride Metropolen* (S. 111–125). Wiesbaden: Springer VS.

Breckner, I. (2018). Kulturelle Differenz als urbane Ressource und Konfliktpotenzial. In N. Gestring & J. Wehrheim (Hrsg.), *Urbanität im 21. Jahrhundert. Eine Fest- und Freundschaftsschrift für Walter Siebel* (S. 129–148). Frankfurt a. M.: Campus Verlag.

Brekke, J.-P. (2004). *While we are waiting. Uncertainity and empowerment among asylum-seekers in Sweden.* Oslo: Institute for Social Research.

Bröse, J., Faas, S., & Stauber, B. (Hrsg.). (2018). *Flucht. Herausforderungen für die Soziale Arbeit.* Wiesbaden: Springer VS.

Brücker, H., Rother, N., & Schupp, J. (Hrsg.). (2017). IAB-BMBF-SOEP-Befragung von Geflüchteten 2016: Studiendesign, Feldergebnisse sowie Analysen zu schulischer wie beruflicher Qualifikation, Sprachkenntnissen sowie kognitiven Potenzialen. https://www.diw.de/documents/publikationen/73/diw_01.c.563710.de/diwkompakt_2017-123.pdf. Zugegriffen: 18. April 2018.

Buckley-Zistel, S., & Krause, U. (Hrsg.). (2017). *Gender, Violence, Refugees.* New York, Oxford: Berghahn.

Bukow, W.-D., Nikodem, C., Schulze, E., & Yildiz, E. (Hrsg.). (2007). *Was heißt hier Parallelgesellschaft? Zum Umgang mit Differenzen.* Wiesbaden: Springer VS.

Bukow, W.-D., Heck, G., Schulze, E., & Yildiz, E. (Hrsg.). (2011). *Neue Vielfalt in der Urbanen Stadtgesellschaft.* Wiesbaden: Springer VS.

BUMF (2009): Standards für den Umgang mit unbegleiteten minderjährigen Flüchtlingen. Handlungsleitlinien zur Inobhutnahme gemäß § 42 SGB VIII. München: BUMF.

Burkert, C., & Garloff, A. (2017). Integration geflüchteter Menschen in den Arbeitsmarkt – eine Analyse. Heinrich Böll Stiftung. https://heimatkunde.boell.de/2017/06/30/integration-gefluechteter-menschen-den-arbeitsmarkt-eine-analyse. Zugegriffen: 17. April 2018.

Castro-Varela, M., & Mecheril, P. (2010). Grenze und Bewegung. Migrationswissenschaftliche Klärungen. In P. Mecheril, M. Castro-Varela, I. Dirim, A. Kalpaka & M. Melter (Hrsg.), *Migrationspädagogik* (S. 23–53). Weinheim und Basel: Beltz.

Charmaz, K. (2011). Den Standpunkt verändern: Methoden der konstruktivistischen Grounded Theory. In G. Mey & K. Mruck (Hrsg.), *Grounded Theory Reader* (S. 181–205). Wiesbaden: Springer VS.

Christmann, G., & Mahnken, G. (2013). Raumpioniere, stadtteilbezogene Diskurse und Raumentwicklung. Über kommunikative und diskursive Raum(re)konstruktionen. In R. Keller & I. Truschkat (Hrsg.), *Methodologie und Praxis der Wissenssoziologischen Diskursanalyse* (S. 91–112). Wiesbaden: Springer VS.

Clemens, W. (1994). „Lebenslage" als Konzept sozialer Ungleichheit – Zur Thematisierung sozialer Differenzierung in Soziologie, Sozialpolitik und Sozialarbeit. *Zeitschrift für Sozialreform, 40*, S. 141–165.

Cyrus, N. (2017). Die Flüchtlinge und ihr Status. In C. Ghaderi & T. Eppenstein (Hrsg.), *Flüchtlinge. Multiperspektivische Zugänge* (S. 113–127). Wiesbaden: Springer VS.

Dangschat, J. (1998). Warum ziehen sich Gegensätze nicht an? Zu einer Mehrebenen-Theorie ethnischer und rassistischer Konflikte um den städtischen Raum. In W. Heitmeyer, R. Dollase & O. Backes (Hrsg.), *Die Krise der Städte. Analysen zu den Folgen desintegrativer Stadtentwicklung für das ethnisch-kulturelle Zusammenleben* (S. 21–96). Frankfurt/Main: Suhrkamp.

Dettling, D., & Rauch, C. (2016). Vom Willkommen zum Ankommen. Die Wohnsitzauflage vor dem Hintergrund globaler Migration und ihrer Folgen für Kommunen in Deutschland. Bertelsmann Stiftung. https://www.bertelsmann-stiftung.de/fileadmin/files/BSt/Publikationen/GrauePublikationen/BST_Trenddossier_Integration_20161212.pdf. Zugegriffen: 12. März 2018.

Deinet, U., & Reutlinger, C. (2004). Einleitung. In U. Deinet & C. Reutlinger (Hrsg.), *„Aneignung" als Bildungskonzept der Sozialpädagogik*, (S. 7–15). Wiesbaden: Springer VS.

Dietze, G. (2016). Ethnosexismus. Sex-Mob-Narrative um die Kölner Sylvesternacht. *movements. Journal für kritische Migrations- und Grenzregimeforschung, 2*, http://movements-journal.org/issues/03.rassismus/10.dietze--ethnosexismus.html. Zugegriffen: 12. März 2018.

Domann, V. (2016). Rassismus auf dem Wohnungsmarkt. Fallstricke und Potentiale des Paired Ethnic Testings. *movements. Journal für kritische Migrations- und Grenzregimeforschung, 2*, http://movements-journal.org/issues/03.rassismus/14.domann--rassismus.auf.dem.wohnungsmarkt.html. Zugegriffen: 12. März 2018.

Eckardt, F. (2018). Willkommene Flüchtlinge, Ungeliebte Nachbarn. In N. Berding, W.-D. Bukow & K. Cudak (Hrsg.), *Die kompakte Stadt der Zukunft. Auf dem Weg zu einer inklusiven und nachhaltigen Stadtgesellschaft*, (S. 141–157). Wiesbaden: Springer VS.

Einem, E. von (2017). *Wohnungen für Flüchtlinge. Aktuelle sozial- und integrationspolitische Herausforderungen in Deutschland.* Wiesbaden: Springer VS.

El-Mafaalani, A., Kurtenbach, S., & Strohmeier, K. P. (Hrsg.). (2015). *Auf die Adresse kommt es an... Segregierte Stadtteile als Problem- und Möglichkeitsräume begreifen.* Weinheim, Basel: Beltz Juventa.

El-Mafaalani, A., & Strohmeier, K. P. (2015). Segregation und Lebenswelt. Die räumliche Dimension sozialer Ungleichheit. In A. El-Mafaalani, S. Kurtenbach & K.P. Strohmeier (Hrsg.), *Auf die Adresse kommt es an... Segregierte Stadtteile als Problem- und Möglichkeitsräume begreifen* (S. 18–42). Weinheim, Basel: Beltz Juventa.

Engelmann, C. (2017). Entwicklung der Menschenrechtssituation in Deutschland. Juli 2016–Juni 2017. Deutsches Institut für Menschenrechte. http://www.institut-fuer-menschenrechte.de/fileadmin/user_upload/Publikationen/Menschenrechtsbericht_2017/Menschenrechtsbericht_2017.pdf. Zugegriffen: 18. April 2018.

Engels, D. (2006). Lebenslagen und soziale Exklusion. Thesen zur Reformulierung des Lebenslagenkonzepts für die Sozialberichterstattung. *Sozialer Fortschritt, 5*, (S. 109–112).

Ezli, Ö., Langenohl, A., Rauer, V., & Voigtmann, C. M. (Hrsg.). (2013). *Die Integrations-debatte zwischen Assimilation und Diversität. Grenzziehungen in Theorie, Kunst und Gesellschaft.* Bielefeld: transcript.

Flick, U. (2007). *Qualitative Sozialforschung. Eine Einführung.* Reinbek: Rowohlt.

Flick, U. (2011). Das Episodische Interview. In G. Oelerich & H.-U. Otto (Hrsg.), *Empirische Forschung und Soziale Arbeit – Ein Studienbuch* (S. 273–280). Wiesbaden: Springer VS.

Foroutan, N., Hamann, U., El-Kayed, N., & Jorek, S. (2017). Berlin und Dresden. Welchen Zugang haben Geflüchtete zum Wohnungsmarkt? Berliner Institut für empirische Integrations- und Migrationsforschung. https://mediendienst-integration.de/fileadmin/Dateien/Expertise_Fluechtlinge_Wohnungsmarkt.pdf. Zugegriffen: 17. April 2018.

Friedrichs, J., Lesske, F., & Schwarzenberg, V. (2017). Sozialräumliche Integration von Flüchtlingen. Das Beispiel Hamburg-Harvestehude. *Aus Politik und Zeitgeschichte, 27–29,* (S. 34–40).

Friese, H. (2017). *Flüchtlinge. Opfer – Bedrohung – Helden. Zur politischen Imagination des Fremden.* Bielefeld: transcript.

Frings, D. (2017). Flüchtlinge als Rechtssubjekte oder als Objekte gesonderter Rechte. In C. Ghaderi & T. Eppenstein (Hrsg.), *Flüchtlinge. Multiperspektivische Zugänge* (S. 95–111). Wiesbaden: Springer VS.

Gag, M., & Voges, F. (Hrsg.). (2014). *Inklusion auf Raten. Zur Teilhabe von Flüchtlingen an Ausbildung und Arbeit.* Münster: Waxmann.

Gardi, N. (2016). Aufschrei um den Sexismus der vermeintlich „Anderen". Kulturalisierung des Sexismus und die kollektive Verurteilung. In Mobiles Beratungsteam gegen Rechtsextremismus Hamburg (Hrsg.), *Monitoring. (Extrem) rechte Strukturen und das zivilgesellschaftliche Gegenengagement* (S. 7–9). https://hamburg.arbeitundleben.de/img/daten/D298837049.pdf. Zugegriffen: 12. März 2018.

Geiger, D. (2016). *Handlungsfähigkeit von geduldeten Flüchtlingen. Eine empirische Studie auf der Grundlage des Agency-Konzeptes.* Wiesbaden: Springer VS.

Geisen, T., Riegel, C., & Yildiz, E. (Hrsg.). (2017). *Migration, Stadt und Urbanität: Perspektiven auf die Heterogenität migrantischer Lebenswelten.* Wiesbaden: Springer VS.

Gericke, D., Burmeister, A., Löwe, J., Deller, J., & Pundt, L. (2017). How do refugees use their social capital for successful labor market integration? An exploratory analysis in Germany. *Journal of Vocational Behavior.* https://doi.org/10.1016/j.jvb.2017.12.002.

Ghaderi, C., & Eppenstein, T. (Hrsg.). (2017). *Flüchtlinge. Multiperspektivische Zugänge.* Wiesbaden: Springer VS.

Glaser, B., & Strauss, A. (1967). *The Discovery of Grounded Theory.* Chicago: Aldine.

Glorius, B., & Schondelmayer, A.-C. (2017). Perspektiven auf Fluchtmigration in Ost und West. Ein vergleichender Blick auf kommunale Integrationspraxis. *Zeitschrift für Vergleichende Politikwissenschaften, 10,* (S. 75–92).

Goebel, S. (2016). Selektion schafft Exklusion. Eine Beurteilung der Chancen und Hürden für junge Geflüchtete im Kontext sich verändernder rechtlicher Rahmenbedingungen. *DREIZEHN. Zeitschrift für Jugendsozialarbeit, 11,* (S. 50–54).

Goffman, E. (1973). *Asyle – Über die soziale Situation psychiatrischer Patienten und anderer Insassen.* Frankfurt/Main: Suhrkamp.

Goffman, E. (1983). *Wir alle spielen Theater.* München: Piper.

Gomolla, M., & Radtke, F. O. (2009). *Institutionelle Diskriminierung. Die Herstellung ethnischer Differenz in der Schule.* Wiesbaden: Springer VS.

Gottschalk, A., Kersten, S., & Krämer, F. (2018). Doing Space while Doing Gender: eine Einleitung. In A. Gottschalk, S. Kersten & F. Krämer (Hrsg.), *Doing space while doing gender – Vernetzungen von Raum und Geschlecht in Forschung und Politik* (S. 7–40). Bielefeld: transcript.

Gritschke, C., & Ziese, M. (Hrsg.). (2016). *Geflüchtete und Kulturelle Bildung. Formate und Konzepte für ein neues Praxisfeld.* Bielefeld: transcript.

Gröhnheim, H. v. (2018). *Solidarität bei geschlossenen Türen: Das Subjekt der Flucht zwischen diskursiven Konstruktionen und Gegenentwürfen.* Wiesbaden: Springer VS.

Grotheer, A., & Schroeder, J. (2018). Unterbringung von Geflüchteten mit einer Behinderung. Ein Problemaufriss am Beispiel von Hamburg. In: M. Westphal & G. Wansing (Hrsg.), *Migration, Flucht und Behinderung: Herausforderungen für Politik, Bildung und psychosoziale Dienste* (S. 81–101). Wiesbaden: Springer VS.

Heitmeyer, W., Backes, O., & Dollase, R. (Hrsg.). (1998). *Die Krise der Städte. Analysen zu den Folgen desintegrativer Stadtentwicklung für das ethnisch-kulturelle Zusammenleben.* Frankfurt/Main: Suhrkamp.

Hemmelmann, P., & Wegner, S. (2016). Flüchtlingsdebatte im Spiegel von Medien und Parteien. *Communicatio Socialis, 49,* (S. 21–38).

Hillmann, F. (Hrsg.). (2011). *Marginale Urbanität: Migrantisches Unternehmertum und Stadtentwicklung.* Bielefeld: transcript.

Hillmann, F. (2018). Migration ist die Essenz von Urbanität in den europäischen Städten. In N. Gestring & J. Wehrheim (Hrsg.), *Urbanität im 21. Jahrhundert. Eine Fest- und Freundschaftsschrift für Walter Siebel* (S. 81–95). Frankfurt a. M.: Campus Verlag.

Holert, T., & Terkessidis, M. (2006). *Fliehkraft. Gesellschaft in Bewegung – von Migranten und Touristen.* Köln: KiWi.

Ipsen, D. (2006). *Ort und Landschaft.* Wiesbaden: Springer VS.

Jäger, S., & Jäger, M. (2007). *Deutungskämpfe. Theorie und Praxis Kritischer Diskursanalyse.* Wiesbaden: Springer VS.

Jahoda, M., Lazarsfeld, P. F., & Zeisel, H. (1975). *Die Arbeitslosen von Marienthal: Ein soziographischer Versuch über die Wirkungen langandauernder Arbeitslosigkeit; mit einem Anhang zur Geschichte der Soziographie.* Frankfurt am Main: Suhrkamp. (1. Aufl., Lizenzausg).

Janßen, A. (2018). Die Stadt als Ziel von Migration und Ort der Integration. In N. Gestring & J. Wehrheim (Hrsg.), *Urbanität im 21. Jahrhundert. Eine Fest- und Freundschaftsschrift für Walter Siebel* (S. 113–128). Frankfurt a. M.: Campus Verlag.

Johansson, S. (2016). Was wir über Flüchtlinge (nicht) wissen. Der wissenschaftliche Erkenntnisstand zur Lebenssituation von Flüchtlingen in Deutschland. Eine Expertise im Auftrag der Robert Bosch Stiftung und des SVR-Forschungsbereichs. https://www.bosch-stiftung.de/de/publikation/was-wir-ueber-fluechtlinge-nicht-wissen. Zugegriffen: 19.11.2018.

Karakayali, S., & Kleist, O. (2016). EFA-Studie 2: Strukturen und Motive der ehrenamtlichen Flüchtlingsarbeit (EVA) in Deutschland. Berliner Institut für Migrationsforschung. http://www.fluechtlingsrat-brandenburg.de/wp-content/uploads/2016/08/Studie_EFA2_BIM_11082016_VOE.pdf. Zugegriffen: 18. April 2018.

Kemper, J., & Vogelpohl, A. (2013). Zur Konzeption kritischer Stadtforschung. Ansätze jenseits einer Eigenlogik der Städte. *Sub/urban. Zeitschrift für kritische Stadtforschung, 1*, (S. 7–30).

Kleining, G. (1995). *Lehrbuch entdeckende Sozialforschung.* Weinheim: Beltz.

Kleist, J. O. (2018). Flucht- und Flüchtlingsforschung in Deutschland. Akteure, Themen und Strukturen. https://flucht-forschung-transfer.de/wp-content/uploads/2018/02/State-of-Research-01-J-Olaf-Kleist-web.pdf. Zugegriffen: 12. März 2018.

Kordel, S., & Weidinger, T. (2017). Sicht der Geflüchteten auf ländliche Räume. In P. Mehl (Hrsg.), *Aufnahme und Integration von Geflüchteten in ländliche Räume: Spezifika und (Forschungs-)herausforderungen* (S. 41–53). Braunschweig: Johann Heinrich von Thünen-Institut.

Korntheuer, A. (2016). *Die Bildungsteilhabe junger Flüchtlinge: Faktoren von Inklusion und Exklusion in München und Toronto.* Münster: Waxmann.

Krause, U. (2017a). Die Flüchtling. Der Flüchtling als Frau. In C. Ghaderi & T. Eppenstein (Hrsg.), *Flüchtlinge. Multiperspektivische Zugänge* (S. 79–93). Wiesbaden: Springer VS.

Krause, U. (2017b). Konfliktbedingte Flucht und geschlechtsspezifische Auswirkungen. In T. Kunz & M. Ottersbach (Hrsg.), *Flucht und Asyl als Herausforderung und Chance der Sozialen Arbeit. 1. Sonderheft 2017. Migration und Soziale Arbeit* (S. 99–107). Weinheim: Beltz Juventa.

Kühnemund, J. (2018). *Topographies of „Borderland Schengen": Documental Images of Undocumented Migration in European Borderlands.* Bielefeld: transcript.

Kurtenbach, S. (2015). Ankunftsgebiete – Segregation als Potenzial nutzen. In A. El-Mafaalani, S. Kurtenbach & K.P. Strohmeier (Hrsg.), *Auf die Adresse kommt es an... Segregierte Stadtteile als Problem- und Möglichkeitsräume begreifen* (S. 306–328). Weinheim, Basel: Beltz Juventa.

Läpple, D. (1991). Essay über den Raum: für ein gesellschaftswissenschaftliches Raumkonzept. In H. Häußermann, D. Ipsen & T. Krämer-Badoni (Hrsg.), *Stadt und Raum – soziologische Analysen* (S. 157–207). Pfaffenweiler: Centaurus Verlag.

La Rosa, S. de, & Frank, M. (2017). Wo und wie finden flüchtende und geflüchtete Menschen Gehör? Über Subalternität in Europa und die Herausforderungen demokratischer Autorität. *Z'Flucht Zeitschrift für Flüchtlingsforschung, 1*, (S. 41–71).

Laubstein, C., Holz, G., Dittmann, J., & Sthamer, E. (2012). *Von alleine wächst sich nichts aus. Lebenslagen von (armen) Kindern und Jugendlichen und gesellschaftliches Handeln bis zum Ende der Sekundarstufe I.* Frankfurt am Main: Institut für Sozialarbeit und Sozialpädagogik e. V.

Löw, M. (2001). *Raumsoziologie.* Frankfurt am Main: Suhrkamp.

Lünenborg, M., & Maier, T. (2017). *Wir und die Anderen? Eine Analyse der Bildberichterstattung deutschsprachiger Printmedien zu den Themen Flucht, Migration und Integration.* Gütersloh: Verlag Bertelsmann Stiftung.

Meuser, M., & Nagel, U. (1991). ExpertInneninterviews – vielfach erprobt, wenig bedacht: ein Beitrag zur qualitativen Methodendiskussion. In D. Garz & K. Kraimer, *Qualitativ-empirische Sozialforschung. Konzepte, Methoden, Analysen* (S. 441–471). Opladen: Westdt. Verl.

Meuth, M. (Hrsg.) (2017). *Wohn-Räume und pädagogische Orte. Erziehungswissenschaftliche Zugänge zum Wohnen.* Wiesbaden: Springer VS.

Meuth, M. (2018). *Wohnen. Erziehungswissenschaftliche Erkundungen.* Weinheim/Basel: Beltz Juventa.

Momić, M. (2018): Das flüchtige Wohnen? (Wohn-)Alltag von Geflüchteten in Hamburg im Spannungsfeld zwischen Regelwerk und Wohnpraktiken. In N. Fahnenbruck & J. Meyer-Lenz (Hrsg.), *Fluchtpunkt Hamburg – Zur Geschichte von Flucht und Migration in Hamburg von der Frühen Neuzeit bis zur Gegenwart* (S. 229–244). Bielefeld: transcript.

Morris-Lange, S. (2018). Schule als Sackgasse? Jugendliche Flüchtlinge an segregierten Schulen. Studie des SVR-Forschungsbereichs 2018-1. https://www.svr-migration.de/wp-content/uploads/2018/02/SVR-FB_Bildungsintegration.pdf. Zugegriffen: 17. April 2018.

Müller, K., & Schwarz, C. (2018). Fanning the Flames of Hate: Social Media and Hate Crime. https://warwick.ac.uk/fac/soc/economics/staff/crschwarz/fanning-flames-hate.pdf. Zugegriffen: 18. April 2018.

Nagel, A., & El-Menouar, Y. (2017). Engagement für Geflüchtete – eine Sache des Glaubens? Die Rolle der Religionen für die Flüchtlingshilfe. Bertelsmann Stiftung. https://www.bertelsmann-stiftung.de/fileadmin/files/Projekte/51_Religionsmonitor/BSt_ReligionsmonitorFluechtlingshilfe_3_2017_web.pdf. Zugegriffen: 18. April 2018.

Nassehi, A. (2015). Wir müssen reden. Über Fremde spricht es sich leichter als über das Eigene. Das sollte nicht so bleiben. In *Süddeutsche Zeitung, 269,* S. 17.

Neumann, U., Niedrig, H., Schroeder, J., & Seukwa, L. H. (Hrsg.). (2002). *Wie offen ist der Bildungsmarkt? Rechtliche und symbolische Ausgrenzungen junger afrikanischer Flüchtlinge im Bildungs-, Ausbildungs- und Beschäftigungssystem.* Münster: Waxmann.

Neumann, U., Niedrig, H., Schroeder, J., & Seukwa, L. H. (Hrsg.). (2003). *Lernen am Rande der Gesellschaft. Bildungsinstitutionen im Spiegel von Flüchtlingsbiographien.* Münster: Waxmann.

Niedrig, H. (2003). Dimensionen der Fremdbestimmung im Flüchtlingsraum. In U. Neumann, H. Niedrig, J. Schroeder & L. H. Seukwa (Hrsg.), *Lernen am Rande der Gesellschaft. Bildungsinstitutionen im Spiegel von Flüchtlingsbiographien* (S. 397–410). Münster: Waxmann.

Niedrig, H.; Schroeder, J., & Seukwa, L. H. (2002). Lernen in „totalen Räumen" – Ausgrenzung und Marginalisierung afrikanischer Flüchtlings-jugendlicher im deutschen Bildungssystem. In U. Neumann, H. Niedrig, S. Schroeder, & L. H. Seukwa (Hrsg.), *Wie offen ist der Bildungsmarkt? Rechtliche und symbolische Ausgrenzung junger afrikanischer Flüchtlinge im Bildungs-, Ausbildungs- und Beschäftigungssystem* (S. 19–31). Münster: Waxmann.

Niedrig, H., & Seukwa, L. H. (2010). Die Ordnung des Diskurses in der Flüchtlingskonstruktion. Eine postkoloniale Re-Lektüre. *Diskurs Kindheits- und Jugendforschung, 5,* (S. 181–193).

OECD (2017). Nach der Flucht: der Weg in Arbeit. Arbeitsmarktintegration von Flüchtlingen in Deutschland. https://www.oecd.org/berlin/publikationen/Arbeitsmarktintegration-von-Fluechtlingen-in-Deutschland-2017.pdf. Zugegriffen: 24.04.2019.

Olschanski, R. (2015). *Ressentiment. Über die Vergiftung des europäischen Geistes.* Paderborn: Wilhelm Fink.

Oltmer, J. (2010). *Migration im 19. und 20. Jahrhundert.* Oldenburg: De Gruyter.

Oltmer, J. (2017). *Migration. Geschichte und Zukunft der Gegenwart.* Bonn: wbg Theiss.

Parusel, B. (2018). Asylsuchende aus Afghanistan und die Defizite des Gemeinsamen Europäischen Asylsystems. http://fluechtlingsforschung.net/asylsuchende-aus-afghanistan-und-die-defizite-des-gemeinsamen-europaischen-asylsystems/. Zugegriffen: 12. März 2018.

Pieper, T. (2008). *Die Gegenwart der Lager: zur Mikrophysik der Herrschaft in der deutschen Flüchtlingspolitik.* Münster: Westfälisches Dampfboot.

Pott, A., & Tsianos, V. (2018). Verhandlungszonen des Lokalen – Potentiale der Regimeperspektive für die Erforschung der städtischen Migrationsgesellschaft. In J. Oßenbrügge & A. Vogelpohl (Hrsg.); *Theorien in der Raum- und Stadtforschung – Einführungen* (S. 116–135). Münster: Westfälisches Dampfboot.

Rau, S. (2013). *Räume: Konzepte, Wahrnehmungen, Nutzungen.* Frankfurt: Campus.

Redder, A., Pauli, J., Kießling, R., Bührig, K., Brehmer, B., Breckner, I., & Androutsopoulos, J. (2013). *Mehrsprachige Kommunikation in der Stadt. Das Beispiel Hamburg.* Münster: Waxmann.

Rehklau, C. (2017). Flüchtlinge als Adressat_innen Sozialer Arbeit? Sozialarbeitswissenschaftlicher Zugang. In C. Ghaderi & T. Eppenstein (Hrsg.), *Flüchtlinge. Multiperspektivische Zugänge* (S. 305–322). Wiesbaden: Springer VS.

Reutlinger, C. (2004). Die Notwendigkeit einer neuen Empirie der Aneignung – der Ansatz der Bewältigungskarten. In U. Deinet & C. Reutlinger (Hrsg.), *„Aneignung" als Bildungskonzept der Sozialpädagogik. Beiträge zur Pädagogik des Kindes- und Jugendalters in Zeiten entgrenzter Lernorte* (S. 121–135). Wiesbaden: Springer VS.

Reutlinger, C. (2009). Bildungslandschaften. Eine raumtheoretische Betrachtung. In. J. Böhme (Hrsg.), *Schularchitektur im interdisziplinären Diskurs. Territorialisierungskrise und Gestaltungsperspektiven des schulischen Bildungsraums* (S. 119–139). Wiesbaden: Springer Fachmedien.

Rommelspacher, B. (1998). *Dominanzkultur: Texte zu Fremdheit und Macht.* Berlin: Orlanda Frauenverlag.

Saunders, D. (2011). *Arrival City.* München: Karl Blessing Verlag.

Schammann, H. (2015). Rette sich wer kann? Flüchtlingspolitik im Föderalismus. In: Bundeszentrale für politische Bildung. *Aus Politik und Zeitgeschichte, 56.* (S. 26–31).

Schammann, H. (2017). Stadt, Land, Flucht. Konzeptionelle Überlegungen zum Vergleich städtischer Flüchtlingspolitik in Deutschland. In M. Barbehön & S. Münch (Hrsg.), *Variationen des Städtischen – Variationen lokaler Politik* (S. 91–117). Wiesbaden: Springer VS.

Schammann, H., & Kühn, B. (2016). Kommunale Flüchtlingspolitik in Deutschland. Friedrich Ebert Stiftung. http://library.fes.de/pdf-files/wiso/12763.pdf. Zugegriffen: 18. April 2018.

Scherschel, K. (2015). Zwischen universellen Menschenrechten und nationalstaatlicher Kontrolle. Flucht und Asyl aus ungleichheitssoziologischer Perspektive. *Zeitschrift für soziale Probleme und soziale Kontrolle. Flucht und Deportation, 26,* (S. 123–136).

Scherr, A., & Yüksel, G. (Hrsg.). (2016). Flucht, Sozialstaat und Soziale Arbeit. *neue praxis. Zeitschrift für Sozialarbeit, Sozialpädagogik, und Sozialpolitik* Sonderhefte, 13.

Schiefer, D. (2016). Wie gelingt Integration? Asylsuchende über ihre Lebenslagen und Teilhabeperspektiven in Deutschland. http://www.bosch-stiftung.de/sites/default/files/documents/downloads/Wie_gelingt_Integration_Zusammenfassung_Studie_SVR.pdf. Zugegriffen: 18. April 2018.

Schiffauer, W., Eilert, A., & Rudloff, M. (Hrsg.). (2017). *So schaffen wir das – eine Zivilgesellschaft im Aufbruch: 90 wegweisende Projekte mit Geflüchteten.* Bielefeld: transcript.

Schiffauer, W., Eilert, A., & Rudloff, M. (Hrsg.). (2018). *So schaffen wir das – eine Zivilgesellschaft im Aufbruch: Bedingungen für eine nachhaltige Projektarbeit mit Geflüchteten. Eine Bilanz.* Bielefeld: transcript.

Schnur, O., Zakrzewski, P., & Drilling, M. (Hrsg.). (2013): *Migrationsort Quartier. Zwischen Segregation, Integration und Interkultur.* Wiesbaden: VS.

Schnur, O. (2018). „Quartiersentwicklung für alle"? In F. Gesemann & R. Roth (Hrsg.), *Handbuch lokale Integrationspolitik* (S. 373–391). Wiesbaden: Springer VS.

Schroeder, J. (2003). Der Flüchtlingsraum als ein „totaler Raum". In U. Neumann, H. Niedrig, J. Schroeder & L.H. Seukwa (Hrsg.), *Lernen am Rande der Gesellschaft. Bildungsinstitutionen im Spiegel von Flüchtlingsbiographien* (S. 379–396). Münster: Waxmann.

Schroer, M. (2009). Soziologie. In Günzel, S. (Hrsg.)(2009). *Raumwissenschaften* (S. 355–369). Frankfurt am Main: Suhrkamp.

Schroer, M. (2012). *Räume, Orte, Grenzen: auf dem Weg zu einer Soziologie des Raumes.* Frankfurt am Main: Suhrkamp.

Schulte, K., Hartig, J., & Pietsch, M. (2014). Der Sozialindex für Hamburger Schulen. In D. Fickermann & N. Maritzen (Hrsg.), *Grundlagen für eine daten- und theoriegestützte Schulentwicklung* (S. 67–80). Münster: Waxmann.

Seukwa, L. H. (2006). *Der Habitus der Überlebenskunst. Zum Verhältnis von Kompetenz und Migration im Spiegel von Flüchtlingsbiographien.* Münster: Waxmann.

Seukwa, L. H. (2018). Handlungsfähigkeit und Heteronomie – eine kompetenztheoretische Perspektive auf fluchtmigrationsbedingte Bildungsdiskontinuitäten. In J. Bröse, S. Faas & B. Stauber (Hrsg.), *Flucht. Herausforderungen für Soziale* Arbeit (S. 71–94). Wiesbaden: Springer VS.

Söhn, J., & Marquardsen, K. (2017). Erfolgsfaktoren für die Integration von Flüchtlingen. BMAS Forschungsbericht. http://www.bmas.de/SharedDocs/Downloads/DE/PDF-Publikationen/Forschungsberichte/fb-484-erfolgsfaktoren-integration-fluechtlinge.pdf?__blob=publicationFile&v=3. Zugegriffen: 18. April 2018.

Strauss, A., & Corbin, J. (1996). *Grounded Theory. Grundlagen qualitativer Sozialforschung.* Weinheim: Beltz.

Sylla, C. (2018). Neue Akteur*innen der Flüchtlingspolitik. Bürgerinitiativen in Hamburg. In *Standpunkt: sozial. Flucht & Studium, 2,* (S. 95–104).

Ther, P. (2017). *Die Außenseiter. Flucht, Flüchtlinge und Integration im modernen Europa.* Berlin: Suhrkamp.

Thielen, M. (2009). Freies Erzählen im totalen Raum? – Machtprozeduren des Asylverfahrens in ihrer Bedeutung für biografische Interviews mit Flüchtlingen. *Forum Qualitative Sozialforschung, 10.* http://nbnresolving.de/urn:nbn:de:0114-fqs0901393. Zugegriffen: 20.02.2019.

Toth, C., & Rollmann, O. (2017). Willkommen in Deutschland! Eine Analyse der logo!-Berichterstattung über Geflüchtete im Zeitraum 2015–2017. *Medien und Flucht. Medienpädagogische Perspektiven, 3.* http://www.medienimpulse.at/articles/view/1097?navi=1. Zugegriffen: 12. März 2018.

Transit Migration Forschungsgruppe (Hrsg.). (2007). *Turbulente Ränder. Neue Perspektiven auf Migration an den Grenzen Europas.* Bielefeld: transcript.

Tsianos, V. (2014a). Homonationalismus und new metropolitan mainstream –Gentrifizie-rungsdynamiken zwischen sexuellen und postsäkularen Politiken der Zugehörigkeit. *sub\urban. Zeitschrift für kritische Stadtforschung, 2 (3),* (S. 59–80).

Tsianos, V. (2014b). Antimuslimischer Urbanismus: Zur Stadtsoziologie des antimuslimi-schen Rassismus. In F. Hafez (Hrsg.), *Jahrbuch für Islamophobieforschung* (S. 55–82). Wien: new academic press.

Tunsch, C. (2015). *Bildungseffekte urbaner Räume.* Wiesbaden: Springer Fachmedien.

Utlu, D. (2015). Migrationshintergrund. In S. Arndt & N. Ofuatey-Alazard (Hrsg.), *Wie Rassismus aus Wörtern spricht. (K)Erben des Kolonialismus im Wissensarchiv deutsche Sprache: Ein kritisches Nachschlagewerk* (S. 445–448). Münster: Unrast.

Vester, M., von Oertzen, P., Geiling, H., Hermann, T., & Müller, D. (2001). *Soziale Mili-eus im gesellschaftlichen Wandel. Zwischen Integration und Ausgrenzung.* Frankfurt am Main: Suhrkamp Verlag.

Voges, W., Jürgens, O., Mauer, A., & Meyer, E. (2003). *Methoden und Grundlagen des Lebenslagenansatzes.* Bremen: Zentrum für Sozialpolitik (ZeS).

Vollmer, B. (2017). The Continuing Shame of Europe. Discourses on Migration Policy in Germany and the UK. *Migration Studies, 5,* (S. 49–64).

Vollmer, B., & Karakayali, S. (2017). The volatility of the discourse on refugees in Ger-many. *Journal of Immigrant & Refugee Studies.*

Wächter-Raquet, M. (2016). Gesundheitsversorgung von Asylsuchenden. Bertelsmann Stiftung. https://www.bertelsmann-stiftung.de/de/publikationen/publikation/did/gesund-heitsversorgung-von-asylsuchenden/. Zugegriffen: 17. April 2018.

Westphal, M., & Wansing, G. (Hrsg.) (2018). *Migration, Flucht und Behinderung: Heraus-forderungen für Politik, Bildung und psychosoziale Dienste.* Wiesbaden: VS.

Wuggenig, U. (1994). Soziale Strukturierungen der häuslichen Objektwelt. Ergebnisse einer Photobefragung. In I. Mösth & G. Fröhlich (Hrsg.), *Das symbolische Kapital der Lebensstile. Zur Kultursoziologie der Moderne nach Pierre Bourdieu* (S. 207–228). Frankfurt/Main: Campus.

Yildiz, E. (2013). *Die weltoffene Stadt. Wie Migration Globalisierung zum urbanen Alltag macht.* Bielefeld: transcript.

Yildiz, E. (2015). Migration und Diversität als urbane Ressource. *Nachrichten der ARL, 3,* (S. 21–23).

Yildiz, E., & Hill, M. (2015). *Nach der Migration. Postmigrantische Perspektiven jenseits der Parallelgesellschaft.* Bielefeld: transcript.

Zhang, X., & Hellmueller, L. (2017). Visual Framing of the European Refugee Crisis. In Der Spiegel and CNN International. Global Journalism in News Photographs. *Inter-national Communication Gazette, 79,* (S. 1–28). http://journals.sagepub.com/doi/abs/10.1177/1748048516688134. Zugegriffen: 12. März 2018.

Zick, A., Küpper, B., & Krause, D. (2016). Gespaltene Mitte. Feindselige Zustände. Rechtsextreme Einstellungen in Deutschland 2016. Friedrich-Ebert-Stiftung. http://www.fes-gegen-rechtsextremismus.de/pdf_16/Gespaltene%20Mitte_Feindselige%20Zust%C3%A4nde.pdf. Zugegriffen: 18. April 2018.

Quellen

Heinemann, C., & Unger, C. (2017). Hilfe für abgelehnte Asylbewerber – Bürgermeister Scholz will auch Menschen ohne sichere Bleibeperspektive fördern. In: Hamburger Abendblatt 26./27. August 2017, S. 16.

Herder, D. (2018). Mehr Kameras: Polizei weitet Jungfernstieg-Überwachung aus. Hamburger Abendblatt, 12.06.2018 https://www.abendblatt.de/hamburg/article214562887/Mehr-Kameras-Polizei-weitet-Jungfernstieg-Ueberwachung-aus.html [06.02.2019].

Pflug, A. (2018). Problemgebiet Prachtboulevard. Die Zwei Gesichter des Jungfernstiegs. Hamburger Morgenpost, 02.07.2018 https://www.mopo.de/hamburg/problemgebiet-prachtboulevard-die-zwei-gesichter-des-jungferstiegs-30714024 [06.02.2019].

Woldin, P. (2018). Angstraum Jungfernstieg. Die Polizei wird da sein. Die Welt, 11.03.2018 https://www.welt.de/regionales/hamburg/article174425565/Hamburg-Angstraum-Jungfernstieg.html [06.02.2018].

Zand-Vakili, A. (2018). Brennpunkt Jungfernstieg: Bilanz einer Sommernacht. Hamburger Abendblatt, 23.07.2018 https://www.abendblatt.de/hamburg/article214910339/Kamera-laeuft-am-Brennpunkt-Jungfernstieg.html [06.02.2019].

Dokumente

BASFI (2017). Wir in Hamburg! Hamburger Integrationskonzept 2017. Teilhabe, interkulturelle Öffnung und Zusammenhalt. http://www.hamburg.de/contentblob/128792/4fa13860dcb7a9deb4afdfb989fc78e2/data/konzept.pdf. Zugegriffen: 12. April 2018.

Bundesministerium für Familie, Senioren, Frauen und Jugend (2017). Engagement in der Flüchtlingshilfe. https://www.bmfsfj.de/blob/122010/d35ec9bf4a940ea49283485db4625aaf/engagement-in-der-fluechlingshilfe-data.pdf. Zugegriffen: 26.02.2019.

Bürgerinitiative für Lurup, Osdorf, Bahrenfeld (o. J.). Über uns. https://www.initiative-lob.de/%C3%BCber-uns/. Zugegriffen: 12. April 2018.

Bürgerschaft der Freien und Hansestadt Hamburg (Hrsg.). (2016a). Drucksache 21/5231. Konsens mit den Initiatoren der Volksinitiative „Hamburg für gute Integration". https://www.buergerschaft-hh.de/ParlDok/dokument/53721/konsens-mit-den-initiatoren-der-volksinitiative-%E2%80%9Ehamburg-f%C3%BCr-gute-integration%E2%80%9C.pdf. Zugegriffen: 12. April 2018.

Bürgerschaft der Freien und Hansestadt Hamburg (Hrsg.). (2016b). Wortprotokoll der öffentlichen Sitzung des Ausschusses für Soziales, Arbeit und Integration NR. 21/9. Hamburg.

Hamburg für gute Integration (o.J.). Was wir wollen? https://www.gute-integration.de/forderungen/. Zugegriffen: 12. April 2018.

Finding Places (o. J.). https://findingplaces.hamburg/hintergrund/index.html. Zugegriffen am 23. Januar 2019.

Finding Places Ergebnisse (o. J.). https://findingplaces.hamburg/ergebnisse/index.html. Zugegriffen am 23. Januar 2019.

Flüchtlingslotsen (o. J.). https://www.diakonie-hamburg.de/de/rat-und-hilfe/migration/Fluechtlingslotsen-begleiten-und-unterstuetzen. Zugegriffen: 11. Januar 2019.

Forum Flüchtlingshilfe (o. J.). https://www.hamburg.de/forum-fluechtlingshilfe/6453262/
forum-eingang/. Zugegriffen 11. Januar 2019.

Landesrecht Hamburg (2017). Gebührenordnung für öffentlich veranlasste Unterbringung.
http://www.landesrecht-hamburg.de/jportal/portal/page/bshaprod.psml?showdocca-
se=1&st=null&doc.id=jlr-%C3%96UntbrGebOHA2018rahmen&doc.part=X&doc.
origin=bs. Zugegriffen 27. Februar 2019.

Quartiersäume Bahrenfeld (o. J.). https://www.qm-bahrenfeld.de/willkommen/quartiersma-
nagement-bahrenfeld/. Zugegriffen 18.04.2019.

W.I.R. (2017). https://www.hamburg.de/contentblob/8296030/1d555c30099a17a1afb23791
e06235a3/data/sachstandsbericht-wir.pdf. Zugegriffen 16. Januar 2019.

ZKF (2017). 848 Schutz suchende Menschen im Dezember erfasst. Pressemittei-
lung ZKF Hamburg vom 09.01.2017. https://www.hamburg.de/zkf-pressemeldun-
gen/7875330/2017-01-09-zkf-monatsbilanz-dezember/. Zugegriffen 07. Mai 2018.